普通高等教育“十三五”规划教材

Enterprise Accounting
企业会计学

主　编　李红艳　李淑霞

副主编　陈凤云　杜修芹　杨中青　孙　建

北京邮电大学出版社
www.buptpress.com

内 容 简 介

本书阐述会计学的基本理论、基本方法和基本技能，以最新颁布实施的1项基本会计准则和38项具体会计准则及应用指南等文件为依据，结合会计实际工作的需要，对会计核算和监督所涉及的原理与实务问题进行了深入浅出的论述。本书举例贴切、易懂、丰富，对各项经济业务的确认、计量和记录，以及财务报表的编制，都做了十分明确且有条理的解释。此外，为帮助学生学习与理解教材内容，本书每章后配备了一定数量的思考题和实训练习题。

本书适用于高等学校财务管理、工商管理、会计学等相关专业会计学课程的教学，也可作为经济管理人员的参考用书。

图书在版编目（CIP）数据

企业会计学 / 李红艳，李淑霞主编. -- 北京 ：北京邮电大学出版社，2017.8（2022.7重印）
ISBN 978-7-5635-5183-5

Ⅰ.①企…　Ⅱ.①李… ②李…　Ⅲ.①企业管理－会计　Ⅳ.①F275.2

中国版本图书馆CIP数据核字（2017）第192131号

书　　名：企业会计学
著作责任者：李红艳　李淑霞　主编
责 任 编 辑：满志文　穆菁菁
出 版 发 行：北京邮电大学出版社
社　　址：北京市海淀区西土城路10号(邮编:100876)
发 行 部：电话：010-62282185　传真：010-62283578
E-mail：publish@bupt.edu.cn
经　　销：各地新华书店
印　　刷：北京九州迅驰传媒文化有限公司
开　　本：787 mm×1 092 mm　1/16
印　　张：24
字　　数：613千字
版　　次：2017年8月第1版　2022年7月第3次印刷

ISBN 978-7-5635-5183-5　　定　价：55.80元

· 如有印装质量问题，请与北京邮电大学出版社发行部联系 ·

前 言

近年来，我国的会计环境和会计准则发生了很大的变化，我国新会计准则体系已于 2007 年 1 月 1 日首先在上市公司、证券公司、基金公司和期货公司中实施；政策性银行、财务公司、金融租赁公司等从 2008 年起按照新会计准则编制财务报告；所有国有中央企业也在 2008 年全面执行新会计准则；随后会逐步推广到所有公司；自 2016 年 5 月 1 日起，在全国范围内全面推行营业税改征增值税。新会计准则体系的实施，推动了我国会计事业的发展，标志着我国会计准则与国际财务报告准则已经实现了实质性的趋同。基于前文所述和结合我们多年的教学经验与科研成果，本书涵盖了会计原理、财务会计和成本会计的基础知识。在编写过程中，本书主要针对应用型本科院校的教学要求以及改革的趋势，理论阐述力求深入浅出、通俗易懂，文字表达力求简洁生动，同时吸收国内外教材务实的优点，辅以丰富的实例。同时，也可作为本科成人教育、高等教育自学考试参考用教材。

本书在内容和结构上有如下特点：一是体现了《职业会计师国际教育准则》对会计实务人员专业知识、职业技能和职业价值观以及理解能力、分析能力和判断能力的要求；二是体现了与国际趋同的原则，力求使本教材与普遍认可的会计教材趋同，为培养国际化、专业化的高素质会计人才提供支持；三是体现了最新颁布的法律法规的重要内容和原则；四是体现了为不断提高专业能力对新知识、新实务的要求；五是在内容规划上体现了以生动有趣的案例作为引例，导出教学的主要内容，以明确学生的学习目标，突出适度新颖、强化实践操作能力的要求；六是体现了讲练结合、重在应用的要求，每章提供了本章小结、基本概念、思考题和实训练习题，以帮助同学们复习、巩固所学的知识，培养和提高学生的实际操作技能。

本书由李红艳、李淑霞任主编，李红艳负责对全书初稿进行修改总纂。杨中青、杜修芹、陈凤云和孙建任副主编。全书共分十五章，第一、二、十二、十五章由李红艳编写；第四、五、十三章由李淑霞编写；第六、七章由陈凤云编写；第九、十一章由杜修芹编写；第十、十四章由杨中青编写；第三、八章由孙建编写。各章的思考题和实训练习题均由相应的编写人员选编。

在本书编写过程中，我们借鉴吸收了同行相关的最新成果。由于作者水平所限，在编写过程中难免存在疏漏和错误，恳请各位读者给予批评指正。

编　者

2017 年 5 月

目　　录

第一章

总　　论

学习目标

1. 熟悉会计的概念与职能；
2. 掌握会计的对象、目标；
3. 了解会计准则体系；
4. 掌握会计基本假设与会计基础；
5. 掌握会计职能和核算方法；
6. 了解会计信息质量要求及核算方法。

案例引入

甲、乙、丙、丁四位同学，在一次聚会中聊起了“什么是会计”这一话题，四人各执一词，分别有不同的看法：

甲同学：会计是一个人，比如，我们通常对某人称呼张会计、李会计等。

乙同学：会计是指一项工作，比如，我们经常会问某人，你在单位做什么工作？我在单位当会计。

丙同学：会计是指一个部门、一个机构，即会计机构。每个公司都有一个会计机构，比如，会计处、会计科等。

丁同学：会计是指一门学科，比如，我们现在的多数高校都设有会计这门学科专业。

[思考]

1. 什么是会计？

2. 会计有怎样的职能？有哪些核算基础？

第一节　会计概述

一、会计的概念

会计已经成为现代企业一项重要的管理工作。企业的会计工作主要是通过一系列会计程序，运用一系列专门的技术方法，对企业的经济活动和财务收支进行全面、综合、连续、系统的核算和监督，反映企业的财务状况、经营成果和现金流量，反映企业管理层受托责任履行情况，为会计信息使用者提供决策有用的信息并积极参与经营管理决策，提供企业经济效益。

会计是以货币为主要计量单位，运用专门的方法，核算和监督一个单位经济活动的一种经济管理活动。也就是说，会计是对一定主体的经济活动进行的核算和监督，并向有关方面提供会计信息。

会计按其报告的对象不同，可分为财务会计和管理会计。财务会计主要侧重于向企业外部关系人员提供有关财务状况、经营成果和现金流量情况等过去的信息；管理会计主要侧重于向企业内部管理者提供进行经营规划、经营管理、预测决策所需的未来信息。

二、会计的职能

会计的职能是指会计在经济管理过程中所具有的功能，会计具有会计核算和会计监督的基本职能与预测经济前景、参与经济决策、评价经营业绩等拓展职能。

（一）基本职能

(1) 核算的职能，也称反映的职能，是指会计以货币为主要计量单位，对特定主体的经济活动进行确认、计量和报告。从价值量方面反映企业已经发生或已经完成的各项经济活动，它是会计的基本职能。记账、算账和报账是会计执行核算职能的主要形式。

会计核算具有完整性、连续性和系统性。会计对经济活动的反映是全面的、完整的，即事前、事中和事后全面反映经济活动情况，为经济管理提供数据资料。事后核算是会计核算职能的基础工作，而事前、事中反映是会计核算的连续性。会计核算是要进行科学的分类和整理，保证所提供的会计资料能够成为一个有序的整体，从而系统地揭示客观经济活动的规律性。

(2) 监督的职能，也称控制的职能，是指对特定主体的经济活动和相关会计核算的真实性、合法性和合理性进行监督和检查。

会计监督的核心就是通过干预经济活动，使之符合国家有关法律、法规和制度的规定，同时对每项经济活动的合理性、有效性进行审查、控制、分析和检查。会计监督贯穿于经济活动的全过程，包括事前监督、事中监督、事后监督。事前监督是在经济活动开始前进行的监督，对即将进行的经济活动的计划、预算进行的监督。事中监督是对正在发生的经济活动过程及其核算资料进行审查，并据此纠正经济活动过程中的偏差与失误，发挥控制的作用。事后监督主要是对已经发生或已经完成的经济活动及相应的核算资料进行审查。

会计核算和会计监督是会计的两个基本职能。核算是监督的基础，没有核算职能提供的信息，就不可能进行会计监督；监督是核算的保证，没有监督职能会计核算也就失去了存在的意义。两者相辅相成，不可分割，辩证统一。

（二）拓展的职能

会计的拓展职能主要体现在管理会计方面，主要包括如下几项：

(1) 预测经济前景。会计不仅能通过核算对经济活动进行反映，同时，还要增强在经营管理上的计划性和预见性，从而对经济发展趋势进行预测。

(2) 参与经济决策。决策是企业经营管理的中心，也是各部门的主要工作职责，为企业决策者提供准确可靠的决策信息，是会计部门的中心工作之一。

(3) 评价经营业绩。企业经营业绩评价是运用特定的指标和标准,采用科学的方法对企业生产经营活动过程做出的价值判断。

三、会计对象和目标

(一) 会计对象

会计对象是指会计核算和监督的内容。

随着生产力的提高和商品经济的发展,会计的内容也就从反映和监督财产物资的收支与结存,发展成为系统、连续地反映和监督财产物资的取得、保管、使用和耗费的补偿。同时货币已经成为商品的一般等价物,会计将货币作为自己的主要计量单位,对财物进行反映和监督,这不仅是一个技术方法问题,更重要的还是使会计的内容即会计的对象发生了质的变化。在商品生产者眼里,企业的一切财产物资都是价值,而不仅仅是使用价值,价值运动成了会计所反映和控制的对象。在社会主义市场经济条件下,会计的对象是社会再生产过程中的资金及资金运动或者说经济业务。所谓资金,是指财产物资的货币表现及货币本质。所谓资金运动,是指资金不断改变形态,依次周而复始地周转循环,包括资金的投入、资金的循环与周转和资金退出三个环节。

(二) 会计的目标

会计的目标称为会计目的,也称会计报告的目标,是会计工作的任务或达到的标准。我国《企业会计准则》中对会计核算的目的做了明确的规定:会计的目标是向会计信息使用者提供与企业财务状况、经营成果和现金流量等有关的会计信息,反映企业管理层受托责任履行情况,有助于财务会计报告使用者做出经营决策。

会计信息的使用者主要包括投资者、债权人、企业管理者、政府及相关部门和社会公众。

在现代公司制下,企业所有权和经营权相分离,企业管理层受委托经营管理企业,负有受托责任。只有通过会计信息,才能准确判断投资者的投资是否合理地使用,才能判断投资的使用效果,真正反映企业管理层受托履职情况,有利于会计信息者做出相关决策。

四、会计准则体系

(一) 会计准则的构成

企业会计准则是反映经济活动、确认产权关系和进行收益分配的会计技术标准,是生成和提供会计信息的系统,是政府干预经济活动、规范经济秩序和从事经济管理的重要手段。我国已颁布的会计准则有《企业会计准则》《小企业会计准则》和《事业单位会计准则》。

(二) 企业会计准则

《企业会计准则》由财政部制定,于 2006 年 2 月 15 日发布,自 2007 年 1 月 1 日起施行,该准则对加强和规范企业会计行为,提高企业经营管理水平和会计规范处理,促进企业可持续发展起到指导作用。我国的企业会计准则体系包括基本准则、具体准则、应用指南和解释公告等。

1. 企业会计准则——基本准则

2006 年 2 月 15 日,财政部发布《企业会计准则》,自 2007 年 1 月 1 日起在上市公司范围内实施,并鼓励其他企业执行。《企业会计准则——基本准则》共 11 章,包括总则、会计信息质量要求、资产、负债、所有者权益、收入、费用、利润、会计计量、财务会计报告、附则。2014 年 7 月 23 日,财政部对会计计量属性中的公允价值做出了修订。

2. 企业会计准则——具体准则

《企业会计准则——具体准则》分别规范了存货、长期股权投资、投资性房地产、固定资产、生物资产、无形资产、非货币性资产、资产减值、职工薪酬、企业年金基金、股份支付、债务重组或有事项、收入、建造合同、政府补助、借款费用、所得税、外币折算、企业合并、租赁、金融工具确认和计量、金融资产转移、套期保值、原保险合同、再保险合同、石油天然气开采、会计政策、会计估计变更和差错更正、资产负债表日后事项、财务报表列报、现金流量表、中期财务报告、合并财务报表、每股收益、分部报表、关联方披露、金融工具列报、首次执行企业会计准则等的会计处理。此外,2014 年发布了《企业会计准则第 39 号——公允价值计量》《企业会计准则第 40 号——合营安排》和《企业会计准则第 41 号——在其他主体中权益的披露》,2014 年 7 月 1 日在所有执行企业会计准则的企业范围内施行。

2014 年,财政部相继对《企业会计准则第 2 号——长期股权投资》《企业会计准则第 9 号——职工薪酬》《企业会计准则第 30 号——财务报表列报》《企业会计准则第 33 号——合并财务报表》和《企业会计准则第 37 号——金融工具报表》进行了修订。

3. 企业会计准则——应用指南

2006 年 10 月 30 日,我国财政部发布了企业会计准则应用指南,从而实现了我国会计准则与国际财务报告准则的实质性趋同。

(三) 小企业会计准则

2011 年 10 月 18 日,财政部发布了《小企业会计准则》,要求符合适用条件的小企业自 2013 年 1 月 1 日起执行,并鼓励提前执行。《小企业会计准则》一般适用于在我国境内依法设立、经营规模较小的企业,具体标准参见《小企业会计准则》和《中小企业划型标准规定》。

《小企业会计准则》共 10 章,与《企业会计准则》的规定依据和基本原则相同,同时兼顾小企业自身的特点,主要表现在:①简化了会计确认的程序和方法,如确认对外投资时仅区分短期投资、长期债权投资、长期股权投资,不划分为交易性金融资产、可供出售的金融资产和持有至到期投资等内容;②简化了会计计量方法,仅要求采用历史成本计量;③简化了披露要求,财务报表内容相对简单,且不要求提供股东权益变动表;④删除了小企业不常涉及的经济业务的会计处理,如资产负债表日后事项、合并财务报表、企业年基金和企业合并等内容;⑤取消了《企业会计准则》中一些会计方法,如实际利率法摊销、计提减值准备和所得税核算债务法等方法;⑥减少了会计职业判断,如按用途确定固定资产的使用年限等。

(四) 事业单位会计准则

2012 年 12 月 6 日,财政部修订并发布了《事业单位会计准则》,自 2013 年 1 月 1 日起施行。该准则对我国事业单位的会计工作予以规范,共 9 章,包括总则、会计信息质量要求、资产、负债、净资产、收入、支出或者费用、财务会计报告和附则。与《企业会计准则》相比,《事业单位会计准则》的主要特点如下:

(1) 要求事业单位采用收付实现制进行会计核算,部分另有规定的经济业务或事项才能采用权责发生制核算;

(2) 将事业单位会计要素划分为资产、负债、净资产、收入、支出(或费用)五类;

(3) 要求事业单位的财务报表至少包括资产负债表、收入支出表(收入费用表)和财政补助收入支出表。

第二节 会计基本假设与会计基础

一、会计基本假设

会计基本假设也称会计核算的基本前提，是企业会计确认、计量和报告的基本前提，是指为了保证会计工作的正常进行和会计信息的质量，对会计核算所处时间、空间环境所做的合理假定。会计基本假设是会计人员在长期的工作实践中，不断总结经验而形成的既定前提和行为规范。也就是会计人员对自身所处的变化不定的经济环境需要做出假设作为前提条件，在此条件下决定所选择的会计方法和程序。结合我国实际情况，企业在组织会计核算时，应遵循的基本假设包括会计主体、持续经营、会计分期和货币计量。

（一）会计主体

会计主体也称会计个体、会计实体，是会计确认、计量和报告的空间范围，是会计核算和监督的特定单位或组织，是会计核算服务的对象，是从空间上对会计核算范围所做的界定。会计主体不同于法律主体，法律主体一定是会计主体，但会计主体不一定是法律主体。凡是独立组织会计工作，独立计算盈亏，独立编制财务报表的经济单位，都是会计主体。会计主体可以是法人组织，如公司制企业、行政事业单位，也可以是非法人组织，如合伙企业、个人独资企业、企业内部独立核算的车间或分厂等。

会计主体基本假设是持续经营、会计分期和其他会计核算的基础，因为，如果不划定会计的空间范围，会计核算工作就无法进行，指导会计核算工作的有关要求也就失去了存在的意义。

（二）持续经营

持续经营是指会计主体的生产经营活动将按照既定的目标持续不断地进行下去，在可预见的将来不会面临破产和清算，所有的资产将正常营运，所负的债务将正常偿还。持续经营是从时间上对会计核算范围所做的界定。企业、单位的经营活动是否持续进行，在会计原则和会计处理上应当有不同的处理方法。例如，企业因破产而关闭清理，或是因其他原因而停业或改组合并，其财产物资的计价、费用的摊销，债权、债务的结算、清偿，都与正常经营的处理方法有所不同，为了使企业、单位的会计处理能够前后一致，保持会计资料的可比性。在一般情况下，必须假定企业、单位的经营活动，都将无限期地持续进行。只有在正式确定不再持续经营时，该假设会自动失效，才能改变原来的会计处理办法。

会计核算所使用的一系列方法和遵循的有关要求都是建立在会计主体持续经营的基础之上的。例如，只有在持续经营的假设下，企业的资产和负债才区分为流动的和非流动的；企业对收入、费用的确认才能采用权责发生制；企业才有必要确定会计分期假设，划分收益性支出和资本性支出、历史成本等会计确认与计量要求。

（三）会计分期

会计分期也称会计期间，是指会计主体持续不断的生产经营过程被划分为若干连续、长短相同的期间，以便分期结算账目和编制财务会计报告。在一般情况下，企业、单位的经济活动都是连续不断地进行的。会计对经济活动的反映和监督，同样也是连续进行的。但为了对企业、单位的经济活动和经营成果进行分析考核，必须假定经济活动可分割为时间单位。即在会计核算上将连续不断的经济活动过程，人为地划分为各个固定的时间单位，以便计算一定时期内的财务状况、经营成果，并编制财务报表。这种按时间划分的固定的时间单位，称为会计期间。

会计期间通常有年度、半年度、季度和月度，均按公历（公历）日期起讫，半年度、季度和月度又称为会计中期。在我国，企业、单位一般将 1 月 1 日至 12 月 31 日作为一个会计年度，即和日历年度一致。

会计期间的划分对会计核算有着重要的意义。有了会计分期假设，就产生了本期和非本期的区别，就产生了权责发生制和收付实现制的区别。

（四）货币计量

货币计量是指会计主体在会计核算中以货币作为计量单位，确认、计量和报告会计主体的经济活动。企业对于经济业务的反映、记录，必须以货币作为统一的计量单位。会计资料中所提供的有关财产、物资，以及代表一定数量财产物资的债权、债务、收入费用的数额，都是用货币来表示其价值的。我国会计核算应当以人民币作为记账本位币，业务收支以外币为主的企业，可以选择某一种外币作为记账本位币，但编制的财务报表应当折算为人民币反映。境外的中国企业向国内有关部门编报财务报告时应当折算为人民币反映。

综上所述，会计基本假设虽然是人为确定的，但完全是出于客观的需要，有充分的客观必然性。否则，会计核算工作就无法进行。这四项假设缺一不可，既有联系也有区别，共同为会计核算工作的开展奠定了基础。

二、会计基础

会计基础是会计事项的记账基础，是指会计确认、计量和报告的基础，包括权责发生制和收付实现制。

（一）权责发生制

企业会计的确认、计量和报告应当以权责发生制为基础。在会计实务中，企业交易或者事项的发生时间与相关货币收付的时间并不完全一致。为了真实、公允地反映特定会计期间的财务状况和经营成果，《企业会计准则——基本准则》第九条明确规定："企业应当以权责发生制为基础进行会计确认、计量和报告。"

权责发生制也称应收应付制或应计制，是指收入和费用的确认应当以收入和费用的实际发生作为确认的标准，合理确认当期损益的一种会计基础。

权责发生制主要从时间上规定会计确认的基础，其核心是根据权利、责任关系实际发生的时间来确认收入和费用，而不是按款项的实际收支来确认收入和费用，也就是以应收应付为标准。凡是当期已经实现的收入、已经发生和应当承担的费用，不论款项是否收付，都应当作为当期的收入和费用；凡是不属于当期的收入和费用，即使款项已经在当期收付，也不能作为当期的收入和费用。例如，企业预先收货款而后发货，或先销售后收款；先付款后受益，先受益后付款等。

采用权责发生制的优点是可以正确反映各个会计期间所实现的收入和为实现收入所负担的费用，从而可以把各期的收入与其相关的费用、成本相配比，加以比较，正确确定各期的财务成果。不足之处是其思考过程比较复杂，实际处理比较烦琐。

（二）收付实现制

收付实现制也称应收应付制或现金制，是以收到或支付现金作为确认收入和费用的标准，是与权责发生制相对应的一种会计基础。

收付实现制,以实际现金的收付为标准,来记录收入的实现或费用的发生。凡是本期实际收到款项的收入和付出款项费用,不论其是否归属于本期,都作为本期的收入和费用;反之,凡是本期未实际收到款项的收入和未支付出款项的费用,即使应归属于本期,也不作为本期收入和费用处理。

采用收付实现制的优点是会计记录直观,便于根据账簿记录来量入为出,会计处理简单,不需要对账簿记录进行期末账项调整。不足之处是,本期的收入和费用缺乏合理的配比,所计算的财务成果不够完整准确。

(三) 权责发生制与收付实现制的比较

为了进一步说明问题,下面举例对两种会计基础加以比较说明。

远洋公司 20×5 年 1 月 1 日发生下列经济业务,按照权责发生制和收付实现制,分别计算 1 月份的收入和费用。

(1) 收到上半年厂房租金 60 000 元。

(2) 支付全年报纸杂志费 12 000 元。

(3) 与购货单位签订购销合同,货款为 90 000 元,货已发款未收。

(4) 向银行借款 100 000 元,月利率为 3‰,为期 3 个月,约定 3 月底一次还本付息。

权责发生制与收付实现制对收入与费用的确认如表 1-1 所示。

表 1-1 权责发生制与收付实现制的不同会计处理

业务号	权责发生制		收付实现制	
	收入	费用	收入	费用
1	10 000		60 000	
2		1 000		12 000
3	90 000			
4		300		
合计	100 000	1 300	60 000	12 000

第三节 会计信息的质量要求及核算方法

一、会计信息的质量要求

会计信息的质量要求,是对企业财务报告中所提供会计信息质量的基本要求,是使财务报告中所提供会计信息对投资者等会计信息使用者决策有用的应具备的基本特征,主要包括客观性、相关性、明晰性、可比性、实质重于形式、重要性、谨慎性和及时性等。

(一) 客观性

客观性(又称可靠性、真实性)要求企业应当以实际发生的交易或者事项为依据进行确认、计量和报告,如实反映符合确认和计量要求的各项会计要素及其他相关信息,保证会计信息真实可靠、内容完整。

会计信息要有用,必须以可靠为基础,如果财务报告所提供的会计信息不可靠,就会给投资者等使用者的决策产生误导甚至损失。为了贯彻可靠性的要求,企业应该做到如下几点:

(1) 以实际发生的交易或者事项为依据进行确认、计量和报告。将符合会计要素定义及其确认条件的资产、负债、所有者权益、收入、费用和利润等如实反映在财务报表中，不得根据虚构的、没有发生的或者尚未发生的交易或者事项进行确认、计量和报告。

(2) 在符合重要性和成本效益原则的前提下，保证会计信息的完整性。其中包括应当编报的报表及其附注内容等应当保持完整，不能随意遗漏或者减少应予披露的信息，与信息者决策相关的有用信息都应当充分披露。

(3) 在财务报告中的会计信息应当是中立的、无偏的。如果企业在财务报告中为了达到事先设定的结果或效果，通过选择或列示有关会计信息以影响决策和判断的，这样的财务报告信息就不是中立的。

(二) 相关性

相关性(又称有用性)要求企业提供的会计信息应当与投资者等财务会计报告使用者的经济决策需要相关，有助于投资者等财务会计报告使用者对企业过去、现在的情况做出评价，对未来的情况做出预测。

会计信息是否有用，是否具有价值，关键是看其与使用者的决策需要是否相关，是否有助于决策或者提高决策水平。相关的会计信息应当符合国家宏观经济管理的要求；满足有关方面了解企业财务状况和经营成果的需要；满足企业内部加强经营管理的需要。

会计信息质量的相关性要求，需要企业在确认、计量和报告会计信息的过程中，充分考虑使用者的决策和信息需要。但是，相关性是以可靠性为基础的，两者之间并不矛盾，不应将两者对立起来，即会计信息在可靠性前提下，尽可能地做到相关性，以满足投资者等财务报告使用者的决策需要。

(三) 明晰性

明晰性(又称可理解性、清晰性)要求企业提供的会计信息应当清晰明了，便于投资者等财务会计报告使用者理解和使用。只有提供明晰的会计信息，会计信息使用者才能准确、完整地把握会计信息的内容，从而更好地加以利用。

会计信息要能够被信息使用者所理解，就必须做到会计记录准确、清晰；填制会计凭证、登记的会计账簿依据合法、账户对应关系清楚、文字摘要完整；在编制财务报表时，项目勾稽关系清楚、内容完整、数字准确。对于较为复杂的会计信息，与会计使用者的决策相关的，企业应当在财务报告中予以充分披露。

(四) 可比性

可比性要求企业提供的会计信息应当相互可比，保证同一企业不同时期可比，不同企业相同会计期间可比，

1. 同一企业不同时期纵向可比

为了便于投资者等财务报告使用者了解企业财务状况、经营成果和现金流量的变化趋势，比较企业在不同时期的财务报告信息，全面、客观地评价过去、预测未来，从而做出决策。因此，会计信息应当可比。会计信息质量的可比性要求同一企业不同时期发生的相同或者相似的交易或者事项，应当采用一致的会计政策，不得随意变更。但是，满足会计信息可比性要求，并非表明企业不得变更会计政策，如果按照规定或者在会计政策变更后可以提供更可靠、更相关的会计信息的，可以变更会计政策。有关会计政策变更的情况，应当在附注中予以说明。

2. 不同企业相同会计期间横向可比

为了便于投资者等财务报告使用者评价不同企业的财务状况、经营成果和现金流量及变

动情况，会计信息质量的可比性要求不同企业同一会计期间发生的相同或者相似的交易或者事项，应当采用相同或者相似的会计政策，确保会计信息口径一致、相互可比，以使不同企业按照一致的确认、计量和报告要求提供有关的会计信息。

（五）实质重于形式

实质重于形式要求企业应当按照交易或者事项的经济实质进行会计确认、计量和报告，而不仅仅以交易或者事项的法律形式为依据。

在实务中，交易或事项的法律形式并不总能完全真实地反映其实质内容。因此，会计信息要想反映其所应反映的交易或事项，就必须根据交易或事项的实质和经济现实来进行判断，而不能仅仅依据它们的法律形式。

企业发生的交易或事项在多数情况下，其经济实质和法律形式是一致的。但在有些情况下，会出现不一致。例如，企业融资租入的固定资产，虽然从法律形式上所有权仍属于出租人，但由于其租赁期占其使用寿命的大部分，且租赁期满承租企业有优先购买该资产的选择权，最主要的是租赁期间其经济效益归承租人所有，所以，按照实质重于形式的原则，融资租入的固定资产应视为自有固定资产核算，列入承租企业的资产负债表中。

（六）重要性

重要性要求企业提供的会计信息应当反映与企业财务状况、经营成果和现金流量有关的所有重要交易或者事项。

在实务中，如果会计信息的省略或者错报会影响投资者等财务报告使用者的决策判断的，该信息就具有重要性。重要性的应用需要依赖职业判断，企业应当根据其所处环境和实际情况，从项目的性质和金额的大小两个方面加以判断。

坚持重要性原则，要求会计人员在会计核算中对经济业务应区别其重要程度，采用不同的会计处理程序和方法。对于影响经营决策的重要经济业务，必须按照规定的会计程序和方法进行处理，并在财务会计报告中予以充分、准确地披露；对于次要的会计事项，在不影响会计信息客观性的情况下，可适当简化、合并反映。

（七）谨慎性

谨慎性（又称稳健性）要求企业对交易或者事项进行会计确认、计量和报告时保持应有谨慎，不应高估资产或者收益，也不应低估负债或者费用。

在市场经济环境下，企业的生产经营活动面临着许多风险和不确定性，如应收账款的可收回性、固定资产的使用寿命、无形资产的使用寿命、售出存货可能发生的退货或者返修等。会计信息质量谨慎性要求，需要企业在面临不确定性因素的情况下做出职业判断时，应当保持应有的谨慎，充分估计到各种风险和损失，既不高估资产或者收益，也不低估负债或者费用。例如，要求企业定期或至少于年度终了时，对可能发生的各项资产损失计提资产减值或跌价准备，对固定资产采用加速折旧法等，充分体现谨慎性的要求。

需要强调的是，谨慎性的应用也不允许企业设置秘密准备，如果企业故意低估资产或者收益，或者故意高估负债或者费用，将不符合会计信息的可靠性和相关性要求，损害会计信息质量，扭曲企业实际的财务状况和经营成果，从而对使用者的决策产生误导，就是会计准则所不允许的。

（八）及时性

及时性要求企业对于已经发生的交易或者事项，应当及时进行确认、计量和报告，不得提前或者延后。

会计信息的价值在于帮助所有者或者其他方面做出经济决策，具有时效性。即使是可靠、相关的会计信息，如果不及时提供，就失去了时效性，对于使用者的效用就大大降低，甚至不再具有实际意义。在会计确认、计量和报告过程中贯彻及时性，一是要求及时收集会计信息，即在经济交易或事项发生后，及时收集整理各种原始凭证或者记账凭证；二是要求及时处理会计信息，即按会计准则的规定，及时对经济业务或者事项进行确认、计量和编制会计报告；三是要求及时传递会计信息，按照国家规定的有关时限，及时地将财务报告传递给信息使用者，便于其及时使用和决策。

二、会计核算方法

会计核算方法是指对会计对象进行连续、系统、全面、综合的确认、计量和报告所采用的各种方法的总称，是整个会计方法体系的基础。主要包括设置会计科目和账户、复式记账、填制和审核凭证、登记账簿、成本计算、财产清查和编制财务会计报告 7 种方法。

（一）设置账户

设置账户是对会计对象的具体内容进行归类、反映和监督的一种专门方法。它可以对会计对象的复杂多样的具体内容进行科学的分录和记录，以便提供各种不同的经济信息。因此，对各项会计要素的增减变化，规定分类核算的会计科目，并据以设置一定的账户，进行归类核算和监督，以便取得各种核算指标。

（二）复式记账

复式记账是对每一项经济业务都以相等的金额在相互联系的两个或两个以上的账户中进行记录的一种专门方法。任何一项经济业务的发生都会引起资金的双重（或多重）变化，如以现金购买材料，一方面引起材料的增加，另一方面引起银行存款的减少。这些变化采用复式记账，就可以全面相互联系地反映资金的来龙去脉，检查和监督经济活动。

（三）填制和审核会计凭证

填制和审核会计凭证是为了保证会计记录完整、真实和可靠，审查经济活动是否合理合法而采用的一种专门方法。会计凭证是记录经济业务的书面证明，是登记账簿的依据，填制和审核会计凭证，可以保证会计核算的质量，并明确经济责任。

（四）登记账簿

登记账簿是根据会计凭证，全面、连续和系统地记录经济业务的一种专门方法。账簿是用来全面、系统和连续地记录各项经济业务的簿籍。填制和审核会计凭证后，采用复式记账方法，把经济业务引起的会计要素变化分门别类地登记到账簿中，并定期对账、结账，为编制财务报表提供准确无误的会计数据。

（五）成本计算

成本计算是指按一定对象归集各个经营过程中所发生的费用，从而计算各个对象的总成本和单位成本的一种专门方法。这一方法主要在企业会计中采用。在工业企业中，供应阶段中采购材料所发生的费用，要按每种材料来归集；在生产阶段生产产品所发生的费用，要按每种产品来归集；在销售阶段中出售产品所发生的费用，要按售出的产品来归集等。采用成本计算这一专门方法，有利于全面而又具体地反映和监督各个经营过程中的费用支出情况，从而促使企业加强经济核算，对于挖掘潜力、促使降低成本具有重要的作用。

（六）财产清查

财产清查是对各项财产物资进行实物盘点、账面核对以及对各项往来款项进行查询、核算，以保证账账、账实相符的一种专门方法。在会计日常工作中，运用一系列的专门方法，将各种财产物资的结存数额在账簿中作了反映。但是，账面数据和实际情况是否相符，还需要用财产清查的方法加以查对核实。通过财产清查，一方面可以查明财产物资实有数，以保证账实相符；另一方面还可以检查各种物资的储存保管情况和各种债权、债务的结算情况，加强物资管理，监督财产的完整，并为编制财务报表提供正确的资料。

（七）编制财务会计报告

编制财务会计报告是以书面报告的形式，定期总括地反映经济活动和财务收支情况的一种专门方法。在日常核算中，已经利用各种不同的专门方法进行了会计核算，但反映的信息是具体的、零碎的。为了更集中和总括地反映经济单位的经济活动的全貌，需要编制财务会计报告，把账簿中分散的资料集中起来，归纳整理，使之系统化、条理化，便于考核企业的财务状况、经营成果、偿债能力和盈利能力，为会计信息使用者提供与决策有用的决策信息。

上述各种会计核算方法相互联系、密切配合，构成了一个完整的方法体系。

在会计核算方法体系中，就其主要工作程序或工作过程来说，涉及三个环节，即填制会计凭证、登记会计账簿和编制财务报表。在一个会计期间内，所有经济业务的发生都要通过这三个环节来处理会计核算工作，前一个会计期间结束，后一个会计期间开始，这三个环节循环往复。因此一般把这三个会计核算工作的程序，称为会计核算工作循环，简称会计循环。其基本内容是：经济业务发生后，由经办人员填制或取得原始凭证，经会计人员审核整理后，按照设置的会计科目，运用复式记账，编制记账凭证，经审核无误据以登记账簿，再依据核对无误的凭证和账簿记录对生产经营过程中发生的各项费用进行成本计算，并依据财产清查对账簿记录加以核实，在保证账实相符的基础上，定期编制财务报表。

本章小结

本章主要介绍了会计概念与职能、会计对象和目标、会计准则体系、会计基本假设与会计基础、会计信息的质量要求及核算方法。

基本概念

会计、会计职能、会计对象、会计目标、会计主体、持续经营、会计分期、货币计量、权责发生制、收付实现制、会计信息质量要求。

思考题

1. 会计有哪几大职能及其关系如何？
2. 会计准则体系包括哪些内容？
3. 会计基本假设有哪几个？
4. 会计核算包括哪些专门的方法？它们之间的关系如何？
5. 会计计量的基础有哪几种，各自的特点是什么？

实训(练习)题

一、单项选择题

1. 在遵循会计核算的基本原则,评价某些项目的(　　)时,在很大程度上取决于会计人员的职业判断。

A. 真实性　　B. 完整性
C. 重要性　　D. 可比性

2. 企业任意设置各种秘密准备属于(　　)。

A. 执行配比原则　　B. 执行谨慎性原则
C. 执行可比原则　　D. 滥用谨慎性原则

3. 企业将融资租入固定资产按自有固定资产的折旧方法对其计提折旧,遵循的是(　　)要求。

A. 谨慎性　　B. 实质重于形式
C. 可比性　　D. 重要性

4. 在下列说法中,能够保证同一企业会计信息前后各期可比的是(　　)。

A. 为了提高会计信息质量,要求企业所提供的会计信息能够在同一会计期间不同企业之间进行相互比较
B. 存货的计价方法一经确定,不得随意改变,如需变更,应在财务报告中说明
C. 对于已经发生的交易或事项,应当及时进行会计确认、计量和报告
D. 对于已经发生的交易或事项进行会计确认、计量和报告时,不应高估资产或者收益,也不应低估负债或者费用

5. 使各有关会计期间损益的确定更为合理的会计基础是(　　)。

A. 现金制　　B. 收付实现制
C. 分类制　　D. 权责发生制

6. 形成权责发生制和收付实现制不同的记账基础,进而出现应收、应付、预收、预付、折旧、摊销等会计处理方法所依据的会计基本假设是(　　)。

A. 货币计量　　B. 会计年度
C. 持续经营　　D. 会计分期

7. 乙企业是甲企业的全资子公司,下列各项不属于甲企业核算范围的是(　　)。

A. 甲企业购买原材料　　B. 甲企业向乙企业投资
C. 乙企业购买原材料　　D. 甲企业从乙企业取得分红

8. 下列不属于会计核算方法的是(　　)。

A. 设置会计科目　　B. 成本预测
C. 登记账簿　　D. 财产清查

9. 下列有关会计方面的表述中,不正确的是(　　)。

A. 经济越发展,会计越重要
B. 会计按其报告对象不同,分为财务会计与管理会计
C. 会计就是记账、算账和报账
D. 会计是以货币为主要计量单位,反映和监督一个单位经济活动的一种经济管理活动

10. 会计核算方法是指对(　　)进行连续、系统、全面、综合的确认、计量和报告所采用的各种方法。

A. 会计对象　　B. 会计要素

C. 会计科目　　D. 会计账簿

11. 远洋公司 2009 年 12 月份销售商品收到货款 1 000 万元,已售出商品未收到的货款 400 万元,则该企业 12 月份商品销售收入为(　　)万元。

A. 1 000　　B. 1 300

C. 1 400　　D. 1 700

二、多项选择题

1. 会计信息的质量要求包括(　　)等。

A. 权责发生制　　B. 可靠性

C. 可比性　　D. 历史成本

2. 以收付实现制为核算基础,下列各项属于 6 月份收入或费用的是(　　)。

A. 6 月份支付下期的房租　　B. 6 月份预收的款项

C. 6 月份预付的款项　　D. 6 月份采购设备尚未支付的款项

3. 会计分期这一基本假设的主要意义在于(　　)。

A. 使会计原则建立在非清算基础之上

B. 产生了当期与以前期间、以后期间的差别

C. 界定了提供会计信息的时间和空间范围

D. 为分期结算账簿、编制财务报告以及相关会计原则的使用奠定了理论与实务的基础

4. 出现下列(　　)情况时,即表明企业不能持续经营。

A. 出现重大财务困难　　B. 改组合并

C. 涉及诉讼　　D. 转产生产新产品

5. 下列项目中,可以作为一个会计主体进行核算的有(　　)。

A. 销售部门　　B. 分公司

C. 母公司　　D. 企业集团

6. 下列各项中,属于会计职能的有(　　)。

A. 预测经济前景　　B. 参与经济决策

C. 评价经营业绩　　D. 实施会计监督

7. 下列各项中,(　　)运用了会计核算专门方法。

A. 编制会计凭证　　B. 登记现金和银行存款日记账

C. 编制资产负债表　　D. 聘请注册会计师对报表进行审核

8. 下列关于会计的表述中,正确的有(　　)。

A. 会计是一种经济管理活动

B. 会计的基本职能是对经济活动进行核算和监督

C. 会计的主要计量单位是货币

D. 企业法人、非法人单位都可以成为会计主体

9. 在会计核算方法体系中的主要工作程序或工作过程，涉及三个环节，分别是(　　)。

A. 填制会计凭证　　B. 登记会计账簿

C. 计算产品成本　　D. 编制财务报表

10. 为了贯彻可靠性的要求，企业应该做到(　　)。

A. 以实际发生的交易或者事项为依据进行确认、计量和报告

B. 在符合重要性和成本效益原则的前提下，保证会计信息的完整性

C. 在财务报告中的会计信息应当是中立的、无偏的

D. 提供的会计信息应当与投资者的经济决策需要相关

三、判断题

1. 投资者、债权人、政府部门、企业管理者都属于企业的外部信息使用者。(　　)

2. 会计核算的方法：填制和审核会计凭证、设置会计科目和账户、复式记账、登记会计账簿、成本计算、财产清查、编制财务会计报告等，这几种方法各自都是独立的。(　　)

3. 事业单位会计要素划分为资产、负债、所有者权益、收入、费用、利润。(　　)

4. 为了满足会计信息可比性要求，企业不得变更会计政策。(　　)

5. 权责发生制基本要求，企业应当在收入已经实现或费用已经发生时就进行确认，而不必等到实际收到或支付现金时才确认。(　　)

6. 企业出现严重财务困难时，即表明企业不能持续经营。(　　)

7. 由于有了持续经营这个会计核算的基本前提，才产生了本期与非本期的区别，从而出现了权责发生制与收付实现制。(　　)

8. 作为一个法人，应当独立反映其财务状况、经营成果和现金流量，因而有必要将每个法人作为一个会计主体进行核算。(　　)

9. 会计监督的合法性审查主要是检查各项财务收支是否符合特定对象的财务收支计划，是否有利于预算目标的实现等。(　　)

10. 会计核算的各种方法是互相独立的，一般按会计部门分工，由不同的会计人员来独立处理。(　　)

11.《小企业会计准则》一般适用于在我国境内依法设立、经济规模较小的企业。(　　)

12. 会计基本假设是对会计核算所处的时间、空间环境等所作出的合理假设。(　　)

13. 法人可以作为会计主体，但会计主体不一定是法人。(　　)

第二章

会计要素与会计等式

学习目标

1. 掌握会计要素的含义；
2. 掌握会计要素的核算与计量；
3. 掌握会计等式的表现形式；
4. 掌握经济业务对会计等式的影响。

案例引入

小王大学毕业后一直从事销售工作，经过几年的努力，积累了一定的资金，为了更好地体现自身价值，他决定成立一家销售公司。在公司成立之初，小王将多年的积蓄100万元作为注册资本投入公司，同时向银行借款100万元。经过一年的努力经营，年末取得销售收入100万元，因销售发生的各项支出60万元。

[思考]

1. 在公司成立之初，小王投入的资金和向银行的借款，分别反映的会计要素是什么？各要素之间的关系是什么？

2. 年末公司取得的销售收入和各项支出，分别反映的要素是什么？各要素之间的关系是什么？

第一节　会计要素及其确认与计量

一、会计要素的含义

会计要素是指根据交易或者事项的经济特征所确定的财务会计对象的基本分类，是会计核算对象的具体化，是用于反映特定会计主体财务状况和经营成果的基本单位，是构成财务报表的基本构件，也称会计报表要素。

我国《企业会计准则》将会计要素划分为资产、负债、所有者权益、收入、费用和利润六大类。其中，前三类是反映企业财务状况的会计要素，在资产负债表中列示，也称资产负债表要素，反映企业在一定日期的财务状况，表现为资金运动的相对静止状态，属于静态的会计要素。后三类是反映企业经营成果的会计要素，在利润表中列示，也称利润表会计要素，反映企业在一定时期内的经营成果，表现为资金运动的显著变动状态，属于动态要素。

二、会计要素确认

（一）资产

1. 资产的含义与特征

资产是指过去的交易或事项形成的、由企业拥有或者控制的、预期会给企业带来经济利益的资源。

资产具有以下特征：

(1) 资产是由企业过去的交易或事项形成的

这是指企业已经发生的交易或事项，包括购买、生产、建造等交易或事项。预期在未来发生的交易或者事项不形成资产。例如，A 企业准备下个月购买一台设备，由于相关交易没有发生，准备购买设备就不能作为企业的资产，而应在实际购买的当月确认为企业的资产。

经济交易是指单位和其他单位和个人之间发生的各种经济利益交换，如销售商品、提供劳务等。经济事项是指单位内部发生的具有经济影响的各类事件，如计提固定资产折旧、报销差旅费等。

(2) 资产是企业拥有或者控制的资源

这是指企业享有某项资源的所有权或者不享有某项资源的所有权，但在某些条件下，该资源能被企业所控制。例如，经营租入的资产，由于企业不拥有其所有权且难以控制，因而不能将其作为企业的资产；而融资租入的资产虽然企业不拥有其所有权，却能够控制，因而应将其作为企业的资产。把企业虽不拥有但行使控制权的资产纳入会计核算的范畴，反映了客观的经济实质，是实质重于形式原则的具体表现。

(3) 资产预期会给企业带来经济利益

这是指资产有直接或者间接地导致现金和现金等价物流入企业的潜在能力，是资产的重要特征。企业以前已经确认为资产的项目，如果未来不能再为企业带来经济利益，也就不能再确认为企业的资产。如资产发生毁损、变质或者债务人破产导致企业应收账款无法收回等，此时应作为费用或损失处理。

2. 资产的确认条件

资产的确认除了要符合资产的定义外，还应同时满足以下两个条件：

(1) 与该资源有关的经济利益很可能流入企业

资产的一个特征是预期给企业带来经济效益，但在会计实务中，由于经济环境瞬息万变，与该资源有关的经济利益能否流入企业实际上具有一定的不确定性，因此，资产的确认还应与经济利益流入的不确定程度的判断结合起来。如果根据编制财务报表时所取得的证据，与该资源有关的经济利益很可能流入企业，那么就将该资产予以确认，反之，不能确认为资产。

(2) 该资源的成本或者价值能够可靠地计量

会计核算既要确认科目，又要确认金额，只有当有关资源的成本或价值能够可靠地计量时，资产才能予以确认。在会计实务中，企业取得的许多资产都需要付出成本。例如，企业购买的存货、购买的设备等，只有实际发生的成本能够可靠计量，才能被视为符合了资产确认的可计量条件。

符合资产的定义和资产的确认条件的项目，应当列入资产负债表；符合资产定义，但不符合确认条件的项目，不应当列入资产负债表。

3. 资产的分类

资产按流动性进行分类，可分为流动资产和非流动资产。

(1) 流动资产

流动资产是指预计在一个正常营业周期中变现、出售或耗用，或者主要为交易目的而持有，或者预计在资产负债表日起一年内(含一年)变现的资产，以及自资产负债表日起一年内交换其他资产或清偿负债的能力不受限制的现金或现金等价物。

一个正常营业周期是指企业从购买用于加工的资产起至实现现金或现金等价物的期间。正常的营业周期通常短于一年，在一年内有几个营业周期。但是，也存在正常营业周期长于一年的情况，在这种情况下，与生产循环相关的产成品、应收账款、原材料尽管是超过一年才变现、出售或耗用，仍应作为流动资产。当正常营业周期不能确定时，应当以一年(12 月)作为正常的营业周期。

流动资产通常包括：货币资金、交易性金融资产、存货、应收及预付款项等。

(2) 非流动资产

非流动资产是指流动资产以外的资产。包括可供出售的金融资产、长期股权投资、持有至到期投资、投资性房地产、固定资产、在建工程、工程物资、无形资产、长期待摊费用等。

(二) 负债

1. 负债的含义和特征

负债是指过去诉交易或事项形成的、预期会导致经济利益流出企业的现时义务。负债具有以下特征：

(1) 负债是由企业过去的交易或事项形成的

只有过去的交易或事项才形成负债，企业将在未来发生的承诺、签订的合同等交易或者事项，不形成负债。例如，2015 年 6 月份，远洋公司与银行达成了 1 个月后借入 500 万元的长期借款的意向书，由于借款尚未发生，但未来可能发生，则 6 月份远洋公司还不能将 500 万元确认为企业的负债。

(2) 负债是企业承担的现时义务

现时义务是指企业在现行条件下已承担的义务。例如，企业购买原材料形成的应付账款、企业向银行借入的期限在一年内的款项形成的短期借款、企业按照税法规定应当缴纳的税款等均属于企业承担的现时义务。而企业将在未来发生的交易或事项形成的义务，不属于现时义务，不得确认为负债。

(3) 负债预期会导致经济利益流出企业

企业在履行现时义务清偿各种负债时，会导致经济利益流出企业。而经济利益流出企业的形式是多种多样的。例如，用现金偿还或以实物资产形式偿还；以提供劳务形式偿还；用部分转移资产、部分提供劳务的形式偿还等。

2. 负债的确认条件

将一项现时义务确认为负债，需要符合负债的定义，还应当同时满足以下两个条件：

(1) 与该义务有关的经济利益很可能流出企业

负债的特征是预期会导致经济利益流出企业,但在会计实务中,履行义务所需流出的经济利益具有一定的不确定性,因此,负债的确认应当与经济利益流出的不确定性程度的判断联系起来,如果有确凿证据表明,与现时义务有关的经济利益很可能流出企业,那么就作为负债予以确认;反之,不能确认为负债。

(2) 未来流出的经济利益的金额能够可靠地计量

负债的确认在考虑经济利益流出企业的同时,对于未来流出的经济利益和金额应当能够可靠计量。

3. 负债的分类

按偿还期限的长短,一般将负债分为流动负债和非流动负债。

(1) 流动负债

流动负债是指预计在一个正常营业周期中偿还,或者主要为交易目的而持有或者自资产负债表日起一年内(含一年)到期应予以清偿,或者企业无权自主地将清偿推迟至资产负债表日以后一年以上清偿。主要包括短期借款、应付及预收款项、应付职工薪酬、应交税费、应付利息、应付股利等。

(2) 非流动负债

非流动负债是指流动负债以外的负债。主要包括长期借款、应付债券和长期应付款等。

(三) 所有者权益

1. 所有者权益的含义及特征

所有者权益是指企业资产扣除负债后由所有者享有的剩余权益。公司的所有者权益又称股东权益,也称净资产。所有者权益具有以下特征:

(1) 除非发生减资、清算或分派现金股利,企业不需要偿还所有者权益所有者权益作为剩余权益,并不存在确切的、约定的偿还期限,所有者权益在企业经营期内可供企业长期、持续地使用,企业不必向投资者返还资本金。

(2) 企业在清算时,只有在清偿所有的负债后,所有者权益才返还给所有者清算时,一般按照下列顺序清偿债务:清算企业所欠职工工资和劳动保险费用、清偿企业所欠税款、清算债权。上述清算完毕后,再对优先股股东清算,如果资产依然有盈余,再对普通股股东清算。

(3) 所有者凭借所有者权益能够参与企业的利润分配。企业所有者凭借其对企业投入的资本,享有税后分配利润的权利。所有者权益是企业分配税后净利润的主要依据,而债权人除按规定取得利息外,无权分配企业的利润。

2. 所有者权益的确认条件

所有者权益的确认、计量不能单独进行,主要取决于资产、负债、收入、费用等其他会计要素的确认和计量。所有者权益在数量上等于企业资产总额扣除债权人权益后的净额,即为企业的净资产,反映所有者(股东)在企业资产中享有的经济利益。

3. 所有者权益的分类

所有者权益的来源包括所有者投入的资本、直接计入所有者权益的利得和损失、留存收益等。按其构成内容不同,具体表现为实收资本(股份有限公司的“股本”)、资本公积(含资本溢价、股本溢价、其他资本公积)、盈余公积和未分配利润。其中盈余公积和未分配利润统称为留存收益。

（四）收入

1. 收入的含义与特征

收入是指企业在日常活动中形成的、会导致所有者权益增加的、与所有者投入资本无关的经济利益的总流入。日常活动是指企业为完成其经营目标所从事的经常性活动以及与之相关的活动。具有以下特征：

（1）收入是企业在日常活动中形成的

凡是日常活动中所形成的经济利益总流入都应当确认为收入。例如，工业企业制造并销售产品、商业企业销售产品、保险公司签发保单、商业银行对外贷款、安装公司提供安装服务等均属于企业的日常活动。处置固定资产属于非日常活动，所形成的净收益应不能确认为收入，而应当确认为利得。

（2）收入会导致所有者权益的增加

与收入相关的经济利益流入应当导致所有者权益的增加，不会导致所有者权益增加的经济利益的流入不符合收入的定义，不应确认为收入。例如，企业向银行借入款项，也导致经济利益流入企业，但并不导致所有者权益的增加，还使企业承担了一项现时义务，不应将其确认为收入，应当确认为一项负债。

（3）收入是与所有者投入资本无关的经济利益总流入

所有者投入资本的增加不应当确认为收入，而应当确认为所有者权益。

2. 收入的确认条件

收入的确认除了应当符合定义外，还应当符合以下条件：与收入相关的经济利益应当很可能流入企业，经济利益流入企业的结果会导致资产的增加或者是负债的减少，经济利益的流入额能够可靠地计量。

符合收入的定义和收入确认条件的项目，应当列入利润表。

3. 收入的分类

（1）收入按企业经营业务的主次可分为主营业务收入和其他业务收入。主营业务收入是由企业的主营业务带来的收入，如工业企业的销售商品、提供劳务等主营业务所实现的收入；其他业务收入是指除主营业务活动外的其他经营活动实现的收入，如工业企业出租固定资产、出租无形资产、出租包装物和商品、销售材料等实现的收入。

（2）收入按性质不同，可分为销售商品收入、提供劳务收入、让渡资产使用权收入等。

（五）费用

1. 费用的含义和特征

费用是指企业在日常活动中发生的，会导致所有者权益的减少、与向所有者分配利润无关的经济利益总流出。具有以下特征：

（1）费用是企业在日常活动中发生的

企业非日常活动中形成的经济利益流出不能确认为费用，而应计入损失。例如，远洋公司进行产品广告宣传，花费 2 万元，应该确认为企业的费用，但是企业处置固定资产发生的损失 1 万元，与企业日常活动无关，具有偶发性，不能作为企业的费用处理，而应该确认为营业外支出。

（2）费用导致所有者权益的减少

与费用相关的经济利益流出，可能表现为资产的减少，如减少银行存款、库存现金、原材料等;也可表现为负债的增加,如增加应付职工薪酬、应交税费等。费用可以理解为资产的耗费,与资源流入企业所形成的收入正好相反,其目的是为了取得收入,从而获得更多的资产。

(3) 费用是与所有者分配利润无关的经济利益的总流出

企业向所有者分配利润也会导致经济利益流出企业,而该经济利益的流出属于所有者权益的抵减项目,不应确认为费用。

2. 费用的确认条件

费用的确认除符合定义外,还应该符合以下条件:①与费用相关的经济利益应当很可能流入企业;②经济利益流出企业的结果会导致资产的减少或负债的增加;③经济利益的流出额能够可靠地计量。

符合费用的定义和费用的确认条件的项目,应当列入利润表。

3. 费用的分类

费用按照与收入的配比关系不同,分为生产费用和期间费用。

生产费用是指与企业日常生产经营活动有关的费用,按其经济用途可分为直接材料、直接人工和制造费用。生产费用应按实际发生情况计入产品的生产成本;对于生产几种产品共同发生的生产费用,应当按受益原则,采用适当的方法和程序分配计入相关的产品的生产成品。

期间费用是指企业本期发生的,不能直接或间接归入产品生产成本,而应直接计入当期的各项费用,包括管理费用、销售费用和财务费用。会计期末在利润表中分项目列示。

(六) 利润

1. 利润的含义和特征

利润是指企业在一定会计期间的经营成果。通常情况下,如果企业实现了利润,表明企业的所有者权益将增加,业绩得到了提升;反之,如果企业发生了亏损,表明企业的所有者权益减少,业绩下降。利润是评价企业管理层业绩的指标之一,也是投资者等财务会计报告使用者进行决策时的重要参考依据。

2. 利润确认的条件

利润反映收入减去费用、直接计入当期利润的利得减去损失后的净额。利润的确认主要依赖于收入和费用,以及直接计入当期利润的利得和损失的确认,其金额的确定也主要取决于收入、费用、利得、损失金额的计量。

3. 利润的分类

利润包括收入减去费用后的净额,直接计入当期损益的利得和损失等。其中,收入减去费用后的净额反映企业日常活动的经营业绩,属于营业利润;直接计入当期损益的利得和损失反映企业非日常活动的经营业绩。营业利润加上营业外收入减去营业外支出后的金额,构成了利润总额;利润总额再减去所得税费用后的金额,形成了企业的净利润。

三、会计要素的计量

会计要素的计量是为了将符合确认条件的会计要素登记入账并列入财务报表而确定其金额的过程。企业应当按照规定的会计计量属性进行计量,确定相关金额。

会计计量属性是指会计要素的数量特征或外在表现形式,反映了会计要素金额的确定基础,主要包括历史成本、重置成本、可变现净值、现值和公允价值等。

1. 历史成本

历史成本又称实际成本,是指为取得或制造某项财产物资实际支付的现金或其他等价物。

在历史成本计量下，资产按照购置时支付的现金或者现金等价物的金额，或者按照购置资产时所付出的对价的公允价值计量；负债按照因承担现时义务而实际收到的款项或者资产的金额，或者承担现时义务的合同金额，或者按照日常活动中为偿还负债预期需要支付的现金或者现金等价物的金额计量。

历史成本计量，要求对企业资产、负债和所有者权益等项目的计量，应当基于实际业务的实际交易成本，而不考虑随后市场价格变动的影响。例如，企业购入一台设备作为固定资产使用，在取得该固定资产时以实际支付的价款作为入账价值，确定该固定资产的入账价值就是历史成本。

2. 重置成本

重置成本又称现行成本，是指按照当前市场条件，重新取得同样一项资产所需要支付的现金或现金等价物金额。

在重置成本计量下，资产按照现在购买相同或者相似资产所需支付的现金或现金等价物的金额计量；负债按照现在偿付该项负债所需支付的现金或者现金等价物的金额计量。例如，企业在财产清查时发现一项盘盈的固定资产，对于该盘盈的固定资产计量时就应当采用重置成本，即以现在市场上与该盘盈固定资产相同规格型号、相同新旧程度的固定资产的价值作为其重置成本，对其进行计量入账。

重置成本适用的前提是资产处于在用状态，一方面反映资产已经投入使用；另一方面反映资产能够继续使用，对所有者具有使用价值。

3. 可变现净值

可变现净值是指在正常的生产经营过程中，以预计售价减去进一步加工成本和预计销售费用以及相关税费后的净值。

在可变现净值计量下，资产按照其正常对外销售所能收到的现金或者现金等价物的金额扣除该资产至完工时估计将要发生的成本、估计的销售费用（参见2006《企业会计准则——应用指南》），以及相关税费后的金额计量。

作为财务会计核算的一种计量基础，可变现净值也得到了越来越多的运用。比如，根据国家统一的会计准则的规定，在会计期末，存货应当按照成本与可变现净值孰低计量。也就是说，如果存货的可变现净值低于成本，此时，存货就是采用可变现净值作为计量基础。

4. 现值

现值是指对未来现金流量以恰当的折现率进行折现后的价值，是考虑货币时间价值的一种计量属性。

在现值计量下，资产按照预计从其持续使用和最终处置中所产生的未来净现金流入量的折现金额计量；负债按照预计期限内需要偿还的未来净现金流出量的折现金额计量。

根据国家统一的会计准则的规定，对于接受捐赠的固定资产，如果捐赠方没有提供有关凭据，同时同类或类似固定资产也不存在活跃市场，企业应按接受捐赠的固定资产的预计未来现金净流量现值，作为入账价值；对于盘盈的固定资产，如果同类或类似固定资产不存在活跃市场，企业应按该项固定资产的预计未来现金净流量现值，作为入账价值。这些都是现值运用的具体表现形式。

5. 公允价值

公允价值是指市场参与者在计量日发生的有序交易中，出售一项资产所能收到或者转移一项负债所需支付的价格。

公允价值计量主要用于交易性金融资产、可供出售的金融资产及投资性房地产的计量，相对于历史成本计量，公允价值计量具有更高的相关性。例如，远洋公司购买某上市公司200万股股票，将其作为交易性金融资产核算，购买日该股票在证券市场成交价格为15元，则该交易性金融资产按公允价值入账的金额为3 000万元。

企业在对会计要素进行计量时，一般应当采用历史成本。在某些情况下，如果采用其他计量属性提供的财务报告信息更加可靠、更加公允的话，可以使用其他计量属性。但采用重置成本、可变现净值、现值、公允价值计量的，应当保证所确定的会计要素金额能够持续取得并可靠计量。

第二节 会计等式

会计等式又称会计恒等式、会计方程式或会计平衡公式，它是表明各会计要素之间基本关系的等式。

一、会计等式的表现形式

（一）反映财务状况的等式

财务状况等式也称基本会计等式和静态会计等式，是用以反映企业某一特定时点资产、负债和所有者权益三者之间平衡关系的会计等式。其中，资产表明了企业资金的占用，负债和所有者权益表明了企业资金的来源，一个正常持续经营的企业，不论在任何一个时点上，有多少资金来源，必然形成多少资金占用，即资金占用等于资金来源。资金占用是资产，表明企业拥有什么样的经济资源和多少经济资源；资金来源是权益，表明是谁提供了这些经济资源，谁对这些经济资源拥有要求权。其中，根据要求权不同，权益又分为债权人权益和投资者权益，所以就形成了资产＝债权人权益＋投资者权益或资产＝权益，债权人的权益构成负债，投资者权益构成所有者权益，资产、负债和所有者权益三者也可表现为资产＝负债＋所有者权益。所以，在会计期间的任一时刻，会计恒等式表现为：

资产＝权益

资产＝债权人权益＋投资者权益

资产＝负债＋所有者权益

这是最基本的会计等式。这一会计等式既表明了某一会计主体的某一特定时点所拥有的各种资产，同时也表明了这些资产的归属关系。这一等式是反映某一会计时点上企业的财务状况，因此，该等式被称为静态会计等式，是编制资产负债表的依据。

（二）反映经营成果的等式

经营成果等式也称动态会计等式，是用以反映企业一定时期收入、费用和利润之间恒等关系的会计等式。企业在一定的时间段内经营的目的是从生产经营活动中获取收入、实现盈利。企业在取得收入的同时，也必然发生相应的费用，企业在一定时期所获得的收入扣除所发生的各项费用后的净额，即表现为利润。收入、费用和利润三个会计要素之间的经济关系可表示为：

收入－费用＝利润

这一等式是对财务状况等式的补充和发展，是企业编制利润表的基础。在具体工作中，由于营业外收入不属于狭义的收入范畴，营业外支出也不属于狭义的费用范畴，所以，通常收入减去费用后，经过调整加上营业外收入减去营业外支出才等于利润。

（三）财务状况等式和经营成果等式的联系

企业一定时期内取得的经营成果能够对资产、负债和所有者权益产生影响。收入可导致所有者权益的增加或负债的减少，最终会导致所有者权益的增加；费用可导致企业资产减少或负债的增加，最终会导致所有者权益的减少。所以，在一定会计期间的经营成果必然会影响一定时点的财务状况。在一定会计期间内，将六大要素联系起来看，就可以得出如下勾稽关系：

期末结账前：资产＝负债＋所有者权益＋（收入－费用）

或者：资产＝负债＋所有者权益＋利润

期末结账后：资产＝负债＋所有者权益

结账后的等式中的所有者权益包括了“当期实现的利润”。

资产＝负债＋所有者权益＋（收入－费用）这一等式动态地反映了企业财务状况和经营成果之间的关系。当收入大于费用，企业有利润，将使资产增加或负债减少，财务状况好转；当收入小于费用，企业发生亏损，将会使资产减少或负债增加，财务状况恶化。该等式可以变形为：资产＋费用＝负债＋所有者权益＋收入。

由此可见，会计等式揭示了会计要素之间的关系，这对于进一步探讨账户、复式记账和试算平衡等提供了理论基础。

二、经济业务对会计等式的影响

经济业务又称会计事项，是指在经济活动中使会计要素发生增减变动的交易或者事项。企业在生产经营过程中，每天会发生多种多样、错综复杂的经济业务，从而引起各会计要素的增减变动，但是，这些业务不论多么复杂，只能影响要素的数量，最终并不影响等式的恒等关系。

（一）经济业务对财务状况等式“资产＝负债＋所有者权益”的影响

根据企业经济业务对财务状况等式的影响不同，可以分为以下九种基本类型：

(1) 一项资产增加，另一项资产等额减少的经济业务；

(2) 一项资产增加，一项负债等额增加的经济业务；

(3) 一项资产增加，一项所有者权益等额增加的经济业务；

(4) 一项资产减少，一项负债等额减少的经济业务；

(5) 一项资产减少，一项所有者权益等额减少的经济业务；

(6) 一项负债增加，一项负债等额减少的经济业务；

(7) 一项负债增加，一项所有者权益等额增加的经济业务；

(8) 一项所有者权益增加，一项负债等额减少的经济业务；

(9) 一项所有者权益增加，一项所有者权益等额减少的经济业务。

上述九项经济业务的发生，均不影响财务状况等式的平衡关系。其中，经济业务(1)、(6)、(7)、(8)、(9)使财务状况等式两边的金额保持不变；经济业务(2)、(3)使财务状况等式两边的金额等额增加；经济业务(4)、(5)使财务状况等式两边的金额等额减少。

（二）经济业务对“资产＝权益”的影响

根据经济业务的发生引起“资产＝权益”等式两边会计要素变动的方式，可归纳以下四种类型：

(1) 会计等式两边项目同时等额增加;
(2) 会计等式两边项目同时等额减少;
(3) 会计等式左边(资产)有关项目等额一增一减;
(4) 会计等式右边(负债+所有者权益)有关项目等额一增一减。

本章小结

本章主要介绍了会计要素的含义,会计要素如何确认与计量,会计等式,经济业务如何影响会计等式。

基本概念

会计要素、资产、负债、所有者权益、收入、费用、利润、历史成本、重置成本、可变现净值、现值、公允价值、会计等式。

思考题

1. 会计有几大要素?
2. 各要素如何确认与计量?
3. 各要素的计量方式有哪些?
4. 会计等式是什么?
5. 经济业务如何影响会计等式?

实训(练习)题

一、单项选择题

1. 我国(　　)将会计要素划分为资产、负债、所有者权益、收入、费用和利润六类。
   A.《企业会计准则》　　B.《中华人民共和国会计法》
   C.《会计基础工作规范》　　D.《企业会计制度》
2. 资产按照预计从持续使用和最终处置中所产生未来净现金流入量的折现金额计量,所采用的计量属性是(　　)。
   A. 历史成本　　B. 重置成本
   C. 可变现净值　　D. 现值
3. 一个企业的资产总额与权益总额(　　)。
   A. 必然相等　　B. 有时相等
   C. 不会相等　　D. 可能相等
4. 下列各项中,(　　)不属于企业资产。
   A. 股本　　B. 融资租入的设备
   C. 经营租出的厂房　　D. 非专利技术
5. 下列项目中,属于负债的是(　　)。
   A. 预付账款　　B. 固定资产
   C. 长期应付款　　D. 其他货币资金

6. 以下各项中,能引起所有者权益总额发生增减变动的是(　　)。

A. 宣告发放现金股利　　B. 发放股票股利

C. 用资本公积转增资本　　D. 用盈余公积弥补亏损

7. 下列表述中,正确反映了"收入-费用=利润"等式的是(　　)。

A. 企业现金的绝对运动形式

B. 资金运动在两个动态要素之间的内在联系

C. 企业在某一时期的经营成果

D. 构成资产负债表的三个基本要素

8. 下列不属于企业的日常活动的是(　　)。

A. 工业企业的产品生产和销售商品　　B. 金融企业的存贷款业务

C. 商业流通企业的商品购销活动　　D. 工业企业出售闲置固定资产

9. 下列各项中,(　　)不应确认为费用。

A. 广告宣传费　　B. 固定资产净损失

C. 管理费用　　D. 财务费用

10. 下列不属于直接计入当期利润的利得和损失的有(　　)。

A. 出租固定资产获得的收益　　B. 处置固定资产的净损失

C. 自然灾害发生的损失　　D. 企业对外捐赠支出

11. 一般而言,企业对外销售商品(不考虑增值税)会引起(　　)。

A. 资产和负债的同时增加　　B. 资产和所有者权益的同时增加

C. 负债和所有者权益同时增加　　D. 以上都不对

12. 下列经济业务,会引起所有者权益总额发生增减变化的是(　　)。

A. 接受投资者投资,款项存入银行　　B. 从银行提取现金

C. 用银行存款偿还应付账款　　D. 采购材料入库,暂未付款

13. 下列各项中,不属于收入的是(　　)。

A. 提供劳务的收入　　B. 销售材料的收入

C. 营业外收入　　D. 固定资产租金收入

14. 收入、费用和利润三要素是企业资金运动的(　　)。

A. 静态表现　　B. 动态表现

C. 综合表现　　D. A、B、C 均正确

15. 下列关于所有者权益的说法,不正确的是(　　)。

A. 所有者权益包括实收资本(或股本)、资本公积、盈余公积和未分配利润等

B. 所有者权益的金额等于资产减去负债后的余额

C. 盈余公积和未分配利润又统称为留存收益

D. 所有者权益包括实收资本(或股本)、资本公积、盈余公积和留存收益等

二、多项选择题

1. 下列经济业务中,能引起会计等式左右两边会计要素同时变动的有(　　)。

A. 收回应收货款　　B. 归还到期借款

C. 收到投资人投入资金　　D. 购买商品,支付货款

2. 下列经济业务，会影响企业利润的项目有(　　)。

A. 接受捐赠　　B. 销售商品取得收入

C. 取得短期借款　　D. 出租固定资产取得收入

3. 下列有关所有者权益的说法，正确的有(　　)。

A. 所有者凭借所有者权益能够参与企业利润的分配

B. 公司的所有者权益又称为股东权益

C. 企业接受投资者投入的资产，在该资产符合资产确认条件时，就相应地符合了所有者权益的确认条件

D. 企业接受投资者投入的资产，当该资产的价值能够可靠计量时，所有者权益的金额也就可以确定

4. 流动负债是指(　　)。

A. 预计在一个正常营业周期中偿还

B. 主要为交易目的而持有

C. 企业无权自主地将清偿推迟至资产负债表日以后一年以上的负债

D. 自资产负债表日起一年内(含一年)到期应予以偿还

5. 关于营业周期的说法，正确的有(　　)。

A. 一个正常营业周期是企业从购买用于加工的资产起至实现现金或现金等价物的期间

B. 当正常营业周期不能确定时，应当以一年(12 个月)作为正常营业周期

C. 正常营业周期通常短于一年，在一年内有几个营业周期

D. 一个正常营业周期不可能长于一年

6. 收入取得后可能表现为(　　)。

A. 资产增加　　B. 所有者权益减少

C. 负债减少　　D. 所有者权益增加

7. 对融资性租入设备的价值进行计量，常用的会计计量属性有(　　)。

A. 历史成本　　B. 重置成本

C. 公允价值　　D. 现值

8. 下列关于会计要素的表述中，正确的有(　　)。

A. 收入是企业在日常活动中形成的　　B. 费用是企业在日常活动中发生的

C. 收入会导致所有者权益的增加　　D. 费用会导致所有者权益的减少

9. 反映资产的现时成本或者现时价值的计量属性有(　　)。

A. 重置成本　　B. 可变现净值

C. 公允价值　　D. 现值

10. 下列会计科目中，(　　)反映费用。

A. 制造费用　　B. 管理费用

C. 财务费用　　D. 主营业务成本

11. 下列等式中正确的有(　　)。

A. 资产＝负债＋所有者权益

B. 资产＝负债＋所有者权益＋(收入－费用)

C. 资产＝负债＋所有者权益＋利润

D. 收入－费用＝利润

12. 下列关于会计等式“收入－费用＝利润”的表述中，正确的有（　　）。

A. 它是对会计基本等式的补充和发展

B. 它表明了企业在一定会计期间经营成果与相应的收入和费用之间的关系

C. 它说明了企业利润的实现过程

D. 它实际上反映的是企业资金运动的绝对运动形式，故也称为静态会计等式

三、判断题

1. 当企业本期收入大于费用时，表示企业取得了盈利，最终导致企业所有者权益的增加。（　　）

2. 企业接受投资者投入实物，能引起资产和所有者权益同时增加。（　　）

3. 企业应当严格区分收入和利得、费用和损失，以便全面反映企业的经营业绩。（　　）

4. A 企业赊购一批甲材料，材料已经验收入库，但尚未付款。该笔业务由于尚未付款，所以不确认 A 企业的负债。（　　）

5. 企业持有某衍生金融工具，其公允价值可以可靠计量。但是由于其发生的实际成本很小，所以不符合资产可计量性的确认条件。（　　）

6. 企业非日常活动所形成的经济利益的流入不能确认为收入。（　　）

7. 可变现净值是指在正常生产经营过程中，以预计售价减去进一步加工成本和预计销售费用以及相关税费后的净值。（　　）

8. 企业行政管理部门领用材料，价值 3 000 元，这 3 000 元材料费应确认为企业的费用。（　　）

9. 每一项经济业务的发生必然会引起会计等式的一方或双方有关项目相互联系的等量的变化。（　　）

10. 利润是收入与相关费用比较的差额。（　　）

11. 利润是评价企业管理层业绩的唯一指标，是投资者等财务报考使用者进行决策时的重要参考依据。（　　）

12. 公允价值强调独立于企业主体之外，站在市场的角度以交易双方达成的市场价格作为公允价值，是对资产和负债以当前市场情况为依据进行价值计量的结果。（　　）

第三章

账户及复式记账

学习目标

1. 掌握会计科目的内涵与分类；
2. 掌握会计账户的概念、结构与分类；
3. 了解复式记账原理；
4. 了解借贷记账法的产生和基本原理；
5. 掌握借贷记账法的内容。

案例引入

2016 年 1 月，小李和小张共同开了一家电脑维修部，他们先租了一间小门店，每月房租 1 000元，第一个月房租已经支付；又花费 2 500 元购买了一些修理用的工具和配件；为了方便出行花费 400 元买了一部自行车；在报纸上做了广告，广告费 750 元，其中 250 元的广告费未支付；支付请来帮助修理电脑的同学的报酬 300 元；月末收到水电费缴费单，共计 100 元尚未支付；当月电脑维修全部收入 10 000 元已存入银行。

[思考]

1. 用什么方法将这些经济业务进行清晰的划分，以便于核算？
2. 如何运用借贷记账法？

第一节　会计科目与会计账户

一、会计科目

（一）设置会计科目的意义

会计科目是对会计要素的内容进一步分类核算的项目。设置会计科目是会计核算方法之一。

设置会计科目是进行会计核算工作的前提条件，是整个会计核算系统的基础，是填制凭证、登记账簿的先决条件，只有设置了会计科目，才会使会计信息使用者掌握与分析企业的财务状况和经营成果成为可能。

会计科目必须根据会计准则与国家统一的行业会计制度的规定设置和使用。企业在不影响会计核算的要求及对外提供统一的财务报表的前提下，可以根据企业自身的特点，自行设置符合企业需要的会计科目，以更好地反映和监督本企业经济业务活动的情况。

（二）设置会计科目的原则

设置会计科目是会计核算的方法之一。为了更好地发挥财务会计的作用，使会计主体提供的会计信息口径一致，便于相互比较，易于理解，各会计主体在设置会计科目时，一般遵循以下原则：

1．结合会计对象的特点，全面反映会计对象的内容

所谓结合会计对象的特点，就是根据不同单位经济业务的特点，本着全面核算其经济业务的全过程及结果的目的，来确定应该设置哪些会计科目。设置会计科目首先应保证全面、系统地反映会计对象的全部内容，其次还必须反映会计对象的特点。除了设置各个行业具有共性的会计科目外，还应该根据各个行业会计对象的不同特点，设置相应的会计科目。例如，制造业企业的生产经营活动主要围绕制造产品展开，因而必须设置反映生产耗费的成本类会计科目，如“生产成本”“制造费用”等；商品流通企业的基本经济活动是购销商品，因而必须设置反映商品采购、商品销售以及在购、销、存环节发生的各项费用的会计科目，如“库存商品”“商品进销差价”等。

2．符合经济管理的要求

所谓设置会计科目要符合经济管理的要求，一是要符合国家宏观经济管理的要求，根据宏观经济管理要求来划分经济的类别，设定分类的标识；二是要符合企业自身经济管理的要求，从为企业的经营预测、决策及管理提供会计信息出发，设置分类的项目；三是要符合包括企业的投资者、债权人在内的各有关方面了解企业财务状况、经营成果和财务状况变动情况的要求。因此，在设置会计科目时要兼顾对外报告和企业内部经营管理的需要，并根据提供信息的详细程度，分别设置总分类科目和明细分类科目。

3．将统一性与灵活性结合起来

由于不同会计主体的经济业务差别很大，在设置会计科目，进而对会计要素的增减变动进行分门别类的核算时，需要将统一性与灵活性结合起来。所谓统一性，就是在设置会计科目时，要根据《企业会计准则——应用指南》的要求对一些主要会计科目的设置及其核算内容进行统一的规定，统一核算指标的计算标准、口径。所谓灵活性，就是在能够提供统一核算指标的前提下，根据《企业会计准则——应用指南》的规定，在不违反会计准则中有关确认、计量和报告规定的前提下，根据本单位的实际情况自行增设、分拆、合并会计科目。对于企业不存在的交易或者事项，则不设置相关的会计科目。例如，某些制造费用较少且管理上不要求对其考核的制造业企业，根据管理要求可将“生产成本”“制造费用”两个会计科目合并为一个“制造成本”科目等。

4．会计科目名称要简单明确、字义相符、通俗易懂

会计科目作为分类核算的标识，要求名称简单明确、字义相符和通俗易懂，这有助于防止误解和消除混乱。简单明确是指根据经济业务的特点，要尽可能简洁明确地规定会计科目的名称；字义相符是指按照中文习惯，能够望文生义，不致产生误解；通俗易懂是指要尽量避免使用难懂的文字，便于大多数人正确理解。会计科目的名称除了要求简单明确、字义相符和通俗易懂之外，还要尽量采用在经济生活中习惯的名称，以避免不必要的误解。

5．既要适应经济业务发展的需要，又要保持相对稳定性

会计科目的设置要适应社会经济环境的变化和本单位业务发展的需要。例如，为了反映和监督商品交易中因预收款或预付款而形成的债权债务关系，核算中应单独设置“预收账款”和“预付账款”科目，即把预收货款、预付货款的核算从“应收账款”和“应付账款”科目中分离出来。同时，为了便于不同时期会计指标的分析、比较，以及在一定范围内汇总核算指标，会计科目应保持相对稳定，不能经常变动会计科目的名称和核算口径，以保持不同时期会计信息的可比性。

（三）会计科目的分类

会计科目是根据经济管理的需要，按照经济业务核算的要求，对各会计要素具体内容加以分类的项目。

1. 会计科目按经济内容分类

按经济内容，会计科目可分为资产类、负债类、共同类、所有者权益类、成本类及损益类。参照新准则规定，常用会计科目如表 3-1 所示。

表 3-1　会计科目表

编号	会计科目
一、资产类	
1001	库存现金
1002	银行存款
1012	其他货币资金
1101	交易性金融资产
1121	应收票据
1122	应收账款
1123	预付账款
1131	应收股利
1132	应收利息
1221	其他应收款
1231	坏账准备
1401	材料采购
1402	在途物资
1403	原材料
1404	材料成本差异
1405	库存商品
1408	委托加工物资
1411	周转材料
1471	存货跌价准备
1501	持有至到期投资
1502	持有至到期投资减值准备
1503	可供出售金融资产
1511	长期股权投资
1512	长期股权投资减值准备
1521	投资性房地产
1531	长期应收款
1532	未实现融资收益
1601	固定资产
1602	累计折旧
1603	固定资产减值准备
1604	在建工程
1605	工程物资
1606	固定资产清理
1701	无形资产
1702	累计摊销
1703	无形资产减值准备
1711	商誉
1801	长期待摊费用
1811	递延所得税资产
1901	待处理财产损溢
二、负债类	
2001	短期借款
2101	交易性金融负债
2201	应付票据
2202	应付账款
2203	预收账款
2211	应付职工薪酬
2221	应交税费
2231	应付利息
2232	应付股利
2241	其他应付款
2501	长期借款
2502	应付债券
2701	长期应付款
2702	未确认融资费用
2801	预计负债
2901	递延所得税负债
三、共同类	
3101	衍生工具
3201	套期工具
3202	被套期项目
四、所有者权益类	
4001	实收资本
4002	资本公积
4101	盈余公积
4102	本年利润
4104	利润分配
4201	库存股
五、成本类	
5001	生产成本
5101	制造费用
5201	劳务成本
5301	研发支出
六、损益类	
6001	主营业务收入
6011	利息收入
6051	其他业务收入
6061	汇兑损益
6101	公允价值变动损益
6111	投资收益
6301	营业外收入
6401	主营业务成本
6402	其他业务成本
6403	税金及附加
6601	销售费用
6602	管理费用
6603	财务费用
6701	资产减值损失
6711	营业外支出
6801	所得税费用
6901	以前年度损益调整

2. 会计科目按提供信息的详细程度分类

为了能更详细地反映企业会计要素的增减变化，会计科目按照其隶属关系可分为总分类科目、明细分类科目，明细分类科目又可分为二级明细科目和三级明细科目。各级明细分类科目是对上级科目的进一步分类。例如，工业企业中的“原材料”是属于总分类科目，在总分类科目下又分为“库存原料”“库存材料”“辅助材料”和“燃料”等二级明细科目，而在二级明细科目下再根据材料的品种、规格、型号等分设三级明细科目。

二、会计账户

（一）会计账户的概念

会计账户简称账户，是指具有一定格式，用来分类、连续地记录经济业务，反映会计要素增减变动及其结果的一种工具。每一个账户都有一个名称，核算特定的经济业务内容，会计科目就是账户的名称。

会计科目与会计账户既有联系，又有区别，它们都是对会计对象具体内容的项目分类，二者核算的内容一致，性质相同。会计科目是设置账户的依据，是账户的名称，账户是会计科目的具体运用，具有一定的结构和格式，并通过其结构反映某项经济业务内容的增减变动及其金额。没有会计科目，账户便失去了设置的依据；没有账户，就无法发挥会计科目的作用。两者的区别是：会计科目仅仅是账户的名称，不存在结构，而账户则具有一定的格式和结构。在实际工作中，对会计科目和账户不加严格区分，而是相互通用的。

（二）会计账户的结构

账户的结构就是指账户的格式。为了全面、清晰地反映各项经济业务的内容，账户必须有特定的结构，使错综复杂的经济业务能完整、准确地记录在账户上。经济业务所引起的资金变动，不外是增加和减少这两种情况，因此账户的结构也相应地划分为两个基本部分：一部分反映数额的增加；另一部分反映数额的减少，增减相抵后的差额称为余额。

账户的格式虽有不同，但内容应包括以下各项：

① 账户的名称（会计科目）；

② 日期和凭证号数；

③ 经济业务的内容摘要；

④ 增加额和减少额；

⑤ 余额。

现将借贷记账法下的账户结构列示如表 3-2 所示。

表 3-2　会计科目(账户名称)

年		凭证号数	摘要	借方	贷方	借或贷	余额
月	日						

在借贷记账法下，账户的左方称为“借方”，右方称为“贷方”，借贷是记账符号，分别反映各会计要素的增减变化。

在上述账户中，每个账户在特定会计期间借方金额合计称为借方发生额，贷方金额合计称为贷方发生额，它们与期初余额和期末余额有如下关系存在：

期末余额＝期初余额＋本期增加发生额合计－本期减少发生额合计

（三）会计账户的分类

1. 账户按照经济内容分类

账户的经济内容是指账户反映的会计要素的具体内容。因此，在我国，账户按经济内容分类可分为资产类账户、负债类账户、共同类账户、所有者权益类账户、成本类账户和损益类账户。

2. 账户按提供信息的详细程度及其统驭关系分类

账户是根据会计科目开设的，会计科目分为总分类科目和明细分类科目，所以，根据总分类科目开设总分类账户，根据明细分类科目开设明细分类账户。明细分类账对总分类账进行必要的补充说明，总分类账对明细分类账起统驭作用。

三、复式记账的原理

（一）复式记账的概念与特点

记账方法是指在会计核算中，根据一定的原理和规则，在账户中记录经济业务的一种专门方法。记账方法在会计的发展过程中出现过两种，即单式记账法和复式记账法。

1. 单式记账法

单式记账法是对发生的每一项经济业务所引起的会计要素的增减变动，只在一个账户中进行单方面记录的一种记账方法。在这种方法下，企业仅设置库存现金、银行存款、应收账款和应付账款 4 本账，一般只记录货币资金的收付和债权、债务的增减，而对其他项目的变化则不做记录。例如，以现金购买材料 6 000 元，只记录库存现金减少而不同时反映原材料增加。至于原材料的结存数只有通过实地盘点求得。在单式记账法下，账户设置不完善，账户之间没有严密的对应关系，记录结果无法提供翔实的会计信息，难以反映经济活动的全貌。同时账户记录无法进行试算平衡，查找错误较难。所以单式记账法是不科学、不完善的，不符合现代会计核算要求和信息质量要求，随着经济的发展，单式记账法必然会发展到复式记账法。

2. 复式记账法

复式记账法是随着经济的发展在单式记账法的基础上发展起来的一种比较完善的记账方法。其概念是：对发生的每一笔业务所引起的会计要素的变化都必须以相等的金额，在两个或两个以上的账户中相互联系地进行登记。如前例，用现金购买 6 000 元材料（含税），对于这笔业务，在复式记账法下，一方面需在“库存现金”账户中登记减少 6 000 元；另一方面须以相等的金额在“原材料”和“应交税费”账户中登记增加 6 000 元。这样既可以根据“库存现金”账户及时查明现金的结余数，又可根据“原材料”账户查明其结存数量和价值。

3. 复式记账法的特点

复式记账法的特点可概括如下：

（1）由于所有经济业务引起有关账户的数量变化不外乎是增加和减少两种情况，因此，在复式记账法下设置的所有账户的结构都包括两个基本部分：一部分记录增加；另一部分记录减少。

（2）由于经济业务的发生，或引起恒等式两边相互联系的项目有增有减，或恒等式一边有关项目同增同减，因此在复式记账法下，对每一项经济业务都必须在两个或两个以上相互联系的账户中同时反映。

(3) 在复式记账法下，对每一笔经济业务在两个或两个以上相互联系的账户中记录时，其记录的金额是相等的。

(二) 复式记账的理论依据

复式记账法的理论依据有两个。从哲学角度看，其理论依据是哲学中关于事物普遍联系的原理。根据事物普遍联系原理，所有事物都不是孤立存在的，必然与其他事物相联系，企业发生的经济业务也不例外。从会计理论角度讲，其理论依据是资产与权益的平衡理论，即会计恒等式。根据资金运动情况来看，资产与权益是同一资金的两个侧面，任何时候都是相等的，而经济业务的发生或引起资产、负债、所有者权益两方同等金额的增减变化，或引起资产、负债、所有者权益一方内部有关项目一增一减的变化，而且金额相等，因此经济业务的发生不会破坏会计恒等式的平衡关系。复式记账法就是运用这种理论，把发生的每一项经济业务都在两个或两个以上账户中以同等金额加以记录，以反映经济业务的全貌。

(三) 复式记账法的种类

复式记账法是在长期的会计实践中形成的，在实践中复式记账法出现过多种形式，并被不同国家所采用，具体包括如下三种形式：

1. 收付记账法

收付记账法是以“收”“付”为记账符号，对发生的每一笔经济业务都以相等的金额，同时在两个或两个以上的账户中相互联系地进行登记的一种复式记账法。它又可分为资金收付记账法(我国事业单位曾采用)、现金收付记账法(我国金融业曾采用)和财产收付记账法等。

2. 增减记账法

增减记账法是以“增”“减”为记账符号，对发生的每一笔经济业务，都以相等的金额，同时在两个或两个以上的账户中相互联系地进行登记的一种复式记账方法。我国商业企业曾采用过这种方法。

3. 借贷记账法

借贷记账法起源于12～13世纪的意大利，发展完善于15世纪，是目前世界上被广泛采用的一种记账方法。我国1992年颁布的《企业会计准则》第八条规定：“会计记账采用借贷记账法。”2001年实施的新的《企业会计制度》和2006《企业会计准则》对这种记账方法一再予以确认。

第二节　借贷记账法

一、借贷记账法的产生

借贷记账法起源于欧洲，在公元13世纪意大利地中海沿岸一带城市被广泛使用。随着世界贸易的发展，借贷记账法被传到了世界各地，对世界各国经济的发展起到了促进作用。同时，经济发展也进一步完善了借贷记账法，使之成为现在各国通用的一种记账方法。我国在新中国成立前引进了借贷记账法，在一些大型的工商企业、银行等单位使用，新中国成立后，某些行业的企业沿用下来。我国在1993年起施行的《企业会计准则》规定各企业统一使用借贷记账法。

由于借贷记账法的科学性和严谨性，使得账户能够清晰地反映每项济业务所涉及的资金增减变化的内在联系，完整地体现了各项资金活动的来龙去脉和账户之间的对应平衡关系。而且借贷记账法规律简单，易掌握，因而具有广泛的适用性。

二、借贷记账法的基本原理

（一）概念

借贷记账法是复式记账法中的一种，它是以借贷为记账符号，把一笔经济业务所引起的资金变动，以相等的金额，同时在两个或两个以上相互联系的账户中进行登记的方法。登记时，一方面记入某账户的借方，另一方面就记入与之相联系的对应账户的贷方，并且记录的金额相等。

（二）基本原理

借贷记账法的基本理论依据是平衡原理：资产＝负债＋所有者权益。我们知道，虽然每个企业的经济业务千变万化、纷繁复杂，但是不论发生什么样的经济业务，不论引起资金怎样的增减变化，上述等式不受影响，平衡永远存在，也就是说资产总量与负债和所有者权益的总量永远相等。

（三）资金增减变化的情况

由于经济业务所引起的资金变动都是以相等的金额影响等式两边的项目，因此无论怎样变化，都没有影响到基本平衡公式的平衡。例如：

1. 资产和负债同时等额增加

【例 3-1】 远洋公司向银行借入短期借款 20 000 元，存入银行。

这笔经济业务使资产方增加银行存款 20 000 元，同时使负债方短期借款增加 20 000 元，等式双方总额仍保持平衡。

2. 资产和所有者权益同时等额增加

【例 3-2】 远洋公司接受甲企业投入的全新汽车一辆，价值 100 000 元。

这笔经济业务使资产方固定资产增加 100 000 元，同时使所有者权益方实收资本增加 100 000元，等式双方总额仍保持平衡。

3. 一项资产增加，另一项资产减少

【例 3-3】 远洋公司向银行提取现金 1 000 元。

这笔经济业务，使企业资产方库存现金增加 1 000 元，另一项资产银行存款减少 1 000 元，等式双方总额仍保持平衡。

4. 一项负债减少，一项所有者权益增加

【例 3-4】 远洋公司所有者代企业归还银行短期借款 50 000 元，并将其转为投入资本。

这笔经济业务使企业负债方短期借款减少 50 000 元，同时使所有者权益方实收资本增加 50 000 元，等式双方总额仍保持平衡。

三、借贷记账法的内容

（一）记账符号

借贷记账法用“借”和“贷”作为记账符号，每一个账户都有“借方”“贷方”和“余额”三栏。借方在左，贷方在右，以反映资金的增减变动。

借贷记账法使用的“借”“贷”二字已同本来的字意脱节，它只是两个记账符号，没有任何文字上的意义。“借”“贷”二字作为纯粹的记账符号，其所代表的含义不外乎“增加”“减少”两种，但在表示会计要素项目的增减变化时，其具体含义会随账户的性质不同而不同。

（二）账户结构

借贷记账法下账户的基本结构是每一个账户都分为借、贷两方，通常规定账户的左方为借方，右方为贷方。对于一个账户来说，如果规定借方登记增加额，则贷方登记减少额；如果规定借方登记减少额，则贷方登记增加额。究竟账户的哪一方用来登记增加额，哪一方用来登记减少额，取决于账户的性质，不同性质的账户，其结构是不相同的。账户的余额通常在记录增加的一方。

1. 资产类账户结构

资产类账户借方登记资产的增加额，贷方登记资产的减少额，期末若有余额一般为借方余额，表示期末资产实有数额。每一会计期间借方记录的金额合计称为借方本期发生额，贷方记录的金额合计称为贷方本期发生额。资产类账户的期末余额可根据下列公式计算。

资产类账户期末余额＝借方期初余额＋本期借方发生额－本期贷方发生额

资产类账户的结构如表 3-3 所示。

表 3-3 资产类账户

借方		贷方	
期初余额	×××		
本期增加额	×××	本期减少额	×××
	×××		×××
本期发生额	×××	本期发生额	×××
期末余额	×××		

2. 负债及所有者权益类账户的结构

负债及所有者权益统称为权益，在性质上与资产相反，因此账户结构与资产类账户也相反。贷方记录增加额，借方记录减少额，期初、期末余额一般在贷方。负债及所有者权益账户的期末余额可根据下列公式计算。

负债及所有者权益类账户期末余额＝贷方期初余额＋本期贷方发生额－本期借方发生额

负债及所有者权益类账户结构如表 3-4 所示。

表 3-4 负债及所有者权益类账户

借方		贷方	
		期初余额	×××
本期减少额	×××	本期增加额	×××
	×××		×××
本期发生额	×××	本期发生额	×××
		期末余额	×××

3. 成本类账户的结构

企业在生产经营中会发生各种耗费，有成本产生，在成本由收入补偿以前，可以将其看作一种资产。因此，成本类账户的结构与资产类账户的结构基本相同，账户的借方记录成本的增加额，贷方记录成本的转出额或减少额。期末可能有借方余额，表示正在加工或生产中在产品的结存数，也可能期末余额为零。其结构如表 3-5 所示。

表 3-5 成本类账户

借方		贷方	
期初余额	×××		
本期增加额	×××	本期减少额或转出额	×××
	×××		×××
本期发生额	×××	本期发生额	×××
期末余额	×××		

4. 损益类账户的结构

为便于理解账户结构，我们把损益类账户分为收入类账户和费用支出类账户。

(1) 收入类账户的结构

从性质上讲收入与所有者权益是同性质的，因此收入类账户的结构与所有者权益类账户相同，即贷方记录增加额，借方记录减少额或转出额，期末无余额，因为期末时须全额转出，以便与相配比的费用支出相抵，以计算当期损益。其结构如表 3-6 所示。

表 3-6 收入类账户

借方		贷方	
本期减少额或转出额	×××	本期增加额	×××
	×××		×××
本期发生额合计	×××	本期发生额合计	×××

(2) 费用支出类账户的结构

费用支出也是所有者权益的抵减因素，因此，其结构与所有者权益类账户结构相反，而与资产成本类账户结构相同，即借方记录增加额，贷方记录减少额或转出额，期末无余额，因为期末要将其全额转出，以便与收益相抵，计算当期损益。其结构如表 3-7 所示。

表 3-7 费用支出类账户

借方		贷方	
本期增加额	×××	本期减少额或转出额	×××
	×××		×××
本期发生额合计	×××	本期发生额合计	×××

为便于学习，可将上述 5 类账户结构归纳如表 3-8 所示。

表 3-8　账户结构

借方	贷方
资产、成本账户期初余额	负债及所有者权益期初余额
资产、成本和费用支出的增加额 负债、所有者权益和收入的减少额	负债、所有者权益和收入的增加额 资产、成本和费用支出的减少额
资产、成本的期末余额	负债及所有者权益的期末余额

（三）记账规则

1. 有借必有贷，借贷必相等

由于一笔业务总是同时影响至少两个项目发生增减变化，一方面记入了某个或某几个账户的借方，另一方面就肯定会相应记入某个或某几个账户的贷方，而且发生的金额相等，这就形成了上述的记账规则。

2. 借贷记账法下账户之间的对应关系和会计分录

通过前面的内容我们知道，在借贷记账法下，对每项经济业务都会在相应的两个或两个以上的账户中以相等的金额进行记录，在有关账户中记录每项经济业务时就在有关账户之间形成了应借应贷的相互关系，账户之间的这种相互关系称为账户的对应关系。

企业发生的经济业务十分频繁，涉及的内容很多，会计上需要设置的账户相应就很多，为了准确地反映账户的对应关系及登记金额，在每项经济业务发生后和正式记入账户前，必须编制会计分录。会计分录是对每项经济业务指明应登记的账户名称、记账方向和金额的一个记录。会计分录包括以下几个要素：记账符号、会计科目、记账方向、记账金额。记账符号是“借”“贷”二字，会计科目为账户的名称，也就是经济业务所涉及会计要素的内容，记账方向指的是借方登记什么科目，贷方登记什么科目，记账金额是经济业务所涉及的数额。

会计分录按其所反映经济业务的复杂程度，可分为简单会计分录和复合会计分录。简单会计分录是指一项经济业务的发生只涉及两个相关账户，一个记入借方，另一个记入贷方，账户对应关系一目了然，形成一借一贷的会计分录。复合会计分录是指一项经济业务的发生涉及了三个或三个以上的账户，账户的对应关系比较复杂，形成了一借多贷、多借一贷及多借多贷的会计分录。在记账以前，必须及时准确地在会计凭证上编制会计分录，才能保证账户的准确性。

3. 会计分录举例

【例 3-5】 远洋公司 20×5 年 8 月份发生以下经济业务：

① 公司开出一张 6 000 元转账支票购买原材料（增值税略）。

这项经济业务使企业资产类账户“原材料”增加 6 000 元，同时使资产类账户“银行存款”减少 6 000 元。根据记账规则，资产内部发生变化，有增有减，数额相等，编制会计分录如下：

借：原材料　　6 000

　　贷：银行存款　　6 000

② 公司向银行借入 3 个月的短期借款 50 000 元，存入银行。

这项业务使企业的负债类账户“短期借款”增加了 50 000 元，同时使资产类账户银行存款增加了 50 000 元，即企业的资产与负债同时增加。编制会计分录如下：

借：银行存款　　50 000

　　贷：短期借款　　50 000

③ 公司投入全新固定资产价值 30 000 元。

这项业务使公司的资产类账户“固定资产”及资本类账户“实收资本”同时增加了 30 000 元,根据记账规则,资产的增加记入账户的借方,所有者权益的增加记入贷方。编制会计分录如下:

借:固定资产　　30 000
　　贷:实收资本　　30 000

④ 公司以应付票据 2 000 元,偿还应付账款。

这项经济业务使得负债内部发生变化,一项负债“应付票据”增加了 2 000 元,另一项负债“应付账款”减少了 2 000 元。编制会计分录如下:

借:应付账款　　2 000
　　贷:应付票据　　2 000

4. 过账

将各项经济业务编制会计分录后,应按期记入有关账户,这个记账的过程称为“过账”。过账后,一般要在月终进行结账,即结算出每个账户的本期发生额合计和期末余额。现举例说明如何“过账”。

远洋公司 20×5 年 7 月 31 日总账各账户余额如表 3-9 所示。

表 3-9　远洋公司 20×5 年 7 月 31 日总账各账户余额

资产类账户		负债及所有者权益类账户	
库存现金	300	短期借款	21 000
银行存款	10 000	应付账款	4 300
应收账款	5 000	实收资本	90 000
原材料	20 000		
固定资产	80 000		
总计	115 300		115 300

将会计分录举例发生的经济业务的会计分录记入以下各账户,如表 3-10～表 3-18 所示。

表 3-10　库存现金

借方		贷方	
期初余额	300		
本期发生额		本期发生额	
期末余额	300		

表 3-11　银行存款

借方		贷方	
期初余额	10 000		
②	50 000	①	6 000
本期发生额	50 000	本期发生额	6 000
期末余额	54 000		

表 3-12　应收账款

借方		贷方	
期初余额	5 000		
本期发生额		本期发生额	
期末余额	5 000		

表 3-13　原材料

借方		贷方	
期初余额	20 000		
①	6 000		
本期发生额	6 000	本期发生额	
期末余额	26 000		

表 3-14　固定资产

借方		贷方	
期初余额	80 000		
③	30 000		
本期发生额	30 000	本期发生额	
期末余额	110 000		

表 3-15　短期借款

借方		贷方	
		期初余额	21 000
		②	50 000
本期发生额		本期发生额	50 000
		期末余额	71 000

表 3-16　应付账款

借方		贷方	
		期初余额	4 300
④	2 000		
本期发生额	2 000	本期发生额	
		期末余额	2 300

表 3-17　应付票据

借方		贷方	
		④	2 000
本期发生额		本期发生额	2 000
		期末余额	2 000

表 3-18 实收资本

借方		贷方	
		期初余额	90 000
		③	30 000
本期发生额		本期发生额	30 000
		期末余额	120 000

20×5 年 8 月 31 日总账各账户余额如表 3-19 所示。

表 3-19 20×5 年 8 月 31 日总账各账户期末余额

资产类账户		负债及所有者权益类账户	
库存现金	300	短期借款	71 000
银行存款	54 000	应付账款	2 300
应收账款	5 000	应付票据	2 000
原材料	26 000	实收资本	120 000
固定资产	110 000		
总计	195 300		195 300

5. 借贷记账法的试算平衡

试算平衡是根据记账规则和会计恒等式来检查验证日常账户记录是否正确、完整的一种方法。

在上述例题中，我们利用借贷记账法把每一笔经济业务都以相等的金额记入了至少两个账户，一方记入了某账户的借方，另一方记入了某账户的贷方。这样在一定的会计期间内，所有账户的借方发生额与所有账户的贷方发生额肯定相等。我们利用这个平衡原理可以进行试算平衡，以检查记账是否正确。

从表 3-20 可以看出，在借贷记账法下，所有账户借方期初余额与所有账户贷方期初余额相等，由于所有账户借方发生额与所有账户贷方发生额相等，因此，期末所有账户借方余额合计与贷方余额合计相等。我们正是利用借贷记账法这种平衡原理来检查各账户记录的正确性。若出现不平衡，则说明记账有误，应查明原因，及时更正。另外，还可以利用试算平衡表所提供的资料，了解企业活动的概况，并为编制资产负债表提供一定的方便。

由于在借贷记账法下，一笔经济业务以相等的金额分别记入了某个或某几个账户的借方和贷方。因此，在一定时期内，所有账户的借贷发生额双方合计必然相等，有以下一些平衡等式存在，即借贷记账法下的试算平衡有发生额平衡和余额平衡两种。

(1) 发生额平衡公式

全部账户借方发生额合计＝全部账户贷方发生额合计

(2) 余额平衡公式

全部账户借方余额合计＝全部账户贷方余额合计

利用上述平衡关系，可以检查账户记录是否有错误存在，方便易行，而且有效。

应当指出，试算平衡表的平衡并不意味着日常账户记录完全正确，只能是基本正确，因为有些账户的错误很难在试算平衡中发现，这些错误包括：

① 借贷双方发生同等金额的记录错误；

② 全部漏记或重复同一经济业务；

③ 账户记录发生借贷方向的错误；

④ 用错有关账户名称。

这些错误需用其他方法进行查找，这将在以后章节讲述。

表 3-20　远洋公司总分类账试算平衡表

会计科目	期初余额		本期发生额		期末余额	
	借方	贷方	借方	贷方	借方	贷方
库存现金	300		—	—	300	
银行存款	10 000		50 000	6 000	54 000	
应收账款	5 000		—	—	5 000	
原材料	20 000		6 000	—	26 000	
固定资产	80 000		30 000	—	110 000	
短期借款		21 000	—	50 000		71 000
应付票据			—	2 000		2 000
应付账款		4 300	2 000	—		2 300
实收资本		90 000	—	30 000		120 000
合计	115 300	115 300	88 000	88 000	195 300	195 300

本章小结

本章主要介绍了会计科目的设置，会计科目与会计账户的关系，复式记账原理及借贷记账法下编制会计分录。

基本概念

会计科目、会计账户、复式记账、借贷记账法、试算平衡。

思考题

1. 为什么要设置会计科目？
2. 会计主体进行会计核算应设置哪些会计科目？
3. 为什么要设置会计账户？
4. 会计科目与会计账户之间的关系是什么？
5. 会计账户有哪些基本分类？
6. 简述借贷记账法的理论基础、记账符号、账户结构、记账规则。
7. 在借贷记账法下，如何编制会计分录？
8. 在借贷记账法下，如何进行试算平衡？如何正确理解其结果？

实训(练习)题

一、单项选择题

1. 关于会计科目的设置，下列说法正确的是(　　)。

　A. 企业必须遵守相关法规的规定设置科目，不得增减、合并或分拆

B. 企业可以完全自行设置总分类科目以及明细分类科目

C. 企业会计科目的设置只要满足对外报告的要求即可

D. 明细分类科目的设置应符合单位自身的特点,满足单位实际需要

2. 根据会计科目所属会计要素分类,下列各项中,(　　)至少有两个科目归属于资产要素。

A. 应交税费,资本公积,劳务成本,投资收益

B. 预付账款,预收账款,应收股利,银行存款

C. 本年利润,应付职工薪酬,制造费用,营业外收入

D. 盈余公积,其他应付款,待处理财产损溢,主营业务成本

3. 下列项目中,与“制造费用”属于同一类科目的是(　　)。

A. 固定资产　　B. 其他业务成本

C. 生产成本　　D. 主营业务成本

4. 下列各项中,不属于损益类科目的是(　　)。

A. “制造费用”科目　　B. “资产减值损失”科目

C. “投资收益”科目　　D. “其他业务成本”科目

5. 总分类会计科目一般按(　　)进行设置。

A. 企业管理的需要　　B. 统一会计制度的规定

C. 会计核算的需要　　D. 经济业务的种类不同

6. 下列账户中,期末结转后无余额的账户有(　　)。

A. 实收资本　　B. 应付账款

C. 固定资产　　D. 管理费用

7. 下列关于负债及所有者权益类科目期末余额的表述中,正确的是(　　)。

A. 一般在借方　　B. 一般在借方和贷方

C. 一般在贷方　　D. 一般无余额

8. 远洋公司月初的短期借款账户为贷方余额 60 万元,本月向银行借入期限为 6 个月的借款 20 万元,归还以前的短期借款 30 万元,则本月末短期借款账户的余额为(　　)万元。

A. 贷方 80　　B. 贷方 50

C. 借方 50　　D. 贷方 30

9. 下列关于借贷记账法下账户的结构说法,错误的是(　　)。

A. 损益类账户和负债类账户结构类似

B. 资产类账户和成本类账户结构相同

C. 所有者权益类账户和损益类账户中的收入类账户结构相似

D. 损益类账户期末结转后一般无余额

10. 下列有关复式记账法的表述中,不正确的是(　　)。

A. 复式记账法以基本会计等式为记账基础

B. 复式记账法是唯一的记账方法

C. 复式记账能够完整地记录经济业务

D. 复式记账法是对经济交易与事项记录的具体手段及方式

11. 根据资产与权益的恒等关系以及借贷记账法的记账规则，检查所有会计科目记录是否正确的方法为(　　)。

A. 借贷记账　　B. 平行登记

C. 试算平衡　　D. 对账

12. 发生额试算平衡法下的平衡关系有(　　)。

A. 全部账户的本期借方发生额＝全部账户的本期贷方发生额

B. 全部账户的本期借方发生额合计＝全部账户的本期贷方发生额合计

C. 全部账户的期末借方余额＝全部账户的期末贷方余额

D. 全部账户的期末借方余额合计＝全部账户的期末贷方余额合计

13. 下列错误中能通过试算平衡发现的是(　　)。

A. 某项经济业务未入账　　B. 某项经济业务重复记账

C. 借贷方向颠倒　　D. 借贷金额不等

14. 下列错误不能通过试算平衡发现的是(　　)。

A. 漏记某个会计科目　　B. 重记某个会计科目

C. 错用某个会计科目　　D. 某个会计科目少计金额

15. 其他应收款账户期初借方余额为 35 400 元，本期借方发生额为 26 300 元，本期贷方发生额为 17 900 元，该账户期末余额为(　　)。

A. 借方 43 800 元　　B. 借方 27 000 元

C. 贷方 43 800 元　　D. 贷方 27 000 元

二、多项选择题

1. 下列关于账户与会计科目的联系与区别的表述中，正确的有(　　)。

A. 会计科目是账户的名称，也是设置账户的依据；账户是根据会计科目设置的，账户是会计科目的具体运用

B. 会计账户的性质决定了会计科目的性质，两者的分类一样

C. 会计科目和账户对会计对象经济内容分类的方法、分类的用途和分类的结果是完全相同的

D. 没有会计科目，账户便失去了设置的依据；没有账户，就无法发挥会计科目的作用

2. 根据提供信息的详细程度及其统驭关系，账户分为(　　)。

A. 总分类账户　　B. 明细分类账户

C. 资产类账户　　D. 负债类账户

3. 下列关于借贷记账法的说法中，正确的是(　　)。

A. 哪一方登记增加，哪一方登记减少取决于账户的性质和所记录经济内容的性质

B. “借”“贷”是借贷记账法的记账符号

C. 借贷记账法的记账规则是“有借必有贷，借贷必相等”

D. 在借贷记账法下，可以进行试算平衡

4. 下列属于负债类科目的有(　　)。

A. 短期借款　　B. 预计负债

C. 应付职工薪酬　　D. 应交税费

5. 下列账户中期末余额在贷方的有(　　)。

A. 预收账款　　B. 应收账款

C. 应付账款　　D. 累计摊销

6. 与单式记账法相比,复式记账法的优点是(　　)。

A. 对发生的每一项经济业务,只在一个账户中加以登记

B. 可以清楚地反映资金运动的来龙去脉

C. 可以对记录的结果进行试算平衡,以便检查账户记录的正确性

D. 不便于检查账户记录的正确性和完整性

7. 下列错误不会影响借贷双方的平衡关系的是(　　)。

A. 漏记某项经济业务　　B. 重记某项经济业务

C. 记错方向,把借方记入贷方　　D. 借贷错误巧合,正好抵销

8. 关于损益类账户的表述中,正确的有(　　)。

A. 损益类科目是对收入、成本等的具体内容进行分类核算的项目

B. 收入类账户结构类似于所有者权益类账户

C. 费用类账户借方登记费用的减少数

D. 无论收入类账户还是费用类账户,期末结转后账户无余额

9. 下列会计科目中,期末可能有借方余额的有(　　)。

A. 管理费用　　B. 制造费用

C. 生产成本　　D. 主营业务收入

10. 下列会计科目中,期末结转后一般应无余额的有(　　)。

A. 管理费用　　B. 生产成本

C. 投资收益　　D. 其他应付款

11. 对于大多数资产、成本类账户而言(　　)。

A. 增加记借方　　B. 增加记贷方

C. 减少记贷方　　D. 期末无余额

12. 会计分录的基本要素包括(　　)。

A. 记账符号　　B. 记账时间

C. 记账金额　　D. 科目名称

13. 企业用银行存款偿还应付账款 99 000 元,另用现金偿还应付账款 1 000 元,下列说法正确的有(　　)。

A. 资产类账户“应付账款”减少 99 000 元,记入该账户的贷方

B. 负债类账户“应付账款”减少 100 000 元,记入该账户的借方

C. 资产类账户“库存现金”减少 1 000 元,记入该账户的借方

D. 资产类账户“银行存款”减少 99 000 元,记入该账户的贷方

三、判断题

1. 账户上期的期末余额转入本期,即为本期的期初余额;账户本期的期末余额转入下期,即为下期的期初余额。(　　)

2. 账户是根据会计科目设置的,具有一定的格式和结构,用于分类反映会计要素增减变动情况和结构的载体。(　　)

3. 在实际工作中，具体会计科目的设置，一般是从会计要素出发，将会计科目分为资产、负债、所有者权益、收入、费用、利润六大类。（　　）

4. 总分类科目与其所属的明细分类科目的核算内容相同，所不同的是前者提供的信息比后者更加详细。（　　）

5. “坏账准备”“长期股权投资减值准备”“累计折旧”“无形资产减值准备”科目均属于资产类科目。（　　）

6. 设置会计科目的相关性原则是指所设置的会计科目应当符合国家统一的会计制度的规定。（　　）

7. 在把经济业务记入账户之前，应先确定经济业务所涉及的会计科目及其应记的借贷方金额，然后再根据经济业务发生时所取得的原始凭证，在记账凭证中编制会计分录。（　　）

8. “税金及附加”账户属于成本类账户，借方记增加额，贷方记减少额。（　　）

9. “预付账款”账户和“应付账款”账户在结构上是相同的。（　　）

10. 在借贷记账法下，一般“借”表示资产、费用、成本的增加和权益、收入的减少，“贷”表示资产、费用、成本的减少和权益、收入的增加。（　　）

11. 收入类账户的结构与所有者权益类账户的结构相反。（　　）

12. 目前我国主要采用的是复式记账法，但对于个别企业、组织也可以采用单式记账法进行会计核算。（　　）

13. 借贷记账法的记账规则为：有借必有贷，借贷必相等。即对于每一笔经济业务都要在两个或两个以上相互联系的会计科目中以借方和贷方相等的金额进行登记。（　　）

第四章

会计信息的生成

学习目标

1. 理解会计凭证的作用和种类；
2. 了解原始凭证和记账凭证的填制和审核；
3. 熟悉会计凭证的传递和保管；
4. 掌握原始凭证和记账凭证的填制；
5. 了解会计账簿的基本含义和基本原理；
6. 掌握各类账簿的登记；
7. 掌握对账及错账更正。

案例引入

小贾是刚从财经院校毕业的专科生，由于毕业时正逢国家公务员队伍改变了从学校招聘的传统办法，小贾进机关的愿望成了泡影。在求职压力下，他应聘做了一家书店的营业员。

作为一名男性公民，整天身不离岗地待在书店里虽不尽如人意，但毕竟有了正当的职业和优良的工作环境，比尚在拥挤的人才市场奔波的同窗好友还是有几分庆幸。因此，他希望能胜任本职工作。

然而，事物的发展并不总是与小贾的主观愿望相统一。由于他在校学习的专业与现在所从事工作的错位，使他要干好本职工作并不是一件轻松的事，最使他深感“掉价”的就是他为客户开出的第一张发票，由于填写时不懂得发票的填写规则遭到客户的“退票”，从而将自己“没有实践经验”的缺陷暴露无遗。

[思考]

1. 发票是会计凭证吗？
2. 会计信息包含了什么？是如何生成的？

第一节　会计凭证

一、会计凭证概述

（一）概念

会计凭证是指记录经济业务发生或者完成情况的书面证明，是登记账簿的依据。正确填制和审核会计凭证，是会计核算的方法之一，是进行会计核算工作的起点和基本环节，也是对经济业务进行日常监督的重要环节。

（二）作用

(1) 会计凭证能够记录经济业务，提供记账依据。会计凭证是记账的依据，通过会计凭证的填制、复核，按照一定的方法对会计凭证进行整理、分类、汇总，为会计记账提供真实、可靠的依据，并通过会计凭证的及时传递，对经济业务适时地进行记录。

(2) 会计凭证有助于明确经济责任，强化内部控制。通过会计凭证的填制和审核，可以明确各职能部门、经办人员的经济责任，有利于明确经济责任，还可以促使相关人员严格遵守有关法律、法规和制度，在其职权范围内各负其责，相互监督，强化内部控制。通过会计凭证的审核，还能够及时发现经营管理中的薄弱环节，总结经验教训，以便采取措施，改进工作。

(3) 会计凭证能够监督经济活动，控制经济运行。通过会计凭证的审核，可以检查经济业务的发生的合理性、合法性及有效性，监督经济业务的发生、发展，控制经济业务的有效实施。出现问题能够及时发现，从而积极采取措施予以纠正，对经济活动进行事先、事中、事后控制，保证经济活动健康运行，有效发挥会计的监督作用。

（三）分类

会计凭证因其使用要求不同，种类也多种多样，不同的经济业务要求不同的格式和填制内容。一般来说，按其填制程序和用途不同，会计凭证可以分为原始凭证和记账凭证两种。

二、原始凭证

（一）定义

原始凭证（又称单据），是指在经济业务发生时取得或填制的，用以记录或证明经济业务发生或完成情况的原始依据。

原始凭证是伴随着经济业务的发生而出现的，是进行会计核算的初始资料和依据。一切经济业务发生时都必须填制原始凭证，会计工作中应用的原始凭证种类很多，如收据、收货单、发货单和领料单，以及各种报销凭证和银行结算凭证都属于原始凭证。此外，对于一切经常重复发生的经济业务，会计上还可以根据同类原始凭证编制原始凭证汇总表，以简化会计核算工作。原始凭证汇总表也属于原始凭证，不能证明经济业务已经发生或完成的类似原始凭证的书面资料如“经济合同”“材料请购单”等，则不能作为会计核算的原始凭证。

（二）分类

1. 按来源分类

原始凭证按其来源不同，可以分为自制原始凭证和外来原始凭证。

(1) 自制原始凭证

自制原始凭证是指由本单位有关部门和人员，在执行或完成某项经济业务时填制的，仅供本单位内部使用的原始凭证。如外购原材料时由仓库部门填制的收料单，车间领用原材料时填写的领料单，为了成本控制避免浪费而产生的比领料单多了一项“定额”的限额领料单，发出产品时由仓储部门填写出库单，职工出差预借款时由职工填写的借款单，人力资源管理部门编制的工资发放明细表，财务部门编制的固定资产折旧计算表等。

(2) 外来原始凭证

外来原始凭证是指在经济业务发生或完成时，从其他单位或个人直接取得的原始凭证。如购买材料取得的增值税专用发票(表 4-1)，银行转来的各种结算凭证，对外支付款项时取得的收据，职工出差取得的飞机票、车船票等。

表 4-1 增值税专用发票

开票日期： 号：

<table>
<tr><td rowspan="2">购货单位</td><td>名称</td><td colspan="3"></td><td>纳税人登记号</td><td colspan="2"></td></tr>
<tr><td>地址、电话</td><td colspan="3"></td><td>开户银行及账号</td><td colspan="2"></td></tr>
<tr><td colspan="2">商品或应税劳务名称</td><td>计量单位</td><td>数量</td><td>单价</td><td>金 额</td><td>税率(%)</td><td>税 额</td></tr>
<tr><td colspan="2"></td><td></td><td></td><td></td><td></td><td></td><td></td></tr>
<tr><td colspan="2"></td><td></td><td></td><td></td><td></td><td></td><td></td></tr>
<tr><td colspan="2"></td><td></td><td></td><td></td><td></td><td></td><td></td></tr>
<tr><td colspan="2"></td><td></td><td></td><td></td><td></td><td></td><td></td></tr>
<tr><td colspan="2"></td><td></td><td></td><td></td><td></td><td></td><td></td></tr>
<tr><td colspan="2"></td><td></td><td></td><td></td><td></td><td></td><td></td></tr>
<tr><td colspan="2">合 计</td><td></td><td></td><td></td><td></td><td></td><td></td></tr>
<tr><td colspan="2">价税合计(大写)</td><td colspan="6">仟 佰 拾 万 仟 佰 拾 元 角 分 ¥</td></tr>
<tr><td rowspan="2">销售单位</td><td>名称</td><td colspan="3"></td><td>纳税人登记号</td><td colspan="2"></td></tr>
<tr><td>地址</td><td colspan="3"></td><td>开户银行及账号</td><td colspan="2"></td></tr>
</table>

销货单位(章) 收款人(签章) 复核(签章) 开票人(签章)

2. 按格式分类

原始凭证按格式的不同，可以分为通用凭证和专用凭证。

(1) 通用凭证

通用凭证是指由有关部门统一印刷、在一定范围内使用的具有统一格式和使用方法的凭证。常见的通用凭证有全国通用的增值税专用发票、银行转账结算凭证等。通用凭证的使用范围，可以是某一地区或某一行业，也可能是全国通用。如全国统一的异地结算银行凭证、部门统一规定的发票、地区统一的汽车票等。

(2) 专用凭证

专用凭证是指由单位自行印刷，仅在本单位内部使用的原始凭证。如企业内部使用的收料单、领料单、工资费用分配表、折旧计算表等。

3. 按填制的手续和内容分类

原始凭证按填制的手续和内容，可以分为一次凭证、累计凭证和汇总凭证。

(1) 一次凭证

一次凭证是指一次填制完成，只记录一笔经济业务且仅一次有效的原始凭证。大多数原始凭证都是一次凭证。比如发票、收据、支票存根、收料单、出库单等。

现以“收料单”为例，示范格式如表 4-2 所示。

表 4-2　收料单

供货单位________　　　　　　　　　　　　　　　　凭证编号________
发票编号________　　　　××年×月×日　　　　　　收料仓库________

材料类别	材料编号	材料名称及规格	计量单位	数量		金额(元)			
				应收	实收	单价	买价	运杂费	合计
备注						合计			

保管员：　　　　　　　　　　　　　　　　　　　　收料人：

(2) 累计凭证

累计凭证是指在一定时期内多次记录发生的同类型经济业务且多次有效的原始凭证。其特点是在一张凭证内可以连续登记相同性质的经济业务，随时结出累计数和结余数，并按照费用限额进行费用控制，期末按实际发生额记账。最具有代表性的累计凭证是“限额领料单”，其格式如表 4-3 所示。

表 4-3　限额领料单

××年××月　　　　　　　　编　　号：

领料单位：　　　　用　　途：　　　　计划产量：
材料编号：　　　　名称规格：　　　　计量单位：
单　　价：　　　　消耗定量：　　　　领用限额：

领用日期		请领		实发				
月	日	数量	领料单位 负责人	数量	累计	发料人	领料人	限额结余
7	8	200		200	200			
7	14	100		100	300			
7	30	50		50	850			
合计								
累计实发金额								

供应部门负责人：　　　　生产计划负责人：　　　　仓库负责人：

(3) 汇总凭证

汇总凭证也称原始凭证汇总表，是指对一定时期内反映经济业务内容相同的若干张原始凭证，按照一定标准综合填制的原始凭证。它合并了同类型经济业务，简化了会计核算工作。常见的汇总凭证有：发料凭证汇总表、工资结算汇总表、差旅费报销单等。发料凭证汇总表的格式和内容如表 4-4 所示。

表 4-4　发料凭证汇总表

贷方科目：　　　　　　　　　　　　　　　　年　　月　　　　　　　　　　　　　　　　单位：元

借方科目	日期	原料	辅料	燃料	合计
生产成本	1～10				
	11～20				
	21～31				
	小计				
制造费用	1～10				
本月总计					

会计总管(签章)　　　　　　　　　　　　复核(签章)　　　　　　　　　　　　制表(签章)

(三) 原始凭证的内容、填制与审核

1. 原始凭证的基本内容

经济业务是多种多样的，记录经济业务的各种原始凭证其具体格式和内容也不尽相同。但应当具备以下基本内容：

① 填制单位的名称(签名或盖章)；

② 原始凭证名称；

③ 填制凭证日期；

④ 接受凭证单位名称；

⑤ 经济业务内容摘要；

⑥ 经济业务所涉及的财产物资数量和金额；

⑦ 填制单位、填制人员、经办人员和验收人员的签字盖章。

有时原始凭证为了满足其他业务的需要，还可列入其他相关内容，如预算项目、合同号码等，使原始凭证发挥多方面的作用。

2. 原始凭证填制的基本要求

原始凭证是会计主体发生或完成经济业务的最原始书面证明，它的好坏与否直接关系到会计核算的真实和准确，因此原始凭证在填制时必须符合以下要求：

(1) 真实可靠。凭证上的有关业务内容、金额等必须根据实际情况填制，不能弄虚作假，以保证原始凭证的真实性。

(2) 内容完整。凡是凭证格式上规定的各项内容必须逐项填写齐全，不得遗漏和省略，以便完整地反映经济业务的全貌。一式数联的凭证，各联的内容必须完全一致，联次不得短缺。有关人员签字、盖章必须清晰完整。

(3) 填制及时。有关人员必须在经济业务发生或完成时及时填制原始凭证，以便及时地反映经济业务并进行会计核算，从而保证会计信息资料的及时性。

(4) 数据准确。凭证上有关数字的计算必须准确无误，大小写金额计算必须相等，数量、单价金额计算必须准确，不得匡算。

(5) 文字规范。填制原始凭证文字必须符合下列要求：①原始凭证要用蓝色或黑色笔书写，文字简便，字迹清楚，易于辨认；填写支票要用碳素笔。②对于一式几联的原始凭证，必须用双面复写纸套写，属于需要套写的凭证，必须一次套写清楚。③凭证上的数字要书写规范。大写金额按汉字正楷书写，如壹、贰、叁、肆、伍、陆、柒、捌、玖、拾、佰、仟、万、亿、元、角、分、零、整等。阿拉伯数字应一个一个地写，不得连笔写。小写金额中间有连续几个零字时，大写金额可以只写一个零；大写金额到元、角的，元、角字后面要写“整”字，大写金额到分的，则不写“整”字。

（6）正确改错。凭证上的内容如出现错误，应用规定的方法予以更正，不得随意涂改、挖补，但有关现金和银行存款的收付款凭证如填写错误，则应按规定的手续注销，作废后重写，以免错收、错付。

（7）正确办理原始凭证遗失手续。如果遗失了从外单位取得的原始凭证，应取得原签发单位盖有财务章的证明，经经办单位领导批准后代作原始凭证。如遗失车票等凭证，确实无法取得证明的，由当事人写出详细情况，由经办单位负责人批准后代作原始凭证。

3. 原始凭证的审核

为了保证会计核算资料的合法性、真实性和可靠性，取得的原始凭证必须经专人审核无误后，方可依其编制记账凭证，原始凭证的审核主要包括以下内容：

（1）审核原始凭证的真实性、合法性和合理性

真实性是指出纳人员应审查原始凭证所反映的经济业务是否同实际情况相符，有无伪造、编造凭证从中贪污等情况。合法性是指审查原始凭证所反映的经济业务是否符合国家的方针、政策和法规的规定。合理性是指审核原始凭证是否符合本单位的计划、预算和规章制度。如发现违反财经纪律和制度的情况，会计人员有权拒绝付款、报销或执行，情节严重的，应予追究法律责任。

（2）审核原始凭证的完整性

审核原始凭证的内容填写得是否完整，凭证联次是否正确，各项目是否按规定填写齐全，各项手续是否齐备，各有关人员是否签字盖章等。

（3）审核原始凭证的正确性

主要是指审核原始凭证所填写的数字是否符合要求，包括数量、单价、金额以及小计、合计等填写是否清晰，计算是否准确，大小写金额是否相符，是否用复写纸套写，有无涂改、刮擦和挖补等违法行为。

（4）审核原始凭证的及时性

主要是指审核原始凭证是否在经济业务发生或完成时及时填制和传递。审核原始凭证时应当注意审核凭证的填制日期，尤其是支票、银行汇票、银行本票等时效性较强的原始凭证。

经审核的原始凭证，应做出不同处理：如对于完全符合要求的原始凭证，应及时据以编制记账凭证；对于真实、合法、合理，但内容不完整或填写有错误的原始凭证，应退回给有关经办人员，由其负责将有关凭证补充完整、更正错误或重开后，再办理正式入账手续；对于不真实、不合法的原始凭证，会计机构会计人员有权不予受理，情节严重的，可向相关单位负责人报告。

三、记账凭证

（一）定义

记账凭证就是会计人员根据审核无误的原始凭证或原始凭证汇总表，按照经济业务的性质、内容加以归类编制的，据以确定会计分录作为登记账簿依据的会计凭证。

原始凭证由于来自各个不同的方面，种类繁多，格式不一，而且不能清楚地表明应记入账户的名称和方向，不经过必要的归纳和管理，难以达到记账的要求。所以在记账前必须根据原

始凭证编制记账凭证，这对于保证账簿记录的正确性是十分必要的。有些会计事项如更正错账、期末转账等，因无法取得原始凭证，也可由会计人员根据账簿提供的数据编制记账凭证。

（二）分类

1. 按反映经济业务的内容分类

记账凭证按其反映经济业务的内容不同，可以分为收款凭证、付款凭证和转账凭证。

收款凭证和付款凭证用于现金、银行存款的收付款业务，具体又可分为现金收款凭证、现金付款凭证、银行存款收款凭证和银行存款付款凭证等。其格式如表4-5和表4-6所示。

转账凭证则是用于不涉及现金和银行存款收付的其他经济业务，即所谓转账业务的记账凭证。其格式如表4-7所示。

凡是涉及现金与存款之间，或各种存款之间相互转账的经济业务，不能既编制收款凭证，又编制付款凭证，否则会重复记账。因此会计惯例中要求对于这一类经济业务只编制付款凭证，不编制收款凭证。

表4-5 收款凭证

借方科目： 年 月 日 收字第 号

摘要	贷方		账页	金额
	一级科目	明细科目		
合计				

会计主管： 记账： 出纳： 复核： 制证： 附件： 张

表4-6 付款凭证

贷方科目： 年 月 日 付字第 号

摘要	借方		账页	金额
	一级科目	明细科目		
合计				

会计主管： 记账： 出纳： 复核： 制证： 附件： 张

表4-7 转账凭证

年 月 日 转字第 号

摘要	借方		账页	贷方		账页	金额
	一级科目	明细科目		一级科目	明细科目		

会计主管： 记账： 复核： 制证： 附件： 张

2. 按使用格式分类

记账凭证按其使用的格式不同，可分为通用记账凭证、专用记账凭证和汇总记账凭证三种。

通用记账凭证是指不需要区分经济业务的性质，均只填写统一格式的一种记账凭证，它一般适用于规模小、收付业务不多的单位。其格式如表 4-8 所示。

专用记账凭证是指记账凭证按照经济业务不同采用不同格式的记账凭证。专用记账凭证又分为收款凭证、付款凭证和转账凭证三种。其格式参见前面相关内容。

表 4-8　记账凭证

年　月　日　　　　　　　　　　转字第　　号

摘要	借方		账页	贷方		账页	金额
	一级科目	明细科目		一级科目	明细科目		
合计							

主管会计：　　记账：　　出纳：　　复核：　　制证：　　附件：　　张

汇总记账凭证是指为了简化登记总分类账的手续，将一定时期内的记账凭证进行汇总编制而成的记账凭证。汇总记账凭证按其汇总方法不同，可分为分类汇总凭证和全部汇总凭证两类。分类汇总凭证主要包括汇总收款凭证、汇总付款凭证和汇总转账凭证；全部汇总凭证如记账凭证汇总表（即科目汇总表）。

（三）记账凭证的内容、填制与审核

1. 记账凭证的基本内容

记账凭证与原始凭证一样有许多种类，每一种类格式也不一样，但其主要作用都在于对原始凭证进行分类、整理，按照复式记账的要求，运用会计科目，编制会计分录，据以登记账簿。因此，为了满足以上要求，一般记账凭证都必须具备以下内容：

① 填制单位名称；

② 记账凭证的名称；

③ 填制凭证的日期；

④ 记账凭证的编号；

⑤ 经济业务的简要说明以及注明所附原始凭证的张数及其他资料；

⑥ 会计科目的名称、金额和记账方向。会计科目包括一级科目、二级科目和明细科目；

⑦ 凭证填制人员、审核人员、记账人员和会计主管人员的签名或盖章；

⑧ 记账符号。记账凭证记账后，在凭证的“记账符号”栏内打“√”符号，表明该凭证已登记入账，以防重记或漏记。

2. 记账凭证的填制要求

各种记账凭证都要按照规定的格式和内容正确、及时地加以填制，在填制过程中应注意以下几点要求：

（1）记账凭证的“摘要”栏，应尽可能简单明了地填写经济业务内容，文字要清晰扼要，这对查阅凭证、登记账簿都十分重要。

（2）填制记账凭证时，应填列会计科目名称，或者科目名称和编号，不能只填编号不填科目名称。需要登记明细账的还要列明二级科目和明细科目的名称，据以登账。

（3）记账凭证在一个月内应连续编号，便于查阅审核，在使用通用记账凭证时，可使用“总字编号法”，即按经济业务发生时的时间顺序依次编号；采用收款凭证、付款凭证和转账凭证，可以使用“×字号编号法”，即按凭证类别分别顺序编号。例如，现收字第×号、银付字第×号和转字第×号等；分类记账凭证也可采用“双重编号法”，即按总字顺序与按类别顺序编号相结合。例如，某付款凭证为“总字第×号现付字第×号”；若采用单式记账凭证时，可使用“分数编号法”，如一笔业务需编三张单式记账凭证，凭证的顺序号为10时，可编总字第$10\frac{1}{3}$号、总字第$10\frac{2}{3}$号、总字第$10\frac{3}{3}$号。前面的整数10表示业务顺序号，分母表示该业务编制凭证张数，分子分别表示三张凭证的第一张、第二张和第三张。每月末最后一张记账凭证上，要加注“完”或“全”字，以示月终最后一张凭证，以免凭证散失。

(4) 记账凭证后面必须附有原始凭证，并注明张数，以便日后查阅。如果根据一张原始凭证填制两张或两张以上记账凭证，则应在未附原始凭证的记账凭证右上角注明：“原始凭证××张附在第××号凭证上”。经过上级批准的经济业务，应将批准文件作为原始凭证附件。如果批准文件需要单独归档，应在凭证上注明批准文件名称、日期和文件字号。原始凭证张数以其自然数为准计算，即凡是与记账凭证中的经济业务记录有关的每一张凭证都算一张。

(5) 记账凭证金额填完后应加计金额合计数。记账凭证的一方不论是一个会计科目或若干个会计科目，或一个会计科目下有若干个明细科目，都应将一方的金额加计合计数后填写在相应的“合计”栏内。合计金额前应加注币值符号，如人民币符号“￥”。

(6) 填制记账凭证的日期。收付款业务应按货币资金收付的日期填写，转账凭证原则上应按原始凭证日期填写。如果原始凭证日期与报账日期不符，可按填制凭证日期填写，在月终时，有些转账业务要等到下月初方可填制转账凭证，也可按月末日期填写。

(7) 记账凭证填写完毕，应进行复核与检查，并进行试算平衡，相关人员要签字盖章。

3. 记账凭证的审核

记账凭证是登记账簿的直接依据，因此为了保证账簿记录的准确性，在登记账簿前必须建立专人审核制度，对记账凭证及所附原始凭证详细审核，保证记录准确。记账凭证审核主要包括以下内容：

(1) 记账凭证是否附有原始凭证，是否与原始凭证内容相符。

(2) 凭证的应借、应贷会计科目名称是否正确，对应关系是否清晰，金额计算是否准确。

(3) 凭证各项目是否填列齐全，相关人员是否均已签字盖章。

在审核中，如发现编制有错误，应及时查明原因予以更正。只有审核无误的记账凭证，才能据以登记账簿。

四、会计凭证的传递与保管

(一) 会计凭证的传递

会计凭证的传递是指从会计凭证编制时起到归档保管时止，按一定的传递程序和时间，在本单位内部各有关部门和人员之间传递的全过程。它主要包括两个方面的内容，即会计凭证传递的路线和各环节停留及传递的时间。会计凭证的传递程序是会计制度的一个组成部分，应在制度里明确规定。

正确组织会计凭证传递，对及时处理经济业务，保证会计信息及时性有重要作用。

为科学组织会计凭证的传递，在确定传递路线和传递时间时应注意以下几点：

(1) 应根据核算单位自身业务特点、人员分工情况以及管理要求，合理规定各种凭证的联数和传递程序，避免不必要的环节，以免影响传递速度。

(2) 应根据有关部门和人员办理业务的需要，确定凭证在各个环节存留时间，防止时间过松或过紧带来不利影响。

(3) 会计凭证的传递程序和时间确定后，应绘成流程表，并明确规定，供会计人员自觉遵守执行，并根据实际需要，随时修改，以便更好地完成凭证的传递手续。

(二) 会计凭证的保管

会计凭证是重要的会计档案和历史资料，它是事后了解经济业务，检查账务，明确经济责任的重要资料和证明。因此，任何单位在完成记账程序后，对会计凭证都应按规定立卷存档保存。

会计凭证的保管是指会计凭证登记入账以后的整理、装订和归档存查的过程。

会计凭证保管的主要方法和要求如下：

(1) 会计部门在记账以后，应定期(每月)对各种凭证进行分类整理，将各种记账凭证按编号顺序排列，连同所附原始凭证一起加上封面、封底装订成册，在装订线上加贴封签，并在封签上加盖会计主管的骑缝图章。封面上应注明单位的名称、所属的年度和月份，起讫日期；记账凭证的种类、起讫号数和总计册数等。

(2) 如在一定时期内，凭证数量过多，可分册装订，在封面加注“共几册第几册”字样，需要将原始凭证单独归档保管的，应编制目录详细记录，以便查阅。

(3) 装订成册的会计凭证，应集中由专人保管。一般不得外借，查阅必须严格办理手续，如确需某凭证作为依据时，应予复制，不得抽出原凭证。

(4) 当年的会计凭证，在会计年度终了后，可暂由财会部门保管一年，期满后，填制清册移交档案管理部门保管，保管期满后，按规定手续报经批准，方能销毁。

《会计档案管理办法》规定，会计凭证需保存 30 年，对于保管期满但未结清的债权债务原始凭证以及涉及其他未了事项的原始凭证，不得销毁，应单独抽出，另行立卷，由档案部门保管到未了事项完结时为止。正在项目建设期间的建设单位，其保管期满的会计凭证等会计档案不得销毁。

第二节　会计账簿

一、会计账簿及作用

(一) 会计账簿的含义

账簿是由一定格式、相互联系的账页组成的，用来序时、分类记录和反映各项经济业务的会计簿籍。簿籍是账簿的外表形式，而账户记录则是账簿的内容。

(二) 会计账簿的设置和登记的作用

设置和登记账簿，是会计核算体系的一个重要组成部分，也是会计核算的一种专门方法，在会计核算中起着重要作用，具体表现为如下几个方面：

(1) 可以为经营管理提供连续、系统、全面的会计核算资料。在会计核算中，通过会计凭证的填制和审核，可以反映和监督各项经济业务的发生及完成情况，但会计凭证只能提供片段的、零星分散的会计信息，不能把某一时期的全部经济活动情况完整、系统地反映出来。而通过设置和登记账簿，就可以把大量零星分散的原始资料加以归类整理，可以连续反映各单位财产物资的增减变动及其结存情况，对于加强经济核算、提高经营管理水平具有重要作用。

（2）设置和登记账簿，可为编制财务报表提供依据，有利于正确编制财务报表。账簿是编制报表直接的依据，账簿的设置和登记正确、及时与否，直接影响对外提供会计信息的质量和及时性。

（3）设置和登记账簿，可以为有关各方提供企业经营成果的详细资料，为财务成果的分配和考核计划执行情况提供可靠依据，同时，账簿记录也会为会计分析、会计检查提供依据和资料。

二、会计账簿的种类

在日常会计核算中，使用的账簿是多种多样的。会计账簿按不同的标准可以分为不同的种类：

（一）按用途分类

账簿按其用途不同，可分为序时账簿、分类账簿和备查账簿三种。

1. 序时账簿

序时账簿简称序时账或日记账。它是按照经济业务发生的时间先后顺序，逐日逐笔登记经济业务的账簿。

序时账簿按其记录的经济业务的内容不同又可分为如下两类：

（1）普通日记账。普通日记账是用来登记全部经济业务的序时账簿。在普通日记账中，根据每天发生经济业务的先后顺序，逐笔编制会计分录，作为登记分类账簿的依据。这种日记账也称“分录账”。

（2）特种日记账。特种日记账是专门用来登记某一类经济业务，根据记账凭证逐日逐笔登记的序时账簿。如现金日记账、银行存款日记账等，这两种账簿可以用来核算和监督核算单位现金、银行存款的收支和结存情况。

目前，在我国，为加强对库存现金和银行存款的管理，要求各单位必须设置现金日记账和银行存款的日记账，不设置普通日记账。

2. 分类账簿

分类账簿简称分类账，是对全部经济业务按照总分类账户和明细分类账户进行分类登记的账簿。分类账簿可以分为总分类账簿和明细分类账簿。

（1）总分类账簿，简称总分类账或总账，是根据一级账户设置的，总括反映全部经济业务和资金状况的账簿。

（2）明细分类账，简称明细账或细账，是根据二级账户或明细账户设置的，详细反映某一类经济业务的账簿。明细账是对总账的补充和说明，并受总账账户的统驭和控制。

在实际工作时，有时可以将序时账和分类账结合在一起使用，在一张账页上，既有序时登记，又有分类登记；既能集中反映全部经济业务，又能反映账户的对应关系。这种账簿被称为联合账簿，日记总账即为典型的联合账簿。

3. 备查账簿

备查账簿又称备查登记账簿或辅助账簿。它是对序时账簿和分类账簿等主要账簿未能记载的或记载不全的经济业务进行补充登记的账簿。如应收票据登记簿、租入固定资产登记簿等。设置和登记备查账簿,可以对某些经济业务的内容提供必要的参考资料,各单位可根据实际需要设置使用。

(二) 按外表形式分类

账簿按其外表形式不同,可分为订本式账簿、活页式账簿和卡片式账簿三种。

1. 订本式账簿

订本式账簿简称订本账,是指在使用前就把顺序编号的若干账页固定装订成册的账簿。该种账簿的优点是:能防止账页的散失或被抽换等不法行为的发生,保证账簿的完整和安全。因此,它一般用于有统驭性和重要账簿的使用,如总分类账、现金日记账和银行存款日记账等。其缺点是:同一本账簿在同一时间只能由一个人登记,不能分工记账。同时订本账账页固定,不能根据需要来增加或减少,以及重新分类排列。预留账页时,如果预留过少,就会影响账簿记录连续性;如果预留过多,就会造成账页浪费。

2. 活页式账簿

活页式账簿简称活页账,是指在启用前不固定装订和编号,而是将零散的账页装存在账夹内,可以随时取放增减账页的账簿。该种账簿的优点是不受账页限制,可以根据需要增减和重新分类排列账页,不需预留,能够保证账簿记录的完整性、连续性。另外也便于工作人员分工记账,有利于节省财会人员的劳动时间,提高工作效率。因此,活页账多适用于总账账户下明细科目较多的明细记录使用,如材料、商品等明细账。其缺点是账页较容易散失和被抽换,极不安全。因此,在使用过程中要严加管理,建立严密的登记手续。年度终结,应将账页编号装订成册,集中保管。

3. 卡片式账簿

卡片式账簿简称卡片账。它是由卡片组成的,存放在卡片箱中,随时可以取放的账簿。该种账簿的使用类似于活页账,但由于平时保存在卡片箱中,加盖上锁,较活页账安全。该种账簿多用于企业固定资产明细账和银行活期储蓄存款明细账的登记使用。

(三) 按账页格式分类

账簿按账页格式不同,可分为两栏式账簿、三栏式账簿、数量金额式账簿、多栏式账簿和横线登记式账簿五种。

1. 两栏式账簿

两栏式账簿是指只有“借方”和“贷方”两个基本金额栏目的账簿。普通日记账一般采用两栏式账簿。

2. 三栏式账簿

三栏式账簿又称借贷余式账簿,是指其账页的格式主要部分为“借方”“贷方”和“余额”三栏或者“收入”“支出”和“余额”三栏的账簿。各种日记账、总分类账及资本、债权债务明细账采用三栏式账簿。

3. 数量金额式账簿

数量金额式账簿是指在账页中分设“借方”“贷方”和“余额”或者“收入”“发出”和“结存”三大栏,并在每一大栏内分设数量、单价和金额三小栏的账簿,数量金额式账簿能反映出财产物资的实物数量和价值量。原材料和库存商品、产成品等明细账一般采用数量金额式账簿。

4. 多栏式账簿

多栏式账簿是指根据经济业务的内容和管理的需要,在账页的“借方”和“贷方”栏内再分别按照明细科目或某明细科目的各明细项目设置若干专栏的账簿。这种账簿可以按“借方”和

“贷方”分别设专栏，也可以只设“借方”专栏，“贷方”的内容在相应的借方专栏内用红字登记，表示冲减。收入、费用明细账一般采用多栏式账簿。

5. 横线登记式账簿

横线登记式账簿是指账页分为“借方”和“贷方”两个基本栏目，每一个栏目再根据需要分设若干栏次，在账页两方的同一行记录某一经济业务自始至终所有事项的账簿。它主要适用于需要逐笔结算的经济业务的明细账，如物资采购、一次性备用金业务等明细账。

三、会计账簿的设置和登记方法

（一）会计账簿设置的原则

账簿的设置，包括确定账簿种类，设置账簿格式、内容和登记方法。账簿设置的好坏，直接影响会计核算的时效性。各单位应设置哪些种类账簿，各账簿采用什么样的格式，不能强求一律，应结合各单位经济活动的特点和管理上的要求合理设置，既要符合会计制度的要求，又要有利于充分发挥账簿的作用，力求科学、严密，还要层次分明，结构合理。因此，设置账簿应遵循下列一些原则：

(1) 设置账簿必须做到繁简适当，结构合理，既要便于财会人员的分工，节省记账时间和工作量，提高工作效率，又要结合本单位的特点，满足各方面经营管理所需的会计信息。

(2) 设置账簿必须遵守国家有关会计制度的规定，不得以表代账或搞无账会计。

（二）会计账簿的基本内容

虽然会计账簿种类繁多，格式不一，但无论哪种账簿都应具备以下一些基本内容：

(1) 封面，每种账簿都应设置封面，用来标明账簿名称和使用单位名称，便于查阅或保护账页安全。

(2) 扉页，即打开账簿封面的第一页，用来注明使用单位的名称或单位盖章(若封面不标明使用单位名称)，标明账簿的启用日期和截止日期、册数、册次、经管人员姓名及盖章，交接记录一览表及账户目录等。其一般格式如表 4-9 和表 4-10 所示。

表 4-9　总分类账扉页

<table>
<tr><td colspan="4">使用单位</td><td colspan="6"></td><td colspan="3" rowspan="6">单位盖章</td></tr>
<tr><td colspan="4">账簿总页数</td><td colspan="6">本账簿共计　　页</td></tr>
<tr><td colspan="4">启用日期</td><td colspan="6">年　月　日　至　年　月　日</td></tr>
<tr><td rowspan="3">经管人员</td><td colspan="6">主　管</td><td colspan="3">记　账</td></tr>
<tr><td colspan="3">姓名</td><td colspan="3">盖章</td><td colspan="2">姓名</td><td>盖章</td></tr>
<tr><td colspan="3"></td><td colspan="3"></td><td colspan="2"></td><td></td></tr>
<tr><td rowspan="3">交接记录</td><td colspan="3">日　期</td><td colspan="3">监　交</td><td colspan="3">移　交</td><td colspan="3">接　管</td></tr>
<tr><td>年</td><td>月</td><td>日</td><td>职务</td><td>姓名</td><td>盖章</td><td>职务</td><td>姓名</td><td>盖章</td><td>职务</td><td>姓名</td><td>盖章</td></tr>
<tr><td></td><td></td><td></td><td></td><td></td><td></td><td></td><td></td><td></td><td></td><td></td><td></td></tr>
</table>

表 4-10　目　录(科目索引)

年　度

编号	科目	起讫页数	编号	科目	起讫页数

(3) 账页,用来记录会计资料的载体。每一账页均应具备以下内容:

① 标明账户名称(总分类账户名称或明细分类账户名称);

② 日期栏(记录经济业务发生日期);

③ 摘要栏(简要说明业务内容);

④ 记账凭证的种类和号数栏;

⑤ 金额栏;

⑥ 总页数和分户页次栏等。

(三) 账簿的格式和登记方法

1. 序时账簿的设置和登记

(1) 普通日记账

普通日记账是逐日序时登记特种日记账以外的经济业务的账簿。普通日记账一般分为“借方金额”和“贷方金额”两栏,登记每一分录的借方账户和贷方账户及金额,这种账簿不结余额。其格式如表 4-11 所示。

(2) 特种日记账

常用的特种日记账,如现金日记账、银行存款日记账。目前,为贯彻执行国家的货币资金管理制度,加强货币资金的管理及日常核算和监督,各单位大多使用特种日记账,有利于贯彻执行国家规定的货币资金管理制度。

表 4-11　普通日记账

第　页

年		会计科目	摘要	借方金额	贷方金额	过账
月	日					

① 现金日记账。现金日记账是用来序时登记库存现金收入、支出和结存情况的账簿。由出纳人员根据收款凭证、付款凭证逐日、逐笔登记。

现金日记账的格式可以是三栏式,也可以是多栏式。三栏式现金日记账包括“借方”“贷方”和“余额”三个栏次,附设业务日期、摘要,据以登记的凭证号数、对方科目等栏目。登记时,由出纳人员根据审核无误的现金收款凭证、付款凭证或银行存款收款凭证、付款凭证,按照时间顺序逐日、逐笔登记所列业务各项内容。每日终了,应结出账面余额,并与库存实有现金数额核对,如发现不符,应及时查明原因,妥善处理。如库存现金数量超过规定限额,应将超出部分及时送存银行。三栏式现金日记账格式如表 4-12 所示。

多栏式现金日记账是在三栏式现金日记账基础上发展建立的一种账页格式。其特点是将现金收入、支出栏分项目设置,收入数按应借科目分设专栏(表 4-13),然后根据各栏合计数登记总账。这种格式的现金日记账使现金收入、支出的来龙去脉体现得更加淋漓尽致。其登记方法类似于三栏式现金日记账。

表 4-12　现金日记账

第　页

年		凭证号数	摘要	对方科目	借方	贷方	借或贷	余额
月	日							

表 4-13　多栏式现金日记账

第　页

年		凭证		摘要	借　方					贷　方					结余
月	日	字	号		对方科目				借方合计	对方科目				贷方合计	
													…		
				本月合计											

② 银行存款日记账。银行存款日记账是用来逐日、逐笔反映银行存款的增加、减少和结存情况的账簿。同现金日记账相同,也是由出纳人员根据银行存款收款凭证、付款凭证序时登记。

银行存款日记账的格式也可以采用三栏式或多栏式,登记方法类似于现金日记账,所不同的是银行存款日记账比现金日记账多设一个"结算凭证种类和号数"栏,原因是银行存款的收付,均是根据银行规定的结算凭证办理,为了便于和银行对账,因此,单独列示每笔存款收付时所依据的结算凭证种类和号数。银行存款日记账的格式与现金日记账的格式相似。

2. 分类账簿的设置和登记

分类账簿是用来分类登记经济业务的账簿。根据提供资料的详细程度不同,分类账簿可以分为总分类账簿和明细分类账簿。现分别介绍如下:

(1) 总分类账簿

总分类账簿简称总账。它是根据总账科目(一级科目)设置,用来分类、连续记录和反映企业经济活动及资产、负债、所有者权益、收入、费用和利润等状况的账簿。由于其只提供总括资料,因此总账账簿只用来登记货币金额的增减变动,总括地反映核算单位的资金循环和收支情况,为编制财务报表提供必要的资料。

总分类账通常规定使用订本式，因此启用前应分析各科目业务数量预留账页。其账页格式一般为三栏式，如表4-14所示。

表4-14　总分类账

总页：

科目名称：　　　　　　　　　　　　　　　　　　　　　　　　分页：

年		凭证		摘要	借方	贷方	借或贷	余额
月	日	种类	号数					

总分类账的登记方法比较灵活，随核算单位采用的账务处理程序不同，其登记程序和依据也不一样，有关详细内容将在以后章节介绍。

（2）明细分类账簿

明细分类账也称明细账，是根据二级科目或明细科目开设的，用来分类、连续地记录和反映核算单位经济活动及资产、负债、所有者权益、收入、费用和利润等详细情况的账簿。

明细分类账可以根据记账凭证、原始凭证或原始凭证汇总表登记。由于其反映经济业务指标内容不同，其账簿格式也不相同，常用的明细账有四种格式，即三栏式、数量金额式、多栏式和横线式。

① 三栏式明细账。三栏式明细账格式与其他三栏式账簿一样，分设“借方”“贷方”和“余额”三个专栏。这种格式账簿一般适用于只需进行金额计算的明细科目登记使用。如应收账款、应付账款和应付职工薪酬等。三栏式明细账的一般格式如表4-14所示。

② 数量金额式明细账。数量金额式明细账是在“收入”“发出”和“结存”三大栏中分别下设“数量”“单价”和“金额”三个小栏。它适用于既需要进行金额核算，又需要提供数量指标的经济业务。有时，为了满足管理上的需要，在账页上端还需设计一些必要项目，以便取得相关资料。其格式如表4-15所示。它主要适用于“原材料”“库存商品”等账户的明细核算。

表4-15　数量金额式明细账

科目名称：　　　　　　　　　　　　品名：　　　　　　　　　　　　规格：

第　　页

年		凭证号数	摘要	收入			发出			结存		
月	日			数量	单价	金额	数量	单价	金额	数量	单价	金额

③ 多栏式明细账。多栏式明细账是根据各经济业务内容和提供资料要求，在一张账页上的“借方”或“贷方”下面按明细项目分设专栏，以提供该科目的详细资料。这种格式的明细账适用于生产成本、制造费用、管理费用、销售费用、主营业务收入和本年利润等账户的核算使用。由于各账户核算内容不一样，所以专栏设置也不尽相同，多栏式明细分类账页又分为借方

多栏(生产成本明细账)、贷方多栏(主营业务收入明细账)和借方贷方多栏(应交税费——应交增值税明细账)三种格式。生产成本明细账示例如表 4-16 所示。

表 4-16　基本生成本明细账

产品批号：　　　　投入批量：　　　　投产日期：

产品名称：　　　　完工产量：　　　　完工日期：

年		凭证号数	摘　要	借方(成本项目)			
月	日			直接人工	直接材料	制造费用	合计

注：产品生产完工验收入库结转产品成本用红字登记。

④ 横线登记式明细账。横线登记式明细账也称平行式明细分类账。它的账页结构特点是，将前后密切相关的经济业务在同一横行内进行详细登记，以检查每笔经济业务完成及变动情况。该种账页一般用于“物资采购”“一次性备用金业务”等明细分类账。

平行式明细账的借方一般在购料付款或借出备用金时按会计凭证的编号顺序逐日逐笔登记，其贷方则不要求按会计凭证编号逐日逐笔登记，而是在材料验收入库或者备用金使用后报销和收回时，再与借方记录的同一行内进行登记。同一行内借方、贷方均有记录时，表示该项经济业务已处理完毕，若一行内只有借方记录而无贷方记录时，表示该项经济业务尚未结束。物资采购明细账的格式如表 4-17 所示。

表 4-17　物资采购明细分类账

年		凭　证		摘要	借方			贷方	余额
月	日	种类	号数		买价	采购费用	合计		

(四) 账簿的登记规则和错账更正

1. 账簿的登记规则

(1) 为了保证账簿记录的合法性，明确记账责任，应在每本账簿启用前，认真填写账簿扉页上的账簿启用表和经管人员一览表。填写单位名称、启用日期、共计页数、会计主管和记账人员姓名等。账簿记录中途记账人员如有变动，要在第三者在场的条件下办理交接手续，并在“经管人员一览表”中签字盖章，说明交接日期和接办人员。

(2) 为保证账簿记录的正确性，记账时必须根据审核无误的会计凭证，按账页项目要求和账页行次顺序连续登记，账页中各栏目内容必须填列齐全，摘要文字简明扼要，文字清晰，数字要准确整齐，不能隔页跳行。如出现隔页跳行时，要将空页空行用红线对角画掉，注明作废。当账页记到最后第二行时，应留出末行，加计本页合计数，在摘要栏注明“转次页”字样，并将合计数记入次页的第一行，在摘要栏注明“承前页”字样。月终结账时，应在账页上结出本月发生额和月末余额。

(3) 登记账簿要用蓝黑墨水或碳素笔书写,不得用铅笔或圆珠笔(复写账簿除外),也不能随便使用红色墨水笔书写,只有在改错、结账、对蓝色数字表示增减时方可使用红色墨水笔。

(4) 账簿记录发生错误时,不准涂改、刮擦、挖补或用褪色药水消除字迹,而应采用规定方法更正。

(5) 账簿记录中文字、数字书写必须符合要求。填写时,均要紧靠底线,大小以二分之一格为宜,最大不能超过三分之二,以便更改。数字均应与底线保持倾斜60°角左右,数字7、9占本格四分之一,占下格四分之一,其余数字均占本格底线以上二分之一,文字之间不能留有空隙。

(6) 记账人员应按日结出余额,在“借”或“贷”栏内写明“借”或“贷”等字样,表明余额方向,如无余额,应在“借”或“贷”栏内写“平”字或“—0—”符号。

2. 错账的更正方法

账簿记录如发现错误,应根据错误性质和发现时间,按规定的适用更正方法更正,不能随意刮擦、挖补或使用化学方法消除或更改字迹,账簿记录错误更正方法有以下几种,可选择适用。

(1) 画线更正法

记账后、结账前如发现账簿中文字或数字有笔误,而在原记账凭证正确的情况下,一般可以采用画线更正法进行更正。更正时,应先将错误的文字或数字画一条红线加以注销,然后在原记录上面二分之一空格内作更正后正确记录。但必须注意画一条红线后仍应保持原错误记录清晰可辨,更正后,应由记账人员在更正处签字、盖章,以示负责。另外还必须注意,对于错误的数字应全部画线更正,不能只更正其中个别数字或文字。

(2) 红字更正法

在记账以后,如果发现原记账凭证中应借、应贷科目或金额发生错误时,可采用红字更正法更正,具体可分以下两种情况:

① 记账后,发现原记账凭证中应借、应贷科目用错。更正时,应先用红字金额填制一张内容与原错误的记账凭证完全相同的记账凭证,据以用红字金额登记入账,以冲销原有的错误记录,然后再用蓝字金额填制一张正确的记账凭证,据以登记入账。举例说明如下。

【例 4-1】 远洋公司用银行存款支付产品广告费5 000元。该业务处理时,记账凭证误作下列会计分录,并登记入账。

借:主营业务成本　　5 000
　贷:银行存款　　5 000

当发现错误记录时,先用红字编制一张与原记账凭证相同的凭证,并登记入账,以示对原错误记录冲销。其分录如下。

借:主营业务成本　　[5 000]
　贷:银行存款　　[5 000]

同时,再用蓝字金额填制一张正确记账凭证,据以登记入账。其分录如下。

借:销售费用　　5 000
　贷:银行存款　　5 000

采用红字更正法时,账簿更正过程如图4-1所示。

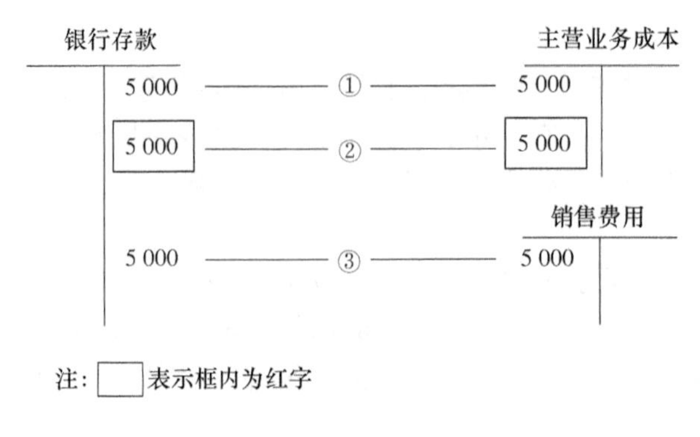

图 4-1　账簿记录更正过程

② 在记账后，如发现记账凭证和账簿记录的金额有错误，而原记账凭证中应借、应贷会计科目无错误，且金额错误表现为所记金额大于应记金额，这时可采用红字更正法更正。更正方法是：将多记的金额(即所记与应记之间差额)用红字金额填写一张记账凭证并登记入账，来冲销多记金额。现举例如下。

【例 4-2】 远洋公司购进固定资产一台，价值 103 000 元，以银行存款支付，编制记账凭证时误将 103 000 元记为 108 000 元并以入账。其分录如下。

借：固定资产　　108 000

　　贷：银行存款　　108 000

发现错误后，应将多记金额 5 000 元(108 000－103 000)用红字金额编制凭证，并登记入账，以示冲销。其分录为：

借：固定资产　　[5 000]

　　贷：银行存款　　[5 000]

账簿记录更正过程如图 4-2 所示。

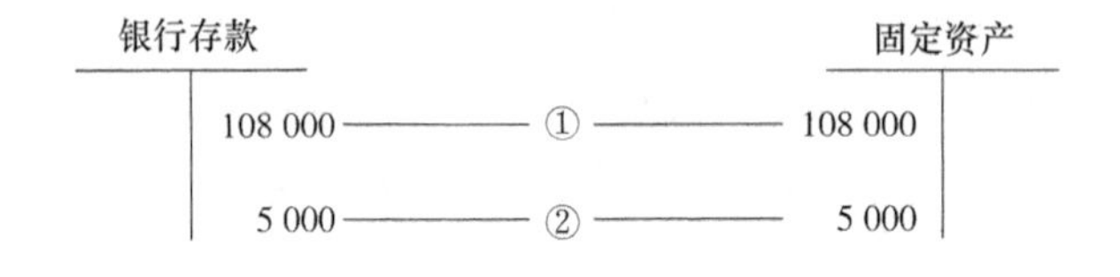

图 4-2　账簿记录更正过程

(3) 补充登记法

在记账以后，如果发现记账凭证应借、应贷科目无误，但所记金额小于应记金额时，可采用补充登记法更正。更正方法是：按少记金额编制一张与原凭证应借、应贷科目和方向相同的蓝字记账凭证，并登记入账，对少记金额加以补记。现举例如下。

【例 4-3】 远洋公司职工李某出差预借差旅费 1 000 元，以现金支付。编制凭证时误记为 100 元，并登记入账。其分录如下。

借：其他应收款——李某　　100

　　贷：库存现金　　100

当发现错误后，以蓝字编制一张与原记账凭证应借、应贷科目相同，金额为 900 元的记账凭证，并据以登记入账。其分录如下。

借:其他应收款——李某　　900

　　贷:库存现金　　900

采用补充登记法时,账簿记录更正过程如图 4-3 所示。

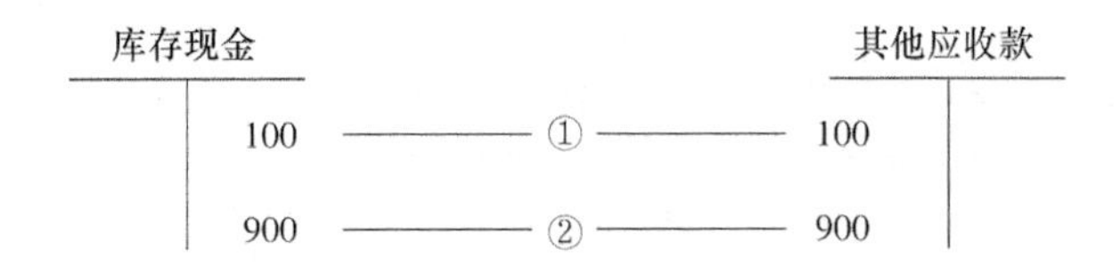

图 4-3　账簿记录更正过程

(五) 总分类账户和明细分类账户的平行登记

1. 总分类账和明细分类账的关系

总分类账是按照总分类账户开设的分类账,提供会计主体财务状况和经营成果的全面、系统的分类资料,只提供货币指标。明细分类账是按照二级账户或明细分类账户开设的分类账,它对各有关会计要素项目进行较为详细的分类反映,除了货币指标外,还提供实物量度指标,为日常管理和编制财务报表提供更加详细的资料。明细分类账对总分类账进行必要的补充说明,总分类账对明细分类账起统驭作用。

总分类账和明细分类账登记的依据是相同的,根据同一会计凭证对同样的会计事项进行确认和计量,这就客观要求总分类账和明细分类账进行平行登记。

2. 总分类账和明细分类账的平行登记

总分类账和明细分类账的平行登记就是对同一会计事项在总分类账和明细分类账中进行的同依据、同方向、同金额、同时间登记。

(1) 同依据

对发生的经业务,都要以相关的会计凭证为依据,既登记有关总账,又登记其所属明细账。

(2) 同方向

同方向是指对于同一会计事项在总分类账簿中的记账方向和在明细分类账簿中的记账方向是一致的。也就是说,如果在总分类账簿中的记账方向是借方(贷方),那么,在明细分类账簿中的记账方向必定也是借方(贷方)。

(3) 同金额

同金额是指对于同一会计事项在总分类账簿中的登记金额和在明细分类账簿中的登记金额是一致的。即在总分类账簿中的记账金额和在其控制的所有明细分类账簿中的登记金额之和必定是相等的。

(4) 同时间

同时间是指对于同一会计事项在总分类账簿中入账的会计期间和在明细分类账簿中入账的会计期间是一致的。即总分类账不管是逐笔登记还是汇总登记,其所记录会计事项的入账期间和其控制的明细分类账的入账期间是同一月份。

总分类账和明细分类账的平行登记方法见如下例题。

【例 4-4】　远洋公司 20×5 年 1 月 1 日“原材料”总账账户及所属的甲材料、乙材料和丙材料明细账账户的月初余额如表 4-18 所示。

表 4-18　原材料月初余额

材料名称	计量单位	数量	单价(元)	金额(元)
甲材料	千克	2 000	50	100 000
乙材料	千克	1 500	102	153 000
丙材料	千克	300	50	15 000
合　计				268 000

远洋公司 20×5 年 1 月份发生以下经济业务：

① 5 日，从某公司购入甲、乙两种材料。增值税专业发票上注明的甲材料 500 千克，单价 52 元，计 26 000 元；乙材料 500 千克，单价 100 元，计 50 000 元，买价共计 76 000 元，增值税进项税额 12 920 元。上述款项已用银行存款支付。材料已到达并验收入库。

编制会计分录如下：

借：原材料——甲材料　　26 000

　　　　　——乙材料　　50 000

　　应交税费——应交增值税(进项税额)　　12 920

　　贷：银行存款　　88 920

② 7 日，生产车间领用甲材料 2 000 千克，每千克 50.40 元；领用乙材料 1 500 千克，每千克 101.50 元，领用丙材料 200 千克，每千克 50 元。编制会计分录如下：

借：生产成本　　263 050

　　贷：原材料——甲材料　　100 800

　　　　　　——乙材料　　152 250

　　　　　　——丙材料　　10 000

总分类账和明细分类账的核对通过编制明细分类账户本期发生额及期末余额表进行。

明细分类账户本期发生额及余额表是按照总分类账户所属的所有明细账户的明细账账页记录的本期发生额和期末余额填制的，用来和总分类账本期发生额及余额进行核对的对照表。总分类账户所属的所有明细账户的本期发生额合计数和期初余额、期末余额合计数，应该分别和总分类账的本期发生额合计数和期初余额、期末余额合计数相等。明细分类账户本期发生额及余额表的格式是按照汇总明细分类账本期发生额及余额的原则设计的，这几类账簿形式如表 4-19～表 4-23 所示。

表 4-19　总分类账

会计科目：原材料　　　　第　页

20×5 年		凭证		摘　要	借　方	贷　方	借或贷	余　额
月	日	种类	号数					
1	1			月初余额			借	268 000
	5	银付	8	购入	76 000		借	344 000
	7	转字	5	领用		263 050	借	80 950
	31			本月合计	76 000	263 050	借	80 950

表 4-20　原材料明细账

材料名称：甲材料　　金额单位：元　　最高储备量：
编号：(略)　　规格：(略)　　计量单位：千克　　最低储备量：

20×5年		凭证号数	摘要	收入			发出			结存		
月	日			数量	单价	金额	数量	单价	金额	数量	单价	金额
1	1		月初余额							2 000	50	100 000
	5	银付	购入	500	52	26 000				2 500	50.4	126 000
	7	转字	领用				2 000	50.4	100 800	500	50.4	25 200
	31		本月合计	500	52	26 000	2 000	50.4	100 800	500	50.4	25 200

表 4-21　原材料明细账

材料名称：乙材料　　金额单位：元　　最高储备量：
编号：(略)　　规格：(略)　　计量单位：千克　　最低储备量：

20×5年		凭证号数	摘要	收入			发出			结存		
月	日			数量	单价	金额	数量	单价	金额	数量	单价	金额
1	1		月初余额							1 500	102	153 000
	5	银付	购入	500	100	50 000				2 000	101.5	203 000
	7	转字	领用				1 500	101.5	152 250	500	101.5	50 750
	31		本月合计	500	100	50 000	1 500	101.5	152 250	500	101.5	50 750

表 4-22　原材料明细账

材料名称：丙材料　　金额单位：元　　最高储备量：
编号：(略)　　规格：(略)　　计量单位：千克　　最低储备量：

20×5年		凭证号数	摘要	收入			发出			结存		
月	日			数量	单价	金额	数量	单价	金额	数量	单价	金额
1	1		月初余额							300	50	15 000
	7	转字	领用				200	50	10 000	100	50	5 000
	31		本月合计				200	50	10 000	100	50	5 000

表 4-23　原材料明细分类账户本期发生额及余额表

20×5 年 1 月 31 日　　　　单位:元

材料名称	期初余额		本期发生额		期末余额	
	借方	贷方	借方	贷方	借方	贷方
甲材料	100 000		26 000	100 800	25 200	
乙材料	153 000		50 000	152 250	50 750	
丙材料	15 000			10 000	5 000	
合计	268 000		76 000	263 050	80 950	

（六）对账与结账

1. 对账

对账是指在会计核算中,对账簿记录所做的核对工作。为了保证各种账簿记录真实、准确和完整,必须做好对账工作,建立良好的对账制度,以做到账证相符、账账相符和账实相符。

对账工作主要包括以下三个方面的内容:

(1) 账证核对。会计凭证是账簿记录的直接依据,无论在记账过程或期末结账前,都要认真做好账证核对工作,做到账证相符,为账实相符打下良好的基础。

(2) 账账核对。账账核对是指在账证核对相符情况下,各种账簿之间进行的核对,包括两个方面的内容:本单位内部各账簿之间相关内容核对应相符,本单位同其他单位的往来款项应核对也应相符。其具体内容有:

① 总账账簿全部账户的借方本期发生额、余额合计数与贷方本期发生额、余额合计数核对平衡、相符。

② 总账账簿各总账账户期末余额与其所属各明细账户期末余额合计核对相符。

③ 银行存款日记账的余额与银行对账单核对相符。

④ 财会部门有关财产物资的明细分类账簿余额应与财产物资保管部门和使用部门经管的明细记录的金额核对相符。

⑤ 本单位各项债权、债务明细分类账与相关债务人或债权人核对相符。

(3) 账实核对。账实核对是指各种财产物资的账面余额与实存数核对相符。账实核对一般通过财产清查来进行,相关内容在以后章节介绍。

2. 结账

结账就是把一定时期(月份、季度或年度)内发生的经济业务全部登记入账以后,计算并记录各账簿的本期发生额和期末余额,进行试算平衡,并结转下期或下年度账簿的一种方法。

结账分月结、季结和年结,在实际工作中,一般采用画线结转的方法进行。主要包括以下内容:

(1) 将本期发生的全部经济业务,都编制记账凭证,并登记入账,严禁出现漏记、重记或多记、少记现象,结账时间不能提前也不能迟延,一定要定期、及时。

(2) 按照权责发生制原则调整和结转有关账项。本期内所有的转账业务,应编制成转账记账凭证,并据以登记账簿,以调整账簿记录。如完工产品成本,应结转记入“库存商品”账户;将本期的预收收益和应收收益予以确认,记入本期收入项目等。

(3) 将本期已确认登记的各项收入和应负担的成本、费用编制记账凭证，分别从收入账户和成本、费用账户结转入“本年利润”账户，以确定本期的盈亏成果。

(4) 计算、登记各账户本期发生额和期末余额，并结转下期。详细说明如下：

①月结。每月终了，在各项准备工作就绪以后，在账页中最后一笔经济业务记录的底线画一条通栏红线，红线下一行，将计算出的各账户本期发生额合计数和本月月末余额分别记入借方、贷方和余额栏内(若无余额，可在“借”或“贷”栏写“平”字，或在余额栏画“－0－”符号)，并在摘要栏注明“本月合计”字样，然后在末行底线再画一条通栏红线。

②季结。在季末最后一个月份的“月结”行的红线下一行，填入本季度三个月累计借、贷方发生额合计数和季终余额，并在“摘要”栏注明“本季累计”字样，然后在该行底线画一条通栏红线。

③年结。在年末第四季度季结所在行的红线下一行，计算并填入本年度 4 个季度借、贷方发生额累计数和年终余额，并在“摘要”栏注明“本年累计”字样，再在该行底线画一条通栏红线。

另外，为求各账户年终借方、贷方平衡起见，在“本年累计”行下应将各账户上年结转的借方(或贷方)的余额，按原来相同的方向填入借方(或贷方)栏内，并在“摘要”栏内指明“上年结转”字样，同时将本年余额按相反方向填列在下一行，(即借方余额填在贷方)，并在摘要栏注明“结转下年”字样，然后再分别将借方和贷方加总填列在一行，并在“摘要”栏注明“合计”字样，此时借方、贷方金额相等。最后在合计数下端画两道通栏红线，表示借、贷方平衡和年度结束、封账。

结账方法举例如表 4-24 所示。

表 4-24　总分类账

单位：元

20×5 年		凭证		摘要	借方	贷方	借或贷	余额
月	日							
1	1			上年结转			贷	250 000
	10			汇总记账凭证	100 000	50 000	贷	200 000
	…			…	…	…	…	
	31			本月合计	400 000	450 000	贷	300 000
2	1			…	…	…	…	…
	…			…	…	…	…	…
	28			本月合计	350 000	400 000	贷	350 000
3	1			…	…	…	…	…
	…			…	…	…	…	…
	31			本月合计	500 000	400 000	贷	250 000
	31			第一季度合计	1 250 000	1 250 000	贷	250 000
4	1			…	…	…	…	…

续表

20×5年		凭证		摘要	借方	贷方	借或贷	余额
月	日							
	…			…	…	…	…	…
6	30			第二季度合计	1 000 000	900 000	贷	150 000
7	1			…	…	…	…	…
	…			…	…	…	…	…
9	30			第三季度合计	700 000	800 000	贷	250 000
10	1			…	…	…	…	…
	…			…	…	…	…	…
12	31			第四季度合计	600 000	550 000	贷	200 000
	31			本年合计	3 550 000	3 500 000	贷	200 000
				上年结转		250 000		
				结转下年	200 000			
				合计	3 750 000	3 750 000		—

注：…表示省略；_表示单红线；_表示双红线。

（七）账簿的更换与保管

1. 账簿的更换

各核算单位的总分类账簿、日记账和明细账簿，应每年更换一次。只有极少数明细账，如固定资产明细账，因变动较小，可以连续多年使用，不必每年更换。各种账簿在年终结账时，每个账户的年终余额都要直接记入下一年度启用的新账簿中，转记过程不用编制记账凭证。

2. 账簿的保管

年度终了，各种账户在结转下年，建立新账后，一般应将旧账集中统一管理。

会计账簿暂由本单位财务会计部门保管一年，期满后，由本单位财务会计部门编制移交清册交本单位档案部门保管，一般会计账簿保管期限为30年。

各种账簿应当按年度分类归档，编造目录，妥善保管。既保证在需要时迅速查阅，又保证各种账簿的安全和完整。保管期满后，还要按照规定的审批程序经批准后方能销毁。会计账簿是单位重要的经济资料，必须建立管理制度，妥善保管。对使用结束的账簿，必须装订成册，连续编号（订本账除外），在封面注明账簿名称、使用年度、账册页数，再加具封条并由会计主管加盖骑缝章，账簿借出时，应办理有关手续，并如期及时归还。

第三节　账务处理程序

一、概述

（一）概念和意义

账务处理程序又称会计核算组织程序或会计核算形式，是指会计凭证、会计账簿、财务报表相结合的方式，包括账簿组织和记账程序。账簿组织是指会计凭证和会计账簿的种类、格式，会计凭证与账簿之间的联系方法；记账程序是指由填制、审核原始凭证到填制、审核记账凭证，登记日记账、明细分类账和总分类账，编制财务报表的工作程序和方法等。科学合理地选择账务处理程序的意义主要有如下几点：

① 有利于规范会计工作，保证会计信息加工过程的严密性，提高会计信息质量；

② 有利于保证会计记录的完整性和正确性，增强会计信息的可靠性；

③ 有利于减少不必要的会计核算环节，提高会计工作效率，保证会计信息的及时性。

（二）种类

企业常用的账务处理程序主要有记账凭证账务处理程序、汇总记账凭证账务处理程序和科目汇总表账务处理程序等。它们之间的主要区别为登记总分类账的依据和方法不同。

(1) 记账凭证账务处理程序，是指对发生的经济业务，先根据原始凭证或汇总原始凭证填制记账凭证，再直接根据记账凭证登记总分类账的一种账务处理程序。

(2) 汇总记账凭证账务处理程序，是指先根据原始凭证或汇总原始凭证填制记账凭证，定期根据记账凭证分类编制汇总收款凭证、汇总付款凭证和汇总转账凭证，再根据汇总记账凭证登记总分类账的一种账务处理程序。

(3) 科目汇总表账务处理程序，又称记账凭证汇总表账务处理程序，是根据记账凭证定期编制科目汇总表，再根据科目汇总表登记总分类账的一种账务处理程序。

二、记账凭证账务处理程序

（一）特点

记账凭证账务处理程序的特点是直接根据记账凭证对总分类账进行逐笔登记。该账务处理程序是会计核算中最重要的账务处理程序，它既是理解账务处理的基础，也是掌握其他账务处理程序的基础。

（二）优缺点

记账凭证账务处理程序的优点是简单明了，易于理解，总分类账可以较详细地反映交易或事项的发生情况，便于查账、对账；缺点是在业务较多的情况下，登记总分类账的工作量较大。

（三）适用范围

该账务处理程序适用于规模较小、经济业务量较少的单位。因而，为了最大限度地克服其局限，在实务工作中，应尽量将原始凭证汇总编制汇总原始凭证，再根据汇总原始凭证编制记账凭证，从而简化总账登记的工作量。

（四）一般步骤

记账凭证账务处理的流程如图 4-4 所示。

记账凭证账务处理程序的一般步骤如下：

① 根据原始凭证填制汇总原始凭证；

② 根据原始凭证或汇总原始凭证、填制收款凭证、付款凭证和转账凭证，也可以填制通用记账凭证；

③ 根据收款凭证和付款凭证逐笔登记库存现金日记账和银行存款日记账；

④ 根据原始凭证、汇总原始凭证和记账凭证，登记各种明细账；

⑤ 根据记账凭证逐笔登记总分类账；

⑥ 期末，将库存现金日记账、银行存款日记账和明细账的余额与有关总账的余额核对；

⑦ 期末，根据总分类账和明细分类账的记录，编制账务报表。

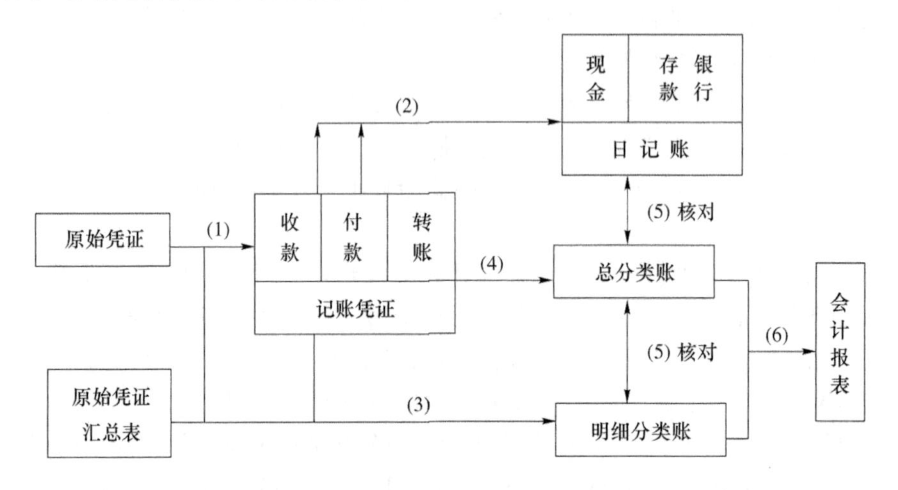

图 4-4　记账凭证账务处理程序

三、汇总记账凭证账务处理程序

汇总收款凭证、汇总付款凭证和汇总转账凭证都是分别根据收款凭证、付款凭证和转账凭证进行汇总填制的。汇总的期限一般不应超过 10 天，每月至少汇总三次，每月填制一张，月终结算出合计数，据以登记总分类账。

(1) 汇总收款凭证的编制。汇总收款凭证根据收款凭证分别填制现金汇总收款凭证和银行存款汇总收款凭证并分别与有关贷方科目相对应。

(2) 汇总付款凭证的编制。汇总付款凭证根据付款凭证分别填制现金汇总付款凭证和银行存款汇总付款凭证并分别与有关借方科目相对应。

(3) 汇总转账凭证的编制。根据转账凭证的每一贷方科目填制汇总转账凭证。将与其相对应的科目填制在汇总转账凭证的“借方科目”栏。为了使填制的汇总转账凭证避免漏汇或重汇，在填制转账凭证时，最好让一个贷方科目与一个借方科目相对应。

(一) 特点

汇总记账凭证账务处理程序的特点是先根据记账凭证编制汇总记账凭证，再根据汇总记账凭证登记总分类账。

(二) 优缺点

汇总记账凭证账务处理程序的优点是减轻了登记总分类账的工作量，而且账户对应关系没有破坏，便于查对和分析项目；缺点是当转账凭证较多时，编制汇总转账凭证的工作量较大，并且按每一贷方账户编制汇总转账凭证，不考虑交易或事项的性质，不利于会计核算的日常分工。

(三) 适用范围

该账务处理程序适用于规模较大、经济业务较多的单位，特别是转账业务少，而收款、付款业务较多的单位更为适合。

(四) 一般步骤

汇总记账凭证账务处理程序如图 4-5 所示。

汇总记账凭证账务处理程序的一般步骤如下：

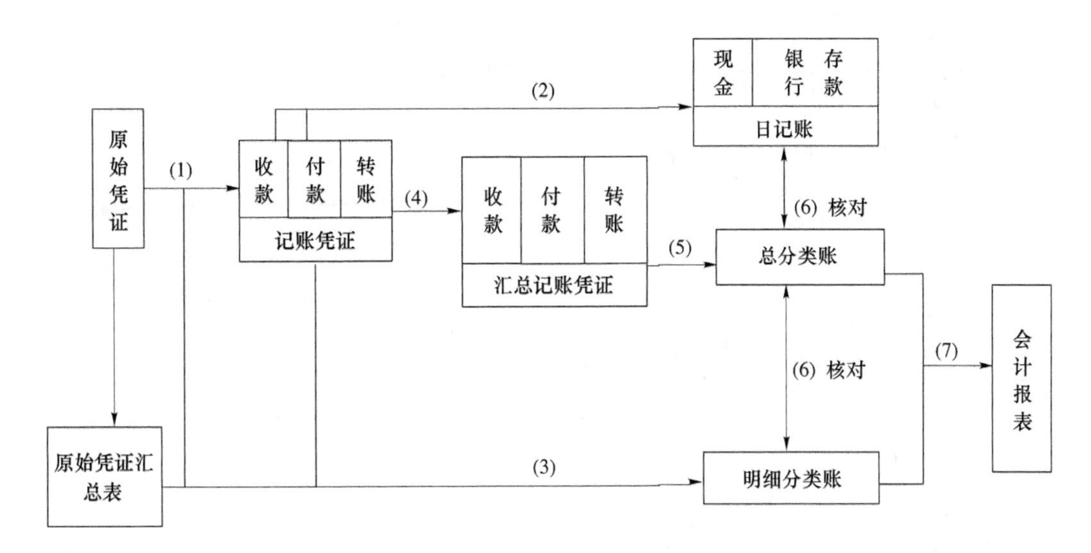

图 4-5 汇总记账账凭证账务处理程序

① 根据原始凭证填制汇总原始凭证；

② 根据原始凭证或汇总原始凭证填制收款凭证、付款凭证和转账凭证，也可以填制通用记账凭证；

③ 根据收款凭证、付款凭证逐笔登记库存现金日记账和银行存款日记账；

④ 根据原始凭证、汇总原始凭证和记账凭证，登记各种明细分类账；

⑤ 根据各种记账凭证编制有关汇总记账凭证；

⑥ 根据各种汇总记账凭证登记总分类账；

⑦ 期末，将库存现金日记账、银行存款日记账和明细分类账的余额与有关总分类账的余额核对；

⑧ 期末，根据总分类账和明细分类账的记录，编制财务报表。

四、科目汇总表账务处理程序

在编制科目汇总表时，首先将汇总期内各项经济业务所涉及的会计科目填在科目汇总表的“会计科目”栏内，为了便于登记总分类账，会计科目的顺序按总分类账上会计科目的先后顺序填写；其次根据汇总期内所有记账凭证，按会计科目分别加计借方发生额和贷方发生额，将其汇总数填在各相应会计科目的“借方”和“贷方”栏。按会计科目汇总后，应加总借方、贷方发生额，进行发生额的试算平衡。科目汇总表的编制时间，应根据各企业、单位业务量而定，业务较多的可以每日汇总，业务较少的可以定期汇总，但一般不得超过 10 天。在科目汇总表上，还应注明据以编制的各种记账凭证的起讫字号，以备进行检查。

（一）特点

科目汇总表账务处理程序的特点是先将所有记账凭证汇总编制成科目汇总表，然后以科目汇总表为依据登记总分类账。总分类账可经根据每次汇总编制的科目汇总表随时进行登记，也可以在月末根据科目汇总表的借方发生额和贷方发生额的全月合计数一次登记。

（二）优缺点

科目汇总表账务处理程序的优点是减轻了登记总分类账的工作量，易于理解，方便学习，并可做到试算平衡；缺点是科目汇总表不能反映各个账户之间的对应关系，不利于对账目进行检查。

（三）适用范围

该账务处理程序适用于规模大、经济业务较多的企业。

（四）一般步骤

科目汇总表账务处理程序的流程如图 4-6 所示。

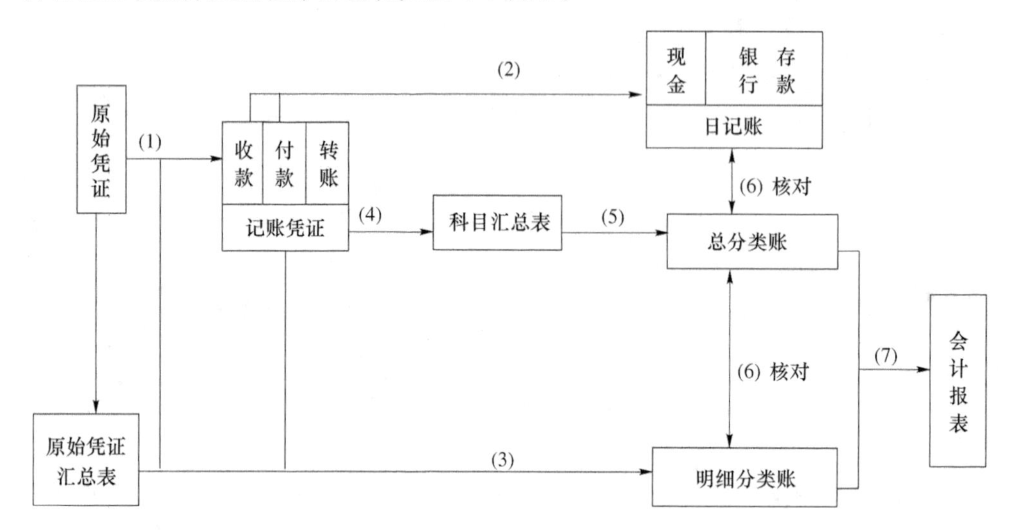

图 4-6　科目汇总表账务处理程序

科目汇总表账务处理程序的一般步骤如下：

① 根据原始凭证填制汇总原始凭证；

② 根据原始凭证或汇总原始凭证填制记账凭证；

③ 根据收款凭证、付款凭证逐笔登记库存现金日记账和银行存款日记账；

④ 根据原始凭证、汇总原始凭证和记账凭证，登记各种明细分类账；

⑤ 根据各种记账凭证编制科目汇总表，根据科目汇总表登记总分类账；

⑥ 期末，将库存现金日记账、银行存款日记账和明细分类账的余额与有关总分类账的余额核对；

⑦ 期末，根据总分类账和明细分类账的记录，编制财务报表。

本章小结

本章主要涉及以下内容：会计凭证，包括原始凭证和记账凭证的填制、审核；各类会计账簿及登记方法；账务处理程序。

基本概念

会计凭证、原始凭证、记账凭证、会计账簿、对账、结账、记账凭证账务处理程序、汇总记账凭证账务处理程序、科目汇总表账务处理程序。

思考题

1. 什么是会计凭证，会计凭证分为哪几类？

2. 原始凭证的记账凭证如何填制，二者的区别是什么？
3. 简述会计账簿的设置及分类。
4. 会计账簿如何登记及错误更正？
5. 如何对账、结账？
6. 账务处理程序有哪几种，都有什么特点？

实训(练习)题

一、单项选择题

1. 下列记账凭证与原始凭证的区别，错误的是(　　)。
   A. 原始凭证应由经办人员填制，而记账凭证由本单位出纳填制
   B. 原始凭证根据发生或完成的经济业务填制，而记账凭证则根据审核后的原始凭证填制
   C. 原始凭证仅用以记录、证明经济业务已经发生或完成，而记账凭证则依据会计科目对已经发生或完成的经济业务进行归类、整理编制
   D. 原始凭证是记账凭证的附件，是填制记账凭证的依据，而记账凭证是登记账簿的直接依据
2. 在审核原始凭证时，对于真实、合法、合理但内容不够完整、填写有错误的原始凭证，应该(　　)。
   A. 拒绝办理，并向本单位负责人报告
   B. 予以抵制，对经办人员进行批评
   C. 由会计人员重新填制或予以更正
   D. 退回给有关经办人员，由其负责将有关凭证补充完整、更正错误或重开
3. 关于记账凭证填制的基本要求，不正确的是(　　)。
   A. 记账凭证各项内容必须完整
   B. 记账凭证应连续编号
   C. 可以将不同内容和类别的原始凭证汇总填制在一张记账凭证上
   D. 如果当年内发现记账凭证只是金额错误，可以以差额另编一张调整的记账凭证，调增金额用蓝字，调减金额用红字
4. 下列关于人民币 30 010.06 的大写写法的表述中，正确的是(　　)。
   A. 人民币叁万零拾元陆分整　　B. 人民币叁万零壹拾元零陆分
   C. 人民币三万零十元六分整　　D. 人民币三万零十元六分
5. 下列关于填制记账凭证时对错误的处理方法的表述中，正确的是(　　)。
   A. 重新填制记账凭证　　B. 更正并加盖公章
   C. 更正并加盖更正人员的印章　　D. 更正并加盖更正人员的印章和公章
6. 结账时，应当画通栏双红线的是(　　)。
   A. 12 月末结出全年累计发生额后　　B. 各月末结出全年累计发生额后
   C. 结出本季累计发生领后　　D. 结出当月发生额后
7. 记账后，发现记账凭证上应借、应贷的会计科目并无错误，但所填金额有错，致使账簿记录错误，正确的更正方法是(　　)。

A. 若所填金额大于应填金额,则应采用红字更正法
B. 若所填金额小于应填金额,则应采用红线更正法
C. 若所填金额大于应填金额,则应采用补充登记法
D. 若所填金额小于应填金额,则应采用画线更正法

8. 关于总分类科目与明细科目的平行登记,下列说法不正确的是(　　)。
A. 可以实现补充说明
B. 可检查会计科目记录的正确性
C. 可根据明细科目汇总登记总分类科目
D. 可检查会计科目记录的完整性

9. “原材料”“库存商品”等存货类明细账,一般采用(　　)账簿。
A. 三栏式　　B. 多栏式
C. 数量金额式　　D. 横线登记式

10. 三栏式银行存款日记账属于(　　)。
A. 序时账簿　　B. 明细账簿
C. 总分类账簿　　D. 备查账簿

11. 下列应该使用多栏式账簿的是(　　)。
A. 应收账款明细账　　B. 管理费用明细账
C. 库存商品明细账　　D. 原材料明细账

12. 下列关于账簿的说法中,不正确的是(　　)。
A. 备查账簿是指对某些在序时账簿和分类账簿中未能记载或记载不全的经济业务进行补充登记的账簿
B. 数量金额式账簿的借方、贷方和余额三个栏目内,都分设数量、单价和金额三小栏
C. 账簿按用途分为序时账簿、分类账簿和备查账簿
D. 账簿按外型特征分为两栏式、三栏式、多栏式、数量金额式和横线登记式账簿

13. 各种账务处理程序的主要区别是(　　)。
A. 总账格式不同　　B. 登记明细账的依据不同
C. 登记总账的依据和方法不同　　D. 编制会计报表的依据不同

14. 下列各项中,(　　)属于科目汇总表账务处理程序与汇总记账凭证账务处理程序共同的优点。
A. 保持科目之间的对应关系　　B. 简化总分类账登记工作
C. 进行所有科目余额的试算平衡　　D. 可以详细反映经济业务的发生情况

15. 下列各项中,(　　)属于既能汇总登记总分类账,减轻总账登记工作,又能明确反映账户对应关系,便于查账、对账的账务处理程序。
A. 科目汇总表账务处理程序　　B. 汇总记账凭证账务处理程序
C. 多栏式日记账账务处理程序　　D. 日记账账务处理程序

二、多项选择题

1. 下列各项中,(　　)属于会计凭证的归档保管注意事项。
A. 原始凭证不得外借,其他单位如有特殊原因确实需要使用时,可以复制
B. 原始凭证较多时,可单独装订,但应在凭证封面注明所属记账凭证的日期、编号和种类

C. 每年装订成册的会计凭证，在年度终了时可暂由单位会计机构保管一年，期满后应当移交本单位档案机构统一保管

D. 出纳人员可以兼管会计档案

2. 关于记账凭证下列说法正确的是（　　）。

A. 收款凭证是指用于记录现金和银行存款收款业务的记账凭证

B. 收款凭证分为现金收款凭证和银行存款收款凭证两种

C. 从银行提取库存现金的业务应该编制现金收款凭证

D. 从银行提取库存现金的业务应该编制银行存款付款凭证

3. 下列各项中，（　　）属于原始凭证的审核内容。

A. 数量、单价、金额是否正确无误　　B. 是否符合有关的计划、预算和合同等规定

C. 记录的经济业务的发生时间　　D. 是否符合有关政策、法令、制度等规定

4. 下列关于限额领料单的说法中，正确的有（　　）。

A. 限额领料单是多次使用的累计领发料凭证

B. 限额领料单属于一次凭证

C. 可以简化核算手续

D. 属于原始凭证

5. 以下关于原始凭证错误的更正，下列说法正确的是（　　）。

A. 原始凭证记载的各项内容均不得涂改

B. 随意涂改的原始凭证虽然不符合要求，但是属于有效的凭证

C. 原始凭证金额出现错误的，不得更正，只能由原始凭证开具单位重新开具

D. 原始凭证开具单位应当依法开具准确无误的原始凭证

6. 下列关于账簿与账户关系的表述，正确的有（　　）。

A. 账户存在于账簿之中，没有账簿，账户就无法存在

B. 账簿存在于账户之中，没有账户，账簿就无法存在

C. 账户只是一个外在形式，账簿才是它的真实内容

D. 账簿只是一个外在形式，账户才是它的真实内容

7. 结账的内容通常包括（　　）。

A. 在会计期末将本期所有发生的经济业务事项全部登记入账

B. 结清各种损益类账户，并据以计算确定本期利润

C. 结清各资产、负债和所有者权益账户，分别结出本期发生额合计和余额

D. 期末有余额的账户，要将其余额结转下一期间

8. 填制记账凭证若发生错误，且已经登记入账，下列更正方法正确的有（　　）。

A. 用涂改液进行更正

B. 先用红字填写一张与原内容相同的记账凭证，在摘要栏注明“注销某月某日某号凭证”字样。同时再用蓝字重新填制一张正确的记账凭证

C. 如果会计科目没有错误，只是金额错误，也可将正确数字与错误数字之间的差额，另编一张调整的记账凭证，调增金额用蓝字，调减金额用红字

D. 发现以前年度记账凭证有错误的，不涉及损益类科目，科目正确，金额少记，应当按少记的金额用蓝字填制一张与原记账凭证应借、应贷科目完全相同的记账凭证

9. 下列登记银行存款日记账的方法中正确的有(　　)。

A. 逐日逐笔登记并逐日结出余额

B. 根据企业在银行开立的账户和币种分别设置日记账

C. 使用订本账

D. 业务量少的单位用银行对账单代替日记账

10. 下列各项中,可以采用数量金额式格式的有(　　)。

A. 库存商品明细分类账　　B. 银行存款日记账

C. 应收账款明细分类账　　D. 原材料明细分类账

11. 下列账簿可以采用三栏式账簿的有(　　)。

A. 现金日记账　　B. 银行存款总分类账

C. 应收账款明细账　　D. 应付账款总分类账

12. 下列项目中,属于备查账簿的有(　　)。

A. 应收票据贴现登记簿　　B. 租入固定资产登记簿

C. 现金日记账　　D. 固定资产卡片

13. 汇总转账凭证的借方科目可能有(　　)。

A. 应付账款或预付账款　　B. 固定资产或无形资产

C. 库存现金或银行存款　　D. 生产成本或制造费用

14. 下列各项中,(　　)能够通过科目汇总表反映。

A. 各个会计科目借方本期发生额　　B. 各个会计科目贷方本期发生额

C. 各个会计科目借方本期余额　　D. 各个会计科目贷方本期余额

15. 各种账务处理程序的相同之处是(　　)。

A. 根据原始凭证编制汇总原始凭证

B. 根据原始凭证、汇总原始凭证和记账凭证,登记各种明细分类账

C. 根据收款凭证和付款凭证登记现金、银行存款日记账

D. 根据总账和明细账编制财务报表

三、判断题

1. 如果原始凭证已预先印定编号,在写坏作废时,应加盖"作废"戳记,妥善保管,不得撕毁。(　　)

2. 发生销货退回的,除填制退货发票外,还必须有退货验收证明;退款时,必须取得对方的收款收据或汇款银行的凭证,不得以退货发票代替收据。(　　)

3. 凡是现金或银行存款增加的经济业务必须填制收款凭证,不填制付款凭证。(　　)

4. 记账凭证所附的原始凭证数量过多,也可以单独装订保管,但应在其封面及有关记账凭证上加注说明。(　　)

5. 账户是根据会计科目开设的,账户存在于账簿之中,账簿中的每一账页就是账户的存在形式和载体,没有账簿,账户就无法存在。(　　)

6. 横线登记式账页适用于登记材料采购、在途物资、应收票据和一次性备用金业务。(　　)

7. 发现以前年度记账凭证是错误的,应当用红字填制一张更正的记账凭证。(　　)

8. 总分类账登记的依据和方法,主要取决于企业的特点和管理需要。(　　)

9. 为便于管理,"应收账款""预收账款"明细账必须用多栏式账页格式。(　　)

10. 科目汇总表账务处理程序适用于各种类型的单位,尤其适用于经济业务较少的单位。(　　)

11. 记账凭证账务处理程序的缺点之一是登记总分类账的工作量较大。(　　)

12. 记账凭证账务处理程序、汇总记账凭证账务处理程序和科目汇总表账务处理程序的一般步骤中都包括根据记账凭证登记总分类账。(　　)

13. 任何账务处理程序的第一步必须将所有的原始凭证都汇总编制为汇总原始凭证。(　　)

第五章

货币资金

学习目标

1. 了解货币资金的概念，明确现金管理制度；
2. 掌握库存现金和银行存款的核算内容；
3. 了解其他货币资金的核算内容；
4. 熟悉库存现金、银行存款和其他货币资金的账务处理。

案例引入

学习国际金融的王阳自视甚高，19 岁毕业到银行工作后成天想出人头地，干出一番大事业。很快，他找到了自己努力的方向——炒股，他想成为“股神”，别人对他刮目相看。炒股需要大量的资金，他利用自己发现的单位管理的漏洞，先后挪用储户 400 万元资金。然而，他没有成为“股神”，炒股遭遇惨败，因窟窿越来越大无法填补，他选择了逃亡，成了公安部督捕的 B 级通缉犯。经历了 6 年心灵煎熬后，山穷水尽的王阳于某年 9 月 30 日回到南京，并在父母的敦促下向南京警方投案自首。

挪用公款炒股频发，挪用公款炒股已经成为一个较为普遍现象，而且数额之大也触目惊心。

[思考]

这个案例暴露企业财务管理上的什么问题？

货币资金是指企业生产经营过程中处于货币形态的资产，包括库存现金、银行存款和其他货币资金。

第一节　库存现金

库存现金是指存放于企业财会部门、由出纳人员经管的货币。库存现金是企业流动性最强的资产，企业应当严格遵守国家有关现金管理制度，正确进行现金收支的核算，监督现金使用的合法性和合理性。

一、现金管理制度

根据国务院发布的《现金管理暂行条例》的规定，企业现金管理制度主要包括以下内容。

（一）现金的使用范围

企业可用现金支付的款项有：

(1) 职工工资、津贴；

(2) 个人劳务报酬；

(3) 根据国家规定颁发给个人的科学技术、文化艺术、体育比赛等各种奖金；

(4) 各种劳保、福利费用以及国家规定的对个人的其他支出；

(5) 向个人收购农副产品和其他物资的价款；

(6) 出差人员必须随身携带的差旅费；

(7) 结算起点 1 000 元以下的零星支出；

(8) 中国人民银行确定需要支付现金的其他支出。

除上述情况可以用现金支付外，其他款项的支付应通过银行转账结算。

（二）库存现金的限额

现金的限额是指为了保证单位日常零星开支的需要，允许单位留存现金的最高数额。这一限额由开户银行根据单位的实际需要核定，一般按照单位 3～5 天日常零星开支所需确定。边远地区和交通不便地区的开户单位的库存现金限额，可按多于 5 天，但不得超过 15 天的日常零星开支的需要确定。经核定的库存现金的限额，开户单位必须严格遵守，超过部分应于当日终了前存入银行。需要增加或减少库存现金限额的，应当向开户银行提出申请，由开户银行核定。

（三）现金收支的规定

开户单位现金收支应当依照下列规定办理：

(1) 开户单位现金收入应当于当日送存开户银行，当日送存确有困难的，由开户银行确定送存时间。

(2) 开户单位支付现金，可以从本单位库存现金限额中支付或从开户银行提取，不得从本单位的现金收入中直接支付(即坐支)。因特殊情况需要坐支现金的，应当事先报经开户银行审查批准，由开户银行核定坐支范围和限额。坐支单位应当定期向开户银行报送坐支金额和使用情况。

(3) 开户单位从开户银行提取现金时，应当写明用途，由本单位财会部门负责人签字盖章，经开户银行审核后，予以支付。

(4) 因采购地点不确定，交通不便，生产或市场急需，抢险救灾以及其他特殊情况必须使用现金的，开户单位应向开户银行提出申请，由本单位财会部门负责人签字盖章，经开户银行审核后，予以支付现金。

(5) 企业应当加强现金的管理，明确收款、付款、记录等各个环节出纳人员与相关人员的职责权限。企业应当定期和不定期地进行现金盘点，确保现金账面余额与实际库存相符。不得用白条抵库和挪用现金。

二、现金的账务处理

为了反映和监督企业库存现金的收入、支出和结存情况，企业应当设置“库存现金”账户，借方登记企业库存现金的增加，贷方登记库存现金的减少，期末借方余额反映企业实际持有库存现金的金额。企业内部各部门周转使用的备用金，可以单独设置“备用金”账户进行核算。

现金总账可直接根据收付款凭证逐笔登记，也可定期或于月份终了，根据汇总收付款凭证或科目汇总表登记。

现金的明细分类核算是通过设置现金日记账进行的，有外币现金的企业，应分别按人民币、外币现金设置现金日记账。现金日记账由出纳人员根据审核后的收付款凭证，按照业务发生顺序逐笔登记。每日终了，应计算当日现金收入、付出合计数和结余数，并且与实际现金库存数额进行核对，做到账款相符。每月终了，应将现金日记账的余额与现金总账的余额核对相符。

【例 5-1】 远洋公司开出现金支票一张，从银行提取现金 3 000 元。编制会计分录如下：

借：库存现金　　3 000

　贷：银行存款　　3 000

【例 5-2】 远洋公司购买办公用品支付现金 450 元。编制会计分录如下：

借：管理费用　　450

　贷：库存现金　　450

【例 5-3】 远洋公司职工李平出差，预借差旅费 2 000 元，以现金支付。编制会计分录如下：

借：其他应收款——李平　　2 000

　贷：库存现金　　2 000

【例 5-4】 职工李平出差回来报销差旅费 1 800 元，余款 200 元交回现金。编制会计分录如下：

借：管理费用　　1 800

　库存现金　　200

　贷：其他应收款——李平　　2 000

三、库存现金的清查

为了保证现金的安全完整，企业应当按规定对库存现金进行定期和不定期的清查，一般采用实地盘点法，对于清查的结果应当编制现金盘点报告单。如果有挪用现金、白条顶库的情况，应及时予以纠正；对于超限额留存的现金应及时送存银行。如果账款不符，发现有待查明原因的现金短缺或溢余，应先通过“待处理财产损溢”科目核算，按管理权限经批准后，分别按以下情况处理：

1. 现金短缺时的处理

(1) 属于有责任人赔偿的部分，转入“其他应收款——应收现金短缺(某个人)”科目。

(2) 属于应由保险公司赔偿部分，转入“其他应收款——应收保险赔款”科目。

(3) 属于无法查明的其他原因的现金溢余，根据管理权限经批准后转入“管理费用”科目。

2. 现金溢余时的处理

(1) 属于应支付给有关人员或单位的，转入“其他应付款——应付现金溢余(某个人或单位)”科目。

(2) 属于无法查明的现金溢余，经批准后，转入“营业外收入——现金溢余”科目。

【例 5-5】 远洋公司在现金清查过程中，发现现金短缺 400 元，原因待查。编制会计分录如下：

借：待处理财产损溢——待处理流动资产损溢　　400
　　贷：库存现金　　400

以后查明短缺原因，其中 150 元是出纳员黄姗工作失职造成的，应由其负责赔偿；另外 250 元无法查明原因，经批准转作管理费用。编制会计分录如下：

借：其他应收款——应收现金短缺款（黄姗）　　150
　　管理费用　　250
　　贷：待处理财产损溢——待处理流动资产损溢　　400

【例 5-6】 远洋公司在现金清查中，发现现金溢余 180 元，原因待查。编制会计分录如下：

借：库存现金　　180
　　贷：待处理财产损溢——待处理流动资产损溢　　180

以后无法查明现金溢余原因，经批准转作营业外收入。编制会计分录如下：

借：待处理财产损溢——待处理流动资产损溢　　180
　　贷：营业外收入——现金溢余　　180

第二节　银行存款

一、银行存款管理的主要内容

银行存款是企业存放在银行或其他金融机构的货币资金。银行存款管理的主要内容包括如下几个方面：

(1) 企业应当按照国家《支付结算办法》的规定，在银行开立账户，办理存款、取款和转账结算。

企业在银行开立的账户可分为基本存款账户、一般存款账户、临时存款账户和专用存款账户四种。基本存款账户是指企业办理日常转账和现金收付的账户；一般存款账户是指企业因借款或其他需要，在基本存款账户开户银行以外的银行营业机构开立的银行结算账户；临时存款账户是指企业因临时需要并在规定的期限内使用而开立的银行结算账户；专用存款账户是指企业按照法律、行政法规和规章，对其特定用途资金进行专项管理和使用而开立的银行结算账户。一个企业只能选择一家银行的一个营业机构开立一个基本存款账户，企业的工资、奖金等现金的支取只能通过该账户办理。

(2) 企业除了按规定留存的库存现金以外，所有的货币资金都必须存入银行，企业一切收付款项，除制度规定可用现金支付外，都必须通过银行办理转账结算。

(3) 企业应当严格遵守银行结算纪律，不准签发没有资金保证的票据或远期支票，套取银行信用；不准签发、取得或转让没有真实交易和债权债务的票据，套取银行的他人资金；不准无理由拒绝付款、任意占用他人资金；不准违反规定开立和使用银行账户。

(4) 企业应当及时核对银行账户，确保银行存款账面余额与银行对账单相符。对在银行账户核对过程中发现的未达账项，应查明原因，及时处理。

二、银行存款的核算

企业应当根据业务需要，按照规定在其所在地银行开设账户，运用所开设的账户，进行存款、取款及各种收支转账业务的核算。银行存款的收付应严格执行银行结算制度的规定。

为了反映和监督企业银行存款的收入、支出和结存情况，企业应当设置“银行存款”账户，借方登记企业银行存款的增加，贷方登记企业银行存款的减少，期末借方余额反映期末企业实际持有的银行存款余额。

企业应当设置银行存款总账和银行存款日记账，分别进行银行存款的总分类核算和明细分类核算。企业可按开户银行和其他金融机构、存款种类等设置“银行存款日记账”，根据收付款凭证，按照业务的发生顺序逐笔登记。每日终了，应结出余额。银行存款日记账应定期与银行对账单核对，月份终了，银行存款日记账的余额必须与银行存款总账的余额核对相符。

【例 5-7】 远洋公司收到甲公司归还前欠本企业货款的转账支票一张，金额 80 000 元，公司将支票和填制的进账单送交开户银行。根据银行盖章退回的进账单第一联和有关原始凭证，编制会计分录如下：

借：银行存款　　80 000

　　贷：应收账款——甲公司　　80 000

【例 5-8】 远洋公司向乙公司购买办公用品 1 500 元，开出转账支票一张支付款项，根据支票存根和有关发票，编制会计分录如下：

借：管理费用　　1 500

　　贷：银行存款　　1 500

【例 5-9】 远洋公司采用汇兑结算方式，委托银行将款项 23 000 元划转给丙公司，以偿还前欠货款，根据开户银行退回的汇款回单，编制会计分录如下：

借：应付账款——丙公司　　23 000

　　贷：银行存款　　23 000

【例 5-10】 远洋公司向丁公司采购材料一批，价款 20 000 元，增值税 3 400 元，双方约定采用托收承付结算方式，验单付款，现远洋公司收到银行转来的托收承付结算凭证和所附单据，经审核无误，在 3 天期满时承认付款，但材料尚未收到。根据托收承付结算凭证的承付通知和所附单据，编制会计分录如下：

借：材料采购（或在途物资）　　20 000

　　应交税费——应交增值税（进项税额）　　3 400

　　贷：银行存款　　23 400

【例 5-11】 远洋公司销售产品给戊公司，前已采用托收承付结算方式委托银行向戊公司收取款项 15 000 元，现收到银行转来的托收承付收账通知，根据托收承付收账通知及有关单据，编制会计分录如下：

借：银行存款　　15 000

　　贷：应收账款——戊公司　　15 000

三、银行存款的核对

（一）银行存款核对的内容

为了保证银行存款核算的真实、准确，及时纠正银行存款账目可能发生的差错，准确地掌握企业可运用的银行存款实有数，保证银行存款账实相符，企业必须做好银行存款核对的工作。银行存款的核对主要包括以下三个方面的内容：

① 银行存款日记账与银行存款收、付款凭证互相核对，做到账证相符。

② 银行存款日记账与银行存款总账互相核对，做到账账相符。

③ 银行存款日记账与银行对账单互相核对，做到账单相符，从而达到账实相符。

但在核对中，往往会出现不一致，原因有两个：一是双方各自的记账错误，这种错误应由双方及时查明原因，予以更正；二是存在未达账项。所谓未达账项，是指企业与银行之间，由于凭证传递上的时间差，一方已登记入账，而另一方尚未入账的账项。在核对中发现未达账项，应编制"银行存款余额调节表"进行调节，调节后双方余额相等。

（二）银行存款余额调节表的编制

由于银行存款的收付有多种支付结算方式，收付凭证的传递又需要一定的时间，银行已完成了款项的收付但凭证还未到达企业，所以，对同一笔业务，企业和银行各自入账的时间可能会不一致。

未达账项具体有如下四种情况：

① 银行已收款记账，企业尚未收到银行的收账通知而未记账的款项。如企业委托银行收取的款项，银行办妥收款手续后入账，而收款通知尚未到达企业，企业尚未记增加。

② 银行已付款记账，企业尚未收到银行的付款通知而未记账的款项。如银行向企业收取的借款利息、代企业支付的公用事业费用、到期的商业汇票付款等，银行办妥付款手续后入账，而付款通知未到达企业，企业尚未记减少。

③ 企业已收款记账，而银行尚未办妥入账手续的款项。如企业收到外单位的转账支票，填好进账单，并经银行受理盖章，即可入账记增加，而银行则要办妥转账手续后才能入账记增加。

④ 企业已付款记账，而银行尚未支付入账的款项。如企业签发转账支票后记存款减少，而持票人尚未到银行办理转账手续，银行尚未记减少。

出现未达账的①和④两种情况，会使银行对账单的余额大于企业银行存款账的余额，出现②和③两种情况，结果则相反。为了准确掌握企业可运用的银行存款实有数，合理调配使用资金，企业应通过编制"银行存款余额调节表"，对未达账项进行调节。

银行存款余额调节表的具体编制方法是：在银行与企业的存款账面余额的基础上，加上各自的未收款减去各自的未付款，然后再计算出各自的余额。经调节后，双方余额如果相等，说明双方记账没有错误，该余额就是企业银行存款的实有数；双方余额如果不相等，表明记账有差错，应立即查明原因。属于本企业原因的，应按规定的改错方法进行更正；属于银行方面的原因，应及时通知银行更正。

【例 5-12】 远洋公司 20×5 年 6 月 30 日的银行存款日记账的账面余额为 185 300 元，银行对账单上的企业存款余额为 176 500 元，经逐笔核对，发现有以下未达账项：6 月 29 日公司收到其他单位的转账支票 18 200 元，银行尚未入账；6 月 30 日，公司开出转账支票 6 200 元，持票人尚未到银行办理转账，银行尚未入账；6 月 30 日，公司委托银行代收款项 5 900 元，银行已收妥入账，公司尚未收到银行的收款通知，所以公司尚未入账；6 月 30 日，银行代公司支付水费 2 700 元，公司尚未接到银行的付款通知，所以公司尚未入账。

根据以上未达账项，编制"银行存款余额调节表"，如表 5-1 所示。

表 5-1 银行存款余额调节表

单位:元

项　目	金　额	项　目	金　额
企业银行存款账户余额	185 300	银行对账单余额	176 500
加:银行已收,企业未收	5 900	加:企业已收,银行未收	18 200
减:银行已付,企业未付	2 700	减:企业已付,银行未付	6 200
调整后的存款余额	188 500	调整后的存款余额	188 500

表 5-1 调整后的余额相等,表示双方记账没有错误,调整后的余额就是企业目前银行存款的实有数。但要说明的是,企业在调节表上的未达账项不是记账,也不能据此作账面调整,要待结算凭证到达后再进行账务处理,登记入账。银行存款余额调节表只是为了核对账目,不能作为调整银行存款账面余额的记账依据。

企业应加强对银行存款的管理,并定期对银行存款进行检查,如果有确凿证据表明存在银行或其他金融机构的款项已经部分不能收回,或者全部不能收回的,例如,吸收存款的单位已宣告破产,其破产财产不足以清偿的部分,或者不能全部清偿的,应当作为当期损失,借记"营业外支出"科目,贷记"银行存款"科目。

第三节　其他货币资金

一、其他货币资金的内容

其他货币资金是企业除库存现金、银行存款以外的其他各种货币资金。包括外埠存款、银行汇票存款、银行本票存款、信用卡存款、信用保证金存款和存出投资款等。

从某种意义上说其他货币资金也是一种银行存款,但它承诺了专门用途的存款,不能像结算户存款那样可随时安排使用,所以专设"其他货币资金"账户对其进行核算。该账户属于资产类,借方登记增加数,贷方登记减少数,期末借方余额反映其他货币资金的实存数。"其他货币资金"科目应设置"外埠存款""银行汇票""银行本票""信用卡""信用证保证金""存出投资款"等明细账户。

二、其他货币资金的账务处理

(一) 外埠存款

外埠存款是指企业到外地进行临时或零星采购时,汇往采购地银行开立采购专户的款项。企业将款项汇往外地时,应填写汇款委托书,委托开户银行办理汇款。汇入地银行以汇款单位名义开立临时采购账户,该账户的存款不计利息,只付不收,付完清户,除了采购人员差旅费可从中提取少量现金外,一律采用转账结算。

企业将款项汇往外地开立采购专户,根据汇出款项凭证编制付款凭证时,借记"其他货币资金——外埠存款"账户,贷记"银行存款"账户;收到采购人员转来供应单位发票账单等报销凭证时,借记"原材料"或"材料采购""库存商品""应交税费——应交增值税(进项税额)"等账户,贷记"其他货币资金——外埠存款"账户;采购完毕,收回余款时,根据银行收账通知,借记"银行存款"账户,贷记"其他货币资金——外埠存款"账户。

【例 5-13】 远洋公司派采购员到外地某市采购甲材料，委托当地开户银行汇款 50 000 元到采购地开立采购专户。根据收到的银行汇款回单联，编制会计分录如下：

借：其他货币资金——外埠存款　　50 000
　贷：银行存款　　50 000

上述采购完成，收到采购员交来供应单位发票账单，共支付甲材料款项 47 970 元，其中价款 41 000 元，增值税 6 970 元。根据收到的有关账单，编制会计分录如下：

借：原材料——甲材料　　41 000
　应交税费——应交增值税（进项税额）　　6 970
　贷：其他货币资金——外埠存款　　47 970

收到开户银行的收款通知，该账户的余款已经转回。根据收账通知，编制会计分录如下：

借：银行存款　　2 030
　贷：其他货币资金——外埠存款　　2 030

（二）银行汇票存款

汇款单位（申请人）使用银行汇票，应向出票银行填写"银行汇票申请书"，填明收款人名称、汇票金额、申请人名称、申请日期等事项并签章，签章是其预留银行的签章。出票银行受理银行汇票申请书，收妥款项后签发银行汇票，并用压印出票金额，将银行汇票和解讫通知一并交给申请人。申请人应将银行汇票和解讫通知一并交付给汇票上记明的收款人。收款人受理申请人交付的银行汇票时，应在出票金额以内，根据实际需要的款项办理结算，并将实际结算的金额和多余金额准确、清晰地填入银行汇票和解讫通知的有关栏内，到银行办理款项入账手续。收款人可以将银行汇票背书转让给被背书人。银行汇票的背书转让以不超过出票金额的实际结算金额为准。未填写实际结算金额或实际结算金额超过出票金额的银行汇票，不得背书转让。银行汇票的提示付款期限为自出票日起一个月，持票人超过提示付款期限的，银行不予受理。持票人向银行提示付款时，必须同时提交银行汇票和解讫通知，缺少任何一联，银行不予受理。

银行汇票丢失，失票人可以凭人民法院出具的其享有票据权利的证明，向出票银行请求付款或退款。

企业填写了"银行汇票申请书"，将款项交存银行时，借记"其他货币资金——银行汇票"账户，贷记"银行存款"账户；企业持银行汇票购货，收到发票账单时，借记"材料采购"或"原材料""库存商品""应交税费——应交增值税（进项税额）"等账户，贷记"其他货币资金——银行汇票"；采购完毕收回剩余款项时，借记"银行存款"账户，贷记"其他货币资金——银行汇票"账户。

【例 5-14】 远洋公司向银行提交"银行汇票申请书"并将款项 100 000 元交存开户银行，要求银行办理银行汇票并已取得汇票。根据银行盖章退回的申请书存根联，编制会计分录如下：

借：其他货币资金——银行汇票　　100 000
　贷：银行存款　　100 000

远洋公司持汇票往异地采购材料，实际使用汇票支付材料价款 70 000 元，增值税 11 900 元。根据发票账单和有关凭证，编制会计分录如下：

借:原材料——甲材料　　70 000
　　应交税费——应交增值税(进项税额)　　11 900
　　贷:其他货币资金　　81 900

银行汇票多余款项 18 100 元已退回企业开户银行。根据开户银行转来的银行汇票第四联(多余款收款通知),编制会计分录如下:

借:银行存款　　18 100
　　贷:其他货币资金——银行汇票　　18 100

(三) 银行本票存款

银行本票分为不定期本票和定额本票两种。定额本票面额为 1 000 元、5 000 元、10 000 元和 50 000 元。银行本票提示的付款期限自出票日起最长不得超过两个月。在有效付款期内,银行见票付款。持票人超过付款期限提示付款的,银行不予受理。

申请人使用银行本票,应向银行填写"银行本票申请书"。申请人或收款人为单位的,不得申请签发现金银行本票。出票银行受理银行本票申请书,收妥款项后签发银行本票,在本票上签章后交给申请人。申请人应将银行本票交付给本票上记明的收款人。收款人可以将银行本票背书转让给被背书人。

申请人因银行本票超过提示付款期限或其他原因要求退款时,应将银行本票提交到出票银行并出具单位证明。根据银行盖章退回的进账单第一联,借记"银行存款"账户,贷记"其他货币资金——银行本票"账户。出票银行对于在本行开立存款账户的申请人,只能将款项转入原申请人账户;对于现金银行本票和未到本行开立存款账户的申请人,才能退付现金。

银行本票丢失,失票人可以凭人民法院出具的其享有票据权利的证明,向出票银行请求付款或退款。

企业填写"银行本票申请书",将款项交存银行时,借记"其他货币资金——银行本票"账户,贷记"银行存款"账户;企业持银行本票购货,收到有关账单时,借记"材料采购"或"原材料""库存商品""应交税费——应交增值税(进项税额)"等账户,贷记"其他货币资金——银行本票"账户。

【例 5-15】 远洋公司向银行交存"银行本票申请书"并将款项 3 000 元交存银行。取得银行本票时,根据银行盖章退回的申请书存根联,编制会计分录如下:

借:其他货币资金——银行本票　　3 000
　　贷:银行存款　　3 000

(四) 信用卡存款

凡在中华人民共和国境内金融机构开立基本存款账户的单位可申领单位卡。单位卡可申领若干张,持卡人资格由申领单位法定代表人或其委托的代理人书面指定和注销。单位卡账户的资金一律从其基本账户转账存入,不得交存现金,不得将销货收入的款项存入单位卡账户。持卡人可持信用卡在特约单位购物和消费,但单位卡不得用于 10 万元以上的商品交易、劳务供应款项的结算,不得支取现金。特约单位在每日营业终了,应将当日受理的信用卡签购章汇总,计算手续费和净额,并填写汇总单和进账单,连同签购单一并送交收单银行办理进账。

企业应填制"信用卡申请表",连同支票和有关资料一并送存银行,根据银行盖章退回的进账单第一联,借记"其他货币资金——信用卡"账户,贷记"银行存款"账户;企业用信用卡购物或支付有关费用,收到开户银行转来的信用卡存款的付款凭证及所附发票账单,借记"管理费用”等账户，贷记“其他货币资金——信用卡”账户；企业信用卡在使用过程中，需要向其账户续存资金的，应借记“其他货币资金——信用卡”账户，贷记“银行存款”账户；企业的持卡人如不需要继续使用信用卡时，应持信用卡主动到发卡银行办理销户，销卡时，信用卡余额转入企业基本存款户，不得进取现金，借记“银行存款”账户，贷记“其他货币资金——信用卡”账户。

【例 5-16】 远洋公司申请信用卡，将信用卡申请表连同 30 000 元的支票一并送交发卡银行，根据银行盖章退回的时账单第一联，编制会计分录如下：

借：其他货币资金——信用卡　　30 000
　　贷：银行存款　　30 000

远洋公司用信用卡购货和支付费用共 25 000 元，根据银行转来的付款凭证及所附发票账单（经核对无误），编制会计分录如下：

借：管理费用　　25 000
　　贷：其他货币资金——信用卡　　25 000

（五）信用证保证金存款

信用证保证金存款是指企业为取得信用证按规定存入银行的保证金。

企业向银行申请开立信用证，应按规定向银行提交开证申请书、信用证申请人承诺书和购销合同，并向银行交纳保证金。企业用信用证保证金存款结算货款后，结余款可退回企业开户银行。

企业填写“信用证申请书”，将信用证保证金交存银行时，应根据银行盖章退回的“信用证申请书”回单，借记“其他货币资金——信用证保证金”账户，贷记“银行存款”账户；企业接到开证行通知，根据供货单位信用证结算凭证及所附发票账单，借记“材料采购”或“原材料”“库存商品”“应交税费——应交增值税（进项税额）”等账户，贷记“其他货币资金——信用证保证金”账户；将未用完的信用证保证金存款余额转回开户银行时，借记“银行存款”账户，贷记“其他货币资金——信用证保证金”账户。

【例 5-17】 远洋公司要求银行对境外甲公司开了信用证 100 000 元，按规定向银行提交开证申请书、信用证申请人承诺书、购销合同及保证金 100 000 元。根据银行退回的进账单第一联，编制会计分录如下：

借：其他货币资金——信用证保证金　　100 000
　　贷：银行存款　　100 000

20 天后，远洋公司收到境外甲公司发来的材料及银行转来的信用证结算凭证及所附发票账单，共支付款项 93 600 元，其中价款 80 000 元，增值税 13 600 元。余款 6 400 元已退回企业开户银行。编制会计分录如下：

借：原材料　　80 000
　　应交税费——应交增值税（进项税额）　　13 600
　　贷：其他货币资金——信用证保证金　　93 600
借：银行存款　　6 400
　　贷：其他货币资金——信用证保证金　　6 400

（六）存出投资款

存出投资款是指企业已存入证券公司但尚未进行交易性金融资产的现金。企业向证券公司划出资金时，应按实际划出的金额，借记“其他货币资金——存出投资款”账户，贷记“银行存款”账户;购买股票、债券、基金等时,借记“交易性金融资产”等账户,贷记“其他货币资金——存出投资款”账户。

【例 5-18】 远洋公司向证券公司存入资金 200 000 元,10 天后用该存款购买股票 150 000 元。款项存入证券公司,编制会计分录如下:

借:其他货币资金——存出投资款　　200 000
　贷:银行存款　　200 000

购买股票时,编制会计分录如下:

借:交易性金融资产　　150 000
　贷:其他货币资金——存出投资款　　150 000

本章小结

本章主要介绍了货币资金的账务处理,包括库存现金、银行存款和其他货币资金的内容及核算方法。

基本概念

货币资金、库存现金、银行存款、银行存款余额调节表、银行本票、银行汇票、商业汇票、外埠存款、未达账项、其他货币资金。

思考题

1. 现金的使用范围和核算要求有哪些?
2. 库存现金出现短缺和溢余时如何处理?
3. 银行存款管理包括哪些内容?
4. 未达账项有哪四种情况?
5. 其他货币资金包括哪些内容?

实训(练习)题

一、单项选择题

1. 我国会计上所说的现金是指企业的(　　)。
   A. 库存现金
   B. 库存现金和银行存款
   C. 库存现金、银行存款和有价证券
   D. 库存现金和银行存款和有价证券其他货币资金
2. 企业一般不得从现金中直接支付现金,因特殊情况需要坐支现金的,应当事先报经(　　)审查批准。
   A. 上级部门　　B. 工商行政管理部门
   C. 税务部门　　D. 开户银行

3. 按照国家《银行账户管理办法》的规定，企业的工资、奖金等现金的支取，只能通过（　　）办理。
A. 基本存款账户　　B. 一般存款账户
C. 税务部门　　D. 开户银行

4. 银行汇票的提示付款期限为自出票日起（　　）。
A. 1个月　　B. 2个月
C. 3个月　　D. 6个月

5. 银行承兑汇票的承兑人是（　　）。
A. 购货单位　　B. 购货单位的开户银行
C. 销货单位　　D. 销货单位的开户银行

6. 下列支付结算方式中，需签订购销合同才能使用的是（　　）。
A. 银行汇票　　B. 银行本票
C. 托收承付　　D. 支票

7. 商业汇票按（　　）不同，分为商业承兑汇票和银行承兑汇票。
A. 收款人　　B. 付款人
C. 承兑人　　D. 被背书人

8. 下列项目中不通过"其他货币资金"账户核算的是（　　）。
A. 银行汇票存款　　B. 银行本票存款
C. 备用金　　D. 存出投资款

9. 下列结算方式中，只能用同城结算的是（　　）结算方式。
A. 银行汇票　　B. 支票
C. 委托收款　　D. 托收承付

10. 单位信用卡的资金一律从其（　　）转账存入。
A. 基本存款账户　　B. 一般存款账户
C. 临时存款账户　　D. 专用存款账户

11. 企业对无法查明原因的现金溢余，经批准后转入（　　）科目。
A. 主营业务收入　　B. 其他业务收入
C. 其他应付款　　D. 营业外收入

12. 对于银行已入账而企业未入账的未达账款，企业应当（　　）。
A. 根据"银行对账单"入账　　B. 根据"银行存款余额调节表"入账
C. 根据对账单入调节表自制凭证入账　　D. 待有关结算凭证到达后入账

二、多项选择题

1. 下列存款中，应在"其他货币资金"账户核算的有（　　）。
A. 外埠存款　　B. 银行汇票存款
C. 信用卡存款　　D. 存出投资款

2. 下列各项中，应确认为企业其他货币资金的有（　　）。
A. 企业持有的3个月内到期的债券投资
B. 企业为购买股票向证券公司划出的资金
C. 企业汇往外地建立临时采购专户的资金
D. 企业向银行申请银行本票时拨付的资金

3.《支付结算办法》中的结算规定为(　　)。

A. 不准签发没有保证的票据或远期支票,套取银行留用

B. 不准签发、取得和转让没有真实交易和债权债务的票据,套取银行和他人资金

C. 不准无理由拒绝付款,任意占用他人资金

D. 不准违反规定开立和使用账户

4. 下列行为中,不符合结算有关规定的有(　　)。

A. 用现金支付出差人员差旅费

B. 用现金支付向供销社采购的农副产品款

C. 用信用卡结算 10 万元以上的商品交易款项

D. 签发的支票金额超过企业的银行存款余额

5. 商业汇票的签发人可以是(　　)。

A. 购货单位　　B. 销货单位

C. 购货单位开户银行　　D. 销货单位开户银行

6. 下列项目中,通过"其他货币资金"账户核算的有(　　)。

A. 取得由本企业开户银行签发的银行本票

B. 本企业签发并由开户银行承兑的商业汇票

C. 取得由本企业开户银行签发的银行汇票

D. 取得由购货单位签发并承兑的商业汇票

7. 下列项目中,通过"银行存款"账户核算的有(　　)。

A. 外币现金　　B. 外币存款

C. 外埠存款　　D. 信用卡存款

8. 下列票据中,可以背书转让的有(　　)。

A. 现金支票　　B. 转账支票

C. 银行汇票　　D. 银行本票

9. 下列票据中,银行见票即付的有(　　)。

A. 未超过 1 个月的银行汇票　　B. 未超过 1 个月的银行定额本票

C. 未超过 2 个月的银行不定额本票　　D. 到期的商业承兑汇票

10. 企业银行存款日记账与银行对账单不符的主要原因有(　　)。

A. 存在企业已付银行未付的账项　　B. 存在企业已收银行未收的账项

C. 存在银行已付企业未付的账项　　D. 存在银行已收企业未收的账项

三、判断题

1. 我国会计上所说的现金仅指企业的人民币现金,不包括外币现金。(　　)

2. 不管任何情况,企业一律不准坐支现金。(　　)

3. 每日终了,企业必须将现金日记账的余额与现金总账的余额及现金的实际库存数进行核对,做到账账、账实相符。(　　)

4. 每个企业只能在银行开立基本存款账户,企业工资、奖金等现金的支取只能通过该账户办理。(　　)

5. 银行汇票可以用于转账也可以用于提现。(　　)

6. 同城或异地的商品交易、劳务供应均可采用银行本票结算方式进行结算。(　　)

7. 商业承兑汇票的承兑人是购货企业的开户银行。(　　)

8. 银行承兑的汇票付款人是购货企业的开户银行。(　　)

9. 普通支票左上角画两条平等线的,只能用于转账,不得支取现金。(　　)

10. 收款单位收到付款单位交来的银行汇票可以不送银行办理转账结算,而是背书转让给另一家单位用以购买材料。(　　)

11. 委托收款和托收承付结算方式,都受结算金额起点的限制。(　　)

12. 商业承兑汇票到期日付款人账户不足支付时,其开户银行应代为付款。(　　)

13. 采用托收承付结算方式办理结算和款项必须是商品交易以及因商品交易而产生的劳务供应的款项,包括代销、寄销、赊销商品的款项。(　　)

四、业务题

1. 远洋公司20×5年3月发生如下经济业务:

(1) 开出现金支票一张,向银行提取现金1 000元。

(2) 职工王林出差,借支差旅费1 500元,以现金支付。

(3) 收到甲单位交来的转账支票一张,金额为50 000元,用以归还上月所欠货款,支票已送存银行。

(4) 向乙企业采购A材料,收到的增值税专用发票上列明的价款100 000元,增值税税额外17 000元,企业采用汇兑结算方式将款项117 000元付给乙企业。A材料已验收入库。

(5) 企业开出转账支票一张,归还前欠丙单位货款20 000元。

(6) 职工王林出差回来报销差旅费,原借支1 500元,实报销1 650元,差额150元即用现金给付。

(7) 将现金1 800元送存银行。

(8) 企业在现金清查中,发现短缺200元,原因待查。

(9) 上述短款原因已查明,是出纳员陈红工作失误造成的,陈红当即交回现金200元以作为赔偿。

要求:根据以上经济业务编制会计分录。

2. 远洋公司20×5年3月31日"银行存款日记账"账面余额226 600元,"银行对账单"余额269 700元。经核对,存在如下未达账项:

(1) 3月30日,工厂销售产品,收到转账支票一张,金额为23 000元,银行尚未入账。

(2) 3月30日,工厂开出转账支票一张,支付购买材料款58 500元,持票单位尚未向银行办理手续。

(3) 3月31日,银行代工厂收到销货款24 600元,工厂尚未收到收款通知。

(4) 3月31日,银行代工厂付出电费17 000元,工厂尚未收到付款通知。

要求:根据资料,编制"银行存款余额调节表"。

3. 远洋公司20×5年5月发生如下经济业务:

(1) 委托银行开出银行汇票50 000元,有关手续已办妥,采购员李强持汇票到外地A市采购材料。

(2) 采购员张山到外地B市采购材料,委托银行汇款100 000元到B市开立采购专户。

(3) 李强在A市采购结束,增值税专用发票上列明的材料价款为45 000元,增值税税额为7 650元,货款共计52 650元。已用银行汇票支付50 000元,差额2 650元采用汇兑结算方式补付，材料已验收入库。

(4) 张山在B市采购结束，增值税专用发票上列明的材料价款为80 000元，增值税税额为13 600元，货款共计93 600元，材料已验收入库。同时接到银行多余款收款通知，退回余款6 400元。

(5) 委托银行开出银行本票20 000元，有关手续已办妥。

(6) 购买办公用品2 300元，用信用卡付款。收到银行转来的信用卡存款的付款凭证及所附账单，经审核无误。

要求：根据以上经济业务，编制会计分录。

第六章

应收及预付款项

学习目标

1. 熟悉应收票据的概念和种类；
2. 掌握应收票据的核算内容及相关账务处理；
3. 掌握应收账款、其他应收款及预付账款的核算内容及相关账务处理；
4. 掌握应收账款的减值损失的确认及账务处理。

案例引入

李丽和张华是远洋公司的会计，一天她们为一项业务的处理发生了争执。原来她们曾经把公司收到的宏达公司开出的一张商业承兑汇票背书给了光明公司，现在票据到期，而宏达公司无力偿还，光明公司要求远洋公司偿还。李丽认为光明公司的要求合理，而张华却认为此事应当由宏达公司和光明公司自行解决，与远洋公司无关。

[思考]

请问李丽会怎样向张华解释呢？

应收及预付款项是指企业在日常生产经营过程中发生的各项债权，包括应收款项和预付款项。应收款项包括应收票据、应收账款和其他应收款等；预付款项则是指企业按照合同规定预付的款项。

第一节　应收票据

一、应收票据的概述

应收票据是指企业因销售商品、产品或提供劳务等而收到的商业汇票。商业汇票是一种由出票人签发的，委托付款人在指定日期无条件支付确定金额给收款人或者持票人的票据。

在银行开立存款账户的法人以及其他组织之间须具有真实的交易关系或债权债务关系，才能使用商业汇票。商业汇票的出票人是交易中的收款人或付款人，商业汇票须经承兑人承兑。承兑是汇票的付款人承诺在汇票到期日支付汇票金额的票据行为。商业汇票按承兑人不同分为商业承兑汇票和银行承兑汇票。商业承兑汇票是指由收款人签发,付款人承兑,或由付款人签发并承兑的票据。商业承兑汇票的承兑人是付款人,也是交易中的购货企业。银行承兑汇票是指由在承兑银行开立存款账户的存款人(承兑申请人)签发,并由承兑申请人向开户银行申请,经银行审查同意承兑的票据。银行承兑汇票的出票人是购货企业,承兑人和付款人是购货企业的开户银行,承兑银行应按票面金额向出票人收取5‰的手续费。

商业汇票的付款期限由交易双方商定,但最长不得超过6个月。商业汇票的提示付款期限为自汇票到期日起10日内。商业承兑汇票到期时,如果付款人的存款不足以支付票款或付款人存在合法抗辩事由拒绝支付的,付款人开户银行应填制付款人未付票款通知书或取得付款人的拒绝付款证明,连同商业承兑汇票邮寄至持票人开户银行转持票人,银行不负责付款,由购销双方自行处理。银行承兑汇票的出票人应于汇票到期前将票款足额交存其开户银行。承兑银行应在汇票到期日或到期日后的见票当日支付票款。如果出票人于汇票到期日未能足额交存票款的,承兑银行除凭票向持票人无条件付款外,对出票人尚未支付的汇票金额按照每天5‰计收罚息。

商业汇票可以背书转让。符合条件的商业汇票的持票人可持未到期的商业汇票连同贴现凭证向银行申请贴现。

二、应收票据的核算

按现行制度规定,企业收到开出承兑的商业汇票,无论是否带息,均按应收票据的票面价值入账。带息应收票据应于期末按票据的票面价值和确定的利率计提利息,并同时计入当期损益。

(一)应收票据取得和到期收回的核算

为了反映应收票据的取得和收回情况,企业应设置“应收票据”科目,借方登记取得的应收票据的面值,贷方登记到期收回票款或到期前向银行贴现的应收票据的票面余额,期末余额在借方,反映企业持有的商业汇票的票面余额。“应收票据”科目可按照开出、承兑商业汇票的单位进行明细核算,并设置“应收票据备查簿”,逐笔登记商业汇票的种类、号数和出票日、票面金额、交易合同号和付款人、承兑人、背书人的姓名或单位名称、到期日、背书转让日、贴现日、贴现率和贴现净额以及收款日和收回金额、退票情况等资料。商业汇票到期结清票款或退票后,在备查簿中应予以注销。

1. 不带息应收票据的核算

企业收到商业汇票时,按票面金额借记“应收票据”账户,按实现的营业收入,贷记“主营业务收入”等账户,按专用发票上注明的增值税税额,贷记“应交税费——应交增值税(销项税额)”账户。企业收到应收票据以抵偿应收账款时,借记“应收票据”账户,贷记“应收账款”账户。应收票据到期收回时,按票面金额,借记“银行存款”账户,贷记“应收票据”账户。

【例6-1】 远洋公司向甲公司销售产品一批,价款70 000元,增值税11 900元,收到由甲公司开出并承兑的面值为81 900元、期限为3个月的商业承兑汇票一张。编制会计分录如下:

借:应收票据	81 900
贷:主营业务收入	70 000
应交税费——应交增值税(销项税额)	11 900

3个月后，应收票据到期，票面金额81 900元已收存银行。编制会计分录如下：

借：银行存款 81 900

　　贷：应收票据 81 900

如果企业持有的商业承兑汇票到期，因付款人无力支付票款，企业收到银行退回的商业汇票、委托收款凭证、未付票款通知书或拒绝付款证明等，应将到期票据的票面金额转入"应收账款"账户。

如果3个月后甲公司无力偿还票款，应编制会计分录如下：

借：应收账款——甲公司 81 900

　　贷：应收票据 81 900

2. 带息应收票据的核算

带息应收票据到期收回时，收取的票款等于应收票据的票面价值加上票据利息。

票据到期值＝应收票据票面价值＋应收票据利息

应收票据利息是按照票据上的载明的利率和期限计算的。

应收票据利息＝应收票据票面价值×利率×期限

公式中的期限是指从票据签发日到到期日的时间间隔。在实务中，票据的期限一般有按月表示和按日表示两种。

票据期限按月表示时，不考虑各月份实际天数多少，统一按次月对日为整月计算，即以到期月份中与出票日相同的那一天为到期日。如1月10日签发期限为3个月的票据，到期日应为4月10日。月末签发的票据，不论月份大小，统一以到期月份的最后一日为到期日。如1月31日签发的期限分别为1个月、2个月的票据，其到期日分别为2月28日（闰年为2月29日）、3月31日。

票据期限按日表示时，统一按票据的实际天数计算，但通常在出票日和到期日这两天中，只计算其中的一天。如1月31日签发期限为60天的票据，到期日应为4月1日（当年2月份为28天）。

公式中的利率一般按年利率表示。但当票据期限按月表示时，要将年利率换算成月利率（年利率÷12），应收票据利息按票面价值、票据期限（月数）和月利率计算。当票据期限按天数表示时，要将年利率换算成日利率（年利率÷360），应收票据利息按票面价值、票据期限（天数）和日利率计算。

带息应收票据到期，应当计算票据利息。对于尚未到期的带息应收票据，企业应在期末按应收票据的票面价值和确定的利率计提利息，计提的利息增加应收票据的账面余额，同时冲减当期财务费用。

【例6-2】 远洋公司20×5年3月1日向乙公司销售产品一批，价款30 000元，增值税税额5 100元，收到乙公司当日签发的面值为35 100元、期限为60天（到期日为4月30日）的银行承兑汇票一张，票面利率为8%。编制会计分录如下：

借：应收票据 35 100

　　贷：主营业务收入 30 000

　　　　应交税费——应交增值税（销项税额） 5 100

4月30日，票据到期，票据面值及利息共计35 568元，已存入银行。则：

应收票据利息＝35 100×8%÷360×60＝468（元）

票据到期价值＝35 100＋468＝35 568（元）

编制会计分录如下 ：

借:银行存款　　35 568

　　贷:应收票据　　35 100

　　　　财务费用　　468

【例 6-3】 远洋公司 20×5 年 10 月 1 日向丙公司销售产品一批,价款 100 000 元,增值税税额为 17 000 元,收到丙公司当日签发的面值为 117 000 元、期限为 6 个月(到期日为 20×6 年 4 月 1 日)的商业承兑汇票一张,票面利率为 8%。

收到票据时,编制会计分录如下：

借:应收票据　　117 000

　　贷:主营业务收入　　100 000

　　　　应交税费——应交增值税(销项税额)　　17 000

年度终了(20×5 年 12 月 31 日)根据权责发生制原则,计提票据利息。

$$票据利息=117\ 000×8\%÷12×3=2\ 340(元)$$

编制会计分录如下：

借:应收票据　　2 340

　　贷:财务费用　　2 340

票据到期收回款项(20×6 年 4 月 1 日)。

$$收款金额=117\ 000×(1+8\%÷12×6)\ =121\ 680(元)$$

$$20×6 年计提的利息=117\ 000×8\%÷12×3=2\ 340(元)$$

编制会计分录如下：

借:银行存款　　121 680

　　贷:应收票据　　119 340

　　　　财务费用　　2 340

企业对带息应收票据也可按月计提利息。如果带息应收票据到期不能收回,企业应当按票据的账面余额转入“应收账款”科目核算,期末不再计提利息,其所包含利息,在有关备查簿中进行登记,待实际收到时再冲减收到当期的财务费用。

(二) 应收票据转让的核算

企业将持有的应收票据背书转让,以取得所需物资时,按应计入取得物资成本的价值,借记“材料采购”“在途物资”“原材料”“库存商品”等账户,按专用发票上注明的增值税税额,借记“应交税费——应交增值税(进项税额)”账户,按应收票据的账面余额,贷记“应收票据”账户,如有差额,借记或贷记“银行存款”账户。如果企业背书转让的为带息应收票据,除上述规定借记有关账户、贷记“应收票据”账户外,还应按尚未计提的利息,贷记“财务费用”账户,按应收或应付的金额,借记或贷记“银行存款”账户。

【例 6-4】 远洋公司向丁公司采购材料,材料价款 57 000 元,增值税税额 9 690 元,款项共计 66 690 元,材料已验收入库。企业将一张票面金额为 60 000 元的不带息票据背书转让,以偿付丁公司货款,同时,差额 6 690 元当即以银行存款支付。编制会计分录如下：

借:原材料　　57 000

　　应交税费——应交增值税(进项税额)　　9 690

　　贷:应收票据　　60 000

　　　　银行存款　　6 690

（三）应收票据贴现的核算

票据贴现是指持票人为了解决临时的资金需要，将未到期的票据在背书后送交银行，银行受理后从票据到期值中扣除按银行贴现率计算确定的贴现利息，然后将余额付给持票人，作为银行对企业提供短期贷款的行为。可见，票据贴现是以票据向银行借入短期资金，其实质是企业融通资金的一种形式。

在票据贴现中，不带息票据的到期值就是其票面价值；带息票据的到期值就是其票面价值加上到期利息。票据贴现日至票据到期日的间隔期为贴现天数，但通常是在贴现日与到期日两天中，只计算其中的一天。贴现中所使用的利率称为贴现率。贴现银行按贴现率计算扣除的利息称为贴现息。贴现银行将票据到期值扣除贴现息后支付给企业的资金额称为贴现净额。有关计算公式如下：

贴现天数＝贴现日至票据到期日实际天数－1

贴现息＝票据到期值×贴现率÷360×贴现天数

贴现净额＝票据到期值－贴现息

按照中国人民银行《支付结算办法》的规定，承兑人在异地的，贴现利息的计算应另加三天的划款日期。

企业将未到期的应收票据向银行贴现，应按实际收到的金额(或减去贴现息后的净额)，借记“银行存款”账户，按贴现息部分，借记“财务费用”账户，按应收票据的票面余额，贷记“应收票据”账户。如为带息应收票据，按实际收到的金额，借记“银行存款”账户，按应收票据的账面余额，贷记“应收票据”账户，按其差额，借记或贷记“财务费用”账户。

【例 6-5】 20×5 年 4 月 1 日，远洋公司持所收到的出票日期为 3 月 1 日、期限为 3 个月(到期日为 6 月 1 日)，面值为 100 000 元的不带息商业承兑汇票一张到银行贴现，假设该企业与票据承兑企业在同一票据交换区域内，银行年贴现率为 10%。

有关计算如下：

贴现天数＝(30＋31＋1) －1＝61(天)

贴现息＝100 000×10%÷360×61＝1 694.44 元

贴现净额＝100 000－1 694.44＝98 305.56 元

编制会计分录如下：

借:银行存款	98 305.56	
财务费用	1 694.44	
贷:应收票据		100 000

【例 6-6】 承【例 6-5】，假设贴现的票据为带息应收票据，票面年利率为 8%，且该企业与票据承兑企业不在同一票据交换区域内。

有关计算如下：

票据到期值＝100 000×(1＋8%÷12×3) ＝102 000 元

贴现天数＝61＋3＝64 天

贴现息＝102 000×10%÷360×64＝1 813.33 元

贴现净额＝102 000－1 813.33＝100 186.67 元

编制会计分录如下：

借:银行存款　　100 186.67

　贷:应收票据　　100 000

　　财务费用　　186.67

如果企业向银行贴现的票据是银行承兑汇票，这种汇票到期时不会发生银行收不回票款的情况。如果贴现的是商业承兑汇票，在汇票到期时有可能出现承兑人银行账户不足支付的情况，这时，贴现银行即将已贴现的应收票据退回申请贴现的企业，同时从贴现企业的账户中将票据本息划回，若贴现企业的银行存款账户余额不足，银行将作为逾期贷款处理。

如果企业贴现的商业承兑汇票到期，因承兑人的银行账户不足支付，贴现银行将已贴现的票据退回给企业，同时从企业的银行账户中划回本息 102 000 元。企业应在收到银行退回的应收票据、支款通知和拒绝付款理由书或付款人未付票款通知书时，编制会计分录如下：

借:应收账款　　102 000

　贷:银行存款　　102 000

如果企业的银行存款账户余额不足支付的，作为逾期贷款处理。编制会计分录如下：

借:应收账款　　102 000

　贷:短期借款　　102 000

由上文可见，企业以应收票据向银行贴现时，要承担因背书而在法律上负有的连带偿还责任，如果票据到期后，承兑人不予如期付款，贴现企业有责任向贴现银行兑付。这种有可能发生的特殊的现时义务，是企业的一项或有负债。按照《企业会计准则第 13 号——或有事项》的规定，企业因贴现而形成的或有负债应在会计报表附注中予以披露。

由于应收票据是由付款人承兑的票据，具有较强的法律效力，相对于一般的债权而言，应收票据发生坏账的风险比较小，因此，对企业持有的应收票据不得计提坏账准备。

第二节　应收账款

应收账款是指企业因销售商品、提供劳务等经营活动，应向购货单位或接受劳务单位收取的款项，主要包括企业销售商品或提供劳务等应向有关债务人取得的价款及代购货单位垫付的包装费、运杂费等。

一、应收账款的确认和计价

（一）应收账款的确认时间

应收账款应于收入实现时予以确认，即以收入确认日作为入账时间。关于收入实现的具体条件将在以后章节介绍。

（二）应收账款的计价

应收账款的计价就是确定应收账款的入账金额，并合理估计可收回的金额。企业因销售发生的应收账款按照实际发生的金额计量和记录。实际发生的金额包括货款和代税务部门征收的增值税，也包括代购货单位垫付的运杂费。由于企业在销售时往往实行折扣的办法，会不同程度地影响应收账款及相应的销售收入的计价，所以，企业应对应收账款计价时，还需要考虑商业折扣和现金折扣等因素的影响。

1. 商业折扣和现金折扣

商业折扣是指企业为了促进销售而在商品标价上给予的扣除。例如,企业为鼓励购货方购买更多的商品而规定购买10件以上者给予10%的折扣,或每购买10件送1件;再如,企业为尽快出售一些残次、陈旧的商品进行降价销售,降低的价格也属于商业折扣。

现金折扣是指债权人为鼓励债务人在规定的期限内付款,而向债务人提供的债务扣除。现金折扣通常发生在以赊销方式销售商品及提供劳务的交易中。企业为了鼓励债务人提前偿付货款,通常与债务人达成协议,债务人在不同的期限内付款可享受不同比例的折扣。现金折扣一般用符号“折扣/付款期限”表示。例如,符号“2/10,1/20,*N*/30”表示买方在10天内付款可按售价给买方2%的折扣,在第11～20天内付款按售价给买方10%的折扣,在第21～30天内付款则不给折扣。

现金折扣与商业折扣相比,主要有如下两点区别:

(1) 目的不同。现金折扣是为鼓励鼓励客户提前付款而给予的债务扣除;商业折扣是为促进销售而给予的价格扣除。

(2) 发生折扣的时间不同。现金折扣在商品销售后发生,企业在确认销售收入时不能确定相关的现金折扣,销售后现金折扣是否发生视买方的付款情况而定;而商业折扣在销售时即已发生,企业销售实现时,只要按扣除商业折扣后的净额确认销售收入即可,不需要作账务处理。商业折扣对会计核算不产生任何影响。

2. 总价法和净价法

现金折扣使得销售方的应收账款的收回金额随着客户付款时间的不同而有差异,必然对应收账款的入账价值产生影响。对于这种影响,会计上有两种处理方法可供选择,即总价法和净价法。

总价法是将未扣减现金折扣前的金额作为实际售价,记作应收账款的入账价值。在这种方法下,只有客户在折扣期限内付款时,企业才确认现金折扣,并把它视为一项企业融通资金的成本,在会计上作为财务费用处理。我国的会计实务采用此方法。

净价法是将扣减现金折扣后的金额作为实际售价,记作应收账款的入账价值。在这种方法下,把客户为取得现金折扣而在折扣期内付款视为正常现象,将客户由于超过折扣期限付款而使销售方多收入的金额视为提供信贷而获得的收入,在会计上作为利息收入入账。

二、应收账款的核算

为了反映应收账款的发生与收回情况,企业应设置“应收账款”账户。该账户是资产类账户,借方登记应收账款的发生;贷方登记收回的款项、改用商业汇票结算及转销为坏账的应收账款;期末借方余额反映企业尚未收回的应收账款。该账户应按不同的购货单位设置明细账,进行明细核算。

【例6-7】 远洋公司向甲公司销售一批产品,发票上价款50 000元,增值税8 500元,付款条件为“2/10,1/20,*N*/30”。销售产品时,编制会计分录如下:

借:应收账款——甲公司	58 500	
贷:主营业务收入		50 000
应交税费——应交增值税(销项税额)		8 500

如果甲公司在10天内付款，付款额为57 330元(58 500－58 500×2%)。收到款项时，编制会计分录如下：

借：银行存款　　57 330

　　财务费用　　1 170

　　贷：应收账款——甲公司　　58 500

如果甲公司在第11～20天内付款，则付款额为57 915元(58 500－58 500×1%)，收到款项时，编制会计分录如下：

借：银行存款　　57 915

　　财务费用　　585

　　贷：应收账款——甲公司　　58 500

如果甲公司超过20天付款，则不能享受现金折扣优惠，需按全额支付。收到款项时，编制会计分录如下：

借：银行存款　　58 500

　　贷：应收账款——甲公司　　58 500

【例6-8】 远洋公司向乙公司销售一批产品，按照价目表上标明的价格计算，其售价为30 000元，由于是老客户，企业给予10%的商业折扣，金额为3 000元，远洋公司开出的发票上标明的价款为27 000元，增值税税额为4 590元，产品发运时，企业以转账支票支付代垫运费850元。上述款项按合同规定采用托收承付结算方式结算。该企业根据有关的发票账单向银行办妥托收手续后，编制会计分录如下：

借：应收账款——乙公司　　32 440

　　贷：主营业务收入　　27 000

　　　　应交税费——应交增值税(销项税额)　　4 590

　　　　银行存款　　850

乙公司验单或验货后承付款项，该企业收到银行转来的收款通知，编制会计分录如下：

借：银行存款　　32 440

　　贷：应收账款——乙公司　　32 440

如果应收账款改用商业汇票结算，在收到承兑的商业汇票时，按照票面价值，借记“应收票据”账户，贷记“应收账款”账户。

企业的应收账款如果因债务方发生财务困难而无法如期收回时，可与债务方协商进行债务重组，并进行相关账务处理。

第三节　其他应收款

一、其他应收款的内容

其他应收款是指企业除应收票据、应收账款、预付账款等以外的其他各种应收及暂付款项。其主要包括：

① 应收的各种赔款、罚款，如因企业财产等遭受意外损失而应向有关保险公司收取的赔款等；

② 应收的出租包装物租金；

③ 应向职工收取的各种垫付款项，如为职工垫付的水电费、应由职工负担的医药费、房租费等；

④ 存出保证金，如租入包装物的押金；

⑤ 不设置“备用金”账户的企业拨出的备用金；

⑥ 其他各种应收、暂付款项。

二、其他应收款的账务处理

为了反映和监督其他应收款的发生和结算情况，企业应设置“其他应收款”账户。该账户是资产类账户，借方登记各种其他应收款项的发生，贷方登记其他应收款项的收回，期末借方余额反映企业尚未收回的其他应收款。该账户应按其他应收款的项目分类，并按不同的债务人设置明细账户，进行明细核算。企业拨出用于投资、购买物资的各种款项，不得在本账户核算。

企业发生其他应收款时，按应收金额借记“其他应收款”账户，贷记有关账户。收回各种款项时，借记有关账户，贷记“其他应收款”账户。

【例 6-9】 远洋公司向甲公司购买物品，借用包装物，以银行存款支付包装物押金 800 元。编制会计分录如下：

借：其他应收款——包装物押金（甲公司）	800	
贷：银行存款		800

以后退回包装物，收回押金时，编制会计分录如下：

借：银行存款	800	
贷：其他应收款——包装物押金（甲公司）		800

【例 6-10】 远洋公司因自然灾害造成材料毁损，保险公司已确认赔偿损失 100 000 元，编制会计分录如下：

借：其他应收款——应收保险赔款	100 000	
贷：待处理财产损溢——待处理流动资产损溢		100 000

以后收到赔款时，编制会计分录如下：

借：银行存款	100 000	
贷：其他应收款——应收保险赔款		100 000

三、备用金制度及备用金的核算

备用金制度是企业拨付给内部用款单位或职工个人作为零星开支的备用款项。对于备用金，企业可单独设置“备用金”账户进行核算，不设置“备用金”账户的，其核算在“其他应收款——备用金”账户中进行。

按对备用金管理方式的不同，备用金可分为定额备用金和非定额备用金两种。

（一）定额备用金制度

定额备用金是指用款单位按定额持有的备用金。实行这种制度，通常是根据用款单位的实际需要，由财会部门会同有关用款单位核定备用金定额并拨付款项，同时规定其用途和报销期限，待用款单位实际支用后，凭有效单据向财会部门报销，财会部门根据报销数用现金补足备用金定额。报销数和拨补数都不再通过“其他应收款”账户核算。这种方法便于企业对备用金的使用进行控制，并可减少财会部门日常的核算工作，一般适用于有经常性费用开支的内部用款单位。

【例 6-11】 远洋公司总务科实行定额备用金制度，财会部门根据核定的备用金定额 2 000 元开出现金支票拨付。编制会计分录如下：

借：其他应收款——备用金（总务科）　　2 000
　　贷：银行存款　　2 000

【例 6-12】 总务科向财会部门报销日常办公用品费用 1 530 元，财会部门经审核有关单据后，同意报销，并以现金补足定额。编制会计分录如下：

借：管理费用　　1 530
　　贷：库存现金　　1 530

（二）非定额备用金制度

非定额备用金是指用款单位或个人不按固定定额持有的备用金。当用款单位或个人因进行零星采购、出差或其他日常开支需要用备用金时，是按需要逐次借用和报销的。

【例 6-13】 采购员张山出差借支差旅费 1 500 元，以现金支付。编制会计分录如下：

借：其他应收款——备用金（张山）　　1 500
　　贷：库存现金　　1 500

【例 6-14】 采购员张山出差回来报销差旅费 1 350 元，交回现金 150 元。编制会计分录如下：

借：管理费用　　1 350
　　库存现金　　150
　　贷：其他应收款——备用金（张山）　　1 500

第四节　预付账款

一、预付账款的内容

预付账款是企业按照购货合同规定预付给供应单位的款项，属于企业的短期性债权。按现行制度规定，预付账款情况不多的企业，也可以将预付的款项直接记入“应付账款”账户的借方，不设置“预付账款”账户。但在期末编制财务报表时，需要对“应付账款”账户的明细账进行分析，分别填列“应付账款”和“预付账款”项目。

二、预付账款的账务处理

企业应设置“预付账款”账户对预付款项的付出和结算情况进行核算。该账户是资产类账户，借方登记预付、补付的款项，贷方登记收到所购物资的应付金额及退回的多付款项，期末借方余额反映企业实际预付的款项，期末如为贷方余额，反映企业尚未补付的款项。该账户应按供应单位设置明细账，进行明细核算。

【例 6-15】 远洋公司向甲公司采购材料，按合同规定预付款项 30 000 元，以银行存款支付。编制会计分录如下：

借:预付账款——甲公司　　30 000
　　贷:银行存款　　30 000

收到甲公司的材料和专用发票等单据,材料价款为 45 000 元,增值税为 7 650 元,材料验收入库。编制会计分录如下:

借:原材料　　45 000
　　应交税费——应交增值税(进项税额)　　7 650
　　贷:预付账款——甲公司　　52 650

用银行存款补付款项 22 650 元,编制会计分录如下:

借:预付账款——甲公司　　22 650
　　贷:银行存款　　22 650

【例 6-16】　承【例 6-15】,如果甲公司发来的材料价款为 20 000 元,增值税为 3 400 元,退回预付货款余额 6 600 元。编制会计分录如下:

借:原材料　　20 000
　　应交税费——应交增值税(进项税额)　　3 400
　　贷:预付账款——甲公司　　23 400
借:银行存款　　6 600
　　贷:预付账款——甲公司　　6 600

由于预付账款是企业为购货而发生的债权,收回该债权是以收到所购货物为条件,因此,预付账款不得计提坏账准备。但是,如果有确凿证据表明企业的预付账款已不符合预付账款的性质,或者因供货单位破产、撤销等原因已无望再收到所购货物的,应将原计入预付账款的金额转入其他应收款。企业应按预计不能收到货物的预付账款账面余额,借记“其他应收款——预付账款转入”账户,贷记“预付账款”账户,并按应收款项计提坏账准备的要求计提相应的坏账准备。

第五节　应收款项的减值

一、应收款项减值损失的确认

企业的各项应收款项,可能会因购货人拒付、破产、死亡等原因而无法收回,这种无法收回的款项就是坏账。企业因坏账而遭受的损失为坏账损失或减值损失。企业应当在资产负债日对应收款项的账面价值进行检查,有客观证据表明应收款项发生减值的,应当将该应收款项的账面价值减记至预计未来现金流量现值,减记的金额确认为减值损失,同时计提坏账准备。确定应收款项减值有两种方法,即直接转销法和备抵法,我国《企业会计准则》规定确定应收款项的减值只能采用备抵法,不得采用直接转销法。

二、应收账款的减值

(一) 直接转销法

直接转销法是指在实际发生坏账时,确认坏账损失,直接计入期间费用,并注销相应的应收账款的一种核算方法。

采用直接转销法时，在日常核算中应收款项可能发生的坏账损失不予考虑。只有在实际发生坏账时，作为坏账损失计入当期损益，同时直接冲销应收账款，即借记“资产减值损失”科目，贷记“应收账款”科目。

如果已经确认为坏账的应收账款由于债务人经济情况的好转或其他原因，又全部或部分收回时，为了通过“应收账款”账簿记录反映债务人的偿债信誉，应首先按收回的金额冲销原确认坏账的会计分录，再按正常的程序反映应收账款的收回。

【例 6-17】 远洋公司应收甲公司的账款 8 000 元，已逾期 3 年，屡催无效，已确认无法收回，经批准作为坏账处理。编制会计分录如下：

借：资产减值损失　　　　8 000

　　贷：应收账款——甲公司　　　　8 000

如果已冲销的应收账款以后又收回，编制会计分录如下：

借：应收账款——甲公司　　　　8 000

　　贷：资产减值损失　　　　8 000

借：银行存款　　　　8 000

　　贷：应收账款——甲公司　　　　8 000

直接转销法的优点是账务处理简单，缺点是不符合权责发生制原则，也与资产定义相冲突。在这种方法下，只有坏账实际发生时，才将其确认为当期损益，导致资产不实，各期损益不实，在资产负债表上应收账款是按账面余额而不是账面价值反映，在一定程度上歪曲了期末的财务状况。所以，《企业会计准则》不允许采用直接转销法。

（二）备抵法

备抵法是指按期估计坏账损失，形成坏账准备，当某一应收款项（应收账款和其他应收款）全部或部分被确认为坏账时，应根据其金额冲减坏账准备，同时转销相应的应收款项金额的一种核算方法。

我国企业会计制度规定，企业只能采用备抵法核算坏账损失，计提坏账准备的方法和提取比例可由企业自行确定。为了核算企业提取的坏账准备，企业应设置“坏账准备”账户，该账户的贷方登记坏账准备的提取；借方登记的是坏账准备的转销；期末贷方余额反映的是企业已提取的坏账准备。在资产负债表上，应收款项的项目应按照减去已提取的坏账准备后的净额反映。

计提坏账准备的方法一般有账龄分析法、应收账款余额百分比法、销货百分比法三种。坏账准备的提取方法一经确定，不得随意变更。

1. 账龄分析法

账龄分析法是根据应收款项入账时间的长短来估计坏账损失的方法。一般来讲，账款拖欠的时间越长，发生坏账的可能性就越大，应提取的坏账准备金额就越多。账龄分析法据此原理，按应收款项入账的时间长短分为若干区段，并根据债务单位的财务状况、现金流量等情况，为每个区段规定一个坏账损失的百分比，入账时间越长，该比例越大。将各区段上的应收款项余额乘上坏账损失百分比，然后相加，即可确定估计的坏账损失总额，该坏账损失总额就是“坏账准备”账户的期末余额。

企业在估计出坏账损失总额后，应将其同“坏账准备”账户原账面金额进行比较，然后确定出本期应提取的坏账准备数额，并按该数额调整“坏账准备”账户，使其期限末余额与本期估计的坏账损失数额相符。

企业对于不能收回的应收账款，应当查明原因，追究责任。对有确凿证据表明确实无法收回的应收账款，如债务单位已撤销、破产、资不抵债、现金流量严重不足等，根据企业的管理权限，经股东大会或董事会，或总经理办公会或类似机构批准作为坏账损失，冲销提取的坏账准备。冲销时，借记"坏账准备"账户，贷记"应收账款"账户。如果已确认并转销的坏账以后又收回，应恢复企业债权并冲回已转销的坏账准备金额。

【例 6-18】 远洋公司 20×5 年 12 月 31 日应收账款账龄及估计坏账损失如表 6-1 所示。该企业 20×5 年年初的"坏账准备"账户为贷方余额 29 000 元（按应收账款计提的部分），20×5 年没有发生已确认并转销的坏账又收回的业务。

表 6-1　账龄分析和坏账损失估算　　单位：元

应收账款账龄	应收账款金额	估计坏账损失率（%）	估计损失金额
未到期	896 000	1	8 960
逾期 1 年以下	134 000	5	6 700
逾期 1～2 年	69 700	20	13 940
逾期 2～3 年	14 000	50	7 000
逾期 3 年以上	2 000	100	2 000
合　计	1 115 700		38 600

表 6-1 中所计算出的坏账损失金额 38 600 元是指本年末"坏账准备"账户的余额，由于"坏账准备"账户已有贷方余额 29 000 元，所以，本年应计提的坏账准备数额为 9 600 元（38 600－29 000）。编制会计分录如下：

借：资产减值损失　　9 600
　　贷：坏账准备　　9 600

如果 20×5 年年初"坏账准备"账户为贷方余额 40 000 元，则本年应计提的坏账准备为－1 400 元（38 600－40 000）。这表明原已提取的坏账准备超过了期末应提取的坏账准备数，应冲回多提的坏账准备 1 400 元。编制会计分录如下：

借：坏账准备　　1 400
　　贷：资产减值损失　　1 400

【例 6-19】 承【例 6-18】，远洋公司于 20×6 年 4 月 20 日收回前已确认并转销的甲公司坏账 4 800 元；于 4 月 30 日确认已逾期 3 年尚未收回的乙公司款项 2 000 元为坏账，同时，由于丙公司破产，应收其款项 48 000 元也确认为坏账。20×6 年 12 月 31 日编制的"账龄分析和坏账损失估算表"计算出的坏账损失额为 31 000 元（表略）。

4 月 20 日收回已转销的坏账，编制会计分录如下：

借：应收账款——甲公司　　4 800
　　贷：坏账准备　　4 800
借：银行存款　　4 800
　　贷：应收账款——甲公司　　4 800

4 月 30 日确认坏账，编制会计分录如下：

借：坏账准备　　50 000

　　贷：应收账款——乙公司　　2 000

　　　　　　　　——丙公司　　48 000

由于在期末提取坏账准备前，“坏账准备”账户为借方余额 6 600 元（38 600＋4 800－50 000），所以，本期应计提的坏账准备为 37 600 元（31 000＋6 600），编制的会计分录如下：

借：资产减值损失　　37 600

　　贷：坏账准备　　37 600

2. 应收账款余额百分比法

应收账款余额百分比法，是根据会计期末应收账款的余额和估计的坏账准备提取比例估计坏账损失，计提坏账准备的方法。坏账准备提取比例由企业自行确定。

会计期末，当企业按估计的坏账率提取的坏账准备大于或小于“坏账准备”账面余额的，应按其差额补提或冲回多提的坏账准备。

【例 6-20】 远洋公司 20×5 年年末应收账款余额为 853 600 元，“坏账准备”账面的余额贷方 35 000 元，该企业坏账准备的提取比例为 5%。

年末按应收账款余额计提的坏账准备＝853 600×5%＝42 680（元）

年末应补提的坏账准备＝42 680－35 000＝7 680（元）

编制会计分录如下：

借：资产减值损失　　7 680

　　贷：坏账准备　　7 680

若在计提坏账准备前，“坏账准备”账户的贷方余额大于 42 680 元，则应冲销多提的坏账准备。

备抵法弥补了直接转销法的不足，符合权责发生制及收入与费用相配比原则的要求，它一方面预计不能收回的应收款项并作为坏账损失及时计入费用，避免企业虚增利润，另一方面在资产负债表上列示应收款项净额，避免企业虚列资产，能更真实地反映企业的财务状况，有利于加快企业资金周转。

三、其他应收款减值

其他应收款与应收账款一样，同样面临款项收不回来变成坏账的风险，所以，企业应当定期或者至少于每年年度终了，对其他应收款进行检查，预计其可能发生的坏账损失，并计提坏账准备。计提坏账准备的方法、比例由企业自行确定，具体处理与“应收账款”基本相同。

企业对于不能收回的其他应收款应当查明原因，追究责任。对于确实无法收回的其他应收款，经批准后作为坏账的，应冲减提取的坏账准备，借记“坏账准备”账户，贷记“其他应收款”账户。

已确认并转销的坏账损失，如果以后又收回的，应按实际收回的金额，借记“其他应收款”账户，贷记“坏账准备”账户；同时，借记“银行存款”账户，贷记“其他应收款”账户。

在资产负债表上，“其他应收款”项目应按减去已计提的坏账准备后的净额反映。

备抵法弥补了直接转销法的不足，符合权责发生制及收入与费用相配比原则的要求，它一方面预计不能收回的应收款项并作为坏账损失及时计入费用，避免企业虚增利润，另一方面在资产负债表上列示应收款项净额，避免企业虚列资产，能更真实地反映企业的财务状况，有利于加快企业资金周转。

四、坏账准备的信息披露

企业在报表附注中应说明坏账的确认标准，以及坏账准备的计提方法和计提比例，并重点说明如下事项：

(1) 本年度全额计提坏账准备或计提坏账准备的比例较大的(计提比例一般超过40%及以上的，下同)，应单独说明计提的比例及其理由。

(2) 以前年度已全额计提坏账准备或计提坏账准备的比例较大，但在本年度又全额或部分收回或通过重组等其他方式收回的，应说明其原因、原估计计提比例的理由，以及原估计计提比例的合理性。

(3) 对某些金额较大的应收款项不计提坏账准备或计提坏账准备比例较低(一般为5%或低于5%)的理由。

(4) 本年度实际冲销的应收款项及其理由，其中实际冲销的关联交易产生的应收款项应单独披露。

在资产负债表上，“应收账款”项目应按照减去已计提的坏账准备后净额反映。

本章小结

本章主要介绍了应收票据的概念和种类，以及应收票据、应收账款及坏账损失、其他应收款及预付账款的核算内容及其账务处理。

基本概念

应收票据、票据贴现、应收账款、其他应收款、预付账款、商业折扣、现金折扣、直接转销法、坏账损失、备抵法。

思 考 题

1. 应收账款是如何计价的？
2. 计提坏账准备的方法有哪些？
3. 坏账准备的信息披露应注意哪几点？
4. 简述商业折扣与现金折旧的区别。
5. 其他应收款的核算包括哪些内容？
6. 简单理解预付账款的含义。

实训(练习)题

一、单项选择题

1. 在我国，应收票据是指(　　)。

A. 支票　　B. 银行本票

C. 银行汇票　　D. 商业汇票

2. 超过承兑期收不回的应收票据，应(　　)。

A. 转作管理费用　　B. 冲减坏账准备

C. 转作应收账款　　D. 冲减营业收入

3. "应收票据"科目应按(　　)做账。

A. 票据面值　　B. 票据到期价值

C. 票据面值加应计利息　　D. 票据贴现

4. 带息票据每期计提利息时，借记"应收票据"科目，贷记(　　)科目。

A. "财务费用"　　B. "管理费用"

C. "营业费用"　　D. "其他业务收入"

5. 企业销售商品时，根据情况在商品标价上给予的扣除，称为(　　)。

A. 商业折扣　　B. 现金折扣

C. 销货折扣　　D. 购货折扣

6. 企业已贴现的商业承兑汇票，由于承兑人的银行存款不足，银行将商业承兑汇票退还给企业，并从贴现企业的银行账户中扣款，银行扣款的金额是(　　)。

A. 票据票面金额　　B. 票据到期价值

C. 票据贴现额　　D. 票据票面金额加上贴现息

7. 将未减去现金折扣前的金额作为应收账款的入账价值的方法称为(　　)。

A. 总价法　　B. 净价法

C. 混合法　　D. 市价法

8. 企业在采用总价法入账的情况下，发生的现金折扣应作为(　　)处理。

A. 营业收入　　B. 营业费用增加

C. 财务费用增加　　D. 管理费用增加

9. 坏账实际发生时，确认坏账损失，并计入期间费用的核算方法称为(　　)。

A. 直接转销法　　B. 间接法

C. 备抵法　　D. 成本法

10. 一张5月26日签发的30天的票据，其到期日为(　　)。

A. 6月25日　　B. 6月26日

C. 6月27日　　D. 6月24日

11. 如果企业将预付货款记入"应付账款"科目，在编制会计报表时，应(　　)。

A. 以预付账款抵减应付账款金额

B. 将预付账款金额反映在应收账款项目中

C. 将预付账款和应付账款的金额分开报告

D. 以预付账款抵减预收账款的金额

12. 在会计实务中，预付账款业务不多时，企业可以通过(　　)科目来核算预付账款业务。

A. "应付账款"　　B. "其他应收款"

C. "应收账款"　　D. "预收账款"

13. 销售商品一批，销售收入为30 000元，规定的现金折扣条件为"2/10，N/20"，适用的增值税税率为17%，购货企业在第8天付款后发现有20%的产品质量不合格，由购货方将其退回,则应冲减销售收入的金额为(　　)元。

A. 6 880　　B. 5 860

C. 6 000　　D. 5 880

二、多项选择题

1. 应收票据的计价应按(　　)。

A. 面值　　B. 现值

C. 面值加利息　　D. 市价

2. 对于带息的应收票据,企业应在中期、期末和年终时(　　)。

A. 计提坏账准备　　B. 计提票据利息

C. 增加应收票据的票面价值　　D. 冲减“财务费用”科目

3. 应收账款包括(　　)。

A. 应收职工欠款　　B. 应收赊销货款

C. 应收利息　　D. 应收购货单位垫付的销售商品运费

4. 应收账款是指(　　)。

A. 因销售活动形成的债权　　B. 流动资产性质的债权

C. 本企业应收客户的款项　　D. 本企业付出的存储保证金

5. 企业将无息应收票据贴现时,影响贴现利息计算的因素有(　　)。

A. 票据的面值　　B. 票据的期限

C. 票据的种类　　D. 贴现的利息

6. 坏账的核算方法有(　　)。

A. 直接转销法　　B. 间接法

C. 备抵法　　D. 成本法

7. 下列各项中,应计入“坏账准备”科目借方的有(　　)。

A. 提取坏账准备　　B. 冲回多提坏账准备

C. 收回以前确认并转销的坏账　　D. 备抵法下实际发生的坏账

8. 下列各项中,会引起应收账款账面价值发生变化的有(　　)。

A. 结转到期不能收回的商业承兑汇票　　B. 计提应收账款坏账准备

C. 收回已转销的应收账款　　D. 转回多提的坏账准备

9. 下列各项中,应当通过“其他应收款”科目核算的有(　　)。

A. 应收取的包装物租金　　B. 应收取的各项保险赔款

C. 已收取的包装物的押金　　D. 企业代购货单位垫付的包装费

10. 备抵法核算坏账损失的特点是(　　)。

A. 账务处理较简单　　B. 防止虚增企业资产

C. 符合权责发生制原则　　D. 不符合配比原则

三、判断题

1. 应收票据有发生坏账的风险,一般企业应对其计提坏账准备。(　　)

2. 不带息票据的到期值等于应收票据的面值。(　　)

3. 应收账款是企业因销售商品等经营活动所形成的债务。(　　)

4. 企业应收债务的利息在“应收账款”科目核算。(　　)

5. 商业折扣是债权人为鼓励债务人在规定期限内付款而向其提供的债务扣除。（　　）

6. 总价法将销售方给予客户的现金折扣视为融资的财务费用。（　　）

7. 净价法将销售方给予客户的现金折扣视为提供信贷获得的收入。（　　）

8. 采用直接转销法核算坏账损失，需设置“坏账准备”科目。（　　）

9. 采用备抵法核算坏账损失，需设置“坏账准备”科目。（　　）

10. 用应收账款余额百分比法估计坏账损失，是根据企业本期赊销金额和估计的坏账率来计提坏账准备的方法。（　　）

11. 企业坏账准备提取的方法和提取的比例应由国家统一规定。（　　）

四、业务题

1. 远洋公司某月份发生如下经济业务：

(1) 向甲公司销售产品一批，价款 50 000 元，增值税税额 8 500 元，采用托收承付结算方式结算，在产品发出时，以支票支付代垫运杂费 400 元，已向银行办妥托收手续。

(2) 上月应收乙公司货款 65 000 元，经协商用商业汇票结算。工厂已收到乙公司交来的一张 3 个月期限的商业承兑汇票，票面价值为 65 000 元。

(3) 向丙公司销售产品一批，价款 100 000 元，增值税税额 17 000 元，付款条件为 2/10，1/20，*N*/30。

(4) 接到银行通知，应收甲公司的货款 58 900 元已收妥入账。

(5) 上述丙公司在第 10 天交来转账支票一张，支付货款 114 660 元。

要求：根据以上经济业务编制远洋公司的会计分录。

2. 远洋公司采用“应收账款余额百分比法”核算坏账损失。坏账准备的提取比例为 5%，有关资料如下：

(1) 20×5 年年初，“坏账准备”科目为贷方余额 8 450 元（按应收账款计提的部分，下同）。

(2) 20×6 年和 20×7 年年末应收账款余额分别为 221 300 元和 122 500 元，这两年内没有发生坏账损失。

(3) 20×8 年 7 月，经有关部门批准确认一笔坏账损失，金额为 36 000 元。

(4) 20×8 年 11 月，上述已核销的坏账收回 18 000 元。

(5) 20×8 年年末，应收账款余额为 86 700 元。

要求：根据上述资料，计算各年应提的坏账准备，并编制远洋公司有关的会计分录。

3. 远洋公司发生如下经济业务：

(1) 向甲公司销售产品一批，价款 200 000 元，增值税税额 34 000 元。收到甲公司交来一张已经银行承兑的、期限为 2 个月的不带息商业汇票，票面价值为 234 000 元。

(2) 经协商将应收乙公司的货款 100 000 元改用商业汇票方式结算。已收到乙公司交来一张期限为 6 个月的带息商业承兑汇票，票面价值为 100 000 元，票面利率为 8%。

(3) 远洋公司上月收到丙公司一张 1 个月期限的带息商业承兑汇票已到期，委托银行收款。现接银行通知，因丙公司银行账户存款不足，到期票款没有收回。该票据的账面余额为 90 000 元，票面利率为 8%。

(4) 应收丁单位一张 3 个月期限的银行承兑汇票已到期，该票据票面价值为 150 000 元，票面利率为 8%，款项已收存银行。

(5) 将上述收到甲公司的商业汇票向银行贴现，贴现天数为 45 天，贴现率为 9%，贴现款已收存银行。

(6) 上月向银行贴现的商业汇票到期,因承兑人(A 公司)无力支付,银行退回贴现票据,并在本企业银行账户中将票据本息划回。该票据的票面价值为 180 000 元,票面利率为 8%,半年期。

(7) 年末,对上述尚未到期的应收乙单位的带息票据计提利息。公司已持有该票据 3 个月。

要求:根据以上经济业务编制远洋公司的会计分录。

4. 远洋公司采用预付款项的方式采购材料:

(1) 6 月 3 日,向甲公司采购材料,开出转账支票一张,预付材料款 100 000 元。

(2) 6 月 25 日,收到甲公司的材料及有关结算单据,材料价款为 100 000 元,增值税税额为 17 000 元,材料已验收入库。同时开出转账支票一张,补付材料款 17 000 元。

要求:根据上述经济业务编制远洋公司的会计分录。

第七章

存　　货

学习目标

1. 熟悉存货的概念及确认条件、特点；
2. 掌握存货的初始计量和发出存货各种计价方法的核算；
3. 掌握存货按实际成本和计划成本计价法下的会计处理；
4. 理解企业周转材料分次摊销法的会计处理；
5. 了解企业确定存货结存数量的盘存制度；
6. 掌握存货期末计价和清查结果的会计处理。

案例引入

小王在某单位担任会计工作，该单位是生产型企业，生产的产品为某型号的机器设备，某月，该公司将其生产的某型号机器设备留作自用。小王认为留作自用的机器设备和其销售的机器设备同属于一种，就将留作自用的机器设备划为存货记账。

[思考]

1. 小王的做法对吗？
2. 存货具备哪些特点？

第一节　存货概述

存货是企业流动资产的重要组成部分，是为企业带来经济效益的重要经济资源。其周转速度直接影响流动资产的利用效果，从而影响企业经济效益。存货的核算是计算和确定企业生产成本和销售成本、确定期末存货结存成本的重要内容，也是准确反映企业财务状况、正确地计算企业经营成果的主要依据。

一、存货的概念及确认

(一) 存货的概念

存货是指企业在日常活动中持有以备出售的产成品或商品、处在生产过程中的在产品、在生产过程或提供劳务过程中耗用的材料和物料等。具体包括以下内容:

(1) 原材料。原材料是指企业在生产过程中经加工改变其形态或性质并构成产品主要实体的各种原料及主要材料、辅助材料、外购半成品(外购件)、修理用备件(备品备件)、包装材料、燃料等。为建造固定资产等各项工程而储备的各种材料,虽然同属于材料,但是由于建造固定资产等各项工程不符合存货的定义,因此,不能作为企业的存货进行核算。

(2) 在产品。在产品是指企业正在制造但尚未完工的产品,包括正在各生产工序加工的产品,和已加工完毕但尚未检验或已检验但尚未办理入库手续的产品。

(3) 半成品。半成品是指经过一定生产过程并已检验合格交付半成品仓库保管,但还未制造完工成为产成品,仍需进一步加工的中间产品。但不包括从一个生产车间转给另一个生产车间继续加工的自制半成品以及不能单独计算成本的自制半成品。

(4) 产成品。产成品是指工业企业已经完成全部生产过程并验收入库,可以按照合同规定的条件送交订货单位,或者可以作为商品对外销售的产品。企业接受外来原材料加工制造的代制品和为外单位加工修理的代修品,制造和修理完成验收入库后,应视同企业的产成品。

(5) 商品。商品是指商品流通企业的商品,包括外购或委托加工完成验收入库用于销售的各种商品。

(6) 委托代销商品。委托代销商品是指企业委托其他单位代销的商品。

(7) 委托加工物资。委托加工物资是指企业因技术和经济等原因而委托外单位代加工的各种材料、商品等物资。

(8) 周转材料。周转材料是指企业能够多次使用,逐渐转移其价值但仍保持原有形态不确认为固定资产的材料,如包装物和低值易耗品,以及企业(建造承包商)的钢模板、木模板、脚手架和其他周转使用的材料等。包装物是指为了包装本企业商品而储备的各种包装容器,如桶、箱、瓶、坛、袋等;低值易耗品是指不能作为固定资产的各种用具物品,如工具、管理用具、玻璃器皿、劳动保护用品等。

(二) 存货的确认条件

企业的存货除了要符合存货的定义外,按照《企业会计准则第1号——存货》的规定,同时还要满足以下两个条件方可确认:

1. 与该存货有关的经济利益很可能流入企业

企业在确认存货时,需要判断与该项存货相关的经济利益是否很可能流入企业。在实务中,主要通过判断与该项存货所有权相关的风险和报酬是否转移到了企业来确定。其中,与存货所有权相关的风险,是指由于经营情况发生变化造成的相关收益的变动,以及由于存货滞销、毁损等原因而造成的损失;与存货所有权相关的报酬,是指在初步该项存货或其经过进一步加工取得的其他存货时获得的收入,以及处置该项存货实现的利润等。

通常情况下,取得存货的所有权是与存货相关的经济利益很可能流入本企业的一个重要标志。例如,根据销售合同已经售出(取得现金或收取现金的权利)的存货,其所有权已经转移,与其相关的经济利益已不能再流入本企业,此时,即使该项存货尚未运离本企业,也不能再确认为本企业的存货。又如,委托代销商品,由于其所有权并未转移至受托方,因而委托代销的商品仍应当确认为委托企业存货的一部分。总之，企业在判断与存货相关的经济利益能否流入企业时，主要结合该项存货所有权的归属情况进行分析确定。

2. 该存货的成本能够可靠地计量

成本能够可靠地计量也是资产确认的一个基本条件。存货作为企业资产的一个组成部分，要予以确认也必须能够对其成本进行可靠的计量。即必须以取得确凿的证据为依据，并且要具有可验证性。

只有符合存货的定义，同时应具备上述两个条件的存货，才可以在资产负债表上作为存货项目加以列示。

二、存货的特点

由于存货是企业以销售或耗用为目的而储存的各种实物资产，经常处在不断销售和耗用之中，具有鲜明的流动性，因此存货属于流动资产范畴，与其他资产相比具有如下特点：

1. 存货是一项具有实物形态的有形资产

存货包括原材料、在产品、产成品及商品、周转材料等各类具有物质实体的材料物资，因而有别于应收款项、投资、无形资产等没有实物形态的资产，也不同于库存现金、银行存款等货币资金。

2. 存货属于流动资产，具有较大的流动性

存货通常都将在一年或超过一年的一个营业周期内被销售或耗用，并不断地被重置，因而属于一项流动资产，具有较强的变现能力和较大的流动性，但其流动性又低于货币资金、交易性金融资产、应收款项等其他流动资产项目。存货的这一特征，使之明显不同于固定资产、在建工程等具有物质实体的非流动资产。

3. 存货以在正常生产经营过程中被销售或耗用为目的而取得

企业持有存货的目的在于准备在正常经营过程中予以出售，如商品、产成品及准备直接出售的半成品等；或者仍处在生产过程中，待制成产成品后再予以出售，如在产品、半成品等；或者将在生产过程或提供劳务过程中被耗用，如材料和物料、周转材料等。企业在判断一个资产项目是否属于存货时，必须考虑取得该资产项目的目的，即在生产经营过程中的用途或所起的作用。例如，企业为生产产品或提供劳务而购入的材料，属于存货；但为建造固定资产而购入的材料，就不属于存货。再如，对于生产和销售机器设备的企业来说，机器设备属于存货；而对于使用机器设备进行生产的企业来说，机器设备则属于固定资产。此外，企业为国家储备的特种物资、专项物资等，并不参加企业的经营周转，也不属于存货。

4. 存货具有时效性和发生潜在损失的可能性

在正常的生产经营活动中，存货能够有规律地转换为货币资金或其他流动资产，但长期不能耗用或销售的存货就有可能变为积压物资或降价销售，从而造成企业的损失，所以应该在期末对存货计提跌价准备。

三、存货成本的确定

存货应当按成本进行初始计量。存货成本包括采购成本、加工成本和其他成本。

（一）存货的采购成本

存货的采购成本包括购买价款、相关税费、运输费、装卸费、保险费以及其他可归属于存货采购成本的费用。

其中，存货的购买价款是指购货发票账单上所列明的价款，但不包括按规定可予抵扣的增值税税额。

存货的相关税费是指企业购买存货发生的进口关税以及购买、自制或委托加工存货发生的消费税、资源税和不能从增值税销项税额中抵扣的进项税额等应计入存货采购成本的税费。

其他可归属于存货采购成本的费用是指在存货采购过程中发生的除上述各项费用以外的仓储费、包装费、运输途中的合理损耗、入库前的挑选整理费用等可直接归属于存货采购成本的费用。这些费用能分清负担对象的，应直接计入存货的采购成本，不能分清负担对象的，应选择合理的分配方法，分配计入有关存货的采购成本。分配方法通常包括按所购存货的重量或采购价格的比例进行分配。

但是，对于在采购过程中发生的物资毁损、短缺等，除合理的损耗应作为存货的“其他可归属于存货采购成本的费用”计入采购成本外，应区别不同情况进行会计处理：①应从供货单位、外部运输机构等收回的物资短缺或其他赔款，冲减物资的采购成本；②因遭受意外灾害发生的损失和尚待查明原因的途中损耗，不得增加物资的采购成本，应暂作为待处理财产损溢进行核算，在查明原因后再作处理。

商品流通企业在采购商品过程中发生的运输费、装卸费、保险费以及其他可归属于存货采购成本的费用等进货费用，应当计入存货采购成本，也可以先进行归集，期末根据所购商品的存销情况进行分摊。对于已售商品的进货费用，计入当期损益；对于未售商品的进货费用，计入期末存货成本。企业采购商品的进货费用金额较小的，可以在发生时直接计入当期损益。

（二）存货的加工成本

存货的加工成本是指在存货的加工过程中发生的追加费用，包括直接人工及按照一定方法分配的制造费用。其中，直接人工是反映企业在生产过程中，直接从事产品生产的工人的职工薪酬。制造费用是指企业为生产产品和提供劳务而发生的各项间接费用。

（三）存货的其他成本

其他成本是指除了采购成本、加工成本以外的，使存货达到目前场所和状态所发生的其他支出。企业设计产品发生的设计费通常计入当期损益，但是为了特定客户设计产品所发生的，可直接确定的设计费用应计入存货的成本。具体包括如下几个方面：

1. 投资者投入存货的成本

投资者投入存货的成本，应当按照投资合同或协议约定的价值确定，但合同或协议约定价值不公允的除外。在投资合同或协议约定价值不公允的情况下，按照该项存货的公允价值作为其入账价值。

2. 通过非货币性资产交换、债务重组、企业合并等方式取得的存货的成本

非货币性资产交换、债务重组和企业合并取得的存货的成本，应当分别按照《企业会计准则第 7 号——非货币性资产交换》《企业会计准则第 12 号——债务重组》《企业会计准则第 20 号——企业合并》等的规定确定。但是，其后续计量和披露应当执行《企业会计准则第 1 号——存货》的规定。

3. 盘盈存货的成本

盘盈的存货应按其重置成本作为入账价值，并通过“待处理财产损溢”科目进行会计处理，按管理权限报经批准后，冲减当期“管理费用”。

4. 通过提供劳务取得的存货

提供劳务取得的存货，其成本按从事劳务提供人员的直接人工和其他费用以及可归属于该存货的间接费用确定。

5. 委托加工取得的存货成本

委托外单位加工完成的存货，包括加工后的原材料、包装物、低值易耗品、半成品、产成品等，其成本包括实际耗用的原材料或半成品、加工费、装卸费、保险费、委托加工的往返运输费等费用及按规定应计入成本的税费。

根据存货会计准则的规定，企业发生的下列费用应当在发生时确认为当期损益，不计入存货成本：①非正常消耗的直接材料、直接人工和制造费用；②仓储费用（不包括在生产过程中为达到下一个生产阶段所必需的费用）；③不能归属于使存货达到目前场所和状态的其他支出。

第二节　存货核算

在前面的讲述中已经介绍过存货，它主要包括企业的各种材料、在产品、半成品、产成品或库存商品以及周转材料、委托加工物资等。本节主要以原材料核算为例说明存货的核算方法。之所以要对原材料核算作专门的讲解，是因为原材料是制造业存货的重要组成部分，会计上对原材料的核算也具有广泛的代表性。

原材料的日常收发及结存，可以采用实际成本核算，也可以采用计划成本核算。值得注意的是，实际成本法和计划成本法在原材料购入阶段的核算上就有所区别，进而影响其发出阶段的核算。具体来说，如果购入阶段采用实际成本法核算，则发出阶段就有一个计价方法的选择问题，即在个别计价法、先进先出法、月末一次加权平均法等中选择一种发出存货的计价方法；如果购入阶段采用计划成本法，则发出阶段仍然采用计划成本法，即不存在发出存货计价方法的选择问题。此外，不论购入和发出阶段采用的是实际成本法还是计划成本法，资产负债表中的期末存货都一定要确定其实际成本（即历史成本），并将实际成本和可变现净值进行比较，将两者中的较低者作为报表中期末存货的计价基础。原材料核算中实际成本法和计划成本法，同样适用于其他各类存货如库存商品、委托加工物资、周转材料等的核算。

一、原材料收发按实际成本计价的核算

实际成本法是指企业日常对各种原材料的购入、发出和结存均按照实际成本在其总账和明细账中进行登记核算的一种方法。实际成本法通常适用于规模较小、存货品种简单、采购业务不多的企业。

（一）账户设置

在实际成本法下，为了反映原材料的购入、增减变动情况及变动后的结果，一般应设置“原材料”“在途物资”等账户。

1. “原材料”账户

该账户核算企业库存的各种原材料（包括原料及主要材料、辅助材料、外购半成品、修理用备件、燃料等）的实际成本。该账户借方登记验收入库的各种原材料的实际成本，贷方登记发出的各种原材料实际成本，期末余额在借方，反映企业库存原材料的实际成本。该账户应按照材料的保管地点、材料的类别、品种或规格设置明细账进行明细核算。

企业的材料品种规格复杂，收发频繁。明细分类核算是按材料品种、规格、类别反映材料收发、结存的数量和金额，具体包括数量核算和价值核算两部分。数量核算主要由仓库人员负

责，即在仓库设置材料卡片，核算各种材料收发结存的数量。价值核算由财会人员负责，即会计部门设置材料明细账，核算各种材料收发结存的数量和金额；或把材料卡片和明细账合为一套账，由仓库人员负责登记数量，财会人员定期到仓库稽核收单，并在材料收发凭证上标价，登记金额，账册平时放在仓库。

材料卡片一般按材料类别和编号顺序排列，或按类别装订成活页账，以便保管。

材料明细分类账又称数量金额式明细账，由财会部门按材料品种、规格设置，采用收、发、余三栏式。

2. "在途物资"账户

该账户核算企业已支付货款但尚未运到企业或尚未验收入库的各种材料实际成本。该账户借方登记已支付的材料货款及采购费用，贷方登记验收入库的在途材料实际成本，期末余额在借方，反映尚未验收入库的材料的实际成本，即在途材料的实际成本。该账户应按照供应单位名称和材料品种设置明细账进行明细核算。

3. "应付账款"账户

该账户核算企业因购买材料、商品和接受劳务等经营活动应支付的款项。该账户贷方登记发生的应付账款，借方登记偿还的应付账款，期末余额一般在贷方，反映企业尚未支付的应付款项。该账户按供应单位设置明细账，分别反映企业与各单位的结算情况。

4. "预付账款"账户

该账户核算企业按照合同规定预付给供应单位的货款。该账户借方登记企业预付的货款和收到货物后补付的货款，贷方登记企业购货应付的货款及退回预付时多付的货款，期末借方余额反映企业实际预付的货款，期末贷方余额则反映企业尚未支付的货款。预付账款情况不多的企业，可以不设置该账户，将此业务在"应付账款"账户中核算。

5. "应交税费"账户

该账户下设"应交增值税"明细账户进行核算。该账户的借方登记企业购货或接受应税劳务支付的进项税额，该账户的贷方登记销售货物或提供应税劳务所收取的销项税额，期末借方余额反映企业尚未抵扣的增值税，期末贷方余额则反映企业应交的增值税。

（二）原材料入库的核算

企业原材料的来源有外购、自制、委托加工完成和盘盈等，不同来源的原材料其会计处理不同。

1. 外购原材料

企业从外部购入材料时，由于采购地点和结算方式的不同，材料的入库和货款的支付在时间上不一定完全同步，相应地，其会计处理也会有所不同。从结算凭证取得和材料验收入库在时间上是否一致来看，通常把外购材料及其核算分为如下几种情况：

（1）发票账单与材料同时到达

在单料同到的情况下，应根据入库材料的实际成本，借记"原材料"账户，根据入库材料的增值税额借记"应交税费——应交增值税（进项税额）"账户，根据实际付款的金额贷记"银行存款""其他货币资金"账户，或根据已签发并承兑商业汇票贷记"应付票据"账户，或贷记"应付账款"账户。

【例 7-1】 远洋公司 20×5 年购入甲材料一批，增值税专用发票上记载的货款为 300 000 元，增值税额 51 000 元，对方代垫运杂费 1 000 元及增值税额为 110 元，途中合理损耗 2 千克，材料已验收入库，全部款项已用转账支票付讫。编制会计分录如下：

借:原材料——甲材料　　301 000
　应交税费——应交增值税(进项税额)　　51 110
　贷:银行存款　　352 110

【例 7-2】 远洋公司 20×5 年采用托收承付结算方式购入一批钢材料,货款为 50 000 元,增值税额为 8 500 元,对方代垫保险费 1 000 元及增值税额 60 元,银行转来的结算凭证已到,款项尚未支付,入库前挑选整理费 2 000 元,以银行存款支付,材料已验收入库,不考虑其他税费。编制会计分录如下:

借:原材料——钢材料　　53 000
　应交税费——应交增值税(进项税额)　　8 560
　贷:应付账款　　59 560
　　银行存款　　2 000

(2) 发票账单已到、材料未到

在单到料未到的情况下,应根据有关结算凭证中记载的材料价款借记"在途物资"账户,根据材料的增值税额借记"应交税费——应交增值税(进项税额)"账户,根据实际付款金额贷记"银行存款""其他货币资金"账户,或根据已签发并承兑商业汇票贷记"应付票据"账户,或"应付账款"账户。

【例 7-3】 远洋公司 20×5 年采用汇兑结算方式购入乙材料一批,货款 20 000 元,增值税额为 3 400 元,运费 600 元,增值税额为 66 元,发票等结算凭证已收到,远洋公司签发并承兑一张面值为 24 066 元商业汇票,但材料尚未到达。编制会计分录如下:

借:在途物资　　20 600
　应交税费——应交增值税(进项税额)　　3 466
　贷:应付票据　　24 066

【例 7-4】 承【例 7-3】,上述购入的乙材料已收到,并验收入库。编制会计分录如下:

借:原材料——乙材料　　20 600
　贷:在途物资　　20 600

(3) 材料已到、发票账单未到

在料到单未到的情况下,企业在收到材料验收入库时暂不作账务处理,只将有关的入库凭证单独保管,待购货的结算凭证到达后,再按单料同到情况处理。如果会计期末结算凭证仍未到达本企业,应按货物清单或相关合同协议上的价格暂估入账,不需要将增值税的进项税额暂估入账,借记"原材料"账户,贷记"应付账款——暂估应付账款"账户,下月初用红字冲回,待取得相关增值税扣税凭证并经认证后,按单料同到的情况处理。

【例 7-5】 远洋公司 20×5 年采用委托收款结算方式购入丙材料一批,材料已验收入库,月末发票账单尚未收到,即无法确定其实际成本,按暂估价值 50 000 元入账。编制会计分录如下:

借:原材料——丙材料　　50 000
　贷:应付账款——暂估应付账款　　50 000

下月初作相反的会计分录予以冲回:

借:应付账款——暂估应付账款　　50 000
　贷:原材料——丙材料　　50 000

【例 7-6】 承【例 7-5】,上述购入的丙材料于次月收到发票账单,增值税专用发票上记载的货款为 50 000 元,增值税额为 8 500 元,对方代垫保险费 2 000 元,增值税额 120 元,已用银行存款支付。编制会计分录如下:

借:原材料——丙材料　　52 000
　应交税费——应交增值税(进项税额)　　8 620
　贷:银行存款　　60 620

(4) 货款已经预付,材料尚未验收入库

【例 7-7】 远洋公司 20×5 年根据与甲公司的购销合同规定,为购买丁材料向甲公司预付 200 000 元货款的 40%,计 80 000 元,已通过汇兑方式汇出。编制会计分录如下:

借:预付账款　　80 000
　贷:银行存款　　80 000

【例 7-8】 承【例 7-7】,远洋公司 20×5 年收到该企业运来的丁材料,已验收入库。有关发票账记载,该批货物的货款为 200 000 元,增值税额为 34 000 元,对方代垫运杂费 3 000 元及增值税额 330 元,所欠款项以银行存款付讫。编制会计分录如下:

① 材料入库时:

借:原材料——丁材料　　203 000
　应交税费——应交增值税(进项税额)　　34 330
　贷:预付账款　　237 330

② 补付货款时:

借:预付账款　　157 330
　贷:银行存款　　157 330

2. 自制原材料

自制并已验收入库的原材料,按实际成本,借记"原材料"账户,贷记"生产成本"账户。

3. 委托外单位加工完成的原材料

委托外单位加工完成并已验收入库的原材料,按实际成本,借记"原材料"账户,按专用发票上注明的增值税额,借记"应交税费——应交增值税(进项税额)"账户,按准予抵扣的消费税,借记"应交税费——应交消费税"账户,按实际成本和支付的增值税等流转税,贷记"委托加工物资""应付账款"等账户。

4. 接受其他单位投入的原材料

企业接受其他单位以原材料作价投资时,应按评估确认的价值,且该价值是公允的,借记"原材料"账户;按照专用发票上注明的增值税额,借记"应交税费——应交增值税(进项税额)"账户;按投资合同或协议约定的投资者在企业注册资本或股本中所占份额的部分,贷记"实收资本"或"股本"账户,其差额贷记"资本公积"账户。

5. 接受捐赠的原材料

企业接受捐赠的原材料,按捐赠实物的发票、报关单、有关协议以及同类实物的市场价格等资料确定的价值,借记"原材料"账户;按照专用发票注明的增值税额,借记"应交税费——应交增值税(进项税额)"账户;按照两者之和,贷记"营业外收入"账户。

(三) 原材料出库的核算

1. 存货发出的计价方法

在日常工作中,企业发出的存货,可以按实际成本核算,也可以按计划成本核算。如果采用计划成本核算,会计期末应调整为实际成本。

企业应当根据各类存货的实物流转方式、企业管理的要求、存货的性质等实际情况，合理地确定发出存货成本的计算方法，以及当期发出存货的实际成本。对于性质和用途相同的存货，应当采用相同的成本计算方法确定发出存货的成本。在实际成本核算方式下，企业可以采用的发出存货成本的计价方法，包括先进先出法、月末一次加权平均法、移动加权平均法、个别计价法等。

（1）先进先出法

先进先出法是指以先购入的存货应先发出（销售或耗用）这样一种存货实物流动假设为前提，对发出存货进行计价的一种方法。采用这种方法，先购入的存货成本在后购入存货成本之前转出，据此确定发出存货和期末存货的成本。具体方法是：收到存货时，逐笔登记收到存货的数量、单价和金额；发出存货时，按照先进先出的原则逐笔登记存货的发出成本和结存金额。

这种方法可以随时结转存货发出的成本，但比较烦琐。如果存货收发业务较多且存货单价不稳定时，其工作量较大。在物价上涨时，期末存货成本接近于市价，而发出成本偏低，会高估企业利润和库存存货价值，反之，会低估企业存货价值和当前利润。

【例 7-9】 远洋公司 20×5 年 6 月份甲材料的购进、发出和结存情况如表 7-1 所示。

表 7-1　存货明细账

存货类别：　　　　计量单位：件

存货编号：　　　　最高存量：

存货名称及规格：甲材料　　　　最低存量：

20×5 年		凭证编号	摘要	收入			发出			结存		
月	日			数量	单价	金额	数量	单价	金额	数量	单价	金额
6	1		期初结存							300	20	6 000
	5		购进	200	22	4 400				500		
	7		发出				400			100		
	16		购进	300	23	6 900				400		
	18		发出				200			200		
	27		购进	200	25	5 000				400		
6	30		期末结存	700		16 300	600			400		

采用先进先出法计算的甲材料本月发出和期末结存成本如下：

6 月 7 日发出甲材料成本＝300×20＋100×22＝8 200（元）

6 月 18 日发出甲材料成本＝100×22＋100×23＝4 500（元）

期末结存甲材料成本＝200×23＋200×25＝9 600（元）

（2）月末一次加权平均法

月末一次加权平均法是指以本月全部进货数量加上月初存货数量作为权数，去除本月全部进货成本加上月初存货成本，计算出存货的加权平均单位成本，以此为基础计算本月发出存货及期末存货成本的一种方法。计算公式如下：

$$\text{存货单位成本}=\frac{\text{月初库存存货实际成本}+\sum \text{本月各批进货实际单位成本}\times\text{本月各批进货数量}}{\text{月初库存存货数量}+\sum \text{本月各批进货数量}}$$

本月发出存货的成本＝本月发出存货的数量×存货单位成本

本月月末库存存货成本＝月末库存存货的数量×存货单位成本

或：本月月末库存存货成本＝月初库存存货的实际成本＋本月收入存货的实际成本－本月发出存货的实际成本

【例7-10】 承【例7-9】，远洋公司20×5年6月份甲材料的购进、发出和结存情况如表7-1所示。采用月末一次加权平均法计算甲材料加权平均单位成本、本月发出甲材料和期末结存甲材料成本。计算过程如下：

加权平均单位成本＝(6 000＋16 300)÷(300＋700)＝22.3(元)

本月发出甲材料成本＝(400＋200)×22.3＝13 380(元)

期末结存甲材料成本＝400×22.3＝8 920(元)

采用加权平均法只在月末一次计算加权平均单价，比较简单，有利于简化成本计算工作，但由于平时无法从账上提供发出和结存存货的单价及金额，因此不利于存货成本的日常管理与控制。另外，本月的加权平均单价只能在月末计算，因而本月往往要求用上月加权平均单价计算。

(3) 移动加权平均法

移动加权平均法是指在每次进货以后，即根据每次进货的成本加上原有库存存货的成本，除以每次进货数量加上原有库存存货的数量，计算新的平均单位成本，作为在下次进货前计算各次发出存货成本依据的一种方法。计算公式如下：

$$存货的移动平均单位成本=\frac{原有库存存货的实际成本+本次进货的实际成本}{原有库存存货数量+本次进货数量}$$

本次发出存货的成本＝本次发出存货数量×移动平均单位成本

本月月末库存存货成本＝月末库存存货的数量×月末存货的移动平均单位成本

【例7-11】 承【例7-10】，远洋公司20×5年6月份甲材料的购进、发出和结存情况如表7-1所示。采用移动加权平均法计算甲材料加权平均单位成本、本月发出甲材料和期末结存甲材料成本。计算过程如下：

6月5日购进甲材料后的平均单位成本＝(6 000＋4 400)÷(300＋200)＝20.8(元)

6月7日发出甲材料成本＝400×20.8＝8 320(元)

6月16日购进甲材料后的平均单位成本＝(2 080＋6 900)÷(100＋300)＝22.5(元)

6月18日发出甲材料成本＝200×22.5＝4 500(元)

6月27日购进甲材料后的平均单位成本＝(4 500＋5 000)÷(200＋200)＝23.7(元)

本月发出甲材料成本＝8 320＋4 500＝12 820(元)

期末结存甲材料成本＝400×23.7＝9 480(元)

采用移动加权平均法能够使企业管理当局及时了解存货的结存情况，计算的平均单位成本以及发出和结存的存货成本比较客观。但由于每次购入都要计算一次平均单价，计算工作量较大，对收发货较频繁的企业不适用此方法。

(4) 个别计价法

个别计价法也称个别认定法、具体辨认法、分批实际法。采用这一方法是假设存货具体项目的实物流转与成本流转相一致，按照各种存货逐一辨认各批发出存货和期末存货所属的购进批别或生产批别，分别按其购入或生产时所确定的单位成本计算各批发出存货和期末存货成本的方法。在这种方法下，把每一种存货的实际成本作为计算发出存货成本和期末存货成本的基础。

个别计价法的成本计算准确，符合实际情况，但在存货收发频繁的情况下，其发出成本分辨的工作量较大。因此，这种方法适用于一般不能替代使用的存货、为特定项目专门购入或制造的存货以及提供的劳务，如珠宝、名画等贵重物品。

2. 原材料出库的核算

通常情况下，企业储备的各种原材料，主要是为车间生产经营或为管理部门管理生产而耗用的。由于企业发出材料的业务比较频繁、次数多、数量大，所以，各种原材料的明细账应随时进行登记，但原材料的总账如果也根据相关的原始凭证进行登记，则材料核算的工作量就会太大。为了简化核算工作，在会计实务中通常是在月末根据“领料单”或“限额领料单”中有关领料的单位、部门等加以归类，编制“发料凭证汇总表”，据以编制记账凭证、登记入账。发出材料实际成本的确定，可以由企业从前述个别计价法、先进先出法、月末一次加权平均法、移动加权平均法等中选择。计价方法一经确定，不得随意变更。如需变更，应在附注中予以说明。

还应根据材料发出的原因和不同用途进行会计处理，直接用于产品生产和辅助生产的材料，记入“生产成本”账户；车间管理部门耗用的材料，记入“制造费用”账户；企业行政管理部门领用的材料，记入“管理费用”账户；专设销售机构耗用的材料，记入“销售费用”账户；在建工程领用的材料，记入“在建工程”账户；对外销售原材料，记入“其他业务成本”账户。

【例 7-12】 远洋公司 20×5 年根据“发料凭证汇总表”的记录，6 月份基本生产车间领用甲材料 500 000 元，辅助生产车间领用甲材料 40 000 元，车间管理部门领用甲材料 5 000 元，行政管理部门领用甲材料 4 000 元，专设销售机构领用的甲材料 1 000 元，计 550 000 元。编制会计分录如下：

借：生产成本——基本生产成本	500 000	
——辅助生产成本	40 000	
制造费用	5 000	
管理费用	4 000	
销售费用	1 000	
贷：原材料——甲材料		550 000

【例 7-13】 远洋公司 20×5 年为自行建造管理用房屋一间，领用生产用原材料 30 000 元，该批原材料购入时的增值税额为 5 100 元。编制会计分录如下：

借：在建工程	30 000	
贷：原材料		30 000

【例 7-14】 远洋公司 20×5 年销售一批原材料，售价为 20 000 元，增值税为 3 400 元，款项存入银行。该批材料的成本为 16 000 元。编制会计分录如下：

借：银行存款	23 400	
贷：其他业务收入		20 000
应交税费——应交增值税（销项税额）		3 400
借：其他业务成本	16 000	
贷：原材料		16 000

按实际成本进行材料核算时，可以按照材料的品种、规格反映收入、发出和结存材料的实际成本，能在产品成本中反映出材料的实际费用，核算结果比较准确，而且总分类核算也较简单。但是，材料收发实际成本的计算工作和材料收发凭证的计价工作比较繁重（例如，发出材

料还需采用一定方法确定其单价);材料收发凭证计价和材料明细账的登记往往不及时,更不能反映材料采购及自制成本节约和超支的情况。因此,这种核算方法一般适用于规模较小、所用材料较少的企业。在规模较大的企业中,对于单位价值较高、耗用量大的主要原材料,也可以采用这种方法核算。

二、原材料收发按计划成本计价的核算

原材料采用计划成本核算时,其材料的收发及结存,无论总分类核算还是明细分类核算,均按照计划成本计价。材料实际成本与计划成本的差异,通过"材料成本差异"账户核算。月末,计算本月发出材料应负担的成本差异并进行分摊,同时,根据领用材料的用途或部门记入相关账户,并将发出材料的计划成本调整为实际成本。

(一)账户设置

1. "原材料"账户

该账户用以核算企业库存的各种材料的计划成本。该账户的借方登记入库材料的计划成本,贷方登记发出材料的计划成本,期末余额在借方,反映企业库存原材料的计划成本。该账户应按照材料的保管地点、材料的类别或品种设置明细账进行明细核算。

2. "材料采购"账户

该账户主要用于对购入材料的采购成本采用计划成本进行日常核算,属于资产类账户。借方登记外购材料的实际成本以及结转入库材料的实际成本小于计划成本的差异额(节约额),贷方登记已经验收入库的材料的计划成本以及结转入库材料的实际成本大于计划成本的差异额(超支额),期末余额在借方,表示在途材料的实际成本。可按供应单位和材料品种进行明细核算。

3. "材料成本差异"账户

该账户主要用于核算采用计划成本进行日常核算的各种材料的实际成本与计划成本的差异,属于资产类账户,是"原材料"等账户的调整账户。该账户反映已入库各种材料的实际成本与计划成本的差异,借方登记入库材料实际成本大于计划成本的超支差异;贷方登记入库材料实际成本小于计划成本的节约差异和发出材料应负担的成本差异(超支差异用蓝字登记,节约差异用红字登记);期末如果是借方余额,反映企业库存材料的超支差异;如果是贷方余额,反映企业库存材料的节约差异。该账户应区分"原材料""周转材料"等,按照类别或品种进行明细核算,不能使用一个综合差异率。

(二)购入原材料的核算

在计划成本法下,企业购入材料时,不论材料的入库和货款支付时间是否一致,只要企业取得发票账单等原始凭证,并以此计算出材料的实际采购成本,均应按实际成本借记"材料采购"账户,按专用发票上注明的增值税额,借记"应交税费——应交增值税(进项税额)"账户,贷记"银行存款""其他货币资金""应付票据""应付账款"等账户;材料验收入库后,按计划成本借记"原材料"账户,贷记"材料采购"账户。同时,还应结转入库材料的成本差异:当实际成本大于计划成本时,借记"材料成本差异"账户,贷记"材料采购"账户;当实际成本小于计划成本时,借记"材料采购"账户,贷记"材料成本差异"账户。由于企业收入材料的业务比较频繁,为了简化核算,也可以将材料验收入库和结转成本差异的会计核算留待月末一次性进行。

（1）发票账单与材料同时到达

【例 7-15】 远洋公司 20×5 年购入甲材料一批，货款为 400 000 元，增值税为 68 000 元，发票账单已收到，计划成本为 420 000 元，材料已验收入库，全部款项以银行存款支付。编制会计分录如下：

借：材料采购　　400 000
　　应交税费——应交增值税（进项税额）　　68 000
　　贷：银行存款　　468 000

（2）发票账单已到、材料未到

【例 7-16】 远洋公司 20×5 年采用汇兑结算方式购入甲材料一批，货款 30 000 元，增值税为 5 100 元，发票账单已收到，计划成本为 28 000 元，材料尚未入库。编制会计分录如下：

借：材料采购　　30 000
　　应交税费——应交增值税（进项税额）　　5 100
　　贷：银行存款　　35 100

【例 7-17】 远洋公司 20×5 年采用商业承兑汇票方式购入甲材料一批，货款 40 000 元，增值税为 6 800 元，发票账单已收到，计划成本为 42 000 元，材料已验收入库。编制会计分录如下：

借：材料采购　　40 000
　　应交税费——应交增值税（进项税额）　　6 800
　　贷：应付票据　　46 800

（3）材料已到、发票账单未到

【例 7-18】 远洋公司 20×5 年采用托收承付结算方式购入甲材料一批，发票账单未到，月末按照计划成本为 80 000 元估价入账。编制会计分录如下：

借：原材料——甲材料　　80 000
　　贷：应付账款——暂估应付账款　　80 000

下月初用红字冲回：

借：原材料——甲材料　　80 000（红字）
　　贷：应付账款——暂估应付账款　　80 000（红字）

【例 7-19】 远洋公司 20×5 年 6 月末汇总本月已付款或已开出并承兑商业汇票的入库甲材料的计划成本共 490 000（即 420 000＋28 000＋42 000）元。编制会计分录如下：

借：原材料——甲材料　　490 000
　　贷：材料采购　　490 000

入库材料的实际成本为 470 000（即 400 000＋30 000＋40 000）元，入库材料的成本差异为节约额 20 000（即 490 000－470 000）元。编制会计分录如下：

借：材料采购　　20 000
　　贷：材料成本差异　　20 000

（三）发出原材料的核算

在计划成本法下，原材料发出的核算同实际成本核算一样。财会部门应根据签收的各种领料单，按其用途分类汇总，月末一次编制“发料凭证汇总表”，作为编制材料发出的记账凭证和登记总账的依据。由于各种发料凭证都是按计划成本计价的，因此编制的发出材料汇总表也是按计划成本反映的，月末需要根据本月的材料成本差异率来确定发出材料应负担的成本差异，从而将本月发出材料的计划成本调整为实际成本，以便企业能正确地计算产品的生产成本和当期的损益。

$$材料成本差异率=\frac{月初结存材料成本差异+本月收入材料差异}{月初结存材料计划成本+本月收入材料计划成本}\times100\%$$

发出材料应负担成本差异＝发出材料计划成本×材料成本差异率

发出材料的实际成本＝发出材料的计划成本＋发出材料应负担成本差异

期末结存材料成本差异＝期末结存材料计划成本×材料成本差异率

期末结存原材料的实际成本＝“原材料”账户借方余额＋“材料成本差异”账户借方余额（或－“材料成本差异”账户贷方余额）

【例 7-20】 远洋公司 20×5 年根据“发料凭证汇总表”的记录，本月发出原材料的计划成本分别为：基本生产车间领用 200 000 元；辅助生产车间领用 60 000 元；车间管理部门领用 10 000 元；厂部管理部门领用 5 000 元。编制会计分录如下：

借：生产成本——基本生产成本 200 000

——辅助生产成本 60 000

制造费用 10 000

管理费用 5 000

贷：原材料 275 000

【例 7-21】 远洋公司 20×5 年 5 月初结存材料的计划成本为 10 000 元，结存材料的成本差异为超支额 3 000 元；本月入库材料的计划成本为 490 000 元，本月入库材料成本差异为节约额 20 000 元。则材料成本差异和各部门应负担的成本差异计算如下：

材料成本差异率＝(3 000－20 000)÷(10 000＋490 000)×100%＝－3.4%

各部门领用材料应负担成本差异分别为：

基本生产车间＝200 000×(－3.4%)＝－6 800(元)

辅助生产车间＝60 000×(－3.4%)＝－2 040(元)

车间管理部门＝10 000×(－3.4%)＝－340(元)

厂部管理部门＝5 000×(－3.4%)＝－170(元)

结转发出材料成本差异的会计分录如下：

借：生产成本——基本生产成本 [6 800]

——辅助生产成本 [2 040]

制造费用 [340]

管理费用 [170]

贷：材料成本差异 [9 350]

上述计算过程有以下几点需要说明：

(1) 材料的成本差异分为超支差异和节约差异两种情况，超支差异是指实际成本大于计划成本形成的差异，节约差异是指实际成本小于计划成本形成的差异。在计算成本差异率时，超支差异用正数表示，节约差异用负数表示。

(2) 发出材料应分担的成本差异，必须按月分摊，不得在季末或年末一次计算，发出材料应分担的成本差异，除委托加工物资可按上月差异率计算外，其他都应使用当月的实际差异率。如果上月的成本差异率与本月的成本差异率相差不大，也可按上月的成本差异率计算。计算方法一经确定，不得随意变更。

（3）理论上讲，我们在计算材料成本差异率时，分子材料成本差异的计算口径应该与分母原材料计划成本的计算口径保持一致。但是在实务中，通常情况下，企业在计算材料成本差异率时，也将未确认成本差异的已验收入库但尚未办理结算手续的原材料的计划成本作为计算的基数，只有在这类入库材料的数额十分巨大、对成本差异分摊产生重大影响的情况下，才不把其考虑在计算基数之内。

企业按计划成本核算材料主要是简化了材料收发凭证的计价和明细账的登记工作，便于考核各类或各种材料采购业务的经营成果，分析材料采购成本超支或节约的原因，加强材料采购的管理工作。可以剔除材料价格变动对成本的影响，便于分析车间损耗的节约或浪费情况，考核车间的经营成果。另外，按计划成本进行材料核算，虽然简化了核算工作，但必须按照材料类别计算实际成本，调整发出材料的成本差异，因此，核算的准确性要差些。这种方法一般适用于材料品种、规格繁多，材料计划成本比较准确、稳定的企业。

三、周转材料

周转材料是指企业能够多次使用，逐渐转移其价值但仍保持原有形态不确认为固定资产的材料，如包装物和低值易耗品等。

（一）包装物

1. 包装物的概念

包装物是指为了包装本企业商品而储备的各种包装容器，如桶、箱、瓶、坛、袋等。其核算内容包括：

（1）生产过程中用于包装产品作为产品组成部分的包装物；

（2）随同商品出售而不单独计价的包装物；

（3）随同商品出售而单独计价的包装物；

（4）出租或出借给购买单位使用的包装物。

2. 包装物的账务处理

为了反映和监督包装物的增减变化及其价值损耗、结存等情况，企业应当设置“周转材料——包装物”账户进行核算。对于生产领用包装物，应根据领用包装物的实际成本或计划成本，借记“生产成本”账户，贷记“周转材料——包装物”“材料成本差异”等账户。随同商品出售而不单独计价的包装物，应于包装物发出时，按其实际成本计入销售费用，借记“销售费用”账户，贷记“周转材料——包装物”“材料成本差异”等。随同商品出售且单独计价的包装物，一方面应反映其销售收入，计入其他业务收入，借记“银行存款”等账户，贷记“其他业务收入”“应交税费”等账户；另一方面应反映其实际销售成本，计入其他业务成本，借记“其他业务成本”账户，贷记“周转材料——包装物”“材料成本差异”等账户。

（1）生产领用包装物的会计处理

【例 7-22】 远洋公司 20×5 年对包装物采用计划成本核算，某月生产产品领用包装物的计划成本为 200 000 元，材料成本差异率为－5％，编制会计分录如下：

借:生产成本 190 000
　　贷:周转材料——包装物 200 000
　　　　材料成本差异 10 000

(2) 随同商品出售包装物的会计处理

【例 7-23】 远洋公司 20×5 年 6 月销售商品,领用不单独计价的包装物一批,其计划成本为 60 000 元,材料成本差异率为−5%。编制会计分录如下:

借:销售费用 57 000
　　贷:周转材料——包装物 60 000
　　　　材料成本差异 3 000

【例 7-24】 远洋公司 20×5 年 6 月销售商品,领用单独计价的包装物一批,其计划成本为 80 000 元,销售收入为 100 000 元,增值税额为 17 000 元,款项已存入银行。该包装物的材料成本差异率为 5%。编制会计分录如下:

① 销售单独计价的包装物:

借:银行存款 117 000
　　贷:其他业务收入 100 000
　　　　应交税费——应交增值税(销项税额) 17 000

② 转结出售单独计价的包装物成本:

借:其他业务成本 84 000
　　贷:周转材料——包装物 80 000
　　　　材料成本差异 4 000

出租或出借的包装物应当根据使用次数分次进行摊销,有关分次摊销法参见【例 7-26】。

(二) 低值易耗品

1. 低值易耗品的内容

低值易耗品通常被视同存货,作为流动资产进行核算和管理,一般划分为一般工具、专用工具、替换设备、管理用具、劳动保护用品、其他用具等。

2. 低值易耗品的账务处理

为了反映和监督低值易耗品的增减变化及其结存情况,企业应当设置"周转材料——低值易耗品"账户,借方登记低值易耗品的增加,贷方登记低值易耗品的减少,期末余额在借方,通常反映企业期末结存低值易耗品的金额。

低值易耗品等企业的周转材料符合存货定义和条件的,按照使用次数分次计入成本费用。金额较小的,可在领用时一次计入成本费用,以简化核算,但为加强实物管理,应当在备查簿上进行登记。

低值易耗品的摊销方法有一次摊销法和分次摊销法。

(1) 一次摊销法

采用一次摊销法摊销低值易耗品,在领用低值易耗品时,将其价值一次、全部计入有关资产成本或者当期损益,主要适用于价值较低或极易损坏的低值易耗品的摊销。

【例 7-25】 远洋公司 20×5 年某生产车间领用一般工具一批,实际成本为 3 000 元,全部计入当期制造费用。编制会计分录如下:

借:制造费用 3 000
　　贷:周转材料——低值易耗品 3 000

（2）分次摊销法

采用分次摊销法摊销低值易耗品，低值易耗品在领用时摊销其账面价值的单次平均摊销额。分次摊销法适用于可供多次反复使用的低值易耗品。在采用分次摊销法的情况下，需要单独设置“周转材料——低值易耗品——在用”“周转材料——低值易耗品——在库”“周转材料——低值易耗品——摊销”明细账户。

【例 7-26】 远洋公司 20×5 年某生产车间领用专用工具一批。实际成本为 100 000 元，采用分次摊销法进行摊销。该专用工具的估计使用次数为 2 次。编制会计分录如下：

① 仓库发出低值易耗品时：

借：周转材料——低值易耗品——在用　　100 000

　　贷：周转材料——低值易耗品——在库　　100 000

② 领用时摊销其价值的一半：

借：制造费用　　50 000

　　贷：周转材料——低值易耗品——摊销　　50 000

③ 报废时摊销其价值的另一半：

借：制造费用　　50 000

　　贷：周转材料——低值易耗品——摊销　　50 000

④ 冲销在用低值易耗品的成本：

借：周转材料——低值易耗品——摊销　　100 000

　　贷：周转材料——低值易耗品——在用　　100 000

四、委托加工物资

（一）委托加工物资的内容

委托加工物资是指企业委托外单位加工的各种材料、商品等物资。企业委托外单位加工物资的成本包括如下几项：

① 加工中实际耗用物资的成本；

② 支付的加工费用及应负担的运杂费等；

③ 支付的税金，包括委托加工物资所应负担的消费税（指属于消费税应税范围的加工物资）等。

需要交纳消费税的委托加工物资，加工物资收回后直接用于销售的，由受托方代收代交的消费税应计入加工物资成本；如果收回的加工物资用于继续加工的，由受托方代收代交的消费税应先记入“应交税费——应交消费税”账户的借方，按规定用以抵扣加工的消费品销售后所负担的消费税。

（二）委托加工物资的核算

为了反映和监督委托加工物资增减变动及其结存情况，企业应当设置“委托加工物资”账户。委托加工物资也可以采用计划成本或售价进行核算，其方法与库存商品相似。

1. 发出物资的核算

企业发给外单位加工物资时，根据发出物资的实际成本，借记“委托加工物资”账户，贷记“原材料”“库存商品”等账户。如果采用计划成本或售价核算的，还应同时结转材料成本差异或商品进销差价，贷记或借记“材料成本差异”账户，或“商品进销差价”账户。

2. 支付加工费、运杂费等的核算

企业向受托加工单位支付加工费、运杂费等时，借记“委托加工物资”账户，贷记“银行存款”账户。需要交纳消费税的委托加工物资，由受托方代收代交的消费税，借记“委托加工物资”账户(收回后用于直接销售的)或“应交税费——应交消费税”账户(收回后用于继续加工的)，贷记“应付账款”“银行存款”等账户。

3. 加工完成验收入库的核算

企业收回委托外单位加工完成验收入库的物资和剩余的物资，按加工收回物资的实际成本和剩余物资的实际成本，借记“库存商品”等账户，贷记“委托加工物资”账户。

【例 7-27】 远洋公司 20×5 年委托丁公司加工商品一批(属于应税消费品)1 000 件，发出材料一批，计划成本为 50 000 元，材料成本差异率 4%。支付该商品的加工费 20 000 元，支付应当交纳的消费税 8 000 元，该商品收回后用于连续生产，消费税可抵扣，远洋公司和丁公司是一般纳税人适用增值税率 17%。以银行存款支付往返运杂费 5 000 元，上述商品 1 000 件(每件计划成本为 80 元)加工完毕，公司已办理验收入库手续。

远洋公司编制会计分录如下：

① 发出材料时：

借：委托加工物资　　52 000
　贷：原材料　　50 000
　　材料成本差异　　2 000

② 支付商品加工费时：

借：委托加工物资　　20 000
　应交税费——应交消费税　　8 000
　应交税费——应交增值税(进项税额)　　3 400
　贷：银行存款　　31 400

③ 支付运杂费时：

借：委托加工物资　　5 000
　贷：银行存款　　5 000

④ 加工完毕商品验收入库时：

借：库存商品　　80 000
　贷：委托加工物资　　77 000
　　材料成本差异　　3 000

五、库存商品

(一) 库存商品的内容

库存商品是指企业已完成全部生产过程并已验收入库、合乎标准规格和技术条件，可以按照合同规定的条件送交订货单位，或可以作为商品对外销售的产品以及外购或委托加工完成验收入库用于销售的各种商品。

库存商品具体包括库存产成品、外购商品、存放在门市部准备出售的商品、发出展览的商品、寄存在外的商品、接受来料加工制造的代制品和为外单位加工修理的代修品等。已完成销售手续、但购买单位在月末未提取的产品，不应作为企业的库存商品，而应作为代管商品处理，单独设置代管商品备查簿进行登记。

库存商品可以采用实际成本核算，也可以采用计划成本核算，其方法与原材料相似。采用计划成本核算时，库存商品实际成本与计划成本的差异，可单独设置“产品成本差异”账户核算。

为了反映和监督库存商品的增减变化及其结存情况，企业应当设置“库存商品”账户。借方登记验收入库的库存商品成本，贷方登记发出的库存商品成本，期末余额在借方，反映各种库存商品的实际成本或计划成本。

（二）库存商品的核算

1. 验收入库商品

对于库存商品采用实际成本核算的企业，当库存商品生产完成并验收入库时，应按实际成本，借记“库存商品”科目，贷记“生产成本——基本生产成本”科目。

【例 7-28】 远洋公司商品入库汇总表记载，某月已验收入库的 A 产品 1 000 台，实际单位成本 5 000 元，共计 5 000 000 元，B 产品 2 000 台，实际单位成本 1 000 元，共计 2 000 000 元。远洋公司应编制的会计分录如下：

借：库存商品——A 产品　　5 000 000
　　　　　　——B 产品　　2 000 000
　贷：生产成本——基本生产成本——A 产品　　5 000 000
　　　　　　　　　　　　　　——B 产品　　2 000 000

2. 发出商品

企业销售商品、确认收入结转销售成本，借记“主营业务成本”等科目，贷记“库存商品”科目。

【例 7-29】 远洋公司月末汇总的发出商品中，当月已实现销售的 A 产品有 500 台，B 产品有 1 500 台。该月 A 产品的实际单位成本 5 000 元，B 产品的实际单位成本 1 000 元。在结转其销售成本时，远洋公司应编制的会计分录如下：

借：主营业务成本　　4 000 000
　贷：库存商品——A 产品　　2 500 000
　　　　　　　——B 产品　　1 500 000

商品流通企业购入的商品可以采用进价或售价核算。采用售价核算的，商品售价和进价的差额，可通过“商品进销差价”科目核算。月末，应分摊已销商品的进销差价，将已销商品的销售成本调整为实际成本，借记“商品进销差价”科目，贷记“主营业务成本”科目。

商品流通企业的库存商品还可以采用毛利率法和售价金额核算法进行日常核算。

(1) 毛利率法

毛利率法是指根据本期销售净额乘以上期实际（或本期计划）毛利率匡算本期销售毛利，并据以计算发出存货和期末存货成本的一种方法。其计算公式如下：

$$销售净额=商品销售收入-销售退回与折让$$

$$毛利率=\frac{销售毛利}{销售净额}\times 100\%$$

$$销售毛利=销售净额\times 毛利率$$

$$销售成本=销售净额-销售毛利=销售净额\times(1-毛利率)$$

$$期末存货成本=期初存货成本+本期购货成本-本期销售成本$$

这种方法是商品流通企业，尤其是商业批发企业常用的计算本期商品销售成本和期末库存商品成本的方法。商品流通企业由于经营商品的品种繁多，如果分品种计算商品成本，工作量将大大增加，而且，一般来讲，商品流通企业同类商品的毛利率大致相同，采用这种存货计价方法既能减轻工作量，也能满足对存货管理的需要。

【例 7-30】 某商场采用毛利率法进行核算，20×5 年 4 月 1 日针织品库存余额 18 000 000 元，本月购进 30 000 000 元，本月销售收入 34 000 000 元，上季度该类商品毛利率为 25%。本月已销商品和月末库存商品的成本计算如下：

销售毛利＝34 000 000×25%＝8 500 000 元

本月销售成本＝34 000 000－8 500 000＝25 500 000 元

月末库存商品成本＝18 000 000＋30 000 000－25 500 000＝22 500 000 元

(2) 售价金额核算法

售价金额核算法是指平时商品的购入、加工收回、销售均按售价记账，售价与进价的差额通过“商品进销差价”账户核算。期末计算进销差价率和本期已销商品应分摊的进销差价，并据以调整本期销售成本的一种方法。

计算公式如下：

$$商品进销差价率=\frac{期初库存商品进销差价+本期购入商品进销差价}{期初库存商品售价+本期购入商品售价}\times 100\%$$

本期销售商品应分摊的商品进销差价＝本期商品销售收入×商品进销差价率

本期销售商品的成本＝本期商品销售收入－本期已销售商品应分摊的商品进销差价

期末结存商品的成本＝期初库存商品的进价成本＋本期购进商品的进价成本
－本期销售商品的成本

【例 7-31】 某商场采用售价金额核算法进行核算，20×5 年 7 月期初库存商品的进价成本为 1 000 000 元，售价金额为 1 100 000 元，本月购进该商品的进价成本为 750 000 元，售价总额为 900 000 元，本月销售收入为 1 200 000 元。有关计算如下：

商品进销差价率＝(100 000＋150 000)÷(1 100 000＋900 000)×100%＝12.5%

已销商品应分摊的商品进销差价＝1200 000×12.5%＝150 000(元)

本期销售商品的实际成本＝1 200 000－150 000＝1 050 000(元)

期末结存商品的实际成本＝1 000 000＋750 000－1 050 000＝700 000(元)

第三节 存货清查

一、存货清查的内容

存货清查是指通过对存货的实地盘点，确定存货的实有数量，并与账面结存数核对，从而确定存货实存数与账面结存数是否相符的一种专门方法。

由于存货种类繁多，收发频繁，在日常收发过程中可能发生计量错误、计算错误、自然损耗，还可能发生损坏变质以及贪污、盗窃等情况，造成账实不符，形成存货的盘盈、盘亏。对于存货的盘盈、盘亏，应填写存货盘点报告(如实存账存对比表)，及时查明原因，按照规定程序报批处理。

二、存货清查的核算

在存货清查过程中，如果账实不符，必须按规定限报有关部门审批，批准后才能进行账务处理。在有关部门批准之前，盘盈、盘亏数先记入“待处理财产损溢”账户，待批准后，再根据盘盈、盘亏的不同原因做出不同的处理。

“待处理财产损溢”账户用来核算企业在清查财产过程中查明的各种财产物资的盘盈、盘亏和毁损数，借方登记发生的盘亏、损毁金额及盘盈的转销金额，贷方登记存货的盘盈金额及盘亏的转销金额。企业清查的各种存货损溢，应查明原因，在期末结账前处理完毕，期末处理后，本账户无余额。该账户下设两个明细账户，即“待处理固定资产损溢”“待处理流动资产损溢”明细账户。存货的盘盈、盘亏以及毁损在“待处理流动资产损溢”明细账户下核算。

（一）存货盘盈的核算

企业发生存货盘盈时，借记“原材料”“库存商品”等账户，贷记“待处理财产损溢——待处理流动资产损溢”账户；在按管理权限报经批准后，借记“待处理财产损溢——待处理流动资产损溢”账户，贷记“管理费用”账户。

【例 7-32】 远洋公司 20×5 年在财产清查中盘盈甲材料 2 000 千克，实际单位成本 30 元，经查属于材料收发计量方面的错误。编制会计分录如下：

① 批准处理前：

借：原材料　　60 000

　　贷：待处理财产损溢——待处理流动资产损溢　　60 000

② 批准处理后：

借：待处理财产损溢——待处理流动资产损溢　　60 000

　　贷：管理费用　　60 000

（二）存货盘亏及毁损的核算

企业发生存货盘亏及损毁时，借记“待处理财产损溢”账户，贷记“原材料”“库存商品”等账户。在按管理权限报经批准后应做如下会计处理：对于入库的残料价值，记入“原材料”等账户；对于应由保险公司和过失人的赔款，记入“其他应收款”账户；扣除残料价值和应由保险公司、过失人赔款后的净损失，属于一般经营损失的部分，记入“管理费用”账户，属于非常损失的部分，记入“营业外支出”账户。

【例 7-33】 远洋公司 20×5 年在财产清查中发现盘亏乙材料 300 千克，实际单位成本 100 元，经查属于一般经营损失。编制会计分录如下：

① 批准处理前：

借：待处理财产损溢——待处理流动资产损溢　　30 000

　　贷：原材料　　30 000

② 批准处理后：

借：管理费用　　30 000

　　贷：待处理财产损溢——待处理流动资产损溢　　30 000

【例 7-34】 远洋公司 20×5 年在财产清查中发现毁损乙材料 200 千克，实际单位成本 100 元，经查属于材料保管员的过失造成的，按规定由其个人赔偿 10 000 元，残料已办理入库手续，价值 2 000 元。编制会计分录如下：

① 批准处理前：

借：待处理财产损溢——待处理流动资产损溢 20 000
　贷：原材料 20 000

② 批准处理后：

由过失人赔偿部分：

借：其他应收款 10 000
　贷：待处理财产损溢——待处理流动资产损溢 10 000

残料入库：

借：原材料 2 000
　贷：待处理财产损溢——待处理流动资产损溢 2 000

③ 材料毁损净损失：

借：管理费用 8 000
　贷：待处理财产损溢——待处理流动资产损溢 8 000

【例 7-35】 远洋公司 20×5 年因台风造成一批库存材料毁损，实际成本 100 000 元，根据保险责任范围及保险合同规定，应由保险公司赔偿 80 000 元。编制会计分录如下：

① 批准处理前：

借：待处理财产损溢——待处理流动资产损溢 100 000
　贷：原材料 100 000

② 批准处理后：

借：其他应收款——保险公司 80 000
　营业外支出——非常损失 20 000
　贷：待处理财产损溢——待处理流动资产损溢 100 000

第四节 存货的减值

存货的初始计量虽然以成本入账，但存货进入企业后可能发生毁损、陈旧或价格下跌等情况，因此，企业在会计期末，存货的价值并不一按成本记录，而应按成本与可变现净值孰低计量。《企业会计准则第 1 号——存货》第十五条规定："资产负债表日，存货应当按照成本与可变现净值孰低计量。"

一、存货跌价准备的计提和转回

资产负债表日，存货应当按照成本与可变现净值孰低计量。其中，成本是指期末存货的实际成本，如企业在存货成本的日常核算中采用计划成本法、售价金额核算法等简化核算方法，则成本为经调整后的实际成本。可变现净值是指在日常活动中，存货的估计售价减去至完工时估计将要发生的成本、估计的销售费用及估计的相关税费后的金额。可变现净值的特征表现为存货的预计未来净现金流量，而不是存货的售价或合同价。

当存货成本低于可变现净值时，存货按成本计价，当存货成本高于可变现净值时，存货按可变现净值计价。当存货成本高于可变现净值时，表明存货可能发生损失，应在存货销售之前确认这一损失，计入当期损益，并相应减少存货的账面价值。以前减记存货价值的影响因素已经消失的,减记的金额应当予以恢复,并在原已计提的存货跌价准备金额内转回,转回的金额计入当期损益。

二、存货跌价准备的账务处理

为了反映和监督存货跌价准备的计提、转回和转销情况,企业应当设置“存货跌价准备”账户,核算存货的存货跌价准备,该账户属于资产类账户。贷方登记计提的存货跌价准备金额,借方登记实际发生的存货跌价损失金额和冲减的存货跌价准备金额,期末余额一般在贷方,反映企业已计提但尚未转销的存货跌价准备。

(1) 成本低于可变现净值。如果期末结存存货的成本低于可变现净值,则不需作账务处理,资产负债表中的存货仍按期末账面价值列示。

(2) 可变现净值低于成本。如果期末存货的可变现净值低于成本,则必须在当期确认存货跌价损失,并进行有关账务处理。具体做法是:期末,比较成本与可变现净值以计算出应计提的准备,然后与“存货跌价准备”账户的余额已提数进行比较,若应提数大于已提数,应予补提;反之,应冲销部分已提数。提取和补提存货跌价准备时,借记“资产减值损失”账户,贷记“存货跌价准备”账户;如已计提跌价准备的存货的价值以后又得以恢复时,应按恢复增加的数额,借记“存货跌价准备”账户,贷记“资产减值损失”账户。但是,当已计提跌价准备的存货的价值以后又得以恢复,其冲减的跌价准备金额,应以“存货跌价准备”账户的余额冲减至零为限。

【例 7-36】 远洋公司采用“成本与可变现净值孰低法”进行期末存货计价。20×5 年年末存货的账面成本为 600 000 元,可变现净值为 595 000 元,应计提的存货跌价准备为 5 000 元。假设前期未计提存货跌价准备。根据上述资料,编制会计分录如下:

借:资产减值损失　　5 000

　　贷:存货跌价准备　　5 000

假设 20×6 年年末存货的种类和数量未发生变化(下同),且存货的可变现净值为 590 000 元,应计提的存货跌价准备为 10 000(600 000－590 000)元。由于前期已计提 5 000 元,应补提存货跌价准备 5 000 元。编制会计分录如下:

借:资产减值损失　　5 000

　　贷:存货跌价准备　　5 000

假设 20×7 年年末存货的可变现净值为 59 7000 元,应冲减已计提的存货跌价损失准备 7000(597 000－590 000)元。编制会计分录如下:

借:存货跌价准备　　7 000

　　贷:资产减值损失　　7 000

假设 20×8 年年末存货的可变现净值为 601 000 元,应冲减已计提的存货跌价准备 3 000 (600 000－597 000)元。编制会计分录如下:

借:存货跌价准备　　3 000

　　贷:资产减值损失　　3 000

本章小结

本章主要介绍了存货成本的确定,存货计价方法,各类存货的核算,存货的清查以及期末的计价。

基本概念

存货、原材料、周转材料、委托加工物资、库存商品、个别计价法、先进先出法、月末一次加权平均法、移动加权平均法、计划成本法、实地盘存制、永续盘存制、存货清查、可变现净值。

思 考 题

1. 存货具有哪些特点?
2. 怎样理解存货的确认条件?
3. 不同方式取得的存货,其入账价值的确定在内容上有什么不同?
4. 发出存货的计价方法有哪些?适用哪些情况?
5. 简述原材料按实际成本法和计划成本法核算的基本过程及二者的区别。
6. 周转材料如何进行核算?
7. 实地盘存制和永续盘存制各有什么优缺点和适用范围?
8. 如何核算企业存货的盘盈和盘亏?
9. 什么是成本与可变现净值孰低法?如何核算?

实训(练习)题

一、单项选择题

1. 下列各项目中,不属于存货范围的是(　　)。
   A. 委托外单位加工的材料　　B. 已付货款正在运输途中的外购材料
   C. 委托代销的商品　　D. 已开出发票售出但购货方尚未运走的商品
2. 下列存货发出计价的各种方法中,存货的成本流转与实物流转完全一致,最能准确反映销售成本和期末存货成本的是(　　)。
   A. 先进先出法　　B. 实际成本法
   C. 加权平均法　　D. 个别计价法
3. 存货期末计价采用成本与可变现净值孰低法,体现的会计核算信息质量的要求是(　　)。
   A. 谨慎性　　B. 重要性
   C. 可比性　　D. 客观性
4. 外购材料验收入库时,发现的短缺或毁损如果属于途中合理损耗,应(　　)。
   A. 拒付货款
   B. 列入营业外支出
   C. 向供货单位索赔
   D. 相应提高入库材料的实际单位成本,不另作账务处理
5. 远洋公司为一般纳税人,从外地购入原材料一批,取得的增值税专用发票上注明材料价格为10 000元,增值税为1 700元,另支付运费800元,支付装卸费200元,不考虑其他相关税费,该材料的采购成本为(　　)元。
   A. 12 700　　B. 11 000
   C. 10 944　　D. 10 930

6. 在有商业折扣的情况下，企业购入存货的入账价值是指（　　）。
   A. 扣除商业折扣但包括现金折扣的金额
   B. 扣除现金折扣但包括商业折扣的金额
   C. 扣除现金折扣和商业折扣的金额
   D. 不扣除现金折扣和商业折扣的金额
7. 下列各项支出中，一般纳税企业不计入存货成本的有（　　）。
   A. 购入存货时支付的增值税进项税额　B. 入库前的挑选整理费
   C. 购买存货发生的运杂费　D. 购买存货发生的进口关税
8. 库存材料清查后发现盘盈，经过批准后应（　　）。
   A. 计入其他业务收入　B. 计入营业外收入
   C. 冲减管理费用　D. 冲减销售费用
9. 某增值税一般纳税企业采购A材料10 000千克，单价10元，增值税税率17%，途中合理损耗10千克，A材料的计划成本为每千克11元，该企业采用计划成本法核算材料，则此次采购产生的材料成本差异为（　　）。
   A. 借差0.989万元　B. 贷差0.989万元
   C. 借差1万元　D. 贷差1万元
10. 编制资产负债表时，"存货跌价准备"科目的贷方余额应（　　）。
    A. 在存货项下单独列示　B. 计入存货
    C. 列于流动负债　D. 记入"管理费用"科目
11. 下列费用中，不应当包括在存货成本中的是（　　）。
    A. 制造企业为生产产品而发生的人工费用
    B. 商品流通企业在商品采购过程中发生的包装费
    C. 商品流通企业进口商品支付的关税
    D. 库存商品发生的仓储费用
12. 某企业赊购某商品，商品报价为10 000元，商业折扣为20%，现金折扣为2%，企业在折扣期间付款时，应（　　）。
    A. 借记"应付账款"科目10 000元　B. 贷记"银行存款"科目10 000元
    C. 借记"应付账款"科目7 840元　D. 贷记"银行存款"科目7 840元
13. 企业因水灾盘亏一批材料18 000元。该批材料的进项税额为3 060元，收到各种赔款1 500元，残料入库200元。报经批准后，应计入营业外支出的金额为（　　）元。
    A. 19 360　B. 16 300
    C. 20 860　D. 19 560
14. 某一般纳税人企业采购初级农产品，支付购买价款200 000元，另发生装卸费6 000元，挑选整理费7 000元。该农产品的采购成本为（　　）。
    A. 213 000　B. 206 000
    C. 207 000　D. 187 000
15. 企业购入存货时，在允许折扣的期限内取得的现金折扣应（　　）。
    A. 作为营业个收入　B. 作为其他收入
    C. 冲减存货账面成本　D. 冲减当期财务费用

二、多项选择题

1. “材料成本差异”账户贷方可以用来登记(　　)。

   A. 购进材料实际成本小于计划成本的差异

   B. 发出材料应负担的超支差异

   C. 发出材料应负担的节约差异

   D. 调整库存材料计划成本时，增加的计划成本

2. 下列业务足以引起期末存货账面价值发生增减变动的是(　　)。

   A. 已发出商品但尚未确认销售收入

   B. 已确认销售收入但尚未发出的商品

   C. 计提存货跌价准备

   D. 已收到发票账单并支付货款但尚未收到材料

3. 企业计提存货跌价准备时，以下计提方式中允许采用的是(　　)。

   A. 按照存货单个项目计提

   B. 数量繁多单价较低的存货可以按照类别计提

   C. 按照存货总体计提

   D. 按照存货的类别计提

4. 根据现行企业会计准则的规定，发出存货的计价应当采用(　　)。

   A. 个别计价法　　B. 先进先出法

   C. 加权平均法　　D. 后进先出法

5. 下列各项，构成工业企业外购存货入账价值的有(　　)。

   A. 买价　　B. 运杂费

   C. 运输途中合理损耗　　D. 入库前挑选整理费用

6. 下列项目中，应计入材料采购成本的有(　　)。

   A. 制造费用

   B. 进口关税

   C. 运输途中的合理损耗

   D. 一般纳税人购入材料支付的可以抵扣的增值税

7. 下列各种物资中，应当作为企业存货核算的有(　　)。

   A. 工程物资　　B. 低值易耗品

   C. 委托加工物资　　D. 委托代销商品

8. 坏账准备账户贷方登记(　　)。

   A. 实际发生的坏账损失　　B. 冲减的坏账准备金

   C. 当期计提的坏账准备　　D. 收回已确认并转销的应收款项

9. 资产负债表中“存货”项目包括的内容有(　　)。

   A. 生产成本　　B. 周转材料

   C. 委托代销商品　　D. 存货跌价准备

10. 下列与存货相关会计处理的表述中，正确的有(　　)。

    A. 应收保险公司存货损失赔偿款计入其他应收款

    B. 资产负债表日存货应按成本与可变现净值孰低计量

C. 按管理权限报经批准的盘盈存货价值冲减管理费用

D. 结转商品销售成本的同时转销其已计提的存货跌价准备

三、判断题

1. 需要缴纳消费税的委托加工物资，由受托方代收代缴的消费税，收回后用于继续加工应税消费品的，记入“委托加工物资”科目。（　　）

2. 随同商品出售且单独计价的包装物，其销售收入应计入其他业务收入，其实际销售成本应计入其他业务成本。（　　）

3. 已完成销售手续，但购买单位在月末未提取的产品，应作为企业的库存商品。（　　）

4. 某商场20×5年6月期初库存商品的进价成本为80万元，售价为100万元，本月购进该商品的进价成本为60万元，售价总额为75万元，本月销售收入为90万元，则期末结存存货的实际成本为68万元。（　　）

5. 存货发生减值时，要提取存货跌价准备，提取存货跌价准备后，当存货的价值又得到恢复时，不能将提取的存货跌价准备转回。（　　）

6. 企业清查的各种存货损溢，应在期末结账前处理完毕，期末处理后，待处理财产损溢科目应无余额。（　　）

7. 存货可变现净值的特征表现为存货的售价或合同价。（　　）

8. 盘盈的存货，按规定手续报经批准后，可冲减营业外支出。（　　）

9. 投资者投入的存货成本按投资各方确认的公允价值确定。（　　）

10. 企业购进材料发生的短缺在减去过失人或者保险公司等赔偿和残料价值之后，计入当期管理费用。（　　）

11. 购入材料在运输途中发生的合理损耗不需要单独进行账务处理。（　　）

12. 采用成本与可变现净值孰低法对存货计价，符合谨慎性原则。（　　）

13. 存贷毁损中属于非正常损失部分的，应按该存货的实际成本计入营业外支出。（　　）

14. 无论企业对存货采用实际成本核算还是采用计划成本核算，在编制资产负债表时，资产负债表上的存货项目反映的都是存货的实际成本。（　　）

四、业务题

1. 远洋公司20×5年1月初库存A材料100千克，每千克50元。本月6日购入A材料300千克，每千克52元。本月15日生产领用A材料200千克。20日购入A材料500千克，每千克53元。25日生产领用A材料400千克。要求：根据上述资料，分别采用先进先出法、月末一次加权平均法、移动加权平均法计算发出材料的实际成本。

2. 远洋公司为增值税一般纳税人，增值税税率为17%。原材料采用实际成本核算，原材料发出采用月末一次加权平均法计价，运输费不考虑增值税。20×5年6月，与甲材料相关的资料如下：

(1) 1日，“原材料——甲材料”账户余额10 000元(共1 000千克，其中含5月末验收入库但因发票账单未到而以2 000元暂估入账的甲材料200千克)。

(2) 7日，收到5月末以暂估价入库甲材料的发票账单，货款2 000元，增值税额340元，对方代垫运输费200元，全部款项已用转账支票付讫。

(3) 10日，以汇兑结算方式购入甲材料4 000千克，发票账单已收到，货款40 000元，增值税额6 800元，运输费用400元。材料尚未到达，款项已由银行存款支付。

(4) 13 日,收到 10 日采购的甲材料,验收时发现只有 3 950 千克。经检查,短缺的 50 公斤确定为运输途中的合理损耗,甲材料验收入库。

(5) 21 日,基本生产车间自制甲材料 50 千克验收入库,总成本为 400 元。

(6) 30 日,根据“发料凭证汇总表”的记录,6 月份基本生产车间为生产产品领用甲材料 3 000千克,车间管理部门领用甲材料 1 000 千克,企业管理部门领用甲材料 500 千克。

要求:(1) 计算远洋公司 6 月份发出甲材料的单位成本。

(2) 根据上述资料,编制远洋公司 6 月份与甲材料有关的会计分录。

(“应交税费”科目要求写出明细科目和专栏名称,答案中的金额单位用元表示。)

3. 远洋公司 20×5 年采用计划成本法核算原材料。月初“原材料”账户余额为 28 300 元,“材料成本差异”账户借方余额为 300 元,“材料采购”账户余额为 4 000 元。本月发生下列经济业务:

(1) 购买原材料一批,实际支付价款 40 000 元,运费 200 元,增值税税率 17%,该项批原材料已入库,计划成本 40 600 元。

(2) 上月在途材料入库,计划成本 3 900 元。

(3) 购买原材料一批,价款 20 000 元,增值税税率 17%,计划成本 21 000 元,款项已支付,材料尚未到达。

(4) 购买原材料一批,货已入库,结算发票尚未到达企业,该批原材料的计划成本为 8 000 元。

(5) 购买原材料 2000 千克,单价 42 元,计划成本 40 元,增值税税率 17%,材料运输途中发生合理损耗 5 千克,货款已用银行存款支付。

(6) 生产部门领用原材料一批,计划成本 60 000 元;管理部门领用原材料一批,计划成本 10 000 元。

要求:计算本月材料成本差异率,结转发出材料负担的成本差异,并编制相关会计分录。

4. 远洋公司某月销售商品领用不单独计价包装物的计划成本为 50 000 元,材料成本差异率为-4%。

要求:编制相应的会计分录。

5. 远洋公司的基本生产车间领用专用工具一批,实际成本为 120 000 元,不符合固定资产定义,采用分次摊销法进行摊销。该专用工具的估计使用次数为 4 次。

要求:编制相应的会计分录。

6. 远洋公司 20×5 年委托丁公司加工商品一批(属于应税消费品)100 000 件。发出材料一批,计划成本为 6 000 000 元,材料成本差异率为-3%。支付商品加工费 120 000 元,支付应当交纳的消费税 660 000 元,该商品收回后直接对外销售,消费税不可抵扣,远洋公司和丁公司是一般纳税人,适用增值税税率为 17%。用银行存款支付往返运杂费 10 000 元。上述商品 100 000 件(每件计划成本为 65 元)加工完毕,公司已办理验收入库手续。

要求:编制相应的会计分录。

7. 远洋公司 20×5 年在期末财产清查中发生下列经济业务:

(1) 发现盘亏乙材料一批,计划成本为 20 000 元。其中,15 000 元是由于当年发生水灾造成的;4 000 元是由于保管人员失职造成的;1 000 元是由于平时计量上的误差造成的。

(2) 发现盘盈丙材料一批,该批计划成本为 5 000 元,材料成本差异率为-2%。经核查,该批原材料的盘盈是由于计量上的误差造成的。

要求：根据上述资料，编制会计分录。

8. 远洋公司20×5年采用成本与可变现净值孰低法对存货进行期末计价。该企业还未计提存货跌价准备，现各期期末甲材料的账面实际成本与可变现净值如下(单位：元)：

	实际成本	可变现净值
第一期期末	295 000	260 000
第二期期末	300 000	280 000
第三期期末	460 000	465 000

要求：根据上述资料，计算各期末应计提的存货跌价准备，并编制相关会计分录。

第八章

固定资产

学习目标

1. 熟悉固定资产的概念、特征、分类及确认条件；
2. 掌握固定资产不同取得方式的计价及会计处理；
3. 掌握固定资产的折旧范围、各种折旧方法计算和会计处理；
4. 理解并掌握固定资产后续支出的会计处理；
5. 了解固定资产处置及清查的会计处理；
6. 掌握固定资产的期末计价。

案例引入

为了给新一年产品的生产创造更好的条件，以利于生产计划的圆满完成，远洋公司于本年12月初围绕公司的固定资产进行了以下工作：

(1) 对一台加工设备进行大修理，12月底完成，实际发生大修理费用26 000元，以银行存款支付。

(2) 以一辆卡车与大华公司的一台精加工设备进行交换。卡车的原始价350 000元，已提折旧80 000元，已计提减值准备6 000元，收到对方的补价款10 000元，卡车公允价值288 000元，另外支付相关的税费600元。安装时发生安装支出980元，以银行存款支付。

(3) 将一台设备上的附属独立装置拆卸下来，进行报废处理，同时又购买一个新的装置并安装在该设备上。该设备的原始价值240 000元，已提折旧85 000元，被拆卸装置的成本7 200元，企业购买新装置时以银行存款支付款项8 190元。

(4) 为腾出一定的空间，以安装新的设备，公司将一台四成新的设备出售。该设备原始价值38 000元，已提折旧14 100元，出售所得价款23 000元已存入银行。

(5) 为提高工作效率，公司将一台已提足折旧但尚可使用的设备转入报废清理。报废设备的原始价值62 000元，已计提折旧59 520元。报废时发生清理费用300元，残值收入450元(残料)。

(6) 一台数控机床由于使用性能下降，公司决定对其重新安装。该机床的原始价值

320 000 元，已提折旧 108 800 元，初始安装成本 9 000 元。安装完毕后，共发生新的安装成本 9 600 元。

[思考]

1. 上述支出业务中，哪些是属于资本性支出业务？为什么？构成公司资本性支出金额合计是多少？

2. 各项支出业务对公司固定资产原始价值的影响金额是多少？

3. 上述支出业务对公司损益的影响金额是多少？

第一节　固定资产概述

一、固定资产的概念和特征

我国的《企业会计准则第 4 号——固定资产》规定："固定资产，指同时具有以下特征的有形资产：为生产商品、提供劳务、出租或经营管理而持有的；使用寿命超过一个会计年度。"固定资产的使用寿命，是指企业使用固定资产的预计期间或者该固定资产所能生产产品或提供劳务的数量。

从这一定义可以看出，作为企业的固定资产应具备以下特征：

(1) 为生产商品、提供劳务、出租或经营管理而持有的。企业持有固定资产的目的是为了生产商品、提供劳务、出租或经营管理，而不是直接用于出售，从而明显区别于流动资产。

(2) 使用寿命超过一个会计年度。企业使用固定资产的期限较长，使用寿命一般超过一个会计年度。这一特征表明企业固定资产属于非流动资产，企业的收益期超过一年，能在一年以上的时间里为企业创造经济利益。

二、固定资产的分类

企业的固定资产类别繁多，为了满足固定资产管理，便于组织会计核算，主要按以下标准进行分类。

(一) 按固定资产的经济用途分类

固定资产按其经济用途分类，可分为生产经营用固定资产和非生产经营用固定资产。

(1) 生产经营用固定资产，是指直接服务于企业生产经营过程的各种固定资产。如生产经营用的房屋、建筑物、机器、设备、器具、工具等。

(2) 非生产经营用固定资产，是指不直接服务于生产经营过程的各种固定资产。如职工宿舍、食堂、浴室、理发室等使用的房屋、设备和其他固定资产等。

按照固定资产的经济用途分类，可以归类反映和监督企业生产经营用固定资产和非生产经营用固定资产之间的组成和变化情况，借以考核和分析企业固定资产的利用情况，促使企业合理地配备固定资产，充分发挥其效用。现行制度规定，企业的固定资产应按生产经营用和非生产经营用固定资产分别核算。

(二) 按固定资产的经济用途和使用情况综合分类

采用这一分类方法，可把企业的固定资产分为以下七大类：

(1) 生产经营用固定资产。

(2) 非生产经营用固定资产。

(3) 租出固定资产，是指在经营性租赁方式下出租给外单位使用的固定资产。

(4) 不需用的固定资产。

(5) 未使用固定资产。

(6) 土地，是指过去已经估价单独入账的土地。因征地而支付的补偿费，应计入与土地有关的房屋、建筑物的价值内，不单独作为土地价值入账。企业取得的土地使用权不能作为固定资产管理。

(7) 融资租入固定资产，是指企业以融资租赁方式租入的固定资产，在租赁期内，应视同自有固定资产进行管理。

由于企业的经营性质不同，经营规模各异，对固定资产的分类不可能完全一致，企业可根据各自的具体情况和经营管理、会计核算的需要进行必要的分类。

第二节　固定资产取得的核算

企业固定资产的取得包括购入、自行建造、投资者投入、融资租入、接受捐赠等。为了反映企业固定资产的增减变动及结存情况，应设置下列相关账户。

一、固定资产取得核算的账户设置

(一)"固定资产"账户

该账户核算企业所有固定资产的原价。借方登记企业增加的固定资产原价，贷方登记企业减少的固定资产原价，期末借方余额反映结存的固定资产原价。

为了反映固定资产的明细资料，企业应设置"固定资产登记簿"和"固定资产卡片"，可按固定资产的类别、使用部门和每项固定资产进行明细核算。

固定资产卡片是进行固定资产明细核算的账簿。应为每个独立的固定资产设置一张卡片，卡片上载明该固定资产的编号、名称、规格、主要技术参数、使用单位、开始使用日期、原值、预计使用年限、折旧率、停用记录、大修理记录等。固定资产卡片按类别保管，每类内按使用单位顺序排列，以便查找。凡增加固定资产，都应设置新的卡片；凡是有关大修理、停用、在企业内改变使用单位、进行清理或售出等，都应在卡片内进行登记；凡是减少的固定资产，都应将卡片抽出，另行保管。

固定资产登记簿应按固定资产类别开设账页，每个账页内按使用单位设专栏。年初，分别按固定资产类别和使用单位登记固定资产原价的年初余额。每月按固定资产增减的日期按时登记，反映各类、各部门固定资产原价的增减变动。月末，结出余额，是下月计提折旧的依据。固定资产登记簿、固定资产卡片和"固定资产"总账的余额要定期核对。企业临时租入的固定资产，应另设固定资产备查簿进行登记，不在"固定资产"账户内核算。

(二)"在建工程"账户

该账户核算企业为建造或修理固定资产而进行的各项建筑工程、安装工程，包装固定资产新建工程、改扩建工程、大修理工程等所发生的实际支出，以及改扩建工程等转入的固定资产净值。借方登记企业各项在建工程的实际支出，贷方登记完工工程转出的实际支出，期末借方余额，反映尚未完工的工程实际成本。

(三)"工程物资"账户

该账户核算企业为在建工程而准备的各种物资的实际成本。借方登记购入工程物资的实际成本，贷方登记领用工程物资的实际成本，期末借方余额反映企业库存工程物资的实际成本。

（四）“累计折旧”账户

该账户属于固定资产的调整账户，核算企业固定资产的累计折旧，贷方登记企业计提的固定资产折旧，借方登记处置固定资产转出的累计折旧，期末贷方余额，反映企业固定资产的累计折旧额。

（五）“固定资产清理”账户

该账户核算企业因出售、报废、毁损、对外投资、非货币性资产交换、债务重组等原因转出的固定资产价值以及在清理过程中发生的费用中，借方登记转出的固定资产账面价值，清理过程中应支付的相关税费及其他费用，贷方登记固定资产清理完成的处理，期末借方余额，反映企业尚未清理完毕的固定资产清理净损失，期末如为贷方余额，则反映企业尚未清理完毕的固定资产清理净收益。企业应当按照被清理的固定资产项目设置明细账，进行明细核算。

此外，企业固定资产、在建工程、工程物资发生减值的，还应设置“固定资产减值准备”“在建工程减值准备”“工程物资减值准备”等账户进行核算。

二、固定资产取得的核算

（一）购入的固定资产

企业外购的固定资产，应按实际支付的购买价款、相关税费、使固定资产达到预定可使用状态前所发生的可归属于该项资产的运输费、装卸费、安装费和专业人员服务费等，作为固定资产的取得成本。

企业购入不需要安装的固定资产，应按实际支付的购买价款、相关税费以及使固定资产达到预定可使用状态前所发生的可归属于该项资产的运输费、装卸费和专业人员服务费等，作为固定资产成本，借记“固定资产”科目，贷记“银行存款”等科目。若企业为增值税一般纳税人，则企业购进机器设备等固定资产的进项税额不纳入固定资产成本核算，可以在销项税额中抵扣，借记“应交税费——应交增值税（进项税额）”科目，贷记“银行存款”科目。

购入需要安装的固定资产，应在购入的固定资产取得成本的基础上加上安装调试成本等，作为购入固定资产的成本，先通过“在建工程”账户核算，待安装完毕达到预定可使用状态时，再由“在建工程”账户转入“固定资产”账户。企业购入固定资产时，按实际支付的购买价款、运输费、装卸费和其他相关税费等，借记“在建工程”“工程物资”“应交税费——应交增值税（进项税额）”等账户，按照应付或实际支付的金额，贷记“应付账款”“应付票据”“银行存款”“长期应付款”等账户；支付安装费用等时，借记“在建工程”账户，贷记“银行存款”等账户；安装完毕达到预定可使用状态时，按其实际成本，借记“固定资产”账户，贷记“在建工程”账户。

企业以一笔款项购入多项没有单独标价的固定资产，应将各项资产单独确认为固定资产，并按各项固定资产公允价值的比例对总成本进行分配，分别确定各项固定资产的成本。

【例 8-1】 远洋公司于 20×5 年购入一台不需要安装的生产用设备，增值税专用发票价款 30 000 元，增值税额 5 100 元（进项税额可以抵扣），另支付包装费 700 元（不考虑该项增值税）。款项用银行存款支付。远洋公司为一般纳税人，编制会计分录如下：

借：固定资产	30 700	
应交税费——应交增值税（进项税额）	5 100	
贷：银行存款		35 800

【例 8-2】 远洋公司用银行存款购入一台需要安装的生产设备，增值税专用发票上注明的设备买价为 200 000 元，增值税额为 34 000 元(进项税额增值税可以抵扣)，支付安装费 40 000 元(不考虑该项增值税)。远洋公司为一般纳税人，编制会计分录如下：

① 购入进行安装时：

借：在建工程　　200 000

　应交税费——应交增值税(进项税额)　　34 000

　贷：银行存款　　234 000

② 支付安装费时：

借：在建工程　　40 000

　贷：银行存款　　40 000

③ 设备安装完毕交付使用时，确定的固定资产成本＝200 000＋40 000＝240 000(元)：

借：固定资产　　240 000

　贷：在建工程　　240 000

(二) 自建的固定资产

企业自行建造的固定资产，应当按照建造该项资产达到预定可使用状态前所发生的必要支出，作为固定资产的成本。

自建固定资产应先通过“在建工程”科目核算，工程达到预定可使用状态时，再从“在建工程”科目转入“固定资产”科目。企业自建固定资产，主要有自营和出包两种方式，由于采用的建造方式不同，其会计处理也不同。

1. 自营工程

企业自行组织工程物资采购、自行组织施工人员施工的建筑工程和安装工程。

购入工程物资时，借记“工程物资”“应交税费——应交增值税(进项税额)”科目，贷记“银行存款”等科目。

领用工程物资时，借记“在建工程”科目，贷记“工程物资”“应交税费——应交增值税(进项税额转出)”科目。在建工程领用本企业原材料时，借记“在建工程”科目，贷记“原材料”等科目。

在建工程领用本企业生产的产品时，借记“在建工程”科目，贷记“库存商品”等科目。按照计税价格，贷记“应交税费——应交增值税(销项税额)”科目。

自营工程发生的其他费用(如分配工程人员工资等)，借记“在建工程”科目，贷记“银行存款”“应付职工薪酬”等科目。

自营工程达到预定可使用状态时，按其成本，借记“固定资产”科目，贷记“在建工程”科目。

【例 8-3】 远洋公司为增值税一般纳税人，自建厂房一幢，购入为工程准备的各种物资 500 000 元，支付的增值税税额为 85 000 元，全部用于工程建设。领用本企业生产的水泥一批，实际成本为 80 000 元，计税价格为 100 000 元，工程人员应计工资 100 000 元，支付的其他费用 30 000 元。工程完工并达到预定可使用状态，不考虑其他税费。远洋公司应编制的会计分录如下：

① 购入为工程准备的物资时：

借：工程物资　　500 000

　应交税费——应交增值税(进项税额)　　85 000

　贷：银行存款　　585 000

② 工程领用工程物资：

借：在建工程　　500 000

　贷：工程物资　　500 000

③ 工程领用本企业生产水泥时：

借：在建工程　　97 000

　贷：库存商品　　80 000

　　应交税费——应交增值税(销项税额)　　17000

④ 分配工程人员工资时：

借：在建工程　　100 000

　贷：应付职工薪酬——工资　　100 000

⑤ 支付工程发生的其他费用时：

借：在建工程　　30 000

　贷：银行存款　　30 000

⑥ 工程完工转入固定资产时：

借：固定资产　　727 000

　贷：在建工程　　727 000

应当注意，自行建造的固定资产，如果已达到预定可使用状态但尚未办理竣工决算手续的，可先按估计价值入账，待确定实际成本后再进行调整。

2. 出包工程

出包工程是指企业通过招标等方式将工程项目发包给建造承包商，由建造承包商组织施工的建筑工程和安装工程。

企业采用出包方式进行的固定资产工程，其工程的具体支出由承包商核算，在这种方式下，“在建工程”账户主要是企业与建造承包商办理工程价款的结算账户。企业按合理估计的发包工程进度和合同规定向建筑承包商结算的进度款，借记“在建工程”，贷记“银行存款”等；工程完成时按合同规定补付的工程价款时，借记“在建工程”，贷记“银行存款”；工程达到预定使用状态，按其实际成本，借记“固定资产”账户，贷记“在建工程”账户。

【例 8-4】 远洋公司于 20×5 年将一幢厂房的建造工程出包给丙公司承建，按合同估计的发包工程进度和合同规定，向丙公司结算进度款 600 000 元(即总价款的 60%)，工程完工后，收到丙公司有关工程结算单据，补付工程款 400 000 元(即总价款的 40%)，工程完工达到预定可使用状态。编制会计分录如下：

① 向丙公司支付工程进度款时：

借：在建工程　　600 000

　贷：银行存款　　600 000

② 补付工程款时：

借：在建工程　　400 000

　贷：银行存款　　400 000

③ 工程完工达到预定可使用状态时：

借：固定资产　　1 000 000

　贷：在建工程　　1 000 000

(三) 投资者投入的固定资产

对于接受固定资产投资的企业，在办理了固定资产移交手续之后，应按投资合同或协议约定的价值作为固定资产的入账价值，但合同或协议约定价值不公允的除外。

【例 8-5】 远洋公司于 20×5 年由于经营需要，与另一公司联营，对方投入到本企业设备一台，账面价值为 120 000 元，双方协商的价值为 100 000 元。编制会计分录如下：

借：固定资产　　100 000
　贷：实收资本　　100 000

(四) 捐赠、债务重组等取得的固定资产

一般纳税人接受捐赠取得的固定资产，在办理了移交手续以后，借记"固定资产""应交税费——应交增值税(进项税额)"科目，贷记"营业外收入"科目处理。债务重组取得的固定资产，按照确认的固定资产价值，借记"固定资产""工程物资"等科目，按照专用发票上注明的增值税额，借记"应交税费——应交增值税(进项税额)"科目，贷记"应收账款"等科目。如果发生债务重组收益贷记"营业外收入"科目，如果发生债务重组损失则借记"营业外支出"科目。

【例 8-6】 远洋公司于 20×5 年接受丙企业捐赠转入的生产机器设备一台，专用发票上注明的价款 500 000 元，增值税 85 000 元。编制会计分录如下：

借：固定资产　　500 000
　　应交税费——应交增值税(进项税额)　　85 000
　贷：营业外收入　　585 000

【例 8-7】 甲公司因购货原因，于 20×5 年 7 月 1 日产生应付远洋公司账款 1 000 000 元，货款偿还期限为 3 个月。20×5 年 10 月 1 日，甲公司发生财务困难，无法偿还到期债务，经与远洋公司协商进行债务重组。双方同意以甲公司生产的吊车作为远洋公司的生产经营用固定资产，这台吊车成本 500 000 万元，公允价值(计税价格)为 800 000 元。假设远洋公司未计提坏账准备，甲公司向远洋公司开具了专用发票，价款 800 000 万元，增值税 136 000 元。

根据新准则规定，债务重组中债权人应当按照换入资产的公允价值作为入账价值，债权人应当将相关债权的账面价值与换入资产的公允价值之间的差额计入债务重组损失，即计入当期损益。应编制会计分录如下：

借：固定资产　　800 000
　　应交税费——应交增值税(进项税额)　　136 000
　　营业外支出——债务重组损失　　64 000
　贷：应收账款　　1 000 000

(五) 融资租入的固定资产

融资租赁是一种分期付款购进固定资产的借贷活动，是指由于企业资金不足，或资金周转暂时困难，或者为了减少投资风险等原因，借助于公司(包括其他金融机构)的资金而取得的固定资产。其主要特点为：①租赁期满，承租人有优先选择廉价购买租赁资产的权利；②承租人每期支付的租金不仅包括该项租赁资产的分期付款，还应包括融资费用；③固定资产在租赁期内，视同自有固定资产处理；④租赁期较长。按租赁开始日租赁资产的公允价值与最低租赁付款额的折现值较小者为资产入账价值。

第三节 固定资产折旧

一、固定资产折旧概述

固定资产折旧，是指在固定资产使用寿命内，按照确定的方法对应计折旧额进行系统分摊，是在固定资产使用过程中由于损耗而减少的价值。其中，应计折旧额是指应当计提折旧的固定资产的原价扣除其预计净残值后的余额。如果已对固定资产计提减值准备，还应当扣除已计提的固定资产减值准备累计金额。

企业的固定资产长期参加生产经营活动虽然仍然保持其原有实物形态，但其价值将随着固定资产磨损而逐渐转移到生产的产品成本中，构成了企业的费用。这部分随着固定资产磨损而逐渐转移的价值即称为固定资产的折旧。

固定资产折旧计入生产成本的过程，是随着固定资产价值的转移，以折旧的形式在产品销售收入中得到补偿，并转化为货币资金的过程。

从本质上说，折旧也是一种费用，只不过这一费用没有在计提期间付出货币资金，但这种费用前期已经发生支出。而这种支出无论从哪个角度讲，计提折旧都是必要的，否则，都会导致企业计算损益有误。

二、影响固定资产折旧的因素

企业应当根据固定资产的性质和使用情况，合理地确定固定资产的使用寿命和预计净残值。固定资产的应计折旧额应当在其使用年限内系统而合理地摊销，才能保证合理、正确地计提固定资产的折旧。影响折旧的因素主要有以下几个方面：

（一）固定资产原价

固定资产原价是指固定资产取得时的实际成本，是计算固定资产折旧的基数。

（二）预计净残值

预计净残值是指假定固定资产预计使用寿命已满并处于使用寿命终了时的预期状态，企业目前从该项资产处置中获得的扣除预计处置费用后的金额。

（三）固定资产减值准备

固定资产减值准备是指固定资产已计提的减值准备累计金额。

（四）固定资产的使用寿命

固定资产的使用寿命是指企业使用固定资产的预计期间，或者该固定资产所能生产产品或提供劳务的数量。确定固定资产使用寿命应考虑如下几项因素：一是预计生产能力或实物产量；二是有形损耗或无形损耗；三是法律或者类似规定对资产使用的限制。

其中，有形损耗是指固定资产在使用过程中，由于正常使用和自然力的作用而引起的使用价值的损失。例如设备使用中发生磨损、房屋建筑物受到自然侵蚀等。无形损耗是指由于科学技术的进步和劳动生产率的提高而带来的固定资产价值上的损失。例如因新技术的出现而使现有的资产技术水平相对陈旧，市场需求变化使其所产生的产品过时等。

固定资产的使用寿命、预计净残值一经确定，不得随意变更。但企业至少应当于每年年度终了，对固定资产的使用寿命、预计净残值进行复核。使用寿命预计数与原先估计数有差异的，应当调整固定资产使用寿命；预计净残值预计数与原先估计数有差异的，应当调整预计净残值。与固定资产有关的经济利益预期实现方式有重大改变的，应当改变固定资产折旧方法。固定资产使用寿命、预计净残值和折旧方法的改变应当作为会计估计变更进行会计处理。

三、固定资产折旧的范围

《企业会计准则第 4 号——固定资产》规定，除以下情况外，企业应当对所有固定资产计提折旧。

① 已提足折旧仍继续使用的固定资产；

② 按规定单独作价作为固定资产入账的土地；

③ 改扩建期间的固定资产。

在确定计提折旧的范围时，还应注意以下几点：

① 以融资租赁方式租入的固定资产和以经营租赁方式租出的固定资产，应当计提折旧；以融资租赁方式租出的固定资产和以经营租赁方式租人的固定资产，不应计提旧。

② 固定资产应当按月计提折旧，在实际计提折旧时，应以月初应计提折旧的固定资产账面价值为依据，当月增加的固定资产，当月不计提折旧，从下月起计提折旧；当月减少的固定资产，当月仍计提折旧，从下月起不计提折旧。

③ 固定资产提足折旧后，不论能否继续使用，均不再计提折旧；提前报废的固定资产，也不再补提折旧。所谓提足折旧，是指已经提足该项固定资产的应计折旧额。

④ 折旧计提范围认定中易出错的项目：第一，未使用、不需用固定资产需计提折旧，而且折旧费计入"管理费用"；第二，因大修理而停工的固定资产需要提取折旧；第三，替换设备要提折旧。

⑤ 已达到预定可使用状态但尚未办理竣工决算的固定资产，应当按估计价值确定其成本，并计提折旧；待办理竣工决算后，再按实际成本调整原来的暂估价值，但不需要调整原已计提的折旧额。

四、固定资产折旧的计算方法

企业应当根据固定资产有关经济利益的预期实现方式，合理地选择固定资产折旧方法，

可选用的折旧方法包括年限平均法、工作量法、双倍余额递减法和年数总和法等。固定资产的折旧方法一经确定，不得随意变更。

（一）年限平均法

年限平均法，又称直线法或平均年限法，它是指将固定资产的折旧额均衡地分摊到各期的一种方法，采用这种方法，各期折旧额相等。其计算公式为：

$$固定资产年折旧额=\frac{固定资产原价-预计净残值}{预计使用年限}$$

$$固定资产年折旧率=\frac{年折旧额}{原始价值}\times100\%=\frac{1-预计净残值率}{预计使用年限}\times100\%$$

$$预计净残值率=\frac{预计净残值}{原始价值}\times100\%$$

$$月折旧率=\frac{年折旧率}{12}$$

$$月折旧额=固定资产原价\times月折旧率$$

上述公式确定的折旧率是按各项固定资产单独计算的，称为个别折旧率。在实际工作中，为简化核算，也可以把性能、结构、使用年限相近的固定资产进行归类，按类别计算折旧率，公式如下：

$$某类固定资产年折旧率=\frac{\sum 该类固定资产年折旧额}{\sum 该类固定资产原价}\times 100\%$$

【例 8-8】 远洋公司有一幢厂房，原价为 5 000 000 元，预计可使用 20 年，预计报废时的净残值率为 2%。该厂房的折旧率和折旧额的计算如下：

年折旧率＝(1－2%)÷20＝4.9%

月折旧率＝4.9%÷12＝0.41%

年折旧额＝5 000 000×4.9%＝245 000(元)

月折旧额＝5 000 000×0.41%＝20 500(元)

采用年限平均法计算的各年、各月的折旧额相等。其优点是计算过程简便易行，容易理解，是实际工作中应用比较广泛的一种方法。其缺点是只注重固定资产的使用寿命，而忽视固定资产的实际使用状况，而且在每个会计期间都计算提取同样的折旧费用，显然不够合理。

（二）工作量法

工作量法是根据固定资产在使用期间完成的总的工作量平均计算折旧的一种方法。其计算公式为：

$$单位工作量折旧额=\frac{固定资产原值-预计净残值}{预计总工作量}$$

$$单位工作量折旧额=\frac{固定资产原值\times(1-预计净残值率)}{预计总工作量}$$

月折旧额＝单位工作量折旧额×当月实际完成工作量

【例 8-9】 远洋公司的一辆运货卡车的原价为 600 000 元，预计总行驶里程为 500 000 千米，预计报废时的净残值率为 5%，本月行驶 4 000 千米。该辆汽车的月折旧额计算如下：

单位里程折旧额＝600 000×(1－5%)÷500 000＝1.14(元/千米)

本月折旧额＝4 000×1.14＝4 560(元)

工作量法一般适用于运输设备和大型精密仪器的折旧计算，这些固定资产的价值一般较高，但各月的工作量很不均衡，采用年限平均法计算折旧，会使各月成本负担不合理。工作量法实际上也是直线法，只不过是按照固定资产所完成的工作量计算每期的折旧额。

（三）双倍余额递减法

双倍余额递减法是加速折旧法的一种，是按直线法折旧率的两倍，乘以固定资产在每个会计期间的期初账面净值计算折旧的方法。其计算公式为：

$$年折旧率=\frac{2}{预计使用年限}\times 100\%$$

$$月折旧率=\frac{年折旧率}{12}$$

年折旧额＝固定资产期初账面净值×年折旧率

月折旧额＝固定资产期初账面净值×月折旧率

或：

$$月折旧额=\frac{年折旧额}{12}$$

从上述公式可以看出，双倍余额递减法是指在不考虑固定资产预计净残值的情况下，根据每期期初固定资产原价减去累计折旧后的金额和双倍的直线法折旧率计算固定资产折旧的一种方法。采用双倍余额递减法计提固定资产折旧，实际工作中企业一般应在固定资产使用寿命到期前两年内，将固定资产账面净值扣除预计净残值后的净值平均摊销。

【例 8-10】 远洋公司的某项设备，其原始价值 160 000 元，预计净残值率为 3%，预计使用年限为 5 年。按双倍余额递减法计算该设备的各年折旧额。计算过程如下：

年折旧率＝2/5×100%＝40%

预计净残值＝160 000×3%＝4 800(元)

第 1 年应提的折旧额＝160 000×40%＝64 000(元)

第 2 年应提的折旧额＝(160 000－64 000)×40%＝38 400(元)

第 3 年应提的折旧额＝(160 000－64 000－38 400)×40%＝23 040(元)

第 4 年、第 5 年应提的折旧额＝(160 000－64 000－38 400－283 040－4 800)/2
＝14 880(元)

也可将上述计算结果填入表格，即各年折旧额的计算如表 8-1 所示。

表 8-1 折旧计算表(双倍余额递减法)

单位：元

年次	年初账面净值	年折旧率	年折旧额	累计折旧额	期末账面净值
1	160 000	40%	64 000	64 000	96 000
2	96 000	40%	38 400	102 400	57 600
3	57 600	40%	23 040	125 440	34 560
4	34 560	改用年限法计提折旧	14 880	140 320	19 680
5	19 680		14 880	155 200	4 800

(四) 年数总和法

年数总和法，是以固定资产的原值减去预计净残值后的净额为基数，以一个逐年递减的分数为折旧率，计算各年固定资产折旧额的一种折旧方法。这种方法的特点是：计算折旧的基数是固定不变的，折旧率依固定资产尚可使用年限来确定，各年折旧率呈递减趋势，依此计算的折旧额也呈递减趋势。

年数总和法的各年折旧率，是以固定资产尚可使用年限作分子，以固定资产使用年限的逐年数字之和作分母。假定固定资产使用年限为 n 年，分母即为 $1+2+3+\cdots+n=n(n+1)/2$ 其计算公式为：

$$年折旧率=\frac{尚可使用年限}{预计使用年限的年数总和}$$

$$年折旧率=\frac{预计使用年限-已使用年限}{预计使用年限\times(预计使用年限+1)/2}$$

$$月折旧率=\frac{年折旧率}{12}$$

月折旧额＝(固定资产原价－预计净残值)×月折旧率

【例 8-11】 远洋公司的某项设备，其原始价值 240 000 元，预计净残值为 9 600 元，预计使用 5 年。按年数总和法计算该设备的各年折旧额。计算过程如下：

$$第1年折旧率=\frac{5-0}{1+2+3+4+5}=\frac{5}{15}$$

$$第2年折旧率=\frac{5-1}{1+2+3+4+5}=\frac{4}{15}$$

按照这种方法计算的第3年、第4年、第5年的折旧率分别为 $\frac{3}{15}$、$\frac{2}{15}$ 和 $\frac{1}{15}$。

$$月折旧率=\frac{年折旧率}{12}$$

$$第1年的月折旧率为=\frac{\frac{5}{15}}{12}=2.78\%$$

$$第2年的月折旧率为=\frac{\frac{4}{15}}{12}=2.22\%$$

按照这种方法计算的第3年、第4年、第5年的月折旧率分别为1.67%、1.11%和0.56%。

各年、各月折旧基数为：240 000－9 600＝230 400(元)

则各年折旧额的计算如表8-2所示。

表8-2 折旧计算表(年数总和法) 单位：元

年次	原值－净残值	年折旧率	年折旧额	累计折旧额	账面净值
1	230 400	5/15	76 800	76 800	163 200
2	230 400	4/15	61 400	138 240	101 760
3	230 400	3/15	46 080	184 320	55 680
4	230 400	2/15	30 720	215 040	24 960
5	230 400	1/15	15 360	230 400	9 600

在上述各种方法中，后两种方法计算的折旧额，呈逐年递减的趋势。从理论上讲，固定资产在各期使用中对企业提供的收益是不同的。在使用前期工作效率相对较高，修理费用和无形损耗相对较少；后期则相反。按照收益与补偿相对应的原则，固定资产折旧额逐年递减比较合理。折旧方法一经确定，不得随意变更。如需变更，应当在财务报表附注中予以说明。

五、固定资产折旧的账务处理

固定资产折旧通过"累计折旧"账户核算，该账户是资产类账户，是"固定资产"账户的备抵账户，核算企业固定资产的累计折旧数额。贷方登记企业计提的固定资产折旧，借方登记处置固定资产转出的累计折旧，期末贷方余额反映企业固定资产折旧的累计数。本账户只进行总分类核算，不进行明细核算。需要查明某项固定资产的已提折旧，可以根据固定资产卡片上所记载的该项固定资产原价、折旧率和实际使用年数等资料进行计算。

每月计提的固定资产折旧费，应根据用途计入相关资产的成本或者当期损益，生产车间计提的折旧额，借记"制造费用"账户；行政管理部门计提的折旧额，借记"管理费用"账户；专设销售机构计提的折旧额，借记“销售费用”账户；经营租出固定资产计提的折旧额，借记“其他业务成本”账户；按企业计提的月折旧额合计数，贷记“累计折旧”账户。

【例 8-12】 远洋公司本月计提固定资产折旧 12 500 元。其中企业生产车间使用的固定资产提取折旧 10 000 元；企业管理部门使用的固定资产提取折旧 2 000 元；企业专设销售机构使用的固定资产提取折旧 500 元，另外，企业管理部门当月新购置机器设备一台，价值为 5 400 元，预计使用寿命为 5 年，预计净残值为 400 元，该企业同类设备计提折旧采用年限平均法。编制会计分录如下：

借：制造费用　10 000
　　管理费用　2 000
　　销售费用　500
　贷：累计折旧　12 500

六、固定资产的后续支出

企业的固定资产在使用期间还会发生包括固定资产在使用过程中发生的日常修理费、大修理费用、更新改造支出、房屋的装修费用等，这些支出统称为固定资产的后续支出。

对于发生的固定资产后续支出，在会计处理上应区分为资本化的后续支出和费用化后续支出两种情况，分别进行处理。

（一）资本化后续支出

与固定资产有关的更新改造、房屋装修费用等后续支出，符合固定资产确认条件的，属于资本化的后续支出，应当在发生时计入固定资产成本，同时将被替换部分的账面价值扣除。企业将固定资产进行更新改造的，应将相关固定资产的原价、已计提的累计折旧和减值准备转销，将固定资产的账面价值转入在建工程，并停止计提折旧。固定资产发生的可资本化的后续支出，通过“在建工程”账户核算。在发生的固定资产后续支出完工达到预定可使用状态时，再从在建工程再转入固定资产，从而固定资产有了新的账面价值，在这种情况下需要按照重新确定的固定资产原价、使用寿命、折旧方法和预计净残值计提折旧。

应注意后续支出计入后的固定资产账面价值不应超过其收回的金额范围内。

【例 8-13】 远洋公司 20×5 年 7 月 1 日对现有的一台生产用设备进行改良，该设备原值 300 000 万元，已提折旧 60 000 元。改良中共发生支出费用 60 000 元，全部以银行存款支付。另外，在改良过程中，替换下一个旧部件，该旧部件的账面价值为 40 000 元，将该部件出售，售价为 1 000 元。7 月 31 日，该设备达到可使用状态。通过此次改良，使生产设备的加工精度提高，从而提高了该设备的创利能力，假设改良后该设备预计收回 320 000 元，不考虑相关税费。编制有关会计分录如下：

① 将生产设备转入在建工程时：

借：在建工程　240 000
　　累计折旧　60 000
　贷：固定资产　300 000

② 改良过程中发生支出时：

借：在建工程　60 000
　贷：银行存款　60 000

③ 改良过程中替换下一个旧部件时：

借：银行存款　　1 000
　　营业外支出　　39 000
　　贷：在建工程　　40 000

④ 该设备达到预定可使用状态，预计可收回金额为 320 000 元，大于将改建后续支出资本化后的固定资产价值 260 000 元，因此，改建后工程中的后续支出均可以资本化。会计分录为：

借：固定资产　　260 000
　　贷：在建工程　　260 000

企业以经营租赁方式租入的固定资产发生的改良支出，应予资本化，作为长期待摊费用，合理进行摊销。

（二）费用化后续支出

固定资产的大修理费用和日常修理费用，通常不符合确认固定资产的两个特征，属于费用化后续支出，应当在发生时计入当期管理费用或销售费用。

企业生产车间（部门）和行政管理部门等发生的固定资产修理费用等后续支出，借记“管理费用”账户，贷记“银行存款”等账户；企业发生的与专设销售机构相关的固定资产修理费用等后续支出，借记“销售费用”账户，贷记“银行存款”等账户。

【例 8-14】 远洋公司对现有一台专设销售机构使用的机器设备进行日常修理，修理过程中发生的材料费 100 000 元，应支付的维修人员工资为 30 000 元。编制会计分录如下：

借：销售费用　　130 000
　　贷：原材料　　100 000
　　　　应付职工薪酬——工资　　30 000

【例 8-15】 远洋公司对管理部门使用的一台设备进行修理，在修理过程中应付维修人员工资为 5 000 元。编制会计分录如下：

借：管理费用　　5 000
　　贷：应付职工薪酬——工资　　5 000

第四节　固定资产的处置

企业购置的固定资产是为本企业生产经营使用的，但对那些不使用或不需用的固定资产，企业可以出售转让；企业的固定资产也可能由于使用而不断磨损直至最终报废，或由于技术进步等原因发生提前报废，或由于遭受自然灾害等非常损失发生毁损。另外，企业对外投资、对外捐赠、非货币性资产交换、债务重组等均属于固定资产的处置。

一、固定资产处置的核算

固定资产处置包括固定资产的出售、报废、毁损、对外投资、非货币资产交换、债务重组等。处置固定资产应通过“固定资产清理”科目核算。具体包括以下几个环节：

（1）将固定资产转入清理。企业因出售、报废、毁损、非货币性资产交换、债务重组等转出的固定资产，按该项固定资产的账面价值，借记“固定资产清理”账户，按已计提的累计折旧，借记“累计折旧”账户，按已计提的减值准备，借记“固定资产减值准备”账户，按其账面原价，贷记“固定资产”账户。

(2) 发生的清理费用。固定资产在清理过程中应支付的相关税费及其他费用，借记“固定资产清理”账户，贷记“银行存款”“应交税费——应交增值税(销项税额)”等账户。这里需要注意的是，出售固定资产计算增值税需要考虑企业购入固定资产时是否属于“营改增”试点行业。这部分内容在第十一章“应交税费”中有详细的解释。

(3) 出售收入和残料等的处理。收回出售固定资产的价款、残料价值和变价收入等，借记“银行存款”“原材料”等账户，贷记“固定资产清理”“应交税费——应交增值税(销项税额)”账户。

(4) 保险赔偿的处理。固定资产加入保险的，应由保险公司或过失人赔偿的损失，借记“其他应收款”等账户，贷记“固定资产清理”账户。

(5) 清理净损益的处理。固定资产清理完成后，属于生产经营期间正常的损失，借记“营业外支出——处置非流动资产损失”账户，贷记“固定资产清理”账户；属于自然灾害等非正常原因造成的损失，借记“营业外支出——非常损失”账户，贷记“固定资产清理”账户。如为贷方余额，借记“固定资产清理”账户，贷记“营业外收入——处置非流动资产利得”账户。

(一) 固定资产出售的核算

企业的固定资产是为本企业生产经营使用的，一般不对外出售，但对于那些不需要或不适用的固定资产，企业为了有效地使用资金，可以出售转让。出售时应首先注销其账面价值和已计提的累计折旧及固定资产减值准备，并将其账面价值转入“固定资产清理”账户，同时借记“固定资产清理”“累计折旧”“固定资产减值准备”账户，贷记“固定资产”账户；当取得出售固定资产收入时，借记“银行存款”账户，贷记“固定资产清理”账户；当发生出售固定资产支出以及应交纳的增值税时，借记“固定资产清理”账户，贷记“银行存款”“应交税费——应交增值税”等有关账户。最后结转出售固定资产的净收益或净损失。若出售固定资产的变价收入大于其账面价值及发生的相关费用时，其差额为变卖资产净收益，转入当期营业外收入，借记“固定资产清理”账户，贷记“营业外收入——处置非流动资产利得”账户；若出售固定资产的变价收入小于其账面价值及发生的相关费用时，其差额为变卖资产净损失，转入当期营业外支出，借记“营业外支出——处置非流动资产损失”账户，贷记“固定资产清理”账户。

【例 8-16】 2016 年 6 月 10 日，远洋公司出售一台大型机器设备，原价为 5 000 000 元，已计提折旧 4 000 000 元，已计提减值准备 500 000 元，出售设备取得含税价格为 1 200 000 元，已通过银行收回价款。假定远洋公司为 2012 年“营改增”试点行业，该设备是 2012 年以前购入的，则远洋公司编制会计分录如下：

① 将出售固定资产转入清理时：

借：固定资产清理　　500 000
　　累计折旧　　4 000 000
　　固定资产减值准备　　500 000
　　贷：固定资产　　5 000 000

② 收回出售固定资产的价款时：

出售固定资产增值税＝1 200 000÷1.03×2%＝23 301(四舍五入)

借：银行存款　　1 200 000

　　贷：固定资产清理　　1 176 699

　　　　应交税费——应交增值税（销项税额）　　23 301

③ 结转出售固定资产实现的利得时：1 176 699－500 000＝676 699（元）

借：固定资产清理　　676 699

　　贷：营业外收入——处置非流动资产利得　　676 699

如果例 8-16 中远洋公司的机器设备是试行“营改增”之后购入的，那么在处置时按照 17％的增值税进行账务处理。

（二）固定资产报废与毁损的核算

固定资产报废是指固定资产不能被继续使用而退出企业。固定资产毁损是指由于意外事故，如发生水灾、火灾、风灾、震灾或人为管理不善造成的固定资产提前报废。两者核算方法基本相同，区别之处在于固定资产报废不存在经济索赔问题，而固定资产毁损则可能获得保险公司或有关过失人的赔偿。固定资产报废、毁损的会计核算方法与出售固定资产的会计核算方法基本相同。其差别在于报废、毁损的固定资产有残料的变价收入，有的可向保险公司或过失人索赔收入。

由于“营改增”的试行，因发生非正常损失或改变用途而处置的固定资产等，原已计入进项税额、待抵扣进项税额或待认证进项税额，但按现行增值税制度规定不得从销项税额中抵扣的，借记“固定资产”等科目，贷记“应交税费——应交增值税（进项税额转出）”“应交税费——待抵扣进项税额”或“应交税费——待认证进项税额”科目。非正常损失，是指因管理不善造成货物被盗、丢失、霉烂变质，以及因违反法律法规造成货物或者不动产被依法没收、销毁、拆除的情形。

【例 8-17】 远洋公司现有一台机器设备，由于性能等原因决定提前报废，原价为 600 000 元，已计提折旧 450 000 元，已计提减值准备 100 000 元。报废时残值变价收入为 30 000 元（不含税），款项已收到。报废清理过程中发生清理费用 5 000 元。假定远洋公司为 2012 年“营改增”试点行业，购入机器设备是在试行“营改增”之后。编制会计分录如下：

① 将报废固定资产转入清理时：

借：固定资产清理　　50 000

　　累计折旧　　450 000

　　固定资产减值准备　　100 000

　　贷：固定资产　　600 000

② 收回残料变价收入时：

计算应纳增值税时：30 000×17％＝5 100（元）

借：银行存款　　35 100

　　贷：固定资产清理　　30 000

　　　　应交税费——应交增值税（销项税额）　　5 100

③ 支付清理费用时：

借：固定资产清理　　5 000

　　贷：银行存款　　5 000

④ 结转报废固定资产发生的净损失时：

(50 000+5 000)-30 000=25 000(元)

借:营业外支出——处置非流动资产损失　　25 000

　贷:固定资产清理　　25 000

【例 8-18】 远洋公司因遭受水灾而毁损一座厂房,该厂房原价 4 000 000 元,已计提折旧 1 000 000 元,未计提减值准备。其残料估计价值 50 000 元,残料已入库,发生清理费用 20 000 元,以现金支付。经保险公司核定应赔偿损失 1 500 000 元,尚未收到赔款。应编制如下会计分录:

① 将报废固定资产转入清理时:

借:固定资产清理　　3 000 000

　累计折旧　　1 000 000

　贷:固定资产　　4 000 000

② 残料入库时:

借:原材料　　50 000

　贷:固定资产清理　　50 000

③ 支付清理费用时:

借:固定资产清理　　20 000

　贷:库存现金　　20 000

④ 确定应由保险公司的赔偿款项时:

借:其他应收款——保险公司赔款　　1 500 000

　贷:固定资产清理　　1 500 000

⑤ 结转毁损固定资产发生的净损失时:

(3 000 000+20 000)-(50 000+1 500 000)=1 470 000 元

借:营业外支出——处置非流动资产损失　　1 470 000

　贷:固定资产清理　　1 470 000

(三) 固定资产捐赠转出的核算

对外捐赠固定资产,应通过"固定资产清理"账户注销固定资产的账面价值和累计折旧,其净值转入"营业外支出"账户。

【例 8-19】 远洋公司将原值共计 150 000 元,已提折旧 30 000 元,已提减值准备 8 000 元的电子计算机 6 台捐赠给某学校。应编制如下会计分录:

① 将捐赠的固定资产转入清理时:

借:固定资产清理　　112 000

　累计折旧　　30 000

　固定资产减值准备　　8 000

　贷:固定资产　　150 000

② 转销固定资产净支出时:

借:营业外支出　　112 000

　贷:固定资产清理　　112 000

(四) 固定资产投资转出的核算

企业与其他单位开展联营、合资经营业务时,可以将自有固定资产对外进行投资。企业进行对外投资,应按照国家有关规定签订有关合同或协议,以确保双方的责、权、利。企业以固定资产对外投资,首先按转出固定资产的账面价值加上应支付的相关税费,借记“长期股权投资”账户,然后注销投出固定资产的账面价值,借记“累计折旧”“固定资产减值准备”账户,贷记“固定资产”,按应支付的相关税费,贷记“银行存款”“应交税费”账户。

【例 8-20】 远洋公司以一台设备投资于B公司,原值为120 000元,已提折旧40 000元,另以银行存款支付相关费用500元。应编制如下会计分录:

借:长期股权投资——B公司	80 500	
累计折旧	40 000	
贷:固定资产		120 000
银行存款		500

二、固定资产的清查

企业应定期或者至少于每年年末对固定资产进行清查盘点,以保证固定资产核算的真实性,充分挖掘企业现有固定资产的潜力。在固定资产清查过程中,如果发现盘盈、盘亏的固定资产,应填制固定资产盘盈盘亏报告表。清查固定资产的损溢,应及时查明原因,并按照规定程序报批处理。

(一)盘盈固定资产

企业在财产清查中盘盈的固定资产,作为前期差错处理。企业在财产清查中盘盈的固定资产,在按管理权限报经批准处理前应先通过“以前年度损益调整”账户核算。盘盈的固定资产,应按重置成本确定其入账价值,借记“固定资产”科目,贷记“以前年度损益调整”科目。

“以前年度损益调整”账户核算企业本年度发生的调整以前年度损益的事项以及本年度发现的重要前期差错更正涉及调整以前年度损益的事项。其主要账务处理是:

(1) 企业调整增加以前年度利润或减少以前年度亏损,借记有关账户,贷记本账户;调整减少以前年度利润或增加以前年度亏损做相反的会计分录。

(2) 由于以前年度损益调整增加的所得税费用,借记本账户,贷记“应交税费——应交所得税”等账户;由于以前年度损益调整减少的所得税费用做相反的会计分录。

(3) 经上述调整后,应将本账户的余额转入“利润分配——未分配利润”账户。本账户如为贷方余额,借记本账户,贷记“利润分配——未分配利润”账户;如为借方余额做相反的会计分录。

【例 8-21】 远洋公司在财产清查过程中,发现一台未入账的设备,重置成本为20 000元(假定与其计税基础不存在差异)。根据规定,该盘盈固定资产作为前期差错处理。假定本公司适用的所得税税率为25%,按净利润的10%计提法定盈余公积。编制会计分录如下:

① 盘盈固定资产时:

借:固定资产	20 000	
贷:以前年度损益调整		20 000

② 确定应交纳的所得税时:

20 000×25%=5 000(元)

借:以前年度损益调整	5 000	
贷:应交税费——应交所得税		5 000

③ 结转为留存收益时：

20 000－5 000＝15 000(元)

借:以前年度损益调整 15 000

贷:盈余公积——法定盈余公积 1 500

利润分配——未分配利润 13 500

根据会计准则规定,盘盈的固定资产作为前期差错进行处理,通过“以前年度损益调整”进行核算。

(二) 盘亏固定资产

固定资产盘亏造成的损失,应当计入当期损益。企业在财产清查中盘亏的固定资产,按盘亏固定资产的账面价值,借记“待处理财产损溢”账户,按已计提的累计折旧,借记“累计折旧”账户,按已计提的减值准备,借记“固定资产减值准备”账户,按固定资产的原价,贷记“固定资产”账户。

按管理权限报经批准后处理时,按可收回的保险赔偿或过失人赔偿款项,借记“其他应收款”账户,按应计入营业外支出的金额,借记“营业外支出——盘亏损失”账户,贷记“待处理财产损溢”账户。

【例 8-22】 远洋公司进行财产清查中发现管理用设备盘亏一台,原价 10 000 元,已计提折旧 5 000 元,已计提固定资产减值准备 2 000 元。编制会计分录如下：

① 盘亏固定资产时：

借:待处理财产损溢——待处理固定资产损溢 3 000

累计折旧 5 000

固定资产减值准备 2 000

贷:固定资产 10 000

② 报经批准转销时：

借:营业外支出——盘亏损失 3 000

贷:待处理财产损溢——待处理固定资产损溢 3 000

三、固定资产的减值

固定资产的初始入账价值是历史成本,由于固定资产使用年限较长,市场条件和经营环境的变化、科学技术的进步以及企业经营管理不善等原因,都可能导致固定资产创造未来经济利益的能力大大下降。因此,固定资产的真实价值有可能低于账面价值,在期末必须对固定资产减值损失进行确认。

固定资产在资产负债表日存在可能发生减值的迹象时,其可收回金额低于账面价值的,企业应当将该固定资产的账面价值减记至可收回金额,减记的金额确认为减值损失,计入当期损益,同时计提相应的资产减值准备,借记“资产减值损失——固定资产减值准备”科目,贷记“固定资产减值准备”科目。固定资产减值损失一经确认,在以后会计期间不得转回。

【例 8-23】 远洋公司的某生产线存在可能发生减值的迹象。经计算,该生产线的可收回金额合计为 1 230 000 元,账面价值为 1 400 000 元,以前年度未对该生产线计提过减值准备。

由于该生产线的可收回金额为1 230 000元，账面价值为1 400 000元。可收回金额低于账面价值，应按两者之间的差额170 000(1 400 000－1 230 000)元计提固定资产减值准备。编制会计分录如下：

借：资产减值损失——固定资产减值准备　　170 000
　贷：固定资产减值准备　　170 000

【例8-24】 远洋公司于20×5年1月1日购入一台机器设备，原值为200 000元，预计净残值为8 000元，预计使用年限为5年，采用平均年限法计提折旧。20×6年12月31日，该机器设备发生减值，预计可收回金额为110 000元。计提减值准备后，该机器设备的预计剩余使用年限为2年，预计净残值为2 000元。编制会计分录如下：

① 计算该机器设备20×5年1月至20×6年12月的累计折旧时：

月折旧额＝(200 000－8 000)/(12×5)＝3 200(元)

累计折旧＝3 200×(11＋12)＝73 600(元)

② 计算该机器设备20×6年12月31日的净值时：

200 000－73 600＝126 400(元)

③ 计提减值准备：

126 400－110 000＝16 400(元)

借：资产减值损失——固定资产减值准备　　16 400
　贷：固定资产减值准备　　16 400

本章小结

本章主要介绍固定资产概念、分类、计价，掌握不同渠道取得固定资产的入账价值。介绍固定资产计提折旧的范围及不同的折旧方法，固定资产处置、清查的核算和固定资产期末计价。

基本概念

固定资产、固定资产折旧、无形损耗、固定资产净值、融资租赁固定资产、年限平均法、双倍余额递减法、年数总和法、固定资产后续支出、固定资产账面价值。

思考题

1. 固定资产的特征和确认条件有哪些？
2. 固定资产按经济用途可分为哪些类别？
3. 怎样确定固定资产折旧的范围？影响固定资产折旧的因素有哪些？
4. 简述固定资产折旧的方法及各种方法的特点。
5. 试说明固定资产后续支出的会计处理方法。
6. 简述固定资产清理的核算。
7. 什么是可收回金额？如何确认？
8. 试说明固定资产减值准备的计提及会计处理。

实训(练习)题

一、单项选择题

1. 下列固定资产中,应计提折旧的是(　　)。
   A. 季节性停用的设备　　B. 当月交付使用的设备
   C. 未提足折旧提前报废的设备　　D. 已提足折旧继续使用的设备
2. 下列项目中,不应计入固定资产入账价值的是(　　)。
   A. 固定资产安装过程中领用生产用原材料购入时的增值税
   B. 固定资产交付使用前发生的借款利息
   C. 固定资产交付使用后至竣工决算前发生的借款利息
   D. 固定资产改良过程中领用原材料负担的消费税
3. 企业的下列固定资产,按规定不应计提折旧的是(　　)。
   A. 经营性租入的设备　　B. 融资租入的设备
   C. 经营性租出的房屋　　D. 未使用的房屋
4. 购置需安装固定资产的入账价值为(　　)。
   A. 含增值税购买价
   B. 含增值税购买价＋安装调试费＋包装费＋运费
   C. 不含增值税购买价
   D. 不含增值税购买价＋安装调试费＋包装费＋运费
5. 为建造固定资产而发生的利息支出,在固定资产达到预定可使用状态后发生的,应计入(　　)。
   A. 在建工程　　B. 财务费用
   C. 营业费用　　D. 固定资产
6. 下列设备中,不应计提固定资产折旧的是(　　)。
   A. 季节性停用的大型设备　　B. 已提足折旧仍在使用的大型设备
   C. 以融资租赁方式租入的大型设备　　D. 以经营租赁方式租出的大型设备
7. 一台机器设备原值 80 000 元,估计净残值 8 000 元,预计可使用 12 年,按直线法计提折旧,则第二年应计提折旧为(　　)元。
   A. 6 600　　B. 6 000
   C. 7 000　　D. 8 000
8. 某固定资产使用年限为 5 年,在采用年数总和法计提折旧的情况下,第一年的年折旧率为(　　)。
   A. 20％　　B. 33％
   C. 40％　　D. 50％
9. 某固定资产原值为 250 000 元,预计净残值 6 000 元,预计可以使用 8 年,按照双倍余额递减法计算,第二年应提取的折旧(　　)元。
   A. 46 875　　B. 45 750
   C. 61 000　　D. 30 500

10. 下列各项中,属于计提固定资产折旧时不需要考虑的因素是(　　)。
A. 实际支付的买价　　B. 实际净残值
C. 预计使用年限　　D. 预计工作总量

11. 下列各项中,不需要考虑折旧年限的折旧方法是(　　)。
A. 年限平均法　　B. 工作量法
C. 双倍余额递减法　　D. 年数总和法

12. 企业取得出售固定资产出售收入时,应贷记的科目(　　)。
A. "固定资产"　　B. "累计折旧"
C. "固定资产清理"　　D. "营业外收入"

13. 固定资产在改良过程中取得的变价收入应贷记的科目是(　　)。
A. "其他业务收入"　　B. "在建工程"
C. "营业外收入"　　D. "固定资产清理"

14. 对固定资产多提折旧,将使企业的资产负债表中的(　　)。
A. 资产减少　　B. 资产增加
C. 负债增加　　D. 负债减少

15. 某行政管理部门的管理设备在大修理期间发生的支出,应计入(　　)。
A. 固定资产成本　　B. 在建工程成本
C. 管理费用　　D. 营业外支出

二、多项选择题

1. 自营工程领用本企业产品时应作分录为(　　)。
A. 借:在建工程　　B. 借:工程物资
C. 贷:应交税费　　D. 贷:库存商品

2. 下列与企业购建一栋厂房相关的支出中,构成固定资产入账价值的有(　　)。
A. 支付的增值税
B. 支付的耕地占用税
C. 自建厂房借款在工程建造过程中发生的利息
D. 支付的建筑工人工资

3. 采用自营方式建造固定资产的情况下,下列项目中应计入固定资产取得成本的有(　　)。
A. 工程耗用原材料
B. 工程人员的工资
C. 工程领用本企业的商品实际成本
D. 企业行政管理部门为组织和管理生产经营活动而发生的管理费用

4. 企业至少应当于每年年度终了,对固定资产的使用寿命、预计净残值和折旧方法进行复核。下列表述正确的有(　　)。
A. 使用寿命预计数与原先估计数有差异的,应当调整固定资产使用寿命
B. 预计净残值预计数与原先估计数有差异的,应当调整预计净残值
C. 与固定资产有关的经济利益预期实现方式有重大改变的,应当改变固定资产折旧方法
D. 固定资产使用寿命、预计净残值和折旧方法的改变应当作为会计估计变更

5. 下列固定资产中应计提折旧的有(　　)。

A. 融资租赁方式租入的固定资产　B. 按规定单独估价作为固定资产入账的土地

C. 以经营租赁方式租出的固定资产　D. 已提足折旧继续使用的固定资产

6. 影响固定资产折旧的因素主要有(　　)。

A. 固定资产原价　B. 预计净残值

C. 固定资产减值准备　D. 固定资产的使用寿命

7. 我国会计实务中,允许的加速折旧方法包括(　　)。

A. 年数总和法　B. 平均年限法

C. 双倍余额递减法　D. 偿债基金法

8. 下列各项中,属于固定资产清理核算内容的有(　　)。

A. 固定资产出售　B. 固定资产报废

C. 固定资产盘盈　D. 固定资产盘亏

9. 下列各项中,应记入“在建工程”科目的有(　　)。

A. 购入不需要安装的固定资产支付的价款

B. 购入需要安装的固定资产支付的价款

C. 固定资产的改扩建支出

D. 工程项目领用工程物资

10. “固定资产清理”科目贷方登记的项目有(　　)。

A. 转入清理的固定资产净值　B. 固定资产变价收入

C. 结转的清理净收益　D. 结转的清理净损失

三、判断题

1. 固定资产的各组成部分具有不同使用寿命或者以不同方式为企业提供经济利益的,应当将各组成部分分别确认为单项固定资产。(　　)

2. 远洋公司购入一台需要安装的设备,取得的增值税发票上注明的设备买价为 50 000 元,增值税额为 8 500 元,支付的运输费为 1 500 元,设备安装时领用工程用材料价值 1 000 元(不含税),购进该批工程用材料的增值税为 170 元,设备安装时支付有关人员工资 2 000 元。该固定资产的成本为 63 170 元。(　　)

3. 企业生产车间发生的固定资产修理费用应记入“固定资产”。(　　)

4. 已达到预定可使用状态尚未办理竣工决算的固定资产,应当按照估计价值确定其成本,并计提折旧;待办理竣工决算后,再按实际成本调整原来的暂估价值,同时需要调整原已计提的折旧额。(　　)

5. 企业固定资产折旧,一般应根据月末应计提折旧的固定资产账账面原值和月折旧率,按月计算提取,当月增加的固定资产,当月计提折旧;当月减少的固定资产,当月不计提折旧。(　　)

6. 已投入使用,尚未办理移交手续的固定资产,可先按估计价值记账,待确定实际价值后,再行调整。(　　)

7. 某设备原价为 90 000 元,预计净残值 2 700 元,预计可以使用 15 000 小时,实际使用 12 000 小时,其中第五年实际是使用 3 000 小时,采用工作量法第五年应提折旧为 17 460 元。(　　)

8. 固定资产在年末不论是否发生减值迹象,均应进行减值测试。(　　)

9. 固定资产使用期满时,如果账面净值大于预计净残值,意味着固定资产使用期内多提了折旧。(　　)

10. 无论采用何种方法计提折旧,固定资产使用期满时,固定资产的账面净值均为预计净残值。(　　)

11. 企业对因更新改造而停止使用的固定资产应当照提折旧。(　　)

12. 采用加速折旧法计提折旧时,不需要考虑固定资产应计提的折旧总额。(　　)

13. 企业尚未办理竣工决算的固定资产交付使用时,应根据估计的固定资产原值借记“固定资产”科目,贷记“在建工程”科目。(　　)

14. 当预计弃置一项固定资产将发生大额的弃置费用时,应当将该弃置费用的现值计入固定资产的原始价值。(　　)

15. 暂时闲置的房屋,应归类为使用中的固定资产。(　　)

四、业务题

1. 远洋公司用银行存款购入一台需要安装的设备,增值税专用发票上注明的设备买价为300 000元,增值税额为51 000元,支付运输费10 000元,支付安装费30 000元,不考虑相关税费。

要求:根据上述资料,编制远洋公司购入机器设备的会计分录。

2. 远洋公司自建厂房一幢,购入为工程准备的各种物资300 000元,支付的增值税额为51 000元,全部用于工程建设。领用本企业生产的产品一批,实际成本为70 000元,税务部门确定的计税价格为100 000元,增值税税率17%;工程人员应计工资100 000元,用银行存款支付的其他费用30 000元。工程完工并达到预定可使用状态。

要求:编制远洋公司自建厂房的会计分录。

3. 远洋公司接受甲企业投资转入旧汽车一辆,远洋公司账面原价为45 000元,已提折旧10 000元,双方协议价格为30 000元。

要求:编制远洋公司接受投资转入汽车的会计分录。

4. 远洋公司某项固定资产的原价为50 000元,预计净残值率为4%,预计使用年限为5年。

要求:采用年限平均法、双倍余额递减法、年数总和法计算计提折旧额。

5. 远洋20×5年6月20日自行建造的一条生产线投入使用,该生产线建造成本为80万元,预计使用年限为5年,预计净残值为5万元。在采用年数总和法计提折旧的情况下,计算20×6年该设备应计提的折旧额。

6. 远洋的某项固定资产原价为1 000万元,采用年限平均法计提折旧,使用寿命为10年,预计净残值为0,在第5年年初企业对该项固定资产进行更新改造,更换某一主要部件,发生支出合计800万元,以银行存款支付,符合准则规定的固定资产确认条件,被更换的部件的原价为600万元。

要求:请计算出固定资产进行更新改造后的原价,并编制相应会计分录。

7. 远洋公司出售机床一台,该机床的原价为42 000元,已计提折旧20 000元,已计提减值准备10 000元,出售时取得不含税价款13 000元,存入银行。远洋公司于2012年纳入“营改增”试点范畴,该车床为2012年以前购入。

要求：根据上述资料，编制远洋公司有关出售固定资产的全部会计分录。

8. 远洋公司一台设备由于更新生产线，不能继续使用，进行报废清理，该设备原价为50 000元，已提折旧25 000元，取得的残料变价不含税收入为5 000元，支付清理费用为2 000元。远洋公司于2012年纳入“营改增”试点范畴，该设备为2013年购入。

要求：编制远洋公司设备报废清理的会计分录。

9. 远洋公司用一台设备对外投资，该设备的账面原价为60 000元，累计折旧为18 000元，双方确定的价值为45 000元，该价值为公允的。

要求：编制该企业对外投资的会计分录。

10. 远洋公司在财产清查中发现没有入账的设备一台，其重置完全价值为20 000元，估价折旧额为6 000元。

要求：编制远洋公司盘盈汽车的会计分录。

11. 远洋公司于20×5年年初自行建造仓库，购入为工程准备的各种物资257.4万元(含增值税)，实际领用工程物资(含增值税)234万元，剩余物资转作企业生产用原材料；另外还领用了企业生产用的原材料一批，实际成本为30万元，应转出的增值税为5.1万元；分配工程人员工资20万元，企业辅助生产车间为工程提供有关劳务支出10.9万元，工程于20×5年3月达到预定可使用状态并交付使用。远洋公司对该项固定资产采用双倍余额递减法计提折旧，预计使用年限为5年，预计净残值率为5%。20×7年3月，该仓库突遭火灾焚毁，残料估计价值5万元(不考虑增值税)，验收入库，用银行存款支付清理费用2万元。经保险公司核定的应赔偿损失120万元，尚未收到赔款。

要求：(1) 计算工程完工交付使用时固定资产的入账价值；

(2) 编制20×5年与工程物资和固定资产购建有关的会计分录；

(3) 计算20×5年和20×6年该项固定资产的折旧额；

(4) 编制20×7年3月清理该仓库的有关会计分录。(金额单位用万元表示)

第九章

无形资产和其他资产

学习目标

1. 了解无形资产的概念、性质及内容；
2. 理解无形资产的确认与计量方法；
3. 掌握无形资产的计价及账务处理，无形资产的摊销、处置核算；
4. 熟悉无形资产的期末计价及减值准备的计提；

案例引入

甲股份公司20×5年股东大会决议进行新的生产工艺研发，2月末至年末共发生研发费用500万元，该公司按照企业会计制度规定将上述研发费用全部予以费用化，当年利润为−200万元。20×6年利润为200万元。该年公司生产工艺研发成功，共发生申请注册费及律师费20万元，全部计入无形资产。此外，从20×5年开始，该公司修改后的制度规定，若公司利润年增长率大于0小于20%，将给予总经理以上高层管理人员5万元奖励；若公司利润年增长率大于等于20%小于50%，将给予总经理以上高层管理人员15万元奖励；若公司利润年增长率大于等于50%，将给予总经理以上高层管理人员50万元奖励，同时送本公司股票10万股。

[思考]

1. 无形资产在企业中有什么样的作用？
2. 现行会计标准在相关问题的处理上有何规定？

第一节　无形资产

一、无形资产的概念和特征

无形资产是指企业拥有或者控制的没有实物形态的可辨认非货币性资产。相对于其他资产，无形资产具有如下三个主要特征：

(1) 不具有实物形态。无形资产是不具有实物形态的非货币性资产，它不像固定资产、存货等有形资产具有实物形体。

(2) 具有可辨认性。资产满足下列条件之一的，符合无形资产定义中的可辨认性标准。

① 能够从企业中分离或者划分出来，并能单独或者与相关合同、资产或负债一起，用于出售、转让、授予许可、租赁或者交换；

② 源自合同性权利或其他法定权利，无论这些权利是否可以从企业或其他权利和义务中转移或者分离。

商誉的存在无法与企业自身分离，不具有可辨认性，不在本节讲述。商誉由《企业会计准则第 20 号——企业合并》规范。

(3) 属于非货币性资产。无形资产属于非货币性资产且能够在多个会计期间为企业带来经济利益。无形资产的使用年限在一年以上，其价值将在各个受益期间逐渐摊销。

二、无形资产的内容

无形资产主要包括专利权、非专利技术、商标权、土地使用权、著作权、特许权等。

(一) 专利权

专利权是指国家专利主管机关依法授予发明创造专利申请人，对其发明创造在法定期限内所享有的专有权利，包括发明专利权、实用新型专利权及外观设计专利权两种。自申请日起计算，发明专利权的期限为 20 年，实用新型及外观设计专利的期限为 10 年。发明者在取得专利权后，在有效期限内将享有专利的独占权。《中华人民共和国专利法》明确规定，专利人拥有的专利权受到国家法律保护。一般而言，只有从外单位购入的专利或者自行开发并按法律程序申请取得的专利，才能作为无形资产管理和核算。

(二) 非专利技术

非专利技术即专有技术，或技术秘密、技术诀窍，是指先进的、未公开的、未申请专利、可以带来经济效益的技术及诀窍。主要内容包括：一是工业专有技术，即在生产上已经采用，仅限于少数人知道，不享有专利权或发明权的生产、装配、修理、工艺或加工方法的技术知识；二是商业(贸易)专有技术，即具有保密性质的市场情报、原材料价格情报以及用户、竞争对象的情况和有关知识；三是管理专有技术，即生产组织的经营方式、管理方式、培训职工方法等保密知识。非专利技术并不是专利法的保护对象，专有技术所有人依靠自我保密的方式来维持其独占权，可以用于转让和投资。

企业的非专利技术，有些是自己开发研究的，有些是根据合同规定从外部购入的。如果是企业自己开发研究的，应将符合无形资产准则规定的开发支出资本化条件的，确认为无形资产。对于从外部购入的非专利技术，应将实际发生的支出予以资本化，作为无形资产入账。

(三) 商标权

商标是用来辨认特定的商品或劳务的标记。商标权是指专门在某类指定的商品或产品上使用特定的名称或图案的权利。商标经过注册登记，就获得了法律上的保护。《中华人民共和国商标法》明确规定，经商标局核准注册的商标为注册商标，商标注册人享有商标专用权，受法律的保护。

企业自创的商标并将其注册登记，所花费用一般不大，是否将其资本化并不重要。能够给拥有者带来获利能力的商标，往往是通过多年的广告宣传和其他传播商标名称的手段，以及客户的信赖等树立起来的。广告费一般不作为商标权的成本，而是在发生时直接计入当期损益。按照《中华人民共和国商标法》的规定，商标可以转让，但受让人应保证使用该注册商标的产品质量。如果企业购买他人的商标，一次性支出费用较大的，可以将其资本化，作为无形资产管理。这时，应根据购入商标的价款，支付的手续费及有关费用作为商标的成本。

（四）土地使用权

土地使用权是指国家准许某一企业或单位在一定期间内对国有土地享有开发、利用、经营的权利。企业取得土地使用权，应将取得时发生的支出资本化，作为土地使用权的成本，记入“无形资产”科目。

（五）著作权

著作权又称版权，制作者对其创作的文学、科学和艺术作品依法享有的某种特殊权利。著作权包括两个方面的权利，即精神权利（人身权利）和经济权利（财产权利）。前者是指作品署名、发表作品、确认作者身份、保护作品的完整性、修改已经发表的作品等各项权力，包括发表权、署名权、修改权和保护作品完整权；后者是指以出版、表演、广播、展览、录制唱片、摄制影片等方式使用作品以及因授权他人使用作品而获得经济利益的权利。

（六）特许权

特许权，又称经营特许权、专营权，是指企业在某一地区经营或销售某种特定商品的权利或是一家企业接受另一家企业使用其商标、商号、技术秘密等的权利。前者一般是指政府机关授权、准许企业使用或在一定地区享有经营某种业务的特权，如水、电、邮电通信等专营权、烟草专卖权等；后者是指企业间依照签订的合同，有限期或无限期使另一家企业的某些权利，如连锁店分店使用总店的名称等。

三、无形资产的核算

为了核算无形资产的取得、摊销和处置等情况，企业应当设置“无形资产”“累计摊销”等账户。企业无形资产发生减值的，还应当设置“无形资产减值准备”账户进行核算。

（一）无形资产的取得

无形资产应当按照成本进行初始计量。企业取得无形资产的主要方式有外购、自行研究开发、投资者投入、接受捐赠等。取得的方式不同，其会计处理也有所差别。

（1）外购的无形资产，其成本包括购买价款、相关税费以及直接归属于使该项资产达到预定用途所发生的其他支出。企业购入的无形资产，应按实际支付的成本，借记“无形资产”账户，贷记“银行存款”等账户。

（2）自行研究开发的无形资产。企业内部研究开发项目所发生的支出应区分研究阶段支出和开发阶段支出。研究是指为获取并理解新的科学或技术知识而进行的独创性有计划的调查；开发是指在进行商业性生产或使用前，将研究成果或其他知识应用于某项计划或设计，以生产出新的或具有实质性改进的材料、装置、产品等。

企业应当设置“研发支出”账户，核算企业进行研究与开发无形资产过程中发生的各项支出，按照研究开发项目，分别用“费用化支出”与“资本化支出”进行明细核算。企业自行开发无形资产发生的研发支出，不满足资本化条件的，借记“研发支出——费用化支出”账户，满足资本化条件的，借记“研发支出——资本化支出”账户，贷记“原材料”“银行存款”“应付职工薪酬”等账户。研究开发项目达到预定用途形成无形资产的，应按“研发支出——资本化支出”账户的余额,借记"无形资产",贷记"研发支出——资本化支出"。期(月)末,应将"研发支出——费用化支出"账户归集的金额转入"管理费用"账户,借记"管理费用",贷记"研发支出——费用化支出"。

(3) 投资者投入的无形资产,应当按照投资合同或协议约定的价值确定,在投资合同或协议约定的价值不公允的情况下,应按无形资产的公允价值入账。

【例 9-1】 远洋公司购入一项非专利技术,支付的买价和有关费用合计 900 000 元,以银行存款支付。编制会计分录如下:

借:无形资产——非专利技术　　900 000

　贷:银行存款　　900 000

【例 9-2】 远洋公司自行研究开发一项技术,截至 20×5 年 12 月 31 日,发生研发支出合计 2 000 000 元。经测试该项研发活动完成了研究阶段,从 20×6 年 1 月 1 日开始进入开发阶段。20×6 年发生研发支出 300 000 元,假定符合《企业会计准则第 6 号——无形资产》规定的开发支出资本化的条件。20×6 年 6 月 30 日,该项研发活动结束,最终开发出一项非专利技术。编制会计分录如下:

① 20×5 年发生的研发支出时:

借:研发支出——费用化支出　　2 000 000

　贷:银行存款等　　2 000 000

② 20×5 年 12 月 31 日,发生的研发支出全部属于研究阶段的支出时:

借:管理费用　　2 000 000

　贷:研发支出——费用化支出　　2 000 000

③ 20×6 年,发生开发支出并满足资本化确认条件时:

借:研发支出——资本化支出　　300 000

　贷:银行存款　　300 000

④ 20×6 年 6 月 30 日,该技术研发完成并形成无形资产时:

借:无形资产——非专利技术　　300 000

　贷:研发支出——资本化支出　　300 000

(二) 无形资产的摊销

企业应当于取得无形资产时分析判断其使用寿命。使用寿命有限的无形资产应进行摊销。使用寿命不确定的无形资产不应摊销。使用寿命有限的无形资产,其残值应当视为零。对于使用寿命有限的无形资产应当自可供使用(即其达到预定用途)当月起开始摊销,处置当月不再摊销。

无形资产摊销方法包括直线法、生产总量法等。企业选择无形资产的摊销方法,应当反映与该项无形资产有关的经济利益的预期实现方式。无法可靠确定预期实现方式的应当采用直线法摊销。

企业应当按月对无形资产进行摊销。无形资产的摊销额一般应当计入当期损益,并记入"累计摊销"账户。企业自用的无形资产,其摊销金额计入管理费用,借记"管理费用"账户,贷记"累计摊销"账户;出租的无形资产,其摊销金额计入其他业务成本,借记"其他业务成本"账户,贷记"累计摊销"账户。某项无形资产包含的经济利益通过所生产的产品或其他资产实现的,其摊销金额应当计入相关资产成本,借记"制造费用"等账户,贷记"累计摊销"账户。

企业至少应当于每年年度终了,对无形资产的使用寿命进行复核,如果有证据表明无形资产的使用寿命不同于以前的估计,则对于使用寿命有限的无形资产,应改变其摊销年限,并按照《企业会计准则第 28 号——会计政策、会计估计变更和差错更正》进行处理。

对于使用寿命不确定的无形资产,对于根据可获得的情况判断,无法合理估计其使用寿命的无形资产,应作为使用寿命不确定的无形资产。按照准则规定,对于使用寿命不确定的无形资产,在持有期间内不需要摊销,但需要至少于每一会计期末进行减值测试。按照《企业会计准则第 8 号——资产减值》的规定,需要计提减值准备的,应相应计提有关的减值准备。

【例 9-3】 远洋公司经批准购买了一项特许权,成本为 4 800 000 元,合同规定受益年限为 10 年。每月摊销时,编制会计分录如下:

借:管理费用　　40 000

　　贷:累计摊销　　40 000

【例 9-4】 远洋公司将其自行开发完成的非专利技术出租给丁公司,该非专利技术成本为 3 600 000 元,双方约定的租赁期限为 10 年,每月摊销时,编制会计分录如下:

借:其他业务成本　　30 000

　　贷:累计摊销　　30 000

(三)无形资产的出售

企业出售无形资产,应当将取得的价款扣除该无形资产账面价值以及出售相关税费后的差额计入营业外收入或营业外支出。无形资产的账面价值是无形资产账面余额扣减累计摊销和累计减值准备后的金额。

企业处置无形资产时,应按实际收到的金额等,借记“银行存款”等账户,按已计提的累计摊销,借记“累计摊销”账户,按已计提的减值准备,借记“无形资产减值准备”账户,按应支付的相关税费及其他费用,贷记“银行存款”“应交税费——应交增值税(销项税额)”等账户,按无形资产账面余额,贷记“无形资产”账户,按其差额,贷记“营业外收入——处置非流动资产利得”或借记“营业外支出——处置非流动资产损失”账户。

【例 9-5】 远洋公司试行“营改增”之后,将其购买的一专利权转让给乙公司,该专利权的成本为 600 000 元,已摊销 220 000 元,实际取得的不含税价款为 500 000 元,增值税率为 6%,款项已存入银行。编制会计分录如下:

借:银行存款　　500 000

　　累计摊销　　220 000

　　贷:无形资产　　600 000

　　　　应交税费——应交增值税(销项税额)　　30 000

　　　　营业外收入——非流动资产处置利得　　140 000

(四)无形资产的出租

企业将无形资产的使用权出租时,仍保留对所转让的无形资产的所有权,即拥有占有、使用、取得收益及处置的权利,而仅仅是将部分使用权让渡给其他企业。受让人只获得无形资产的使用权,而无所有权。企业转让无形资产使用权获得的收入,作为企业的其他业务收入处理,但仍保留无形资产所有权,故不需在账面上转销无形资产的账面成本,在企业仍按规定分期摊销。

【例9-6】　远洋公司出租专利权一项，期限为6年，每年收取专利权使用费150 000元，支付转让服务费10 000元。编制会计分录如下：

① 收取专利权使用费：

借：银行存款　　150 000

　　贷：其他业务收入　　150 000

② 支付转让服务费：

借：其他业务成本　　10 000

　　贷：银行存款　　10 000

（五）无形资产报废

如果无形资产预期不能为企业带来经济利益，例如，某无形资产已被其他新技术所替代或超过法律保护期，不能再为企业带来经济利益，则不再符合无形资产的定义，应将其报废并予以转销，其账面价值转作当期损益。

【例9-7】　远洋公司拥有一项非专利权技术，预期使用10年。现该项非专利技术已被内部研发成功的新技术所替代，并且根据市场调查，用该非专利技术生产的产品已没有市场，预期不能再为企业带来任何经济利益，故应当予以转销。该项非专利技术的成本200 000元，已摊销6年，累计提提减值准备30 000元，该项非专利技术无残值。编制会计分录如下：

借：累计摊销　　120 000

　　无形资产减值准备　　30 000

　　营业外支出——非流动资产处置损失　　50 000

　　贷：无形资产　　200 000

四、无形资产减值

无形资产在资产负债表日存在可能发生减值的迹象时，其可收回金额低于账面价值的，企业应当将该无形资产的账面价值减记至可收回金额，减记的金额确认为减值损失，计入当期损益，同时计提相应的资产减值准备。

企业计提无形资产减值准备，应当设置“无形资产减值准”账户核算。企业按应减记的金额，借记“资产减值损失——计提的无形资产减值准备”，贷记“无形资产减值准备”。无形资产减值损失一经确认，在以后会计期间不得转回。

【例9-8】　20×5年市场上某项技术生产的产品销售势头较差，已对远洋公司产品的销售产生重大不利影响。公司外购的类似专利技术的账面价值为800 000元，剩余摊销年限为4年，经减值测试，该专利技术的可收回金额为750 000元。

由于该专利权在资产负债表日的账面价值为800 000元，可收回金额为750 000元，可收回金额低于其账面价值，应按其差额50 000(800 000－750 000)元计提减值准备。编制会计分录如下：

借：资产减值损失——无形资产减值准备　　50 000

　　贷：无形资产减值准备　　50 000

【例9-9】　远洋公司自行研究开发一项专利技术，与该项专利技术有关的资料如下：20×5年1月，该项研发活动进入开发阶段，以银行存款支付的开发费用2 800 000元，其中满足资本化条件的为1 500 000元。20×5年7月，开发活动结束，并按法律程序申请取得专利权，供企业行政管理部门使用；该项专利权法律规定有效期为5年，采用直线法摊销；20×5年12月1日，将该项专利权转让，实际取得价款为1 600 000元，增值税税率6%，款项已存入银行。编制会计分录如下：

① 发生开发支出时：

借：研发支出——费用化支出　　1 300 000

　　　　　　——资本化支出　　1 500 000

　贷：银行存款　　2 800 000

② 转销费用化开发支出时：

借：管理费用　　1 300 000

　贷：研发支出——费用化支出　　1 300 000

③ 形成专利权时：

借：无形资产　　1 500 000

　贷：研发支出——资本化支出　　1 500 000

④ 专利权摊销时：

借：管理费用　　25 000

　贷：累计摊销　　25 000

⑤ 转让专利权时：

借：银行存款　　1 600 000

　　累计摊销　　125 000

　贷：无形资产　　1 500 000

　　　应交税费——应交增值税（销项税额）　　96 000

　　　营业外收入——非流动资产处置利得　　129 000

第二节　其他资产

其他资产是指除货币资金、交易性金融资产、应收及预付款项、存货、长期股权投资、固定资产、无形资产等以外的资产，如长期待摊费用等。

长期待摊费用是指企业已经发生但应由本期和以后各期负担的分摊期限在一年以上的各项费用，如以经营租赁方式租入的固定资产发生的改良支出等。企业应通过设置“长期待摊费用”账户进行核算。企业发生的长期待摊费用，借记“长期待摊费用”账户，贷记“原材料”“银行存款”等账户；摊销长期待摊费用，借记“管理费用”“销售费用”等账户，贷记“长期待摊费用”账户；“长期待摊费用”账户期末借方余额，反映企业尚未摊销完毕的长期待摊费用。“长期待摊费用”账户可按费用项目进行明细核算。

【例9-10】 20×5年远洋公司对其以经营租赁方式新租入的办公楼进行装修，发生有关支出如下：领用生产用材料500 000元，购进该批原材料时支付的增值税进项税额为85 000元；辅助生产车间为该装修工程提供的劳务支出为180 000元；有关人员职工薪酬520 000元。20×5年12月1日，该办公楼装修完工，达到预定可使用状态并交付使用，并按租赁期10年开始进行摊销。假定不考虑其他因素，编制会计分录如下：

① 装修领用原材料时：

借：长期待摊费用　　500 000

　贷：原材料　　500 000

② 辅助生产车间为装修工程提供劳务时：

借：长期待摊费用　　180 000

　贷：生产成本——辅助生产成本　　180 000

③ 确认工程人员薪酬时：

借：长期待摊费用　　520 000

　贷：应付职工薪酬　　520 000

④ 20×5 年 12 月末摊销装修支出时：

借：管理费用　　10 000

　贷：长期待摊费用　　10 000

本章小结

本章主要介绍了无形资产、其他资产的概念、特征，不同来源形成的无形资产取得、摊销、处置的核算。

基本概念

无形资产、累计摊销、长期待摊费用。

思考题

1. 无形资产通常包括哪些项目？企业将某个项目确认为无形资产应当满足哪些条件？
2. 在不同的取得方式下，如何计量无形资产的初始成本？
3. 开发阶段发生的支出是否应全部资本化？为什么？
4. 转让无形资产所有权和使用权的核算有哪些区别？
5. 无形资产与固定资产在会计核算上主要有哪些区别？

实训(练习)题

一、单项选择题

1. 甲企业 20×5 年 1 月 1 日获得一项无形资产入账价值为 63 万元，预计使用年限为 9 年，法律规定有效使用年限为 7 年。20×8 年 12 月 31 日，该无形资产的可收回金额为 40 万元，应计提减值准备是(　　)万元。

　A. 5　　B. 0

　C. 2　　D. 4

2. 企业出租无形资产取得收入，应当记入(　　)账户。

　A. “营业外收入”　　B. “投资收益”

　C. “其他业务收入”　　D. “主营业务收入”

3. 下列各项目中，在确认无形资产时无须考虑的是(　　)。
A. 符合无形资产的定义
B. 无形资产的成本能够可靠地计量
C. 与该无形资产相关的预计未来经济利益很可能流入企业
D. 无形资产的使用寿命必须是有限的
4. 接受投资者投入的无形资产，应按(　　)入账。
A. 同类无形资产的价格　　B. 该无形资产可能带来的未来现金流量之和
C. 投资各方确认的公允价值　　D. 投资者无形资产的账面价值
5. 在我国，如果合同和法律上都没有规定无形资产的使用年限，摊销年限不应超过(　　)年。
A. 10　　B. 5
C. 8　　D. 15
6. 下列各项中，不应确认为无形资产的是(　　)。
A. 著作权　　B. 土地使用权
C. 特许权　　D. 商誉
7. 企业摊销无形资产价值时，应贷记的科目是(　　)。
A. "无形资产"　　B. "累计摊销"
C. "管理费用"　　D. "累计折旧"
8. 企业出售无形资产发生的净损失，应当计入(　　)。
A. 主营业务成本　　B. 其他业务成本
C. 管理费用　　D. 营业外支出
9. 下列各项中，关于无形资产摊销表述不正确的是(　　)。
A. 使用寿命不确定的无形资产不应摊销
B. 出租无形资产的摊销额应计入管理费用
C. 使用寿命有限的无形资产处置当月不再摊销
D. 无形资产的摊销方法主要有直线法和生产总量法
10. 以经营租赁方式租入的固定资产改良支出计入(　　)科目。
A. "待摊费用"　　B. "长期待摊费用"
C. "管理费用"　　D. "销售费用"

二、多项选择题

1. 下列关于无形资产的表述中不正确的有(　　)。
A. 外购的无形资产成本包括购买价款、相关税费以及直接归属于使该项资产达到预定用途前所发生的其他支出
B. 企业自行研究开发的无形资产，在开发阶段的支出应当资本化
C. 无形资产均应在取得当月进行摊销
D. 无形资产减值准备一经计提以后会计期间不得转回
2. 下列无形项目中，可辨认的是(　　)。
A. 专利权　　B. 商标权
C. 著作权　　D. 商誉

3. 下列项目中，构成开发支出资本化条件的是（　　）。
A. 无形资产产生经济利益的方式
B. 归属于该无形资产开发使用或出售的意图
C. 具有完成该无形资产并使用或出售的意图
D. 开发的技术必须能够申请专利权

4. 无形资产的确认条件包括（　　）。
A. 符合无形资产的定义
B. 必须可辨认
C. 是非货币性长期资产
D. 该资产产生的经济利益很可能流入企业并且成本能够可靠地计量

5. 出售无形资产净损失不应记入（　　）账户。
A. “管理费用”　　B. “营业外支出”
C. “其他业务成本”　　D. “销售费用”

6. 下列关于无形资产的表述中不正确的有（　　）。
A. 外购的无形资产成本包括购买价款、相关税费以及直接归属于使该项资产达到预定用途前所发生的其他支出
B. 企业自行研究开发的无形资产，在开发阶段的支出应当资本化
C. 无形资产均应在取得当月进行摊销
D. 无形资产减值准备一经计提以后会计期间不得转回

7. 下列关于企业自行研发无形资产的表述中，正确的有（　　）。
A. 企业研究阶段发生的职工薪酬支出，应予以费用化
B. 无法区分研究阶段支出和开发阶段支出的，应予以费用化
C. 企业开发阶段发生的实验材料支出，应予以资本化
D. 企业开发阶段发生的培训支出，应予以费用化

8. 下列关于无形资产摊销的表述中，正确的有（　　）。
A. 使用寿命有限的无形资产应当自取得月份的下月起在预计使用年限内分期摊销
B. 合同规定受益年限但法律未规定有效年限的，摊销年限不应超过合同规定的受益年限
C. 合同未规定受益年限但法律规定有效年限的，摊销年限不应超过法律规定的有效期限
D. 合同规定了受益年限，法律也规定了有效年限，摊销年限以受益年限与有效年限中较短者为上限

9. 下列关于无形资产转让会计处理的表述中，正确的有（　　）。
A. 出租无形资产取得的收入应计入营业外收入
B. 出售无形资产取得的收入应计入其他业务收入
C. 出租无形资产使用权取得的收入应计入其他业务收入
D. 出售无形资产取得的收入应计入营业外收入

10. 无形资产的内容包括（　　）。
A. 专利权　　B. 非专利技术
C. 土地使用权　　D. 经营特许权

三、判断题

1. 自主研发形成的无形资产在开发阶段符合相关条件的情况下，可构成无形资产价值，其初始成本包括以前期间已经费用化的支出。（　　）

2. 如果无形资产可收回金额低于其账面价值，说明企业的无形资产发生了减值，应计提无形资产减值准备。（　　）

3. 企业自创商誉、品牌、报刊名等过程中发生的支出不能将其作为企业的无形资产予以确认。（　　）

4. 无形资产作为一种能为企业带来经济利益的资产，应在一定期限内被摊销完毕，其摊销金额计入管理费用，同时冲减无形资产的账面价值。（　　）

5. 在我国研究与开发费用应在成功申请专利以后，将其转入无形资产的价值。（　　）

6. 只有很可能为企业带来经济利益，并且成本能够可靠计量的无形资产才能够予以确认。（　　）

7. 无实体性是无形资产区别于其他各种资产的唯一特征。（　　）

8. 使用寿命不确定的无形资产的价值不应进行摊销。（　　）

9. 企业购入用于建造房屋的土地使用权，应计入建造房屋的成本。（　　）

10. 无形资产减值损失一经确认，在以后会计期间不得转回。（　　）

四、业务题

1. 远洋公司与2014年12月用银行存款100 000元购入一项专利权的所有权，该企业经营期为20年，该项专利权法律规定的有效期限为10年。2016年12月，该企业将上述专利权的所有权转让，取得不含税收入100 000元，转让专利权涉及的增值税税率为6%（远洋公司已实行“营改增”）。

要求：编制该企业购入专利权、每年专利权摊销和转让专利权的会计分录。

2. 远洋公司2015年7月1日购入专利权一项，用银行存款支付价款84 000元，有效期限为12年。2016年1月3日将该项专利权的所有权转让，收取价款85 000元，存入银行。无形资产转让收入增值税税率为6%（远洋公司为“营改增”试点企业）。

要求：根据上述资料，编制该企业购入专利权、摊销其价值以及转让专利权的会计分录；计算转让无形资产净损益。

3. 20×5年1月1日，远洋公司将一项专利技术出租给某企业使用，该专利技术账面余额为500万元，摊销期限为10年，出租合同规定，承租方每销售一件用该专利生产的产品，必须付给出租方10元专利技术使用费。假定承租方当年销售该产品10万件，不考虑相关税费。

要求：编制远洋公司取得技术使用费和专利技术摊销等的会计分录。

4. 远洋公司在筹建期间发生下列费用：以银行存款支付注册登记费10 000元；以现金报销差旅费24 000元；以银行存款购买办公用品40 000元；应付职工工资90 000元；以银行存款40 000元支付借款利息；其中24 000元为固定资产的借款利息。企业于当年正式投入运营，开办费分5年平均摊销，按月进行会计处理。

要求：根据上述资料，编制远洋公司有关开办费的全部会计分录。

5. 远洋公司对租入的房屋进行改造，领用原材料的实际成本为60 000元，应负担的税款为10 200元，应负担的工资费用为24 000元、福利费用为3 360元，以银行存款支付其他费用10 000元。改造完工交付使用。该房屋的租赁期为5年，投入使用后按月摊销其价值。

要求：编制该企业租入房屋后的相关会计分录。

第十章

投　资

学习目标

1. 理解金融资产的性质、范围和分类；
2. 掌握金融资产的初始计量、后续计量及其减值的处理；
3. 掌握长期股权投资的成本法和权益法；
4. 能够运用所学知识对金融资产和长期股权投资进行分类并核算。

案例引入

东方证券股份有限公司是一家综合类证券公司，公司资产质量优良，业务品种齐全，涵盖了证券承销、自营买卖、交易代理、投资咨询、财务顾问、企业并购、基金和资产管理等众多领域。早在2006年，东方证券就开始努力实现上市的梦想，2006年和2007年，股权分置改革催生了A股市场前所未有的大牛市，所有券商在这场牛市中都赚得盆满钵满，东方证券也在这两年分别实现了高达14亿元和43亿元的净利润。

时间转眼到了2008年，由于A股市场在2008年遭遇了一场前所未有的特大熊市，而东方证券也因为投资失误，爆出2008年巨亏9亿元的消息，将不能满足中国证监会“最近三个会计年度净利润均为正数”的上市条件，它在短期内通过IPO方式登录A股之梦只能渐行渐远了。

其中，2008年公允价值变动损益和投资净收益合计亏损高达21.47亿元是东方证券2008年业绩巨亏最重要的原因。在上市公司2008年三季报中，东方证券一共出现在15家上市公司前十大流通股东中。在大盘下跌过程中，东方证券对于自己所持股票都是越跌越买，最后不可避免地陷入了“深套”泥潭。

东方证券的激进不仅体现在股票操作上，而且还体现在会计政策选择上。如果东方证券将大部分股票投资计入“可供出售金融资产”科目，而不是计入“交易性金融资产”科目，那么东方证券原本可以避免2008年出现如此巨大的亏损。2007年，东方证券公允价值变动损益高达19.88亿元，再加上30.66亿元投资收益，自营业务给东方证券贡献了高达50.54亿元的税前收益。这和2008年两个科目合计亏损21.47亿元形成了极大的落差。

[思考]

1. 交易性金融资产与可供出售金融资产应如何划分？

2. 如何影响东方证券业绩呢？

第一节 投资概述

一、投资的概念与特点

（一）投资的概念

企业除了从事自身的生产经营活动外，还可以通过投资获得利益，以实现其经营目标。投资是指企业为通过分配来增加财富，或为谋求其他利益而将资产让渡给其他单位所获得的另一项资产。投资有广义和狭义之分。广义的投资包括对外的权益性投资、债权性投资、期货投资和房地产投资以及对内的固定资产投资、存货投资等；狭义的投资一般仅包括对外的投资，而不包括对内投资。中级财务会计中的投资通常是指狭义投资，不包括固定资产投资、存货投资等对内投资。

（二）投资的特点

1. 投资是通过让渡其他资产而换取的另一项资产

投资是企业将所拥有的现金、固定资产等资产让渡给其他单位使用，以换取债权投资或股权投资等，如支付现金以购买债券或房地产、用固定资产向其他单位投资以取得其他单位的股权、通过让渡一项股权换取另一项股权等。投资能给投资者带来未来的经济利益，这种经济利益是指直接或间接地增加流入企业的现金和现金等价物的能力。

2. 投资所带来的经济利益与其他资产为企业带来的经济利益在形式上所有不同

企业所拥有或控制的除投资以外的其他资产，通常能为企业带来直接的经济利益。例如，商业企业的库存商品是为转售而储备的，对这些库存商品的出售可以直接为企业带来经济利益。又如，工业企业所拥有的为生产产品而持有的固定资产，是企业为生产产品所不可缺的一部分，其为企业带来的经济利益不很直观，需通过产品所创造的经济利益得到体现，但这种经济利益的流入是企业本身经营所产生的。从这个意义上看，固定资产也能为企业带来直接的经济利益。而投资通常是将企业的一部分资产让渡给其他单位使用，通过其他单位使用投资者投入的资产所创造的效益，或者通过投资改善贸易关系等手段达到获取利益的目的。

二、投资的分类

对投资进行适当的分类，是确定投资会计核算方法和如何在会计报表中披露的前提。投资按照不同的标准有不同的分类，概括起来，主要有以下几种。

（一）按照投资对象的变现能力分类

1. 易于变现的投资

易于变现的投资是指在证券市场上能够随时变现的投资。这类投资必须是能够上市交易的股票、债券、期货等。

2. 不易于变现的投资

不易于变现的投资是指不能在证券市场上变现的投资。这类投资通过是不能上市交易，要将所持投资转换为现金并非轻而易举。

（二）按照投资的性质分类

1. 权益性投资

权益性投资是指为获取另一家企业的权益或净资产所做的投资。如对另一家企业的普通股股票投资，这属于权益性投资。权益性投资的主要特点是投资者有权参与投资企业的经营管理，投资收益不确定，投资风险高。企业进行权益性投资，应主要考虑被投资企业的获利能力以及该投资是否有利于本企业的长远利益等。

2. 债权性投资

债权性投资是指为取得债权所做的投资。这种投资的目的不是为获得另一家企业的剩余资产，而是为了获取高于银行存款利率的利息，并能按期收回本息。如购买公司债券，就属于债权性投资。相对于权益性投资而言，债权性投资风险小，收益较低，投资者一般无权参与被投资企业的经营管理。企业进行债权性投资，应主要考虑被投资企业的偿债能力、企业能否按期收回本息等问题。

3. 混合性投资

混合性投资是指同时具有权益性和债权性双重性质的投资。它往往表现为混合性证券投资，如购买优先股股票、购买可转换公司债券等，就属于混合性投资。由于混合性投资兼有权益性投资和债权性投资的特点，有利于投资企业转换投资性质或选择投资对象。例如，优先股股票一般定期派发股利而且股利率预先约定，优先股股东一般不参与被投资企业的经营管理，这点类似债权性债券；但优先股股票没有到期日，股东不能退股，它也代表发行企业资产中剩余所有权，这一点又类似于权益性证券。可转换公司债券是指公司债券的持有人有权按照约定将其转换为发行公司的其他证券。如普通股股票等。在公司债券未转换之前，它属于债权性证券；在转换为股票后，则属于权益性证券。

（三）按照投资的意图分类

1. 交易性金融资产投资

交易性金融资产投资主要是指企业为了近期内出售而持有金融资产的投资。比如，企业以赚取差价为目的从二级市场购入的股票、债券、基金等。

2. 持有至到期投资

持有至到期投资是指企业从二级市场购入的符合持有至到期投资条件的固定利率国债、浮动利率公司债券等。购入的股权投资因其没有固定的到期日，不符合持有至到期投资条件，不能划分为持有至到期投资。持有至到期投资通常是指具有长期性质但期限较短（1年以内）的债券投资。符合持有至到期投资条件的，也可以将其划分为持有至到期投资。

3. 可供出售金融资产投资

可供出售金融资产投资通常是指企业为没有划分为以公允价值计量且其变动计入当期损益的金融资产、持有至到期投资、贷款和应收款项的金融资产的投资。比如，企业购入的在活跃市场上有报价的股票、债券、基金等，没有划分为以公允价值计量且其变动计入当期损益的金融资产或持有至到期投资等金融资产，可归为此类。

4. 长期股权投资

长期股权投资是指持有时间准备超过1年（不含1年）的各种股权性质的投资。它包括长期股票投资和其他长期股权投资。这种投资主要是为了达到控制其他单位或对其他单位实施重大影响，或出于其他长期性质的目的而进行的投资。

第二节　交易性金融资产

企业金融资产主要包括库存现金、应收账款、应收票据、贷款、垫款、其他应收款、应收利息、债券投资、股票投资、基金投资及衍生金融资产等。企业应当结合自身特点和风险管理要求，将取得的金融资产分类核算。本节只涉及以公允价值计量且变动计入当期损益的金融资产中的交易性金融资产的内容和账务处理。

一、交易性金融资产的内容

交易性金融资产主要是指企业为了近期内出售而持有的金融资产，如企业以赚取差价为目的从二级市场购入的股票、债券、基金等。

二、交易性金融资产的确认

作为交易性金融资产，首先，应有活跃的市场，并能够从该活跃市场取得其公允价值；其次，持有该项金融资产的目的是为“交易”或赚取差价。活跃市场通常应同时具有以下三个基本特征：一是市场内交易的对象具有同质性；二是可以随时找到自愿而非被迫的买方或卖方；三是市场价格信息是公开的。例如，上海证券交易所设立的股票交易市场。

交易性金融资产应在企业成为金融工具合同一方时予以确认。金融工具是指形成一个企业的金融资产，并形成其他单位的金融负债或权益工具的合同。交易性金融资产属于企业的流动资产。

当企业收取该交易性金融资产现金流量的合同权利终止，或该交易金融资产已转移时，应当终止确认。终止确认是指将该交易性金融资产从企业的账户和资产负债内予以转销。

三、交易性金融资产核算

（一）交易性金融资产核算应设置的会计科目

1.“交易性金融资产”科目

该科目核算企业为交易目的所持有的债券投资、股票投资、基金投资等交易性金融资产的公允价值。企业持有的直接定为公允价值计量且其变动计入当期损益的金融资产也在本科目核算。该科目的借方登记交易性金融资产的取得成本、资产负债表日其公允价值高于账面余额的差额等；贷方登记资产负债表日其公允价值低于账面余额的差额，以及企业出售交易性金融资产时结转的成本和公允价值变动。企业应当按照交易性金融资产的类别和品种，分别设置“成本”“公允价值变动”等明细科目进行核算。

2.“公允价值变动损益”科目

该科目核算企业交易性金融资产等公允价值变动而形成的应计入当期损益的利得和损失。其借方登记资产负债表日企业持有的交易性资产等的公允价值低于账面余额的差额；贷方登记资产负债表日企业持有的交易性金融资产等的公允价值高于账面余额的差额。

3.“投资收益”科目

该科目核算企业持有交易性金融资产等的期间内取得的投资收益以及出售交易性资产等

实现的投资收益或投资损失，贷方登记企业持有交易性金融资产等的期间内取得的投资收益以及出售交易性金融资产等实现的投资收益。

（二）交易性金融资产的取得

企业通常以从外部购入的方式取得交易性金融资产，有时也可能以非货币性资产交换、债务重组等方式取得交易性金融资产。本章主要讲述从外部购入方式取得交易性股票、债券等金融资产的核算。

企业从外部购入取得交易性金融资产时，应当按照取得时的公允价值作为初始确认金额，作为交易性金融资产的成本。相关的交易费用在发生时计入当期损益，即记入“投资收益”账户；如果所支付的价款中包含已宣告发放的现金股利或已到期但尚未领取的债券利息应单独确认为应收项目，应当分别作为“应收股利”和“应收利息”处理。所以，企业从外部购入交易性金融资产时，应按公允价值借记“交易性金融资产——成本”科目，按交易费用借记“投资收益”科目，按已到付息期但尚未领取的利息或已宣告但尚未发放的现金股利借记“应收利息”或“应收股利”科目，按实际支付的金额贷记“银行存款”等科目。

【例 10-1】 远洋公司 20×5 年 1 月 10 日以每股 15 元价格（其中包括已宣告但尚未发放的现金股利 0.4 元）购入乙公司股票 200 000 股，发生相关手续费、税金 20 000 元，款项以存款支付。远洋公司将其所持有的乙公司股票作为交易性金融资产。编制的会计分录如下：

借：交易性金融资产——成本	2 920 000	
应收股利	80 000	
投资收益	20 000	
贷：银行存款		3 020 000

【例 10-2】 20×5 年 1 月 1 日，远洋公司从二级市场支付价款 1 020 000 元（含已到付息期但尚未领取的利息 20 000 元）购入丙公司发行的债券，另发生交易费用 20 000 元。该债券面值 1 000 000 元，剩余期限为 2 年，票面年利率为 4%，每半年付息一次，远洋公司将其划分为交易性金融资产。编制的会计分录如下：

借：交易性金融资产——成本	1 000 000	
应收利息	20 000	
投资收益	20 000	
贷：银行存款		1 040 000

（三）交易性金融资产的持有

交易性金融资产的股利或利息包括两个方面的内容：一是初始确认时确认的应收股利或应收利息，这部分股利或利息在本质上属于暂时垫付的款项，在实际收回时，借记“银行存款”科目，贷记“应收股利”或“应收利息”科目，不涉及投资收益的确认；二是除上述股利或利息之外，企业在交易性金融资产持有期间实现的投资收益，借记“应收股利”或“应收利息”科目，贷记“投资收益”科目；实际收到股利或利息时，借记“银行存款”科目，贷记“应收股利”或“应收利息”科目。

【例 10-3】 承【例 10-1】，远洋公司 20×5 年 2 月 25 收到乙公司发放的现金股利 80 000 元，款项存入银行。编制的会计分录如下：

借：银行存款	80 000	
贷：应收股利		80 000

【例 10-4】 承【例 10-2】,远洋公司 20×5 年 6 月 30 日确认丙公司债券当年上半年的投资收益 20 000 元(1 000 000×4%÷2)。编制的会计分录如下:

借:应收利息　　20 000

　　贷:投资收益　　20 000

假定远洋公司 20×5 年 7 月 10 日收到丙公司债券当年上半年的利息 20 000 元。编制的会计分录如下:

借:银行存款　　20 000

　　贷:应收利息　　20 000

(四)交易性金融资产的期末计量

资产负债表日,交易性金融资产的公允价值高于其账面余额的差额,借记"交易性金融资产——公允价值变动"科目,贷记"公允价值变动损益"科目;公允价值低于其账面余额的差额,作相反的会计分录。

【例 10-5】 承【例 10-1】,20×5 年 6 月 30 日乙公司股票的市价为每股 12 元,则远洋公司所持有的乙公司股票共计损失 520 000 元(2 920 000－200 000×12)。远洋公司编制的会计分录如下:

借:公允价值变动损益　　520 000

　　贷:交易性金融资产——公允价值变动　　520 000

【例 10-6】 承【例 10-2】,20×5 年 6 月 30 日远洋公司所持有的丙公司债券的公允价值为 1 150 000 元(不含利息),则远洋公司应确认收益为 150 000 元。编制的会计分录如下:

借:交易性金融资产——公允价值变动　　150 000

　　贷:公允价值变动损益　　150 000

(五)交易性金融资产的出售

企业出售交易性金融资产时,将处置时的该交易性金融资产的公允价值与其账面价值之间的差额确认为投资收益,同时调整公允价值变动损益即借记或贷记"公允价值变动损益"科目,贷记或借记"投资收益"科目。

【例 10-7】 承【例 10-1】和【例 10-5】,20×5 年 7 月 20 日远洋公司将其所持有的乙公司股票全部出售,每股售价 13 元。远洋公司编制的会计分录如下:

借:银行存款　　2 600 000

　　交易性金融资产——公允价值变动　　520 000

　　投资收益　　320 000

　　贷:交易性金融资产——成本　　2 920 000

　　　　公允价值变动损益　　520 000

或:

借:银行存款　　2 600 000

　　交易性金融资产——公允价值变动　　520 000

　　贷:交易性金融资产——成本　　2 920 000

　　　　投资收益　　200 000

同时:

借:投资收益　　520 000

　　贷:公允价值变动损益　　520 000

【例 10-8】 承【例 10-2】和【例 10-6】，20×5 年 7 月 25 日远洋公司将其持有的丙公司债券出售，所得价款 1 200 000 元。远洋公司编制的会计分录如下：

借：银行存款　　1 200 000
　　公允价值变动损益　　150 000
　　贷：交易性金融资产——成本　　1 000 000
　　　　　　　　　　——公允价值变动　　150 000
　　　投资收益　　100 000

第三节 持有至到期投资

一、持有至到期投资的内容

持有至到期投资是指到期日固定、回收金额固定或可确定，且企业有明确意图并有能力持有至到期的非衍生金融资产。它主要是企业持有的、在活跃市场上有公开报价的债券投资，包括国债、金融债券和公司债券等。例如，企业从二级市场上购入的固定利率 3 年期国债、浮动利率 2 年期公司债券等符合持有至到期投资的条件，可以划分为持有至到期投资。

“到期日固定、回收金额固定或可确定”是指相关合同明确了投资者在确定的期间内获得或应收取的现金流量（如投资利息和本金）的金额和时间。因此，权益工具投资不能划分为持有至到期投资。

“有明确意图持有至到期”是指投资者在取得投资时意图就是明确的。

“有能力持有至到期”是指企业有足够的财务资源，并不受外部因素影响将投资持有至到期。

二、持有至到期投资的账务处理

（一）持有至到期投资核算应设置的会计科目

为了反映和监督持有至到期投资的取得、收取利息和出售等情况，企业应当设置“持有至到期投资”“投资收益”等科目进行核算。

“持有至到期投资”科目核算企业持有至到期投资的摊余成本。借方登记持有至到期投资的取得成本、一次还本付息债券投资在资产负债表日按照票面利率计算的应收未收利息等；贷方登记企业出售持有至到期投资时结转的成本等。企业可以按照持有至到期投资的类别和品种，分别设置“成本”“利息调整”“应计利息”等明细科目进行核算。

（二）持有至到期投资的取得

企业取得持有至到期投资应当按照公允价值计量，取得持有至到期投资所发生的交易费用计入持有至到期投资的初始确认金额。

企业取得持有至到期投资支付的价款中包含已到付息期但尚未领取的债券利息，应当单独确认为应收项目，不构成持有至到期投资的初始确认金额。

企业取得的持有至到期投资，应当按照该投资的面值，借记“持有至到期投资——成本”科目，按照支付的价款中包含已到付息期但尚未领取的利息，借记“应收利息”科目，按照实际支付的金额，贷记“银行存款”等科目，按照其差额，借记或贷记“持有至到期投资——利息调整”科目。

【例 10-9】 20×5 年 1 月 1 日,远洋公司支付价款 20 000 000(含交易费用)从上海证券交易所购入丁公司同日发行的 5 年期公司债券 12 500 份,债券票面价值总额为 2 500 000 元,票面利率为 4.72%,于年末支付本年度债券利息(即每年利息为 118 000 元),本金在债券到期时一次性偿还。远洋公司将其划分为持有至到期投资。该债券投资的实际利率为 10%。远洋公司应编制如下会计分录:

借:持有至到期投资——丁公司债券(成本)　　25 000 000

　　贷:持有至到期投资——丁公司债券——利息调整　　500 000

　　　　其他货币资金——存出投资款　　2 000 000

(三) 持有至到期投资的持有

企业在持有持有到到期投资的会计期间,所涉及的会计处理主要有两个方面:一是在资产负债表日确认债券利息收入,二是在资产负债表日核算发生的减值损失。

1. 持有至到期投资的债券利息收入

企业在持有持有至到期投资的会计期间,应当按照摊余成本对持有至到期投资进行计量。在资产负债表日,按照持有至到期投资摊余成本和实际利率计算确定的债券利息收入,应当作为投资收益进行会计处理。

摊余成本是指该金融资产的初始确认金额经下列调整后的结果:①扣除已偿还的本金;②加上或减去采用实际利率法将该初始确认金额与到期日金额之间的差额进行摊销形成的累计摊销额;③扣除已发生的减值损失。

实际利率是指将金融资产在预期存续期间或适用的更短期间内的未来现金流量,折现为该金融资产当前账面价值所使用的利率。实际利率在相关金融资产预期存续期间或适用的更短期间内保持不变。

需要说明的是,如果有客观证据表明该金融资产的实际利率计算的各期利息收入与名义利率计算的相差很小,也可以采用名义利率替代实际利率使用。

持有至到期投资为分期付息、一次还本债券投资的,企业应当在资产负债表日按照持有至到期投资的面值和票面利率计算确定的应收未收利息,借记“应收利息”科目,按照持有至到期投资的摊余成本和实际利率计算确定的利息收入,贷记“投资收益”科目,按照其差额,借记或贷记“持有至到期投资——利息调整”科目。

持有至到期投资为一次还本付息债券投资的,企业应当在资产负债表日按照持有至到期投资的面值和票面利率计算确定的应收未收利息,借记“持有至到期投资——应计利息”科目,按照持有至到期投资的摊余成本和实际利率计算确定的利息收入,贷记“投资收益”科目,按其差额,借记或贷记“持有至到期投资——利息调整”科目。

【例 10-10】 承【例 10-9】,根据约定,20×5 年 12 月 31 日,远洋公司按期收到丁公司支付的第 1 年债券利息 118 000 元,并按照摊余成本和实际利率确认的投资收益为 200 000 元;20×6 年 12 月 31 日,远洋公司按期收到丁公司支付的第 2 年债券利息 118 000 元,并按照摊余成本和实际利率确认的投资收益为 208 200 元;20×7 年 12 月 31 日,远洋公司按期收到丁公司支付的第 3 年债券利息 118 000 元,并按照摊余成本和实际利率确认的投资收益为 217 220 元;20×7 年 12 月 31 日,远洋公司按期收到丁公司支付的第 4 年债券利息 118 000 元,并按照摊余成本和实际利率确认的投资收益为 227 142 元。远洋公司应编制的会计分录如下:

① 20×5 年 12 月 31 日，确认丁公司债券实际利息收入、收到债券利息时：

借：应收利息——丁公司 118 000

持有至到期投资——丁公司债券——利息调整 82 000

贷：投资收益 200 000

同时：

借：其他货币资金——存出投资款 118 000

贷：应收利息——丁公司 118 000

② 20×6 年 12 月 31 日，确认丁公司债券实际利息收入、收到债券利息时：

借：应收利息——丁公司 118 000

持有至到期投资——丁公司债券——利息调整 90 200

贷：投资收益 208 200

同时：

借：其他货币资金——存出投资款 118 000

贷：应收利息——丁公司 118 000

③ 20×7 年 12 月 31 日，确认丁公司债券实际利息收入、收到债券利息时：

借：应收利息——丁公司 118 000

持有至到期投资——丁公司债券——利息调整 99 220

贷：投资收益 217 220

同时：

借：其他货币资金——丁公司存出投资款 118 000

贷：应收利息——丁公司 118 000

④ 20×8 年 12 月 31 日，确认丁公司债券实际利息收入、收到债券利息时：

借：应收利息——丁公司 118 000

持有至到期投资——丁公司债券——利息调整 109 142

贷：投资收益 227 142

同时：

借：其他货币资金——存出投资款 118 000

贷：应收利息 118 000

在本例中，根据约定，远洋公司应向丁公司收取的第 1 年债券利息为 118 000(2 500 000×4.72%)元，但远洋公司按照摊余成本和实际利率计算确定的投资收益为 200 000(2 000 000×10%)元，这两个金额并不相等，其差额为利息调整。以后年度情况类似。

2. 持有至到期投资的减值

(1) 持有至到期投资减值准备的计提和转回

在资产负债表日，持有至到期投资的账面价值高于预计未来现金流量现值的，企业应当将该持有至到期投资的账面价值减记至预计未来现金流量现值，将减记的金额作为资产减值损失进行会计处理，计入当期损益，同时计提相应的资产减值准备。

已计提减值准备的持有至到期投资价值以后又得以恢复的，应当在原已计提的减值准备金额内予以转回。转回的金额计入当期损益。

(2) 持有至到期的投资减值准备的账务处理

企业应当设置"持有至到期投资减值准备"科目,核算计提的持有至到期投资减值准备,贷方登记计提的持有至到期投资减值准备金额,借方登记实际发生的持有至到期投资减值损失金额和转回的持有至到期投资减值准备金额,期末余额一般在贷方,反映企业已计提但尚未转销的持有至到期投资减值准备。

在资产负债表日,当持有至到期投资的账面价值高于预计未来现金流量现值,企业应当按照持有至到期投资账面价值高于预计未来现金流量现值的差额,借记"资产减值损失——持有至到期投资减值准备"科目,贷记"持有至到期投资减值准备"科目。

已计提减值准备的持有至到期投资以后又得以恢复的,应当在原已计提的减值准备金额范围内,按照已恢复的金额,借记"持有至到期减值准备"科目,贷记"资产减值损失——持有至到期投资减值准备"科目。

企业结转出售持有到到期投资的账面价值时,对于已计提持有至到期投资减值准备的,还应当同时借记"持有至到期投资减值准备"科目。

【例 10-11】 承【例 10-9】,20×5 年 12 月 31 日,有客观证据表明丁公司发生了严重的财务困难,假定远洋公司对债券投资确定的减值损失为 766 000 元;20×6 年 12 月 31 日,有客观证据表明丁公司债券价值已恢复,且客观上与确认该损失后发生的事项有关的,假定远洋公司确定的应恢复的金额为 700 000 元。远洋公司应编制的会计分录如下:

20×5 年 12 月 31 日,确认丁公司债券投资的减值损失时:

借:资产减值损失——持有至到期投资减值准备——丁公司债券　　766 000
　　贷:持有至到期投资减值准备——丁公司债券　　766 000

20×6 年 12 月 31 日,确认丁公司债券投资减值损失转回时:

借:持有至到期投资减值准备——丁公司债券　　700 000
　　贷:资产减值损失——持有至到期投资减值准备——丁公司债券　　700 000

(四) 持有至到期投资的出售

企业出售持有至到期投资,应当终止确认该持有至到期投资。终止确认时,应将出售所取得价款与该投资账面价值之间的差额,确认为投资收益。

企业出售持有至到期投资时,按实际收到的金额,借记"银行存款"等账户,已计提减值准备的,借记"持有至到期投资减值准备"账户,按该持有至到期投资的账面余额,贷记"持有至到期投资(成本、利息调整、应计利息)"账户,按其差额,贷记或借记"投资收益"账户。

【例 10-12】 承【例 10-9】和【例 10-10】,20×8 年 1 月 5 日,远洋公司将所持有的 12 500 份丁公司债券全部出售,取得价款 2 400 000 元。在该日,远洋公司该债券投资的账面余额为2 380 562 元,其中,成本明细科目为借方余额为 2 500 000 元,利息调整明细科目为贷方余额 119 438 元。假定该债券投资在持有期间未发生减值。远洋公司应编制的会计分录如下:

借:其他货币资金——存出投资款　　2 400 000
　　持有至到期投资——丁公司债券——利息调整　　119 438
　　贷:持有至到期投资——丁公司债券——成本　　2 500 000
　　　　投资收益——丁公司债券　　19 438

在例 10-12 中,远洋公司在全部出售持有的丁公司债券时,应当将该债券投资的账面余额

2 380 562 元全部结转，使其余额及各明细科目余额均为 0 元，以计算确定处置收益。其中，利息调整明细科目为贷方余额 119 438 元，应通过借方结转，也使其余额变为 0 元。

第四节 可供出售金融资产

一、可供出售金融资产的内容

可供出售金融资产，是指初始确认时即被指定为可供出售的非衍生金融资产，以及没有划分为持有至到期投资、贷款和应收账款、以公允价值计量且其变动计入当期损益的金融资产的金融资产。通常情况下，包括企业从二级市场上购入的债券投资、股票投资、基金投资等，但这些金融资产没有划分为交易性金融资产或持有至到期投资。

企业基于特定的风险管理或资本管理需要，企业也可将某项金融资产直接指定为可供出售金融资产。

可供出售金融资产应在企业成为金融工具合同一方时予以确认。可供出售金融资产属于企业的非流动资产。

当企业收取该可供出售金融资产现金流量的合同权利终止，或该可供出售金融资产已转移时，应当终止确认。终止确认是指将该可供出售金融资产从企业的账户和资产负债表内予以转销。

二、可供出售金融资产的核算

(一) 可供出售金融资产核算应设置的账户

为了反映和监督可供出售金融资产的取得，收取现金股利或利息和出售等情况，企业应当设置“可供出售金融资产”“其他综合权益”“投资收益”“可供出售的金融资产减值准备”等科目进行核算。

(1) “可供出售金融资产”科目核算企业持有的可供出售金融资产的公允价值。按照类别和品种分别设置“成本”“利息调整”“应计利息”“公允价值变动”等明细科目。

(2) “其他综合权益”科目核算企业可供出售金融资产公允价值变动而形成的应计入所有者权益的利得或损失等。

(3) “可供出售金融资产减值准备”科目核算企业持有的可供出售金融资产的减值。

(二) 可供出售金融资产的取得

取得可供出售金融资产时，应当是取得该项金融资产的公允价值加上相关交易费用计量。支付的价款中包含的已到付息期但尚未领取的债券利息或已宣告但尚未发放的现金股利，应单独确认为应收项目。

(1) 企业取得可供出售的金融资产，按照其公允价值与交易费用之和，借记“可供出售金融资产——成本”科目，按实际支付的价款中包含的已宣告但尚未发放的现金股利，借记“应收股利”科目；按实际支付的金额，贷记“银行存款”等科目。

(2) 如果取得的可供出售金融资产为债券投资的，应按债券的面值，借记“可供出售金融资产——成本”科目，按支付的价款中包含的已到付息期但尚未领取的利息，借记“应收利息”

科目;按实际支付的金额,贷记“银行存款”等科目,若有差额,借记或贷记“可供出售金融资产——利息调整”科目。

（三）可供出售金融资产的持有

可供出售金融资产持有期间取得的利息或现金股利,应当计入投资收益。被投资方宣告发放现金股利时,借记“应收股利”科目,贷记“投资收益”科目。若持有的可供出售金融资产为债券时,要分别不同的债券类型进行处理:

(1) 可供出售金融资产为分期付息、一次还本债券投资时,应按票面利率计算确定的应收未收利息,借记“应收利息”科目;按可供出售债券投资的摊余成本和实际利率计算确定的利息收入,贷记“投资收益”科目;按其差额,借记或贷记“可供出售金额资产——利息调整”科目。

(2) 可供出售金融资产为一次还本付息债券投资的,应按票面利率计算确定的应收未收利息,借记“可供出售金融资产——应计利息”科目,按可供出售金融资产的账面价值和实际利率计算的利息收入,贷记“投资收益”科目,两者之间的差额,借记或贷记“可供出售金额资产——利息调整”科目。

（四）可供出售金融资产的期末计价

在资产负债表日,可供出售金融资产应当以公允价值计量,公允价值与账面余额的差额,作为所有者权益,计入其他综合收益。可供出售金融资产的公允价值高于其账面余额的差额,借记“可供出售金融资产——公允价值变动”科目,贷记“其他综合收益”科目。如果公允价值低于其账面余额的差额,做相反的会计分录。

（五）可供出售金融资产减值

如果可供出售金融资产的公允价值发生较大幅度下降或持续下降,可以认定该金融资产发生了减值,应当确认资产减值损失。在确认可供出售金融资产减值时,需要注意的是,原来已经直接计入所有者权益(即其他综合权益)的公允价值下降形成的累计损失一并转出,计入减值损失。具体处理为:确定可供出售金融资产发生减值的,按应减记的金额,借记“资产减值损失”科目;按应从所有者权益中转出原计入资本公积的累计损失金额,贷记“其他综合收益”科目;按其差额,贷记“可供出售金融资产——公允价值变动”科目。

对于已确认减值损失的可供出售金融资产,在随后会计期间内公允价值已经上升且客观上与减值损失事项有关的,应按原确认的减值损失,借记“可供出售金融资产——公允价值变动”科目,贷记“资产减值损失”科目;但是可供出售金融资产为股票等权益工具投资的(不含在活跃市场中没有报价、公允价值无法可靠计量的权益性工具投资),借记“可供出售金融资产——公允价值变动”科目,贷记“其他综合收益”科目。

（六）可供出售的金融资产的出售

处置可供出售金融资产时,应将取得的价款与该金融资产账面价值之间的差额,计入投资收益;同时,将原直接计入所有者权益的公允价值变动累计额对应处置部分的金额转出,计入投资收益。出售可供出售的金融资产,应按实际收到的金额,借记“银行存款”等科目;按其账面余额,贷记“可供出售金融资产——成本或公允价值变动或利息调整或应计利息”等科目;按应从所有者权益中转出的公允价值累计变动额,借记或贷记“其他综合收益”科目,按其差额,贷记或借记“投资收益”科目。

【例 10-13】 远洋公司于 20×5 年 12 月 3 日以 2 000 000 元从证券市场上购入了星海公司发行的股票,并分类为可供出售金融资产。该项股票当年年末的公允价值为 2 100 000 元。

20×6年12月31日，该项证券的公允价值为1 960 000元；由于星海公司盈利能力下降，股价持续下跌，根据测算，20×7年其价值为1 600 000元。20×8年3月26日，远洋公司出售了该项投资，取得净收入1 900 000元。根据上述资料，远洋公司应编制会计分录如下：

① 取得投资时：

借：可供出售金融资产——成本　　2 000 000

　贷：银行存款　　2 000 000

② 20×5年12月31日，按公允价值调整该项投资账面价值：

借：可供出售金融资产——公允价值变动　　100 000

　贷：其他综合权益——可供出售金融资产公允价值变动　　100 000

③ 20×6年12月31日，按公允价值调整该投资的账面价值：

借：其他综合权益——可供出售金融资产公允价值变动　　140 000

　贷：可供出售金融资产——公允价值变动　　140 000

④ 20×7年12月31日，计提投资减值损失：

借：资产减值损失　　400 000

　贷：可供出售金融资产——公允价值变动　　360 000

　　其他综合权益——可供出售金融资产公允价值变动　　40 000

⑤ 20×8年3月26日出售该项投资时：

借：银行存款　　1 900 000

　可供出售金融资产——公允价值变动　　400 000

　贷：可供出售金融资产——成本　　2 000 000

　　投资收益　　300 000

第五节　长期股权投资

一、长期股权投资的概述

（一）长期股权投资的概念

长期股权投资，是指投资企业对被投资单位实施控制、重大影响的权益性投资，以及对其合营企业的权益性投资。除此之外，其他权益性投资不作为长期股权投资进行核算，而应当按照《企业会计准则第22号——金融工具确认和计量》的规定进行会计核算。

企业能够对被投资单位实施控制的，被投资单位为本企业的子公司。控制，是指投资方拥有对被投资方的权利，通过参与被投资方的相关活动而享有可变回报，并且有能力运用对被投资方的权利影响其回报金额。

企业与其他方对被投资单位实施共同控制的，被投资单位为本企业的合营企业。共同控制，是指按照合同约定对某项安排所共有的控制，并且该安排的相关活动必须经过分享控制权的参考与方一致同意后才能决策。

企业能够对被投资单位施加重大影响的，被投资单位为本企业的联营企业。重大影响，是指投资企业对被投资单位的财务和经营政策有参与决策的权利，但并不能够控制或者与其他方一起共同控制这些政策的制定。在确定能否对被投资单位施加重大影响时，应当考虑投资企业和其他方持有的被投资单位当期可转换公司债券、当期可执行认股权证等潜在表决权因素。投资企业通常可以通过以下一种或几种情况判断是否对投资单位具有重大影响：

（1）在被投资单位的董事会或类似权力机构派有代表。由于在被投资单位的董事会或类似权力机构派有代表，并相应享有实质性的参与决策权，投资企业可以通过该代表参与被投资单位财务和经营决策的制定，达到对被投资单位施加重大影响。

（2）参与被投资单位财务和经营决策制定过程。在制定过程中可以为自身利益提出建议和意见，从而可以对被投资单位施加重大影响。

（3）与被投资单位之间发生重要交易。有关的交易因对被投资单位的日常经营具有重要性，进而在一定程度上可以影响到被投资单位的生产经营决策。

（4）向被投资单位派出管理人员。管理人员有权力主导被投资单位的相关活动。从而能够为被投资单位施加重大影响。

（5）向被投资单位提供关键技术资料。因被投资单位的生产经营需要依赖投资方的技术或技术资料，表明投资方对被投资单位具有重大影响。

需要注意的是，存在上述一种或多种情况下并不意味着投资方一定对被投资单位具有重大影响。投资企业需要综合考虑所有事实和情况来做出恰当的判断。

（二）长期股权投资的核算方法

长期股权投资的核算方法有两种：一是成本法，二是权益法。

1. 成本法核算的长期股权投资的范围

企业能够对被投资单位实施控制的长期股权投资。即企业对子公司的长期股权投资，应当采用成本法核算，投资企业为投资性主体且子公司不纳入其合并财务报表的除外。

对于子公司的长期股权投资采用成本法核算，主要是为了避免在子公司实际发放现金股利或利润之前，母公司垫付资金发放现金股利或利润等情况，解决了原来权益法下投资收益不能足额收回导致超分配的问题。

2. 权益法核算的长期股权投资的范围

企业对被投资单位具有共同控制或重大影响时，长期股权投资应当采用权益法核算。

（1）企业对被投资单位具有共同控制的长期股权投资，即企业对其合营企业的长期股权投资。

（2）企业对被投资单位具有重大影响的长期股权投资，即企业对其联营企业的长期股权投资。

投资企业对联营企业的权益性投资，其中一部分通过风险机构、共同基金、信托公司或

包括投连险基金在内的类似主体间接持有的，无论以上主体是否对这部分投资具有重大影响，投资主体都可以按会计准则的有关规定，对间接持有的该部分投资选择以公允价值计量且其变动计入当期损益，并对其余部分采用权益法核算。

为了核算企业的长期股权投资，企业应当设置“长期股权投资”“投资收益”“其他综合权益”等科目。

“长期股权投资”科目核算企业持有的长期股权投资，借方登记长期股权投资取得时的初始投资成本以及采用权益法核算时按被投资单位实现的净收益、其他综合权益和其他权益变动等计算的应分享的份额，贷方登记处置长期股权投资的账面余额或采用权益法核算时被投

资单位宣告分派现金股利或利润时企业按持股比例计算应享有的份额，及按被投资单位发生的净损失、其他综合权益和其他权益变动等计算的应分担的份额，期末借方余额，反映企业持有的长期股权投资的价值。

本科目应当按照被投资单位进行明细核算。长期股权投资核算采用权益法的，应当分别按"成本""损益调整""其他综合权益""其他权益变动"进行明细核算。

二、长期股权投资核算的成本法

（一）长期股权投资初始投资成本的确定

除企业合并形成的长期股权投资以外，以支付现金取得的长期股权投资，应当按照实际支付的购买价款作为初始投资成本。企业所发生的与取得长期股权投资直接相关的费用、税金及其他必要支出应计入长期股权投资的初始投资成本。

此外，企业取得长期股权投资，实际支付的价款或对价中包含的已宣告但尚未发放的现金股利或利润，作为应收项目处理，不构成长期股权投资的成本。

（二）长期股权投资取得

取得长期股权投资时，应按照初始投资成本计价。追加投资，投资企业应当调整长期股权投资的成本。

除企业合并形成的长期股权投资以外，以支付现金、非现金资产等其他方式取得的长期股权投资，应按照上述规定确定的长期股权投资初始投资成本，借记"长期股权投资"科目，如果实际支付的价款中包含有已宣告但尚未发放的现金股利或利润，借记"应收股利"科目，贷记"银行存款"等科目。

【例 10-14】 远洋公司 20×5 年 1 月 10 日购买长风公司发行的股票 50 000 股准备长期持有，从而拥有长风公司 80%股份。每股买入价为 6 元，另外购买该股票时发生的相关税费 5 000元，款项已由银行存款支付。远洋公司应编制如下会计分录：

计算初始投资成本：

股票成交金额(50 000×6)		300 000
加：相关税费	+	5 000
		305 000

编制购入股票的会计分录：

借：长期股权投资　　305 000

　　贷：银行存款　　305 000

（三）长期股权投资持有期间被投资单位宣告分派现金股利或利润

长期股权投资持有期间被投资单位宣告分派现金股利或利润时，对采用成本法核算的，企业按应享有的份额确认为投资收益，借记"应收股利"科目，贷记"投资收益"科目。

【例 10-15】 远洋公司 20×5 年 5 月 15 日以银行存款购买诚信公司的股票 100 000 股作为长期投资，每股买入价为 10 元，每股价格中包含有 0.2 元的已宣告分派的现金股利，另支付相关税费 7 000 元。远洋公司应编制如下会计分录：

① 计算初始投资成本：

股票成交金额(100 000×10)		1 000 000
加：相关税费	+	7 000
减：已宣告分派的现金股利(100 000×0.2)	−	20 000
		987 000

② 编制购入股票的会计分录：

借：长期股权投资　　987 000

　　应收股利　　20 000

　　贷：银行存款　　1 007 000

③ 假定远洋公司20×5年6月20日收到诚信公司分来的购买该股票时已宣告分派的股利20 000元，此时，应编制如下会计分录：

借：银行存款　　20 000

　　贷：应收股利　　20 000

取得长期股权投资时，如果实际支付的价款中包含有已宣告但尚未发放的现金股利或利润，应借记“应收股利”科目，不记入“长期股权投资”科目。

【例10-16】 承【例10-15】，如果远洋公司20×5年6月20日收到诚信公司宣告发放现金股利的通知，应分得现金股利5 000元。远洋公司应编制如下会计分录：

借：应收股利　　5 000

　　贷：投资收益　　5 000

属于长期股权投资持有期间被投资单位宣告发放现金股利或利润时，企业按应享有的份额确认为投资收益，借记“应收股利”科目，贷记“投资收益”科目。

（四）长期股权投资的处置

处置长期股权投资时，按实际取得的价款与长期股权投资账面价值的差额确认为投资收益，并应同时结转已计提的长期股权投资减值准备。其会计处理是：企业处置长期股权投资时，应按实际收到的金额，借记“银行存款”等科目，按原已计提的减值准备，借记“长期股权投资减值准备”科目，按该项长期股权投资的账面余额，贷记“长期股权投资”科目，按尚未领取的现金股利或利润，贷记“应收股利”科目，按其差额，贷记或借记“投资收益”科目。

【例10-17】 远洋公司将其作为长期投资持有的远海公司15 000股股票，以每股10元的价格卖出，支付相关税费1 000元，取得价款149 000元，款项已由银行收妥。该长期股权投资账面价值为140 000元，假定没有计提减值准备。远洋公司应编制如下会计分录：

① 计算投资收益：

股票转让取得价款		149 000
减：投资账面余额	－	140 000
		9 000

② 编制出售股票时的会计分录：

借：银行存款　　149 000

　　贷：长期股权投资　　140 000

　　　　投资收益　　9 000

企业处置长期股权投资，应按实际取得的价款与长期股权投资账面价值的差额确认为投资收益，并应同时结转已计提的长期股权投资减值准备。

三、长期股权投资核算的权益法

（一）长期股权投资取得

取得长期股权投资，长期股权投资的初始投资成本大于投资时应享有被投资单位可辨认净资产公允价值份额的，这部分差额是投资企业在取得投资过程中通过作价体现出的与所取得股权份额相对应的商誉价值，在这种情况下，不调整已确认的初始投资成本，借记“长期股权投资——成本”科目，贷记“银行存款”等科目。

长期股权投资的初始投资成本小于投资时应享有被投资单位可辨认净资产公允价值份额的，该部分差额体现为双方在交易作价过程中转让方的让步，该部分经济利益流入应计入取得长期股权投资当期的营业外收入，同时调整增加长期股权投资的成本，借记“长期股权投资——成本”科目，贷记“银行存款”等科目，按其差额，贷记“营业外收入”科目。

【例 10-18】 远洋公司 20×5 年 1 月 20 日购买东方公司发行的股票 5 000 000 股准备长期持有，占东方公司股份的 30%。每股买入价为 6 元，另外，购买该股票时发生相关税费 500 000 元，款项已由银行存款支付。2×14 年 12 月 31 日，东方公司的所有者权益的账面价值(与其公允价值不存在差异)100 000 0000 元。远洋公司应编制如下会计分录：

① 计算初始投资成本：

股票成交金额(5 000 000×6)		30 000 000
加：相关税费	+	500 000
		30 500 000

② 编制购入股票的会计分录：

借：长期股权投资——成本　　30 500 000

　贷：银行存款　　30 500 000

在例 10-18 中，长期股权投资的初始投资成本 30 500 000 元大于投资时应享有被投资单位可辨认净资产公允价值份额 30 000 000(100 000 000×30%)元，其差额 500 000 元不调整已确认的初始投资成本。但是，如果长期股权投资的初始投资成本小于投资时应享有被投资单位可辨认净资产公允价值份额，应借记“长期股权投资——成本”科目，贷记“银行存款”等科目，按其差额，贷记“营业外收入”科目。

（二）持有长期股权投资期间被投资单位实现净利润或发生净亏损

根据被投资单位实现的净利润计算应享有的份额，借记“长期股权投资——损益调整”科目，贷记“投资收益”科目。被投资单位发生净亏损作相反的会计分录，但以本科目的账面价值减记至零为限，借记“投资收益”科目，贷记“长期股权投资——损益调整”。上述以本科目的账面价值减记至零为限的所指“本科目”是指“长期股权投资——对××单位投资”科目，该科目由“成本”“损益调整”“其他综合收益”三个明细科目组成，账面价值减至零即意味着“对××单位投资”的这三个明细科目合计为零。

被投资单位以后宣告发放现金股利或利润时，企业计算应分得的部分，借记“应收股利”科目，贷记“长期股权投资——损益调整”科目。收到被投资单位宣告发放的股票股利，不进行账务处理，但应在备查簿中登记。

【例 10-19】 20×5 年东方公司实现净利润 10 000 000 元。远洋公司按照持股比例确认投资收益 3 000 000 元。20×6 年 3 月 15 日，东方公司已宣传发放现金股利，每 10 股派 3 元，远洋公司可分派到 1 500 000 元。20×6 年 4 月 15 日，远洋公司收到东方公司分派的现金股利。远洋公司应编制如下会计分录：

① 确认东方公司实现的投资收益时：

借：长期股权投资——损益调整　　3 000 000

　贷：投资收益　　3 000 000

② 东方公司宣告发放现金股利时：

借：应收股利　　1 500 000
　贷：长期股权投资——损益调整　　1 500 000

③ 收到东方公司宣告发放的现金股利时：

借：银行存款　　1 500 000
　贷：应收股利　　1 500 000

（三）持有长期股权投资期间被投资单位所有者权益的其他变动

在持股比例不变的情况下，被投资单位除净损益外所有者权益的其他变动，企业按持股比例计算应享有的份额，借记或贷记"长期股权投资——其他综合收益"科目，贷记或借记"其他综合收益"科目。

【例 10-20】 20×5 年东方公司可供出售金融资产的公允价值增加了 4 000 000 元。远洋公司按照持股比例确认相应的资本公积 1 200 000 元。远洋公司应编制如下会计分录：

借：长期股权投资——其他综合收益　　1 200 000
　贷：其他综合收益　　1 200 000

（四）长期股权投资的处置

处置长期股权投资时，按实际取得的价款与长期股权投资账面价值的差额确认为投资收益，并应同时结转已计提的长期股权投资减值准备。其会计处理是：企业处置长期股权投资时，应按实际收到的金额，借记"银行存款"等科目，按原已计提的减值准备，借记"长期股权投资减值准备"科目，按该长期股权投资的账面余额，贷记"长期股权投资"科目，按尚未领取的现金股利或利润，贷记"应收股利"科目，按其差额，贷记或借记"投资收益"科目。

同时，还应结转原计入所有者权益的相关金额，借记或贷记"其他综合收益"科目，贷记或借记"投资收益"科目。

【例 10-21】 承【例 10-18】、【例 10-19】和【例 10-20】，20×6 年 6 月 30 日，远洋公司出售所持东方公司的股票 5 000 000 股，每股出售价为 10 元，款项已收回。远洋公司应编制如下会计分录：

借：银行存款　　50 000 000
　贷：长期股权投资——成本　　30 500 000
　　　　　　　　——损益调整　　1 500 000
　　　　　　　　——其他综合收益　　1 200 000
　　投资收益　　16 800 000

同时：

借：其他综合收益　　1 200 000
　贷：投资收益　　1 200 000

四、长期股权投资减值

（一）长期股权投资减值金额的确定

投资企业应当关注长期股权投资的账面价值是否大于享有被投资单位所有者权益账面价值的份额等类似情况。出现类似情况时，投资企业应当按照《企业会计准则第 8 号——资产减值》对长期股权投资进行减值测试，其可收回金额低于账面价值的，应当将该长期股权投资的账面价值减记至可收回金额,减记的金额确认为减值损失,计入当期损益,同时计提相应的资产减值准备。

(二) 长期股权投资减值的账务处理

企业计提长期股权投资减值准备,应当设置"长期股权投资减值准备"科目核算。企业按应减记的金额,借记"资产减值损失——计提的长期股权投资减值准备"科目,贷记"长期股权投资减值准备"科目。长期股权投资减值损失一经确认,在以后的会计期间不得转回。

本章小结

本章主要介绍投资的性质、范围和分类,重点介绍各种金融资产取得、持有期间、收回及期末计价与确认,交代长期股权投资的确认与计量。

基本概念

交易性金融资产、持有至到期投资、投资收益、可供出售金融资产、长期股权投资、成本法、权益法。

思考题

1. 简述交易性金融资产、可供出售金融资产和持有至到期投资的特征。
2. 能否将持有至到期投资等同于债券投资?
3. 简述某项金融资产划分为持有至到期投资应符合的条件。
4. 简述长期股权投资成本法及权益法的适用范围、基本特点以及核算的方法。
5. 为什么只有投资后,被投资单位实现的净利润的分配才可以作为投资企业的投资收益?

实训(练习)题

一、单项选择题

1. 企业取得交易性金融资产时,发生的交易费用,应借记会计账户是(　　)。

A. "交易性金融资产"　　B. "投资收益"

C. "财务费用"　　D. "管理费用"

2. 企业取得金融资产时,支付的价款中所包含的、已到付息期但尚未领取的利息或已宣告但尚未发放的现金股利,应记入的会计账户是(　　)。

A. "应收利息"或"应收股利"　　B. "交易性金融资产"

C. "持有至到期投资"　　D. "可供出售金融资产"

3. 20×5 年 1 月 6 日远洋公司以赚取价差为目的从二级市场购入的一批债券作为交易性金融资产,面值总额为 500 万元,利率为 3%,3 年期,每年付息 1 次。该债券为 20×4 年 1 月 1 日发行,买价为 525 万元,含已到期但尚未领取的 20×4 年利息,另支付交易费用 10 万元,全部价款以银行存款支付,则交易性金融资产的入账价值是(　　)万元。

A. 525　　B. 500

C. 510　　D. 535

4. 下列各项中,关于企业持有至到期投资的会计处理表述不正确的是(　　)。
   A. 已计提的持有至到期投资减值准备允许转回
   B. 取得持有至到期投资所发生的交易费用计入当期损益
   C. 分期付息债券投资的应收未收利息记入“应收利息”科目
   D. 取得持有至到期投资应当按照公允价值计量
5. 下列交易性金融资产的后续计量表述中,正确的是(　　)。
   A. 按照公允价值进行后续计量,公允价值变动计入当期投资收益
   B. 按照摊余成本核算进行后续计量
   C. 按照公允价值进行后续计量,变动计入资本公积
   D. 按照公允价值进行后续计量,公允价值变动计入当期公允价值变动损益
6. 下列可供出售金融资产的后续计量表述中,正确的是(　　)。
   A. 按照公允价值进行后续计量,公允价值变动计入当期投资收益
   B. 按照摊余成本进行后续计量
   C. 按照公允价值进行后续计量,变动计入其他综合收益
   D. 按照公允价值进行后续计量,公允价值变动计入当期公允价值变动损益
7. 远洋公司20×5年1月1日以3 000万元的价格购入乙公司30%的股份,另支付相关费用15万元。购入时乙公司可辨认净资产的公允价值为11 000万元(假定乙公司各项可辨认资产、负债的公允价值与账面价值相等)。乙公司20×5年实现净利润600万元。远洋公司取得该项投资后对乙公司具有重大影响。假定不考虑其他因素,该投资对远洋公司20×5年度利润总额的影响为(　　)。
   A. 165万元　　B. 180万元
   C. 465万元　　D. 480万元
8. 20×5年3月6日,万达公司以赚取差价为目的从二级市场购入的一批远洋公司发行的股票600万股,作为交易性金融资产,取得时公允价值为每股4.2元,含已宣告但尚未发放的现金股利为0.2元,另支付交易费用8万元,全部价款以银行存款支付,则取得交易性金融资产的入账价值是(　　)万元。
   A. 2 520　　B. 528
   C. 2 408　　D. 2 400
9. 20×5年年初,远洋公司购买了一项公司债券,剩余年限5年,划分为持有至到期投资,公允价值为1 200万元,交易费用为10万元,每年按票面利率3%支付利息。该债券在第五年兑付(不能提前兑付)时可得本金1 500万元,则取得时“持有至到期投资”入账金额是(　　)万元。
   A. 1 200　　B. 1 210
   C. 1 500　　D. 1 600
10. 远洋公司于20×5年1月1日购入乙公司当日发行的债券作为持有至到期投资,公允价值为60 480万元的公司债券,期限为3年,票面年利率为3%,面值为60 000万元,发行费用为60万元,半年实际利率为1.34%,每半年末付息。采用实际利率法摊销,则20×5年7月1日持有至到期投资摊余成本是(　　)万元。
    A. 88.76　　B. 60 451.24
    C. 180.00　　D. 811.24

11. 企业取得持有至到期投资时支付的下列款项中，不得计入其初始投资成本的是(　　)。
A. 购买价款　　B. 税金
C. 手续费　　D. 实际支付的价款中包含的分期付息利息
12. 企业购入分期付息的持有至到期投资，期末确认尚未收到的利息时，应借记的科目是(　　)。
A. “持有至到期投资——应计利息”　　B. “持有至到期投资——面值”
C. “应收利息”　　D. “投资收益”
13. 采用实际利率法进行一次还本分期付息的持有至到期投资的利息调整贷差摊销时，摊销额(　　)。
A. 逐期递增　　B. 逐期递减
C. 保持不变　　D. 变化不能确定
14. 长期股权投资采用权益法核算，当被投资单位宣告分派现金股利时，投资企业应进行的会计处理是(　　)。
A. 贷记“应收股利”科目　　B. 贷记“投资收益”科目
C. 贷记“长期股权投资”科目　　D. 借记“长期股权投资”科目
15. 企业购入股票确认为长期股权投资时，如果支付的价款中含有已宣告发放但尚未领取的现金股利，应将这部分股利记入的账户是(　　)。
A. “长期股权投资”　　B. “投资收益”
C. “其他应收款”　　D. “应收股利”

二、多项选择题

1. 投资企业与被投资企业存在(　　)关系时，投资方应采用权益法核算该长期股权投资。
A. 控制　　B. 共同控制
C. 无重大影响　　D. 重大影响
2. 20×5 年 1 月 2 日，远洋公司以货币资金取得乙公司 30％的股权，初始投资成本为 4 000 万元；当日，乙公司可辨认净资产公允价值为 14 000 万元，与其账面价值相同。远洋公司取得投资后即派人参与乙公司的生产经营决策，但未能对乙公司形成控制。乙公司 20×5 年实现净利润 1 000 万元。假定不考虑所得税等其他因素，20×5 年远洋公司下列各项与该项投资相关的会计处理中，正确的有(　　)。
A. 确认商誉 200 万元　　B. 确认营业外收入 200 万元
C. 确认投资收益 300 万元　　D. 确认资本公积 200 万元
3. 下列各项中，关于可供出售金融资产会计处理表述正确的有(　　)。
A. 可供出售金融资产处置的净收益应计入投资收益
B. 可供出售金融资产持有期间取得的现金股利应冲减投资成本
C. 可供出售金融资产取得时发生的交易费用应计入初始投资成本
D. 可供出售金融资产持有期间的公允价值变动数应计入所有者权益
4. 在金融资产的初始计量中，关于交易费用处理叙述正确的有(　　)。
A. 交易性金融资产发生的相关交易费用直接计入当期损益

B. 持有至到期投资发生的相关交易费用应当计入初始确认金额

C. 可供出售金融资产发生的相关交易费用应当计入初始确认金额

D. 可供出售金融资产发生的相关交易费用直接计入当期损益

5. 按企业会计准则规定,下列项目中,不应记入“投资收益”科目的有(　　)。

A. 成本法核算的被投资企业发生亏损

B. 确认的交易性金融资产利息

C. 权益法核算下,被投资企业宣告发放现金股利

D. 成本法下被投资单位宣告发放现金股利

6. 下列各项中,属于长期股权投资权益法核算内容的有(　　)。

A. 收到的股票股利不调整投资账面价值

B. 被投资企业发生亏损按持股比例承担投资损失

C. 被投资企业除净损益以外所有者权益的增加按持股比例计入其他综合收益

D. 被投资企业实现盈利按持股比例分享投资收益

7. 下列各项中,能够确认投资企业对被投资企业具有重大影响的条件是(　　)。

A. 在被投资企业的董事会或类似的权力机构中派有代表

B. 参与被投资企业的财务决策确定过程

C. 参与被投资企业的经营决策制定过程

D. 向被投资企业派出管理人员

8. 下列各项中,会引起可供出售的金融资产账面价值发生变动的有(　　)。

A. 计提减值准备　　B. 持有的金融资产的公允价值变动

C. 持有期间收到的应收利息　　D. 持有期间收到的分期付息方式下的应收利息

9. 下列各项中,会引起持有至期投资账面价值发生增减变动的有(　　)。

A. 计提减值准备　　B. 确认分期付息债券的票面利息

C. 确认到期一次付息债券的票面利息　D. 到期偿还分期付息债券的本金

10. 下列支付的价款中,不应计入投资成本的有(　　)。

A. 购入持有至到期投资实际支付的价款中包含的相关税金

B. 购入持有至到期投资实际支付的价款中包含的相关手续费

C. 购入股票实际支付的价款中包含的已宣告发放但尚未支取的现金股利

D. 购入分期付息的持有至到期投资实际支付的价款中包含的未到期利息

三、判断题

1. 交易性金融资产在持有期间获得的股利或债券利息收入计入投资收益。(　　)

2. 交易性金融资产出售后,出售收入与账面价值的差额,以及原来已经作为公允价值变动损益入账的金额,均应作为投资收益入账,以集中反映出售该交易性金融资产实际实现的收益。(　　)

3. 长期股权投资确认减值损失后,以后期间有客观情况表明该减值能得以恢复的,原确认的减值损失可以转回。(　　)

4. 企业的长期股权投资,如果能够对被投资企业实施控制,则应该采用权益法进行后续计量。(　　)

5. 长期股权投资采用权益法核算,确认被投资企业亏损时,应冲减“损益调整”明细科目(可以为负数),不冲减其他明细科目。(　　)

6.当债券票面利率高于金融市场利率时，可能导致债券溢价。(　　)

7.摊余成本是指初始投资成本减去利息调整摊销以后的余额。(　　)

8.对于已确认减值损失的可供出售金融资产，在随后会计期间内公允价值已上升且客观上与确认原减值损失事项有关的，应当在原已确认的减值损失范围内转回，同时调整资产减值损失或所有者权益。(　　)

9.企业购入的持有至到期投资实际支付的价款中，相关税费直接计入当期损益，不计入持有至到期投资成本。(　　)

10.长期股权投资采用权益法核算，初始投资成本大于投资时应享有被投资单位可辨认净资产公允价值份额的差额，要调整长期股权投资的初始投资成本，同时在投资期间进行摊销。(　　)

四、业务题

1. 远洋公司20×5年、20×6年发生如下业务：

(1) 20×5年3月6日，以赚取差价为目的从二级市场购入的一批甲公司发行的股票100万股，作为交易性金融资产，取得时公允价值为每股为5.2元，含已宣告但尚未发放的现金股利为0.2元，另支付交易费用5万元，全部价款以银行存款支付。

(2) 20×5年3月16日，收到最初支付价款中所含现金股利。

(3) 20×5年12月31日，该股票公允价值为每股4.5元。

(4) 20×6年2月6日，××公司宣告发放2007年股利，每股0.3元。

(5) 20×6年3月9日，收到××公司股利。

(6) 20×6年12月31日，该股票公允价值为每股5.3元。

(7) 20×7年2月11日，××公司宣告发放2008年股利，每股0.1元。

(8) 20×7年3月1日，收到××公司股利。

(9) 20×7年3月16日，将该股票全部处置，每股5.1元，交易费用为6万元。

要求：编制远洋公司有关交易性金融资产的会计分录并计算20×5年、20×6年年末该股票投资的账面价值及该项股票投资的累计损益。

2. 20×5年1月1日，远洋公司以325 000元购入乙公司20×4年1月1日发行的3年期债券，票面利率5%，债券面值为300 000元的分期付息、到期一次还本的债券，该债券于每年1月5日支付上年债券利息。远洋公司购入时另支付相关交易税费2 000元。购入后，远洋公司不准备长期持有，决定将该债券划分为交易性金融资产。20×5年1月5日，收到乙公司发放的上年债券利息。20×5年12月31日，该债券的市场交易价为340 000元。20×6年1月5日，收到乙公司发放的上年债券利息。20×6年6月30日，远洋公司因生产经营急需资金，出售所持有的乙公司债券的60%，取得出售收入210 000元。20×6年12月31日，该债券的市场交易价为126 000元。20×7年1月1日，乙公司债券到期，远洋公司收回剩余债券的本金和利息。

要求：根据上述资料，编制远洋公司各年有关该债券的会计分录。

3.20×5年1月3日，远洋公司以250 000元的价格购入丙公司20×5年1月1日发行的5年期公司债券，票面利率12%，债券面值为240 000元，另支付相关交易费用2 000元。该公司债券为到期一次性还本付息公司债券。远洋公司初始确认时，将该债券投资划分为持有至到期投资，远洋公司债券持有期间均未发生减值。假定远洋公司按年计算利息，并经测算该债券的实际利率为10.66%。

要求：

(1) 编制如下远洋公司各年实际利息收入计算表(表 10-1)。

表 10-1 远洋公司各年实际利息收入计算表 单位：元

日期	期初摊余成本 (1)	实际利息收入 (2)＝(1)×R	应计利息 (3)	现金流入 (4)	期末摊余成本 (5)＝(1)＋[(2)－(3)]
20×5.12.31					
20×6.12.31					
20×7.12.31					
20×8.12.31					
20×9.12.31					
合计					

(2) 根据上述资料，编制远洋公司各年有关该公司债券的会计分录。

4. 远洋公司于 20×5 年 6 月 30 日在某证券公司购入国际公司普通股股票 50 000 股，每股成交价为 15 元。远洋公司另支付相关交易税费 1 000 元。远洋公司以实现其股票增值和盈利为目的，因此，决定将该股票投资划分为可供出售金融资产。20×5 年 12 月 31 日，国际公司普通股股票的市场价格为每股成交价 17 元。20×6 年 7 月 20 日，由于国际公司产品技术已被其他公司的新技术替代而失去了市场竞争的优势，估计在相当时期内难以改变。远洋公司经判断该股票投资发生了非暂时性损失。20×6 年 12 月 31 日，国际公司普通股股票的市场价格为每股成交价 10 元。20×7 年，国际公司的股票市价仍在继续下跌，远洋公司为避免更大的损失于 20×7 年 4 月 25 日将所持有的该股票以每股 9 元的价格出售。

要求：根据上述资料，编制远洋公司的相关会计分录。

5. 长期股权投资采用成本法的核算：

(1) 20×5 年 1 月 1 日，远洋公司支付现金 8 000 000 元给乙公司，受让乙公司持有的丙公司 15%的股权。远洋公司对其不具有重大影响，但准备长期持有。受让时发生直接相关费用和税金 100 000 元。远洋公司在取得该项股权投资时，丙公司经审计认定的可辨认净资产公允价值为 54 000 000 元。远洋公司与丙公司不属于同一控制下的企业。

(2) 20×5 年 3 月 25 日，经丙公司股东大会批准宣告分配 20×4 年现金股利 1 000 000 元，远洋公司于 4 月 8 日收到现金股利 150 000 元，20×5 年，丙公司实现净利润 3 000 000 元，按照实现净利润的 10%提取法定盈余公积 300 000 元。

(3) 20×6 年 3 月 28 日，经丙公司股东大会批准宣告分派 20×5 年现金股利为 800 000 元。20×6 年，由于丙公司的经营状况恶化，导致发生巨额亏损 10 000 000 元，20×6 年年末，远洋公司经测算所持丙公司的投资未来现金流量现值为 7 700 000 元。

(4) 20×7 年 1 月 20 日，远洋公司经协商，将持有的丙公司的全部股权转让给 H 公司，收到股权转让款 7 900 000 元，相关法律手续均已办完。

要求：根据上述资料，编制远洋公司对丙公司长期股权投资的会计分录，并列示长期股权投资有关的明细账户。

6. 长期股权投资采用权益法的核算：

(1) 20×5 年 1 月 1 日，远洋公司支付现金 900 000 元向恒达公司投资，远洋公司的投资占恒达公司有表决权资本的 40%，并准备长期持有，双方投资合同约定远洋公司不负有承担出资额以外损失的责任。远洋公司初始投资成本与应享有恒达公司所有者权益份额相等，恒达公司采用的会计政策及会计期间与远洋公司一致。

(2) 20×5 年，恒达公司全年实现净利润 150 000 元；

(3) 20×6 年 3 月 16 日，宣告分派现金股利 350 000 元，20×6 年，恒达公司全年净亏损 3 200 000元。

(4) 20×7 年恒达公司全年实现净利润 950 000 元。

要求：根据上述资料，编制远洋公司对恒达公司长期股权投资的会计分录，并列示长期股权投资有关的明细账户。

第十一章

负　　债

学习目标

1. 了解负债的概念、特点及分类；
2. 理解每项流动负债的含义；
3. 掌握短期借款、应付票据、应付账款、应付职工薪酬、应交税费等的会计处理方法；
4. 理解并掌握长期负债项目的含义及会计处理方法；
5. 能运用负债知识解决实际相关问题。

案例引入

在"搜狐证券"网站上，一则有关顺驰地产被收购的新闻标题是"路劲：收购顺驰后负债比率将增至70%，土地增值税政策影响不大"。该报道称，"路劲现时负债比率约为50%，而顺驰A及B负债比率则为1.1倍，故完成收购后，路劲整体负债比率将增至70%，该比率对于公路股而言属偏高，但对房地产股而言，比率则算正常"。顺驰地产成立于1994年，在其成长和发展阶段一直保持着几何式的扩张之路。但是到了2006年9月，巨大的资金缺口迫使它走上了被收购的困境。

[思考]

1. 什么是负债？
2. 负债在一个企业的成长和发展过程中起着什么样的重要作用呢？

负债是指企业过去的交易或交易事项形成的，预期会导致经济利益流出企业的现时义务。负债按其流动性，可分为流动负债和非流动负债。流动负债是指预计在1年内或超过1年的一个正常营业周期内清偿的债务，包括短期贷款、应付票据、应付账款、应付利息、预收账款、应付职工薪酬、应交税费、应付股利、其他应付款等。非流动负债是指流动负债以外的负债，包括长期借款、应付债券、长期应付款等。

第一节　流动负债

一、短期借款

（一）短期借款的含义

短期借款是指企业向银行或其他金融机构等借入的期限在1年以下(含1年)的各种借款。短期借款一般是企业为维持正常的生产经营所需的资金而借入的或者为抵偿某项债务而借入的款项。

（二）短期借款的利息结算方式

短期借款的利息结算方式分为按月支付、按季支付、按半年支付和到期一次还本付息方式。如果企业的短期借款利息按月支付,或者利息是在借款到期归还本金时一并支付且数额不大的,可以在实际支付或收到银行的计息通知时,直接计入当期损益。

如果短期借款的利息按期支付(如按季),或者利息是在借款到期归还本金时一并支付且数额较大的,为了正确计算各期的盈亏,应采用预提的办法,先按月预提,计入当期损益,到期再进行支付。

（三）短期借款的核算

为了总括反映短期借款的借入、归还和结余情况,企业应设置“短期借款”科目。该科目应按债权人户名和借款种类进行明细核算。企业借入各种短期借款时,应借记“银行存款”科目,贷记“短期借款”科目;归还短期借款时,借记“短期借款”科目,贷记“银行存款”科目。

企业短期借款利息的支出,一般应作为财务费用。在实际工作中,银行一般于每季末收取短期借款利息,为此,企业对于短期借款的利息一般采用按月预提的方式进行核算,即各月末应借记“财务费用”科目,贷记“应付利息”科目;支付利息时,再借记“应付利息”科目,贷记“银行存款”科目。对于季末月份的短期借款利息,也可以直接借记“财务费用”科目,贷记“银行存款”科目,而不再进行预提。

【例11-1】 远洋公司于20×5年1月1日向银行借入800 000元,期限9个月,年利率4.5%,该借款的利息按季支付,本金到期归还。编制会计分录如下:

① 1月1日借入款项时:

借:银行存款　　800 000

　　贷:短期借款　　800 000

② 1月末、2月末计提利息时:

借:财务费用　　3 000

　　贷:应付利息　　3 000

③ 3月末支付本季度应付利息时:

借:财务费用　　3 000

　　应付利息　　6 000

　　贷:银行存款　　9 000

第二季、第三季度的利息处理同上。

④ 10月1日偿还借款本金时：

借：短期借款　　800 000

　贷：银行存款　　800 000

二、应付账款

应付账款，是指因购买原材料、商品，或接受劳务供应等而发生的应付但未付的款项。应付账款的发生，本质上是因为购入货物时间与实际付款时间不一致而享有的延期付款，是一种商业信用，是应付账款方承担的一种短期负债。企业因购买原材料、商品或接受劳务供应等而发生的应付但尚未支付的款项，通过“应付账款”账户进行核算。应付账款核算企业因购买材料、商品和接受劳务供应等而应付给供应单位的款项。

1. 应付账款入账时间的确定

应付账款的确认时间，是以权责发生制为基础进行确认的，即以所购买物资所有权有关的风险和报酬已经转移或劳务已经接受为标志进行确认。在实务工作中，一般是以货物已验收入库、发票到达之后才据以登记入账，以避免因先入账而在验收入库时发现购入物资质量不合格要求退货、换货等问题所带来的调账行为。需要特别说明的是，若恰逢结账日，即使货物尚未验收入库、发票尚未收到，企业也应对该笔购买行为暂估入账，日后再行调整。

2. 应付账款入账金额的确定

应付账款的核算方法，有总价法和净价法两种。所谓总价法，是指企业在确认应付账款入账金额时，假定不会享受现金折扣，按照全部价款计入应付账款账户的一种方法。在总价法下，若获得现金折扣，则冲减财务费用。所谓净价法，是指企业在确认应付账款入账金额时，假定付款方一定会享受现金折扣，按照应付账款总价扣除现金折扣以后的净额入账的一种方法。在净价法下，若未能享受到现金折扣，则支付的现金折扣计入财务费用。

【例 11-2】 远洋公司20×5年10月15日向宏达公司购入原材料一批(已经入库)，数量300 000件，每件2元，总价600 000元，由于数量比较大，宏达公司同意给予总价1%的商业折扣，远洋公司尚未支付款项。双方约定一个月后付款，现金折扣条件为“2/10，n/30”(为简化处理，本案例暂不考虑增值税)。

由于在购买时销售方宏达公司同意给予总价1%的商业折扣，则远洋公司按扣除商业折扣后的净额入账，入账金额为：600 000－600 000×1%＝594 000元。

远洋公司在总价法下的会计处理如下：

① 20×5年10月15日赊购原材料时的会计处理：

借：原材料　　594 000

　贷：应付账款　　594 000

② 若远洋公司在10天之内支付了款项，则可享受2%的现金折扣，可冲减财务费用：

借：应付账款　　594 000

　贷：财务费用　　11 880

　　银行存款　　582 120

③ 若远洋公司在10天之后但30天之内支付了款项，则未能享受现金折扣：

借：应付账款　　594 000

　贷：银行存款　　594 000

若假设远洋公司采用净价法进行会计处理，其处理过程如下：

① 20×5 年 10 月 15 日赊购原材料时，以扣减现金折扣后的净额入账：

(594 000－594 000×2%＝582 120)

借：原材料　582 120

　贷：应付账款　582 120

② 若远洋公司在 10 天之内支付了款项：

借：应付账款　582 120

　贷：银行存款　582 120

③ 若远洋公司在 10 天之后但 30 天之内支付了款项，则未能享受现金折扣而多支付的部分计入当期财务费用：

借：应付账款　582 120

　财务费用　11 880

　贷：银行存款　594 000

企业开出、承兑商业汇票抵付应付账款，借记“应付账款”科目，贷记“应付票据”科目。

对由于债权单位撤销或其他原因而无法支付的应付账款，应按其账面余额直接计入营业外收入，即借记“应付账款”科目，贷记“营业外收入”科目。

三、应付票据

应付票据是由出票人出票，委托付款人在指定日期无条件支付特定的金额给收款人或者持票人的票据。企业通过“应付票据”科目核算相关会计业务。企业开出、承兑商业汇票或以承兑汇票抵付货款时，借记“原材料”“应交税费”“应付账款”等科目，贷记“应付票据”科目；汇票到期付款时，借记“应付票据”科目，贷记“银行存款”科目；如为带息票据到期付款时，借记“应付票据”“财务费用”科目，贷记“银行存款”科目。对于带息商业汇票利息费用处理有两种方法，一是按月计提，到期支付。每月月末计提时，借记“财务费用”科目，贷记“应付利息”科目。到期支付时，借记“应付利息”科目，贷记“银行存款”科目；二是到期计提，在商业汇票到期日一次计算确认其全部利息费用，并据以借记“财务费用”科目，贷记“银行存款”科目。

这种应付的商业票据按承兑人的不同可划分为两种：一种是商业承兑汇票，另一种是银行承兑汇票。应付票据若按是否带息，可分为带息应付票据和不带息应付票据两种。以下将分情况介绍其会计处理。

(一) 带息应付票据的处理

对于带息的应付票据，通常的做法是在每个计息期末，对尚未支付的应付票据计提利息，计入当期的财务费用。当票据到期支付票款时，尚未计提的利息部分直接计入当期财务费用。举例介绍如下。

【例 11-3】 远洋公司 20×5 年 10 月 1 日向东方公司赊购商品一批，价值 300 000 元，远洋公司开出商业汇票一张，期限 3 个月，票面利率为 10%。该商品已验收入库。为论述方便，假设暂不考虑增值税。会计处理如下。

① 20×5 年 10 月 1 日向东方公司赊购商品时的会计处理：

借：库存商品　300 000

　贷：应付票据　300 000

② 20×5 年 10 月 31 日计提利息的会计处理：

应计提的 10 月份的利息为：

300 000×10%÷12=2 500

借：财务费用　　2 500

　　贷：应付利息　　2 500

③ 20×5 年 11 月 30 日计提利息的会计处理同②。

④ 20×5 年 12 月 31 日应付票据到期时的会计处理：

借：应付票据　　300 000

　　财务费用　　2 500

　　应付利息　　5 000

　　贷：银行存款　　307 500

（二）不带息应付票据的处理

不带息应付票据，其到期应付金额就是应付票据的面值。

【例 11-4】　承【例 11-3】，只是应付的商业票据是不带息的商业票据。

① 20×5 年 10 月 1 日向东方公司赊购商品时的会计处理：

借：库存商品　　300 000

　　贷：应付票据　　300 000

② 20×5 年 12 月 31 日应付票据到期时的会计处理：

借：应付票据　　300 000

　　贷：银行存款　　300 000

有如下两点需要说明：

（1）企业开出并需承兑的商业承兑汇票，若在到期时不能支付的，应先将其转到“应付账款”账户中，之后再做进一步处理。借记“应付票据”，贷记“应付账款”。

（2）对于银行承兑汇票而言，若企业无力支付到期票款时，承兑银行要无条件地支付票款给持票人；企业根据银行转来的“××号汇票无款支付转入逾期贷款户”通知凭证，将应付票据转入到“短期借款”账户，借记“应付票据”，贷记“短期借款”。

四、预收账款

预收账款是指企业根据双方协议，在向购货单位交付商品前预先向购货单位收取货款而形成的一种流动负债。在预收账款业务较多的企业，可专设“预收账款”账户进行核算，预收时借记“银行存款”科目，贷记“预收账款”科目；提供商品时借记“预收账款”科目，贷记“主营业务收入”科目。如果企业的预收账款业务不多，可不设“预收账款”账户，而将预收账款业务记入“应收账款”账户的贷方。但是，在期末编制资产负债表时，应将这部分预收账款从应收账款中分离出来，列示在流动负债项目下的预收账款项目中。

【例 11-5】　远洋公司（一般纳税人）接受一批订货合同，按照合同规定，货款总额为 1 000 000 元，交货期限为 3 个月。订货时预付货款总额的 60%，余款在交货时付清。增值税税率为 17%，增值税于结清货款时支付。应编制会计分录如下：

① 公司收到对方预付的货款时：

借：银行存款　　600 000

　　贷：预收账款　　600 000

② 交货时：

借：预收账款 1 170 000

贷：主营业务收入 1 000 000

应交税费——应交增值税(销项税额) 170 000

③ 收到对方补付的货款及增值税额时：

借：银行存款 570 000

贷：预收账款 570 000

五、应付利息

应付利息是指企业按照合同约定应支付的利息，包括吸收存款、分期付息到期还本的长期借款、企业债券等应支付的利息。

资产负债表日，应按摊余成本和实际利率计算确定的利息费用，借记"在建工程""财务费用"等科目，按合同利率计算确定的应付未付利息，贷记"应付利息"，按借贷双方之间的差额，借记或贷记"长期借款"等科目。

合同利率与实际利率差异较小的，也可以采用合同利率计算确定利息费用。实际支付利息时，借记"应付利息"科目，贷记"银行存款"等科目。

本科目期末贷方余额，反映企业应付未付的利息。

六、应付职工薪酬

(一) 职工薪酬的含义及内容

职工薪酬，是指企业为获得职工提供的服务或解除劳动关系而给予的各种形式的报酬或补偿。职工薪酬包括短期薪酬、离职后福利、辞退福利和其他长期职工福利。企业提供给职工配偶、子女、受赡养人、已故员工遗属及其他受益人等的福利，也属于职工福利。

这里所称的"职工"，主要包括三类人员：一是与企业订立劳动合同的所有人员，含全职、兼职和临时职工；二是未与企业订立劳动合同，但由企业正式任命的企业治理层和管理层人员，如董事会成员、监事会成员等；三是在企业的计划和控制下，虽未与企业订立劳动合同或未由其正式任命，但向企业所提供服务与职工所提供服务类似的人员，也属于职工的范畴，包括通过企业与劳务中介公司签订用工合同而向企业提供服务的人员。

职工薪酬主要包括如下内容：

1. 短期薪酬

短期薪酬，是指企业在职工提供相关服务的年度报告期间结束后12个月内需要全部予以支付的职工薪酬，因解除与职工的劳动关系给予的补偿除外。短期薪酬具体包括：

(1) 职工工资、奖金、津贴和补贴，是指按照国家统计局《关于职工工资总额组成的规定》，构成工资总额的计时工资、计件工资、支付给职工的超额劳动报酬和增收节支的劳动报酬、为了补偿职工特殊或额外的劳动消耗和因其他特殊原则支付给职工的津贴，以及为了保证职工工资水平不受物价影响支付给职工的物价补贴等。企业按规定支付给职工的加班加点工资，根据国家法律、法规和政策规定，企业在职工因病、工伤、产假、计划生育假、婚丧假、事假、探亲假、定期休假、停工学习、执行国家或社会义务等特殊情况下，按照计时工资或计件工资标准的一定比例支付的工资，也属于职工工资范畴，在职工休假时，不应当从工资总额中扣除。

（2）职工福利费，是指职工向职工提供的生活困难补助、丧葬补助费、抚恤费、职工异地安家费、防暑降温费等职工福利支出。

（3）医疗保险费、养老保险费、失业保险费、工伤保险费和生育保险费等社会保险费，是指企业按照国家规定的基准和比例计算，向社会保险经办机构缴纳的医疗保险费、基本养老保险费、失业保险费、工伤保险费和生育保险费，以及根据《企业年金试行办法》《企业年金基金管理试行办法》等相关规定，向有关单位（企业年金基金账户管理人）缴纳的补充养老保险费。此外，以商业保险形式提供给职工的各种保险待遇也属于企业提供的职工薪酬。

（4）住房公积金，是指企业按照国务院《住房公积金管理条例》规定的基准和比例计算，向住房公积金管理机构缴存的住房公积金。

（5）工会经费和职工教育经费，是指企业为了改善职工文化生活、提高职工业务素质用于开展工会活动和职工教育及职业技能培训，根据国家规定的基准和比例，从成本费用中提取的金额。

（6）短期带薪缺勤，是指职工虽然缺勤但企业仍向其支付报酬的安排，包括年休假、病假、婚假、产假、丧假、探亲假等。长期带薪缺勤属于其他长期职工福利。

（7）短期利润分享计划，是指因职工提供服务而与职工达成的基于利润或其他经营成果提供薪酬的协议。长期利润分享计划属于其他长期职工福利。

（8）其他短期薪酬，是指除上述薪酬以外的其他为获得职工提供的服务而给予的短期薪酬。

2. 离职后福利

离职后福利，是指企业为获得职工提供的服务而在职工退休或与企业解除劳动关系后，提供的各种形式的报酬和福利，短期薪酬和辞退福利除外。企业应当将离职后福利计划分类为设定提存计划和设定受益计划。离职后福利计划，是指企业与职工就离职后福利达成的协议，或者企业为向职工提供离职后福利制定的规章或办法等。其中，设定提存计划，是指向独立的基金缴存固定费用后，企业不再承担进一步支付义务的离职后福利计划；设定受益计划，是指除设定提存计划以外的离职后福利计划。

3. 辞退福利

辞退福利，是指企业在职工劳动合同到期之间解除与职工的劳动关系，或者为鼓励职工自愿接受裁减而给予职工的补偿。

4. 其他长期职工福利

其他长期职工福利，是指除短期薪酬、离职后福利、辞退福利之外所有的职工薪酬，包括长期带薪缺勤、长期残疾福利、长期利润分享计划等。

（二）职工薪酬的核算

企业应当设置“应付职工薪酬”科目，核算应付职工薪酬的提取、结算、使用等情况。该科目的贷方登记已分配计入有关成本费用项目的职工薪酬的数额，借方登记实际发放职工薪酬的数额，包括扣还的款项等；该科目期末贷方余额，反映企业应付未付的职工薪酬。“应付职薪酬”科目应当按照“工资”“职工福利”“社会保险费”“住房公积金”“工会经费”“职工教育经费”“非货币性福利”“带薪缺勤”“利润分享计划”“设定提存计划”“设定受益计划”“辞退福利”等职工薪酬项目设置明细科目，进行明细核算。

企业应当在职工为其提供服务的会计期间，将实际发生的短期薪酬确认为负债，并计入当期损益，其他会计准则要求或允许计入资产的成本除外。

1. 货币性职工薪酬

在职工为其提供服务的会计期间，将实际发生的短期薪酬确认为负债，并计入当期损益，其他会计准则要求或允许计入资产的成本除外。

对于职工工资、奖金、津贴和补贴等货币性职工薪酬，企业应当在职工为其提供服务的会计期间，将实际发生的职工工资、奖金、津贴和补贴等，根据职工提供服务的受益对象，将应确认的职工薪酬，借记“生产成本”“制造费用”“劳务成本”等科目，贷记“应付职工薪酬——工资、奖金、津贴和补贴”科目。

【例 11-6】 远洋公司 20×5 年 10 月应付职工薪酬总额 462 000 元，其中，产品生产人员工资为 320 000 元，生产部门管理人员工资为 70 000 元，公司行政管理人员工资为 60 400 元，销售人员工资 11 600 元。远洋公司的会计分录如下：

借：生产成本——基本生产成本　　320 000
　　制造费用　　70 000
　　管理费用　　60 400
　　销售费用　　11 600
　贷：应付职工薪酬——工资、奖金、津贴和补贴　　462 000

企业在计量应付职工薪酬时，应当注意国家是否有相关的明确计提标准加以区别处理：一般而言，企业应向社会保险经办机构（或企业年金基金账户管理人）缴纳的医疗保险费、养老保险费、失业保险费、工伤保险费、生育保险费等社会保险费，应向住房公积金管理中心缴存的住房公积金，以及应向工会部门缴纳的工会经费等，国家（或企业年金计划）统一规定了计提基础和计提比例，应当按照国家规定的标准计提；而职工福利费等职工薪酬，国家（或企业年金计划）没有明确规定计提基础和计提比例，企业应当根据历史经验数据和实际情况，合理预计当期应付职工薪酬。当期实际发生金额大于预计金额时，应当补提应付职工薪酬；当期实际发生金额小于预计金额时，应当冲回多提的应付职工薪酬。

【例 11-7】 远洋公司下设一所职工食堂，每月根据在岗职工数量及岗位分布情况、相关历史经验数据等计算需要补贴食堂的金额，从而确定企业每期因职工食堂而需要承担的福利费金额。20×5 年 10 月，公司在岗职工共计 100 人，其中管理部门 20 人，生产车间 80 人，公司的历史经验数据表明，每个职工每月需补贴食堂 120 元。该公司有关会计分录如下：

借：制造费用　　9 600
　　管理费用　　2 400
　贷：应付职工薪酬——职工福利　　12 000

【例 11-8】 根据国家规定的计提标准计算，远洋公司 20×5 年 10 月应向社会保险经办机构缴纳职工基本养老保险费共计 64 680 元，其中，应计入基本生产车间生产成本的金额为 44 800 元，应计入制造费用的金额为 9 800 元，应计入管理费用的金额为 10 080 元。远洋公司的有关会计分录如下：

借：生产成本——基本生产成本　　44 800
　　制造费用　　9 800
　　管理费用　　10 080
　贷：应付职工薪酬——社会保险费　　64 680

2. 非货币性职工薪酬

企业向职工发放非货币性职工薪酬时，应区分情况以做不同的处理。

(1) 以自产的产品或外购的商品发放给职工作为福利的，则自产的产品要视同销售处理，按照该产品的公允价值和相关税费计量，应计入相关资产成本或当期损益，同时确认应付职工薪酬；而外购商品按照该商品的公允价值和相关税费计量，应计入成本费用，同时确认应付职工薪酬。

(2) 将企业拥有的房屋等资产无偿提供给职工使用的，应当根据受益对象，将该住房每期应计提的折旧计入相关资产成本或当期损益，同时确认应付职工薪酬，借记“管理费用”“生产成本”“制造费用”等科目，贷记“应付职工薪酬——非货币性福利”科目，并且同时借记“应付职工薪酬——非货币性福利”科目，贷记“累计折旧”科目。

(3) 租赁住房等资产供职工无偿使用的，应当根据受益对象，将每期应付的租金计入相关资产成本或当期损益，并确认应付职工薪酬，借记“管理费用”“生产成本”“制造费用”等科目，贷记“应付职工薪酬——非货币性福利”科目。

【例 11-9】 远洋公司 20×5 年 10 月 27 日，以其外购的每台不含税价为 7 000 元的笔记本电脑 100 台作为职工福利发放给公司 100 名职工。在这 100 名职工中，其中 20 人为管理人员，80 人为直接生产人员。假设远洋公司适用的增值税税率为 17%。远洋公司的会计处理如下(假设每台笔记本电脑的成本为 5 000 元)：

应计入管理费用的金额＝7 000×20＋7 000×20×17%＝140 000＋23 800＝163 800(元)

应计入生产成本的金额＝7 000×80＋7 000×80×17%＝560 000＋95 200＝655 200(元)

借：生产成本　　655 200

　　管理费用　　163 800

　　贷：应付职工薪酬——非货币性福利　　819 000

实际购买笔记本电脑时的会计处理如下：

借：应付职工薪酬——非货币性福利　　819 000

　　贷：银行存款　　819 000

(三) 职工薪酬的发放

1. 支付职工工资、奖金、津贴和补贴

企业按照有关规定向职工支付工资、奖金、津贴等，借记“应付职工薪酬——工资”科目，贷记“银行存款”“库存现金”等科目；企业从应付职工薪酬中扣还的各种款项(代垫的家属药费、个人所得税等)，借记“应付职工薪酬”科目，贷记“银行存款”“库存现金”“其他应收款”“应交税费——应交个人所得税”等科目。

【例 11-10】 远洋公司根据“工资结算汇总表”结算本月应付职工工资总额 462 000 元，其中代扣职工房租 40 000 元，企业代垫职工家属医药费 2 000 元，实发工资 420 000 元。该公司有关会计分录如下：

① 向银行提取现金：

借：库存现金　　420 000

　　贷：银行存款　　420 000

② 发放工资，支付现金：

借：应付职工薪酬——工资　　420 000

　　贷：库存现金　　420 000

③ 代扣款项：

借：应付职工薪酬——工资 42 000

贷：其他应付款——职工房租 40 000

——代垫医药费 2 000

2. 支付职工福利费用

企业向职工食堂、职工医院、生活困难职工等支付职工福利费时，借记“应付职工薪酬——职工福利”科目，贷记“银行存款”“库存现金”等科目。

【例 11-11】 20×5 年 10 月，远洋公司以现金支付职工张某生活困难补助 800 元。远洋公司有关会计分录如下：

借：应付职工薪酬——职工福利 800

贷：库存现金 800

【例 11-12】 承【例 11-7】，20×5 年 11 月，远洋公司支付 12 000 元补贴给食堂。远洋公司有关会计分录如下：

借：应付职工薪酬——职工福利 12 000

贷：库存现金 12 000

3. 支付工会经费、职工教育经费和缴纳社会保险费、住房公积金

企业支付工会经费和职工教育经费用于工会运作和职工培训，或按照国家有关规定缴纳社会保险费或住房公积金时，借记“应付职工薪酬——工会经费(或职工教育经费、社会保险费或住房公积金)”科目，贷记“银行存款”“库存现金”等科目。

【例 11-13】 远洋公司以银行存款缴纳参加职工医疗保险的医疗保险费 40 000 元，远洋公司的有关会计分录如下：

借：应付职工薪酬——社会保险费 40 000

贷：银行存款 40 000

4. 发放非货币性福利

企业以自产产品作为职工薪酬发放给职工时，应确认主营业务收入，借记“应付职工薪酬——非货币性福利”科目，贷记“主营业务收入”科目，同时结转相关成本，涉及增值税销项税额的，还应进行相应的处理。

企业支付租赁住房等资产供职工无偿使用所发生的租金，借记“应付职工薪酬——非货币性福利”科目，贷记“银行存款”科目。

【例 11-14】 承【例 11-9】，远洋公司向职工发放自产的笔记本电脑作为福利，应确认主营业务收入，同时要根据相关税收规定，计算增值税销项税额。实际发放自产的笔记本电脑时，远洋公司有关会计分录如下：

借：应付职工薪酬——非货币性福利 819 000

贷：主营业务收入 700 000

应交税费——应交增值税(销项税额) 119 000

借：主营业务成本 500 000

贷：库存商品 500 000

七、应交税费

企业在一定期间获得的收入、实现的利润或因为特定的经营行为，要按照相关规定向国家缴纳税金。当企业按规定计算并确定应当缴纳的税金但尚未上缴之前，就形成了企业的一项负债。以下将按税金项目分别介绍。

企业根据税法规定应交纳的各种税费包括：增值税、消费税、城市维护建设税、资源税、企业所得税、土地增值税、房产税、车船税、土地使用税、教育费附加、矿产资源补偿费、印花税、耕地占用税等。

企业应通过“应交税费”科目，总括反映各种税费的应交、应纳等情况。该科目贷方登记应交纳的各种税费等，借方登记实际交纳的税费，期末余额一般在贷方，反映企业尚未交纳的税费，期末余额如在借方，反映企业多交或尚未抵扣的税费。本科目按应交的税费项目设置明细科目进行明细核算。

企业代扣代交的个人所得税等，也通过“应交税费”科目核算，而企业交纳的印花税、耕地占用税等不需要预计应交的税金，不通过“应交税费”科目核算。

（一）应交增值税

1. 增值税及会计科目设置

增值税是以商品（含应税劳务、应税服务）在流转过程中产生的增值额作为计税依据而征收的一种流转税。我国自1979年开始实行增值税，已进行了五次重要改革。2012年，开始了“营改增”试点阶段，将交通运输业和部分现代服务业由征收营业税改为征收增值税，扩大了增值税的征税范围。2013年，在全国范围内开展“增值税”试点。2016年5月1日起，在全国范围内全面推开营业税改征增值税，营业税退出历史舞台，增值税的征税范围扩大。

增值税的征税范围包括销售或者进口货物，提供加工、修理、修配劳务，以及销售服务、无形资产或不动产等，但是为了保证增值税的税收公平，还有一些特殊规定：①视同销售货物。将货物交付其他单位或者个人代销；销售代销货物；设有两个以上机构并实行统一核算的纳税人，将货物从一个机构移送其他机构用于销售，但相关机构设在同一县（市）的除外；将自产、委托加工的货物用于集体福利或者个人消费；将自产、委托加工或者购进的货物作为投资，提供给其他单位或者个体工商户；将自产、委托加工或者购进的货物分配给股东或者投资者；将自产、委托加工或者购进的货物无偿赠送其他单位或者个人。②视同提供应税服务：向其他单位或者个人无偿提供服务，但用于公益事业或者以社会公众为对象的除外；向其他单位或者个人无偿转让无形资产或者不动产，但用于公益事业或者以社会公众为对象的除外；以及财政部和国家税务总局规定的其他情形。

我国增值税相关法规规定，在我国境内销售、进口货物或者提供加工、修理、修配劳务及应税服务的单位和个人为增值税的纳税人。根据经营规模大小及会计核算健全程度，增值税纳税人分为一般纳税人和小规模纳税人。

一般纳税人采用购进扣税法计算当期增值税应纳税额，即先按当期销售额和适用税率计算出销项税额，然后对当期购进项目向对方支付的税款进行抵扣，从而间接算出当期的应纳税额。当期销项税额小于当期进项税额不足抵扣时，其不足部分可以结转下期继续抵扣。小规模纳税人销售货物、提供应税劳务和应税服务，实行按照销售额和征收率计算应纳税额的简易办法，不得抵扣进项税额。

2. 账户设置

为了核算企业应交增值税的发生、抵扣、交纳、退税及转出等情况，增值税一般纳税人应当在“应交税费”科目下设置“应交增值税”“未交增值税”“预交增值税”“待抵扣进项税额”“待认证进项税额”“待转销项税额”“增值税留抵税额”“简易计税”“转让金融商品应交增值税”“代扣代交增值税”等明细科目。这些科目是根据财政部关于印发《增值税会计处理规定》的通知(财会[2016]22 号)设置的，自 2016 年 12 月 3 日开始执行，在此之前的明细科目设置与该文件稍有区别。

(1) 增值税一般纳税人应在“应交增值税”明细账内设置“进项税额”“已交税金”“转出未交增值税”“销项税额”“进项税额转出”等专栏。其中：“进项税额”专栏，记录一般纳税人购进货物、加工修理修配劳务、服务、无形资产或不动产而支付或负担的、准予从当期销项税额中抵扣的增值税额；“已交税金”专栏，记录一般纳税人当月已交纳的应交增值税额；“销项税额”专栏，记录一般纳税人销售货物、加工修理修配劳务、服务、无形资产或不动产应收取的增值税额；“进项税额转出”专栏，记录一般纳税人购进货物、加工修理修配劳务、服务、无形资产或不动产等发生非正常损失以及其他原因而不应从销项税额中抵扣、按规定转出的进项税额。

(2) “未交增值税”明细科目，核算一般纳税人月度终了从“应交增值税”或“预交增值税”明细科目转入当月应交未交、多交或预缴的增值税额，以及当月交纳以前期间未交的增值税额。

(3) “预交增值税”明细科目，核算一般纳税人转让不动产、提供不动产经营租赁服务、提供建筑服务、采用预收款方式销售自行开发的房地产项目等，以及其他按现行增值税制度规定应预缴的增值税额。

(4) “待抵扣进项税额”明细科目，核算一般纳税人已取得增值税扣税凭证并经税务机关认证，按照现行增值税制度规定准予以后期间从销项税额中抵扣的进项税额。包括：一般纳税人自 2016 年 5 月 1 日后取得并按固定资产核算的不动产或者 2016 年 5 月 1 日后取得的不动产在建工程，按现行增值税制度规定准予以后期间从销项税额中抵扣的进项税额；实行纳税辅导期管理的一般纳税人取得的尚未交叉稽核比对的增值税扣税凭证上注明或计算的进项税额。公司购入不动产或购进物资用于在建工程，取得发票并经税务认证，“应交税费——应交增值税(进项税额)”，按发票注明税款的 60％入账；“应交税费——待抵扣进项税额”，按发票注明税款的 40％入账。

(5) “待认证进项税额”明细科目，核算一般纳税人由于未经税务机关认证而不得从当期销项税额中抵扣的进项税额。包括：一般纳税人已取得增值税扣税凭证、按照现行增值税制度规定准予从销项税额中抵扣，但尚未经税务机关认证的进项税额；一般纳税人已申请稽核但尚未取得稽核相符结果的海关缴款书进项税额。

(6) “待转销项税额”明细科目，核算一般纳税人销售货物、加工修理修配劳务、服务、无形资产或不动产，已确认相关收入(或利得)但尚未发生增值税纳税义务而需于以后期间确认为销项税额的增值税额。

(7) “增值税留抵税额”明细科目，核算兼有销售服务、无形资产或者不动产的原增值税一般纳税人，截止到纳入营改增试点之日前的增值税期末留抵税额按照现行增值税制度规定不得从销售服务、无形资产或不动产的销项税额中抵扣的增值税留抵税额。

(8) “简易计税”明细科目，核算一般纳税人采用简易计税方法发生的增值税计提、扣减、预缴、缴纳等业务。

(9) “转让金融商品应交增值税”明细科目，核算增值税纳税人转让金融商品发生的增值税额。

(10)“代扣代交增值税”明细科目，核算纳税人购进在境内未设经营机构的境外单位或个人在境内的应税行为代扣代缴的增值税。

(11)小规模纳税人只需在“应交税费”科目下设置“应交增值税”明细科目，不需要设置上述专栏及除“转让金融商品应交增值税”“代扣代交增值税”外的明细科目。

3. 一般纳税人账务处理

(1)取得资产或接受劳务等业务的账务处理。

① 采购等业务进项税额允许抵扣的账务处理。一般纳税人购进货物、加工修理修配劳务、服务、无形资产或不动产，按应计入相关成本费用或资产的金额，借记“在途物资”或“原材料”“库存商品”“生产成本”“无形资产”“固定资产”“管理费用”等科目，按当月已认证的可抵扣增值税额，借记“应交税费——应交增值税(进项税额)”科目，按当月未认证的可抵扣增值税额，借记“应交税费——待认证进项税额”科目，按应付或实际支付的金额，贷记“应付账款”“应付票据”“银行存款”等科目。发生退货的，如原增值税专用发票已做认证，应根据税务机关开具的红字增值税专用发票做相反的会计分录；如原增值税专用发票未做认证，应将发票退回并做相反的会计分录。

【例 11-15】 远洋公司为增值税一般纳税人，适用的增值税税率为 17%，原材料按实际成本核算，销售商品价格为不含增值税的公允价格。20×6 年 6 月 5 日购入原材料一批，增值税专用发票上注明贷款 120 000 元，增值税税额 20 400 元，货物尚未到达，贷款和进项税额已用银行存款支付。用银行存款支付运输公司的运输费用 5 000 元，增值税税额 550 元。增值税扣税凭证已经过税务机关认证。

借：原材料　　125 000
　　应交税费——应交增值税(进项税额)　　20 950
　　贷：银行存款　　145 950

在本例中，进项税额＝20 400＋550＝20 950(元)

材料成本＝120 000＋5 000＝125 000(元)

② 采购等业务进项税额不得抵扣的账务处理。一般纳税人购进货物、加工修理修配劳务、服务、无形资产或不动产，用于简易计税方法计税项目、免征增值税项目、集体福利或个人消费等，其进项税额按照现行增值税制度规定不得从销项税额中抵扣的，取得增值税专用发票时，应借记相关成本费用或资产科目，借记“应交税费——待认证进项税额”科目，贷记“银行存款”“应付账款”等科目，领用时，将待认证进项税额转作进项税额，并借记相关成本费用或资产科目，贷记“应交税费——应交增值税(进项税额转出)”科目。

【例 11-16】 20×6 年 6 月 18 日，远洋公司采购一批原材料用于所属的职工宿舍维修，原材料价款 6 000 元，增值税为 1 020 元。相关的会计分录如下：

购入原材料时：

借：原材料　　6 000
　　应交税费——待认证进项税额　　1 020
　　贷：银行存款　　7 020

领用原材料用于维修职工宿舍时：

借：应交税费——应交增值税(进项税额)　　1 020
　　贷：应交税费——待认证进项税额　　1 020

借:应付职工薪酬——非货币性福利 7 020

　贷:原材料 6 000

　　应交税费——应交增值税(进项税额转出) 1 020

③ 购进不动产或不动产在建工程按规定进项税额分年抵扣的账务处理。一般纳税人自2016年5月1日后取得并按固定资产核算的不动产或者2016年5月1日后取得的不动产在建工程,其进项税额按现行增值税制度规定自取得之日起分2年从销项税额中抵扣的,应当按取得成本,借记“固定资产”“在建工程”等科目,按当期可抵扣的增值税额,借记“应交税费——应交增值税(进项税额)”科目,按以后期间可抵扣的增值税额,借记“应交税费——待抵扣进项税额”科目,按应付或实际支付的金额,贷记“应付账款”“应付票据”“银行存款”等科目。尚未抵扣的进项税额待以后期间允许抵扣时,按允许抵扣的金额,借记“应交税费——应交增值税(进项税额)”科目,贷记“应交税费——待抵扣进项税额”科目。

【例 11-17】 2016年6月10日,远洋公司(增值税一般纳税人)购进办公大楼一座,该大楼用于公司办公,计入固定资产,并于次月开始计提折旧。6月20日,该纳税人取得该大楼的增值税专用发票并认证相符,专用发票注明的金额为10 000 000元,增值税税额为1 100 000元。

借:固定资产——办公楼 10 000 000

　应交税费——应交增值税(进项税额) 660 000

　应交税费——待抵扣进项税额 440 000

　贷:银行存款 11 100 000

剩余的40%于取得扣税凭证的当月起第13个月(2017年6月)抵扣时的会计处理:

借:应交税费——应交增值税(进项税额) 440 000

　贷:应交税费——待抵扣进项税额 440 000

④ 货物等已验收入库但尚未取得增值税扣税凭证的账务处理。一般纳税人购进的货物等已到达并验收入库,但尚未收到增值税扣税凭证并未付款的,应在月末按货物清单或相关合同协议上的价格暂估入账,不需要将增值税的进项税额暂估入账。下月初,用红字冲销原暂估入账金额,待取得相关增值税扣税凭证并经认证后,按应计入相关成本费用或资产的金额,借记“原材料”“库存商品”“固定资产”“无形资产”等科目,按可抵扣的增值税额,借记“应交税费——应交增值税(进项税额)”科目,按应付金额,贷记“应付账款”等科目。

⑤ 购买方作为扣缴义务人的账务处理。按照现行增值税制度规定,境外单位或个人在境内发生应税行为,在境内未设有经营机构的,以购买方为增值税扣缴义务人。境内一般纳税人购进服务、无形资产或不动产,按应计入相关成本费用或资产的金额,借记“生产成本”“无形资产”“固定资产”“管理费用”等科目,按可抵扣的增值税额,借记“应交税费——进项税额”科目(小规模纳税人应借记相关成本费用或资产科目),按应付或实际支付的金额,贷记“应付账款”等科目,按应代扣代缴的增值税额,贷记“应交税费——代扣代交增值税”科目。实际缴纳代扣代缴增值税时,按代扣代缴的增值税额,借记“应交税费——代扣代交增值税”科目,贷记“银行存款”科目。

扣缴义务人凭完税凭证抵扣进项税额的,应当具备书面合同、付款证明和境外单位的对账单或者发票。资料不全的,其进项税额不得从销项税额中抵扣。

(2) 销售等业务的账务处理

① 销售业务的账务处理。企业销售货物、加工修理修配劳务、服务或无形资产，应当按应收或已收的金额，借记“应收账款”“应收票据”“银行存款”等科目，按取得的收入金额，贷记“主营业务收入”“其他业务收入”“工程结算”等科目，按现行增值税制度规定计算的销项税额(或采用简易计税方法计算的应纳增值税额)，贷记“应交税费——应交增值税(销项税额)”或“应交税费——简易计税”科目。发生销售退回的，应根据按规定开具的红字增值税专用发票做相反的会计分录。销售退回相反会计分录需要依据按规定开具的红字增值税专用发票作为凭证附件。

按照国家统一的会计制度确认收入或利得的时点早于按照增值税制度确认增值税纳税义务发生时点的，应将相关销项税额计入“应交税费——待转销项税额”科目，待实际发生纳税义务时再转入“应交税费——应交增值税(销项税额)”或“应交税费——简易计税”科目。

【例 11-18】 远洋公司销售给甲企业一批货物，价款 100 000 元，增值税额 17 000 元，货物已发运至甲企业，采取托收承付收款方式，但托收手续尚未办妥。

确认收入时：

借:应收账款	117 000	
贷:主营业务收入		100 000
应交税费——待转销税额		17 000

结转销项税额时：

借:应交税费——待转销税额	17 000	
贷:应交税费——应交增值税(销项税额)		17 000

按照增值税制度确认增值税纳税义务发生时点早于按照国家统一的会计制度确认收入或利得的时点的，应将应纳增值税额，借记“应收账款”科目，贷记“应交税费——应交增值税(销项税额)”或“应交税费——简易计税”科目，按照国家统一的会计制度确认收入或利得时，应按扣除增值税销项税额后的金额确认收入。

②视同销售的账务处理。企业发生税法上视同销售的行为，应当按照企业会计准则制度相关规定进行相应的会计处理，并按照现行增值税制度规定计算的销项税额(或采用简易计税方法计算的应纳增值税额)，借记“应付职工薪酬”“利润分配”等科目，贷记“应交税费——应交增值税(销项税额)”或“应交税费——简易计税”科目(小规模纳税人应计入“应交税费——应交增值税”科目)。

【例 11-19】 远洋公司以自产的产品作为福利发放给职工，产品不含增值税价格为 200 000 元，其中管理部门发放 50 000 元产品，生产车间发放 150 000 元产品。产品成本 180 000 元。远洋公司做如下会计处理：

借:应付职工薪酬——非货币性福利	234 000	
贷:主营业务收入		200 000
应交税费——应交增值税(销项税额)		34 000
借:主营业务成本	180 000	
贷:库存商品		180 000

③ 处置固定资产的账务处理。企业处置固定资产，应当将固定资产账面价值转入“固定资产清理”账户，按现行增值税制度规定计算的销项税额(或采用简易计税方法计算的应纳增值税额)，贷记“应交税费——应交增值税(销项税额)”或“应交税费——简易计税”科目。

若企业在自身“营改增”前购进的固定资产(除不动产以外的固定资产,下同),进项税额未抵扣,2016年5月1日后销售,是按照现行旧货相关增值税政策执行:一般纳税人销售旧货按简易办法依照3%征收率减按2%征收增值税,应开具普通发票,不得自行开具或者由税务机关代开增值税专用发票。若其在自身“营改增”后到2016年5月1日之间购进的固定资产,由于已经抵扣,2016年5月1日后销售时按照适用税率计税销项税额即可;若是2016年5月1日以后购进的固定资产,已经全面试行“营改增”,销售时做正常的账务处理。

一般纳税人销售取得的不动产(不含自建),2016年4月30日前取得并选择适用简易计税方法的,以取得的全部价款和价外费用减去该项不动产购置原价或者取得不动产时的作价后的余额为销售额,按照5%的征收率计算应纳税额。2016年4月30日前取得(不含自建)的不动产并选择适用一般计税方法计税的以及2016年5月1日后取得的不动产(不含自建)适用一般计税方法的,以取得的全部价款和价外费用为销售额计算应纳税额。

一般纳税人销售自建的不动产,不论是可以选择适用简易计税方法,还是适用一般计税方法,以取得的全部价款和价外费用为销售额,按照5%的征收率计算应纳税额。

④ 全面试行营业税改征增值税前已确认收入,此后产生增值税纳税义务的账务处理。企业营业税改征增值税前已确认收入,但因未产生营业税纳税义务而未计提营业税的,在达到增值税纳税义务时点时,企业应在确认应交增值税销项税额的同时冲减当期收入;已经计提营业税且未缴纳的,在达到增值税纳税义务时点时,应借记“应交税费——应交营业税”“应交税费——应交城市维护建设税”“应交税费——应交教育费附加”等科目,贷记“税金及附加”科目,并根据调整后的收入计算确定记入“应交税费——销项税额”科目的金额,同时冲减收入。

(3) 差额征税的账务处理

① 企业发生相关成本费用允许扣减销售额的账务处理。按现行增值税制度规定企业发生相关成本费用允许扣减销售额的,发生成本费用时,按应付或实际支付的金额,借记“主营业务成本”“存货”“工程施工”等科目,贷记“应付账款”“应付票据”“银行存款”等科目。待取得合规增值税扣税凭证且纳税义务发生时,按照允许抵扣的税额,借记“应交税费——应交增值税(销项税额抵减)”或“应交税费——简易计税”科目(小规模纳税人应借记“应交税费——应交增值税”科目),贷记“主营业务成本”“存货”“工程施工”等科目。

② 金融商品转让按规定以盈亏相抵后的余额作为销售额的账务处理。金融商品实际转让月末,如产生转让收益,则按应纳税额借记“投资收益”等科目,贷记“应交税费——转让金融商品应交增值税”科目;如产生转让损失,则按可结转下月抵扣税额,借记“应交税费——转让金融商品应交增值税”科目,贷记“投资收益”等科目。交纳增值税时,应借记“应交税费——转让金融商品应交增值税”科目,贷记“银行存款”科目。年末,本科目如有借方余额,则借记“投资收益”等科目,贷记“应交税费——转让金融商品应交增值税”科目。

(4) 出口退税的账务处理

为核算纳税人出口货物应收取的出口退税款,设置“应收出口退税款”科目,该科目借方反映销售出口货物按规定向税务机关申报应退回的增值税、消费税等,贷方反映实际收到的出口货物应退回的增值税、消费税等。期末借方余额,反映尚未收到的应退税额。

(5) 进项税额抵扣情况发生改变的账务处理

因发生非正常损失或改变用途等,原已计入进项税额、待抵扣进项税额或待认证进项税额,但按现行增值税制度规定不得从销项税额中抵扣的,借记“待处理财产损溢”“应付职工薪酬”“固定资产”“无形资产”等科目，贷记“应交税费——应交增值税(进项税额转出)”“应交税费——待抵扣进项税额”或“应交税费——待认证进项税额”科目；原不得抵扣且未抵扣进项税额的固定资产、无形资产等，因改变用途等用于允许抵扣进项税额的应税项目的，应按允许抵扣的进项税额，借记“应交税费——应交增值税(进项税额)”科目，贷记“固定资产”“无形资产”等科目。固定资产、无形资产等经上述调整后，应按调整后的账面价值在剩余尚可使用寿命内计提折旧或摊销。

一般纳税人购进时已全额计提进项税额的货物或服务等转用于不动产在建工程的，对于结转以后期间的进项税额，应借记“应交税费——待抵扣进项税额”科目，贷记“应交税费——应交增值税(进项税额转出)”科目。

(6) 月末转出多交增值税和未交增值税的账务处理

月度终了，企业应当将当月应交未交或多交的增值税自“应交增值税”明细科目转入“未交增值税”明细科目。对于当月应交未交的增值税，借记“应交税费——应交增值税(转出未交增值税)”科目，贷记“应交税费——未交增值税”科目；对于当月多交的增值税，借记“应交税费——未交增值税”科目，贷记“应交税费——应交增值税(转出多交增值税)”科目。

(7) 交纳增值税的账务处理

企业交纳当月应交的增值税，借记“应交税费——应交增值税(已交税金)”科目，贷记“银行存款”科目。企业交纳以前期间未交的增值税，借记“应交税费——未交增值税”科目，贷记“银行存款”科目。企业预缴增值税时，借记“应交税费——预交增值税”科目，贷记“银行存款”科目。月末，企业应将“预交增值税”明细科目余额转入“未交增值税”明细科目，借记“应交税费——未交增值税”科目，贷记“应交税费——预交增值税”科目。房地产开发企业等在预缴增值税后，应直至纳税义务发生时方可从“应交税费——预交增值税”科目结转至“应交税费——未交增值税”科目。对于当期直接减免的增值税，借记“应交税金——应交增值税(减免税款)”科目，贷记损益类相关科目。

(8) 增值税期末留抵税额的账务处理

纳入营改增试点当月月初，原增值税一般纳税人应按不得从销售服务、无形资产或不动产的销项税额中抵扣的增值税留抵税额，借记“应交税费——增值税留抵税额”科目，贷记“应交税费——应交增值税(进项税额转出)”科目。待以后期间允许抵扣时，按允许抵扣的金额，借记“应交税费——应交增值税(进项税额)”科目，贷记“应交税费——增值税留抵税额”科目。

(9) 关于小微企业免征增值税的账务处理规定

小微企业在取得销售收入时，应当按照税法的规定计算应交增值税，并确认为应交税费，在达到增值税制度规定的免征增值税条件时，将有关应交增值税转入当期损益。

4. 小规模纳税人的账务处理

小规模纳税人不享有进项税额和抵扣权，购买物资、服务、无形资产或不动产，取得增值税专用发票上注明的增值税应计入相关成本费用或资产，不通过“应交税费——应交增值税”科目核算。借记“材料采购”“在途物资”等科目，贷记“银行存款”等科目。交纳当月应交增值税的账务处理。小规模纳税人应借记“应交税费——应交增值税”科目，贷记“银行存款”科目。

小规模纳税企业应当按照不含税销售额和规定的增值税征收率计算交纳增值税，销售货物或提供应税劳务和应税服务时只能开具普通发票，不能开具增值税专用发票。按不含税的销售额，贷记“主营业务收入”等科目，按应纳增值税税额，贷记“应交税费——应交增值税”科目。

小规模纳税企业销售其取得(不含自建)的不动产(不含个体工商户销售购买的住房和其他个人销售不动产),应以取得的全部价款和价外费用减去该项不动产购置原价或者取得不动产时的作价后的余额为销售额,按照5%的征收率计算应纳税额。销售其自建的不动产,应以取得的全部价款和价外费用为销售额,按照5%的征收率计算应纳税额。小规模纳税人销售自己使用过的固定资产(除不动产),减按2%征收率征收增值税。

【例11-20】 甲企业为增值税小规模纳税人,适用增值税税率为3%,原材料按实际成本核算。该企业发生经济交易如下:购入原材料一批,取得的专用发票中注明货款30 000元,增值税5 100元,款项以银行存款支付,材料验收入库。销售产品一批,所开出的普通发票中注明的贷款(含税)51 500元,款项已存入银行。用银行存款交纳增值税1 500元。甲企业应编制如下会计分录:

① 购入原材料:

	借方	贷方
借:原材料	35 100	
贷:银行存款		35 100

② 销售产品:

	借方	贷方
借:银行存款	51 500	
贷:主营业务收入		50 000
应交税费——应交增值税		1 500

不含税销售额=含税销售额÷(1+征收率)=51 500÷(1+3%)=50 000(元)

应纳增值税=不含税销售额×征收率=50 000×3%=1 500(元)

③ 交纳增值税:

	借方	贷方
借:应交税费——应交增值税	1 500	
贷:银行存款		1 500

(二) 应交消费税

1. 消费税概述

消费税是指在我国境内从事生产、委托加工和进口应税消费品的单位和个人,按其流转额交纳的一种税。消费税有从价定率、从量定额及从价定率和从量定额符合计征三种计算方法。采取从价定率方法征收的消费税,以不含增值税的销售额为税基,按照税法规定的税率计算。企业的销售收入包含增值税的,应将其换算为不含增值税的销售额。采取从量定额计征的消费税,根据按税法确定的企业应税消费品的数量和单位应税消费品应缴纳的消费税计算确定。复合计征是将以上两种方法结合用于同一应税消费品计算税额。

2. 应交消费税的账务处理

企业应在“应交税费”科目下设置“应交消费税”明细科目,核算应交消费税的发生、交纳情况。该科目贷方登记应交纳的消费税,借方登记已交纳的消费税;期末贷方余额反映企业尚未交纳的消费税,借方余额反映企业多交纳的消费税。

(1) 销售应税消费品

企业销售应税消费品应交的消费税,应借记“税金及附加”科目,贷记“应交税费——应交消费税”科目。

【例11-21】 远洋公司销售所生产的化妆品,价款1 000 000元(不合增值税),适用的消费税税率为30%,不考虑其他相关税费。远洋公司应编制如下会计分录:

借:税金及附加　　300 000
　　贷:应交税费——应交消费税　　300 000

应纳消费税额=1 000 000×30%=300 000(元)

(2) 自产自用应税消费品

企业将生产的应税消费品用于在建工程等非生产机构时,按规定应交纳的消费税,借记"在建工程""应付职工薪酬"等科目,贷记"应交税费——应交消费税"科目。

【例 11-22】 远洋公司在建工程领用自产柴油成本为 50 000 元,应纳消费税 6 000 元。不考虑其他相关税费。远洋公司应编制如下会计分录:

借:在建工程　　56 000
　　贷:库存商品　　50 000
　　　　应交税费——应交消费税　　6 000

【例 11-23】 远洋公司下设的职工食堂享受企业提供的补贴,本月领用自产产品一批,该产品的账面成本 20 000 元,市场价格 30 000 元(不含增值税),适用的消费税税率为 10%。不考虑其他相关税费。丙企业应编制如下会计分录:

借:应付职工薪酬——职工福利　　30 000
　　税金及附加　　3 000
　　贷:主营业务收入　　30 000
　　　　应交税费——应交消费税　　3 000
借:主营业务成本　　20 000
　　贷:库存商品　　20 000

(3) 委托加工应税消费品

企业如有应交消费税的委托加工物资,一般应由受托方代收代缴税款。委托加工物资收回后,直接用于销售的,应将受托方代收代缴的消费税计入委托加工物资的成本,借记"委托加工物资"等科目,贷记"应付账款""银行存款"等科目;委托加工物资收回后用于连续生产应税消费品的,按规定准予抵扣的,应按已由受托方代收代缴的消费税,借记"应交税费——应交消费税"科目,贷记"应付账款""银行存款"等科目,待用委托加工的应税消费品生产出应纳消费税的产品销售时,再交纳消费税。

【例 11-24】 远洋公司委托乙企业代为加工一批应交消费税的材料(非金银首饰)。远洋公司的材料成本为 2 000 000 元,加工费为 400 000 元,由乙企业代收代缴的消费税为 160 000 元(不考虑增值税)。材料已经加工完成,并由远洋公司收回验收入库,加工费尚未支付。远洋公司采用实际成本法进行原材料的核算。甲企业应编制如下会计分录:

① 如果委托加工物资收回继续用于生产应税消费品:

借:委托加工物资　　2 000 000
　　贷:原材料　　2 000 000
借:委托加工物资　　400 000
　　应交税费——应交消费税　　160 000
　　贷:应付账款　　560 000
借:原材料　　2 400 000
　　贷:委托加工物资　　2 400 000

② 如果委托加工物资收回直接对外销售：

借：委托加工物资　　2 000 000

　　贷：原材料　　2 000 000

借：委托加工物资　　560 000

　　贷：应付账款　　560 000

借：原材料　　2 560 000

　　贷：委托加工物资　　2 560 000

(4) 进口应税消费品

企业进口应税物资在进口环节应交的消费税，计入该项物资的成本，借记“材料采购”“固定资产”等科目，贷记“银行存款”科目。

【例 11-25】 远洋公司从国外进口一批需要交纳消费税的商品，商品价值 1 000 000 元，进口环节需要交纳的消费税为 200 000 元(不考虑增值税)，采购的商品已经验收入库，货款尚未支付，税款已经用银行存款支付。远洋公司应编制如下会计分录：

借：库存商品　　1 200 000

　　贷：应付账款　　1 000 000

　　　　银行存款　　200 000

(三) 其他应交税费

其他应交税费是指除上述应交税费以外的其他各种应上交国家的税费，包括应交资源税、应交城市维护建设税、应交土地增值税、应交所得税、应交房产税、应交土地使用税、应交车船税、应交印花税、应交教育费附加、应交矿产资源补偿费、应交个人所得税等。企业应当在“应交税费”科目下设置相应的明细科目进行核算，贷方登记应交纳的有关税费，借方登记已交纳的有关税费，期末贷方余额反映尚未交纳的有关税费。

1. 应交资源税

资源税是对在我国境内开采矿产品或者生产盐的单位和个人征收的税。对外销售应税产品应缴纳的资源税应记入“税金及附加”科目，借记“税金及附加”科目，贷记“应交税费——应交资源税”科目；自产自用应税产品应交纳的资源税应记入“生产成本”“制造费用”等科目，借记“生产成本”“制造费用”等科目，贷记“应交税费——应交资源税”科目。

【例 11-26】 远洋公司本期对外销售资源税应税矿产品 3 600 吨，将自产资源税应税矿产品 800 吨用于其产品生产，税法规定每吨矿产品应交资源税 5 元。远洋公司应编制如下会计分录：

① 计算对外销售应税矿产品应交资源税：

借：税金及附加　　18 000

　　贷：应交税费——应交资源税　　18 000

远洋公司对外销售应税产品而应交的资源税＝3 600×5＝18 000(元)

② 计算自用应税矿产品应交资源税：

借：生产成本　　4 000

　　贷：应交税费——应交资源税　　4 000

远洋公司自产自用应税矿产品而应交纳的资源税＝800×5＝4 000(元)

③ 交纳资源税：

借：应交税费——应交资源税　　22 000

　贷：银行存款　　22 000

2. 应交城市维护建设税

城市维护建设税是以增值税、消费税为计税依据征收的一种税。其纳税人为交纳增值税、消费税的单位和个人，以纳税人实际交纳的增值税、消费税税额为计税依据，并分别与两项税金同时缴纳。税率因纳税人所在地不同从1%～7%不等。计算公式为：

应纳税额=(应交增值税+应交消费税)×适用税率

企业按规定计算出应交纳的城市维护建设税，借记“税金及附加”等科目，贷记“应交税费——应交城市维护建设税”科目。交纳城市维护建设税，借记“应交税费——应交城市维护建设税”科目，贷记“银行存款”科目。

【例11-27】 远洋公司实际应交增值税360 000元、消费税240 000元，适用的城市维护建设税税率为7%。远洋公司应编制如下会计分录：

借：税金及附加　　42 000

　贷：应交税费——应交城市维护建设税　　42 000

3. 应交教育费附加

教育费附加是为了发展教育事业而向企业征收的附加费用，企业按应交流转税的一定比例计算交纳。企业按规定计算出应交纳的教育费附加，借记“税金及附加”等科目，贷记“应交税费——应交教育费附加”科目。

【例11-28】 远洋公司按税法规定计算，20×5年度第四季度应交纳教育费附加300 000元。款项已经用银行存款支付。远洋公司应编制如下会计分录：

① 计算应交纳的教育费附加：

借：税金及附加　　300 000

　贷：应交税费——应交教育费附加　　300 000

② 交纳教育费附加：

借：应交税费——应交教育费附加　　300 000

　贷：银行存款　　300 000

4. 应交土地增值税

土地增值税是对转让国有土地使用权、地上的建筑物及其附着物(以下简称转让房地产)并取得增值性收入的单位和个人所征收的一种税。土地增值税按照转让房地产所取得的增值额和规定的税率计算征收。转让房地产的增值额是转让收入减去税法规定扣除项目金额后的余额，其中，转让收入包括货币收入、实物收入和其他收入；扣除项目主要包括取得土地使用权所支付的金额、房地产开发成本及费用、与转让房地产有关的税金、旧房及建筑物的评估价格、财政部确定的其他扣除项目等。土地增值税采用四级超率累进税率，其中最低税率为30%，最高税率为60%。根据企业对房地产核算方法不同，企业应交土地增值税的账务处理也有所区别：企业转让的土地使用权连同地上建筑物及其附着物一并在“固定资产”科目核算的，转让时应交的土地增值税，借记“固定资产清理”科目，贷记“应交税费——应交土地增值税”科目；土地使用权在“无形资产”科目核算的，按实际收到的金额，借记“银行存款”“累计摊销”“无形资产减值准备”科目，按应交的土地增值税，贷记“应交税费——应交土地增值税”科目，同时冲销土地使用权的账面价值,贷记“无形资产”科目,按其差额,借记“营业外支出”科目或贷记“营业外收入”科目;房地产开发经营企业销售房地产应交纳的土地增值税,借记“税金及附加”科目,贷记“应交税费——应交土地增值税”科目。交纳土地增值税,借记“应交税费——应交土地增值税”科目,贷记“银行存款”科目。

【例 11-29】 远洋公司对外转让一栋厂房,根据税法规定计算的应交土地增值税为25 000元。远洋公司应编制如下会计分录:

① 计算应交土地增值税:

借:固定资产清理　　25 000

　贷:应交税费——应交土地增值税　　25 000

② 用银行存款交纳土地增值税:

借:应交税费——应交土地增值税　　25 000

　贷:银行存款　　25 000

5. 应交房产税、城镇土地使用税、车船税、印花税和矿产资源补偿费

房产税是国家对在城市、县城、建制镇和工矿区征收的由产权所有人缴纳的一种税。房产税依照房产原值一次减除10%～30%后的余额计算交纳。没有房产原值作为依据的,由房产所在地税务机关参考同类房产核定;房产出租的,以房产租金收入为房产税的计税依据。

城镇土地使用税是以城市、县城、建制镇、工矿区范围内使用土地的单位和个人为纳税人,以其实际占用的土地面积和规定税额计算征收。

车船税是以车辆、船舶(简称车船)为课征对象,向车船的所有人或者管理人征收的一种税。矿产资源补偿费是对在我国领域和管辖海域开采矿产资源而征收的费用。

印花税,是对经济活动和经济交往中书立、领受具有法律效力的凭证的行为所征收的一种税。这些凭证包含证券、合同、凭证、书据、账簿及权利许可证等。

矿产资源补偿费按照矿产品销售收入的一定比例计征,由采矿人交纳。

企业应交的房产税、城镇土地使用税、车船税和印花税,记入“税金及附加”科目,借记“税金及附加”科目,贷记“应交税费——应交房产税(或应交城镇土地使用税、应交车船税、应交印花税)”科目。应交矿产资源补偿费,记入“管理费用”科目,借记“管理费用”,贷记“应交税费——应交矿产资源补偿费”。

【例 11-30】 远洋公司按税法规定本期应交纳房产税 160 000 元、车船税 38 000 元、印花税 10 000 元、城镇土地使用税 45 000 元。远洋公司应编制如下会计分录:

① 计算应交纳上述税金:

借:税金及附加　　253 000

　贷:应交税费——应交房产税　　160 000

　　　　　　——应交城镇土地使用税　　45 000

　　　　　　——应交车船税　　38 000

　　　　　　——应交印花税　　10 000

② 用银行存款交纳上述税金:

借:应交税费——应交房产税　　160 000

　　　　——应交城镇土地使用税　　45 000

　　　　——应交车船税　　38 000

——应交印花税　　10 000

贷:银行存款　　253 000

6. 应交个人所得税

企业职工按规定应交纳的个人所得税通常由单位代扣代缴。企业按规定计算的代扣代缴的职工个人所得税,借记"应付职工薪酬"科目,贷记"应交税费——应交个人所得税"科目;企业交纳个人所得税时,借记"应交税费——应交个人所得税"科目,贷记"银行存款"等科目。

【例 11-31】 远洋公司结算本月应付职工工资总额 300 000 元,按税法规定应代扣代缴的职工个人所得税共计 3 000 元,实发工资 297 000 元。该企业应编制如下会计分录:

① 代扣个人所得税:

借:应付职工薪酬——工资、奖金、津贴和补贴　　3 000

贷:应交税费——应交个人所得税　　3 000

② 交纳个人所得税:

借:应交税费——应交个人所得税　　3 000

贷:银行存款　　3 000

八、应付股利及其他应付款

(一) 应付股利

应付股利是指企业根据股东大会或类似机构审议批准的利润分配方案确定分配给投资者的现金股利或利润。企业通过"应付股利"科目,核算企业确定或宣告支付但尚未实际支付的现金股利或利润。该科目贷方登记应支付的现金股利或利润;借方登记实际支付的现金股利或利润;期末贷方余额反映企业应付未付的现金股利或利润。本科目应按照投资者设置明细科目进行明细核算。企业根据股东大会或类似机构审议批准的利润分配方案,确认应付给投资者的现金股利或利润时,借记"利润分配——应付现金股利或利润"科目,贷记"应付股利"科目;向投资者实际支付现金股利或利润时,借记"应付股利"科目,贷记"银行存款"等科目。

【例 11-32】 远洋公司有甲、乙两个股东,分别占注册资本的 30%和 70%。20×5 年度该公司实现净利润 6 000 000 元,经过股东会批准,决定 20×6 年分配股利 4 000 000 元。股利已用银行存款支付。远洋公司应编制如下会计分录:

①确认应付投资者利润:

借:利润分配——应付股利　　4 000 000

贷:应付股利——甲股东　　1 200 000

——乙股东　　2 800 000

② 支付投资者利润:

借:应付股利——甲股东　　1 200 000

——乙股东　　2 800 000

贷:银行存款　　4 000 000

甲股东应分配的股利=4 000 000×30%=1 200 000(元)

乙股东应分配的股利=4 000 000×70%=2 800 000(元)

此外,需要说明的是,企业董事会或类似机构通过的利润分配方案中拟分配的现金股利或利润,不需要进行账务处理,但应在附注中披露。企业分配的股票股利不通过"应付股利"科目核算。

（二）其他应付款

其他应付款是指企业除应付票据、应付账款、预收账款、应付职工薪酬、应交税费、应付股利等经营活动以外的其他各项应付、暂收的款项，如应付经营租赁固定资产租金、租入包装物租金、存入保证金等，企业应通过“其他应付款”科目核算；支付或退回其他各种应付、暂收款项时，借记“其他应付款”科目，贷记“银行存款”等科目。

【例 11-33】　远洋公司从 20×5 年 1 月 1 日起，以经营租赁方式租入管理用办公设备一批，每月租金 8 000 元，按季支付。3 月 31 日，远洋公司以银行存款支付应付租金 24 000 元。远洋公司应编制如下会计分录：

① 1 月 31 日计提应付经营租入固定资产租金：

借：管理费用　　8 000

　　贷：其他应收款　　8 000

2 月底计提应付经营租入固定资产租金的会计处理同上。

② 3 月 31 日支付租金：

借：其他应付款　　16 000

　　管理费用　　8 000

　　贷：银行存款　　24 000

第二节　非流动负债

一、长期借款

（一）长期借款概述

长期借款是指企业向银行或其他金融机构借入的期限在 1 年以上（不含 1 年）的各项借款。就长期借款的用途来讲，企业一般用于固定资产的购建、改扩建工程、大修理工程、对外投资以及为了保持长期经营能力等方面的需要。与短期借款相比，长期借款除数额大、偿还期限较长外，其借款费用需要根据权责发生制的要求，按期预提计入所构建资产的成本或直接计入当期财务费用。由于长期借款的期限较长，至少是在 1 年以上，因此，在资产负债表非流动负债项目中列示。由于长期借款的使用关系到企业的生产经营规模和效益，因此，必须加强管理与核算。企业除了要遵守有关的贷款规定、编制借款计划并要有不同形式的担保外，还应监督借款的使用、按期支付长期借款的利息以及按规定的期很归还借款本金等。因此，长期借款会计处理的基本要求是反映和监督长期借款的借入、借款利息的结算和借款本息的归还情况，促使企业遵守信贷纪律，提高信用等级，同时也要确保长期借款发挥效益。

（二）长期借款的账务处理

企业应通过“长期借款”科目，核算长期借款的借入、归还等情况。该科目的贷方登记长期借款本息的增加额；借方登记本息的减少额；贷方余额表示企业尚未偿还的长期借款。本科目可按照贷款单位和贷款种类设置明细账，分别用“本金”“利息调整”等进行明细核算。长期借款账务处理的内容主要包括取得长期借款、确认利息以及归还长期借款。

1. 长期借款取得与使用

企业借入长期借款，应按实际收到的金额，借记“银行存款”科目，贷记“长期借款——本金”科目；如存在差额，还应借记“长期借款——利息调整”科目。

【例 11-34】　远洋公司为增值税一般纳税人，于 20×5 年 11 月 30 日从银行借入资金

3 000 000元，借款期限为3年，借款年利率为6.9%，到期一次还本付息，不计复利，所借款项存入银行。远洋公司用该借款于当日购买不需安装的设备一台，价款2 400 000元，增值税税额408 000元，另支付保险等费用32 000元，设备已于当日投入使用。远洋公司应编制如下会计分录：

① 取得借款：

借：银行存款　　3 000 000

　贷：长期借款——本金　　3 000 000

② 支付设备款及保险费：

借：固定资产　　2 432 000

　应交税费——应交增值税(进项税额)　　408 000

　贷：银行存款　　2 840 000

2. 长期借款利息的确认

长期借款利息费用应当在资产负债表日按照实际利率法计算确定，实际利率与合同利率差异较小的，也可以采用合同利率计算确定利息费用。长期借款按合同利率计算确定的应付未付利息，如果属于分期付息的，记入"应付利息"科目，如果属于到期一次还本付息的，记入"长期借款——应计利息"科目。长期借款计算确定的利息费用，应当按以下原则计入有关成本、费用：属于筹建期间的，计入管理费用；属于生产经营期间的，如果长期借款用于购建固定资产等符合资本化条件的资产，在资产尚未达到预定可使用状态前，所发生的利息支出数应当资本化，计入在建工程等相关资产成本资产达到预定可使用状态后发生的利息支出，以及按规定不予资本化的利息支出，计入财务费用。账务处理方法为借记"在建工程""管理费用""财务费用""研发支出"等科目，贷记"应付利息"或"长期借款——应计利息"科目。

【例11-35】 承【例11-34】，远洋公司于20×5年12月31日计提长期借款利息。远洋公司应编制如下会计分录：

借：财务费用　　17 250

　贷：长期借款——应计利息　　17 250

20×5年12月31日计提的长期借款利息=3 000 000×6.9%÷12=17 250(元)

20×6年1月至20×8年10月每月末预提利息分录同上。

3. 长期借款归还

企业归还长期借款的本金时，应按归还的金额，借记"长期借款——本金"科目，贷记"银行存款"科目；按归还的利息，借记"应付利息"或"长期借款——应计利息"科目，贷记"银行存款"科目。

【例11-36】 承【例11-33】和【例11-34】，远洋公司于20×8年11月30日，偿还该笔银行借款本息。远洋公司应编制如下会计分录：

借：财务费用　　17 250

　长期借款——本金　　3 000 000

　贷：银行存款　　3 017 250

二、应付债券

(一) 应付债券概述

应付债券是指企业为筹集(长期)资金而发行的债券。通过发行债券取得的资金，构成了企业一项非流动负债，企业会在未来某一特定日期按债券所记载的利率、期限等约定还本付息。企业债券发行价格的高低一般取决于债券票面金额、债券票面利率、发行当时的市场利率以及债券期限的长短等因素。债券发行有面值发行、溢价发行和折价发行三种情况。企业债券按其面值价格发行，称为面值发行；以低于债券面值价格发行，称为折价发行；以高于债券面值价格发行，则称为溢价发行。债券溢价或折价不是债券发行企业的收益或损失，而是发行债券企业在债券存续期内对利息费用的一种调整。我国债券只能按面值或者溢价发行。

（二）“应付债券”科目

应付债券的账务处理企业应通过设置“应付债券”科目，核算应付债券发行、计提利息、还本付息等情况。该科目贷方登记应付债券的本金和利息；借方登记归还的债券本金和利息；期末贷方余额表示企业尚未偿还的长期债券。本科目可按“面值”“利息调整”“应计利息”等设置明细科目进行明细核算。企业应当设置“企业债券备查簿”，详细登记每一企业债券的票面金额、债券票面利率、还本付息期限与方式、发行总额、发行日期和编号、委托代售单位、转换股份等资料。企业债券到期结清时，应当在备查簿内逐笔注销。本书只讲解债券按面值发行的会计处理。

1. 发行债券

企业按面值发行债券时，应按实际收到的金额，借记“银行存款”等科目，按债券票面金额，贷记“应付债券——面值”科目；存在差额的，还应借记或贷记“应付债券——利息调整”科目。

【例 11-37】 远洋公司于 20×5 年 7 月 1 日发行三年期、到期时一次还本付息、年利率为 8%（不计复利）、发行面值总额为 30 000 000 元的债券，假定年利率等于实际利率。该债券按面值发行。远洋公司应编制如下会计分录：

借：银行存款　　30 000 000
　贷：应付债券——面值　　30 000 000

2. 债券利息的确认

发行长期债券的企业，应按期计提利息。对于按面值发行的债券，在每期采用票面利率计算计提利息时，应当按照与长期借款相一致的原则计入有关成本费用，借记“在建工程”“管理费用”“财务费用”“研发支出”等科目；其中，对于分期付息、到期一次还本的债券，其按票面利率计算确定的应付未付利息通过“应付利息”科目核算，对于一次还本付息的债券，其按票而利率计算确定的应付未付利息通过“应付债券——应计利息”科目核算。应付债券按实际利率（实际利率与票面利率差异较小时也可按票面利率）计算确定的利息费用，应按照与长期借款相一致的原则计入有关成本、费用。

【例 11-38】 承【例 11-37】，远洋公司发行债券所筹资金于当日用于建造固定资产，至 20×5 年 12 月 31 日工程尚未完工，计提本年长期债券利息。远洋公司按照《企业会计准则第 17 号——借款费用》的规定计算，将该期债券产生的实际利息费用应全部资本化，作为在建工程成本。远洋公司应编制如下会计分录：

借：在建工程　　1 200 000
　贷：应付债券——应计利息　　1 200 000

本例中，至 20×5 年 12 月 31 日，远洋公司债券发行在外的时间为 6 个月，该年应计的债券利息为：30 000 000×8%＋12×6＝1 200 000（元）。由于该长期债券为到期时一次还本付息，因此利息 1 200 000 元应记入“应付债券——应计利息”科目。

3. 债券还本付息

长期债券到期，企业支付债券本息时，借记“应付债券——面值”和“应付债券——应计利息”“应付利息”等科目，贷记“银行存款”等科目。

【例 11-39】 承【例 11-37】和【例 13-38】，20×8 年 7 月 1 日，远洋公司偿还债券本金和利息。远洋公司应编制如下会计分录：

借：应付债券——面值　　30 000 000

　　　　——应计利息　　7 200 000

　贷：银行存款　　37 200 000

在本例中，20×5 年 7 月 1 日至 20×8 年 7 月 1 日，远洋公司长期债券的应计利息＝30 000 000×8%×3＝7 200 000(元)。

三、长期应付款

长期应付款是指企业除长期借款和应付债券以外的其他各种长期应付款项，包括应付融资租入固定资产的租赁费、以分期付款方式购入固定资产发生的应付款项等。长期应付款除具有长期负债的一般特点外，还具有款项主要形成固定资产并分期付款的特点。企业应设置“长期应付款”科目，核算企业融资租入固定资产和以分期付款方式购入固定资产时应付的款项及偿还情况。该科目贷方反映应付的长期应付款项；借方反映偿还的长期应付款项；期末贷方余额，反映企业应付未付的长期应付款项。本科目可按长期应付款的种类和债权人设置明细科目进行明细核算。

（一）应付融资租赁款

应付融资租赁款是指企业融资租入固定资产而形成的非流动负债。企业融资租入的固定资产，在租赁有效期限内，其所有权仍归出租方，但承租方获得了租赁资产的实质控制权，享有了资产在有效使用期限内带来的各种经济利益，同时，作为取得这项权利的代价，需要支付大致相等于该项资产的公允价值的金额，这些款项在支付前，构成了应付融资租赁款。融资租入固定资产时，在租赁期开始日，按应计入固定资产成本的金额(租赁开始日租赁资产公允价值与最低租赁付款额现值两者中较低者，加上初始直接费用)，借记“在建工程”或“固定资产”科目，按最低租赁付款额，贷记“长期应付款”科目，按发生的初始直接费用，贷记“银行存款”等科目，按其差额，借记“未确认融资费用”科目。在融资租赁下，承租人向出租人支付的租金中，包含了本金和利息两部分。承租人支付租金时，一方面应减少长期应付款，另一方面应将未确认的融资费用，在租赁期内各个期间按一定的方法确认为当期融资费用。企业应当采用实际利率法计算确认当期的融资费用。

（二）具有融资性质的延期付款

企业购买资产有可能延期支付有关价款。如果延期支付的购买价款超过正常信用条件，实质上具有融资性质的，所购资产的成本应当以延期支付购买价款的现值为基础确定。实际支付的价款与购买价款的现值之间的差额，应当在信用期间内采用实际利率法进行摊销，计入相关资产成本或当期损益。具体来说，企业购入资产超过正常信用条件延期付款实质上具有融资性质时，应按购买价款的现值，借记“固定资产”“在建工程”等科目，按应支付的价款总额，贷记“长期应付款”科目，按其差额，借记“未确认融资费用”科目。企业在信用期间内采用实际利率法摊销未确认融资费用，应按摊销额，借记“在建工程”“财务费用” 等科目，贷记“未确认融资费用”科目。

本章小结

本章重点介绍了短期借款、应付票据、应付账款、预收款项、应付职工薪酬、应交税费、应付利息、应付股利、其他应付款等流动负债，同时也介绍了长期借款、应付债券、长期应付款等非流动负债。

基本概念

负债、短期借款、应付票据、职工薪酬、增值税、应付股利、长期借款、应付债券、借款费用资本化、长期应付款。

思考题

1. 带息应付票据和不带息应付票据的处理有何异同？
2. 应付票据到期时，如果付款单位无力支付票款，双方单位应如何处理？
3. 职工薪酬由哪些项目组成？如何进行核算？
4. 应交税费下有哪些明细项目需要核算？如何进行会计处理？
5. 小规模纳税人与增值税一般纳税人关于增值税的核算在计税方法上有何区别？
6. 如何确认长期借款而产生的利息费用？
5. 发行债券如何进行会计处理？

实训(练习)题

一、单项选择题

1. 企业按照规定向住房公积金管理机构交存的住房公积金应该贷记的账户是(　　)。
   A. “其他应付款”　　B. “管理费用”
   C. “应付职工薪酬”　　D. “其他应交款”
2. 企业在无形资产研究阶段发生的职工薪酬应当(　　)。
   A. 计入无形资产成本　　B. 计入在建工程成本
   C. 计入长期待摊费用　　D. 计入当期损益
3. 下列职工薪酬中，不应该根据职工提供服务的受益对象计入成本费用的是(　　)。
   A. 因解除与职工的劳动关系给予的补偿
   B. 构成工资总额的各组成部分
   C. 工会经费和职工教育经费
   D. 医疗保险费、养老保险费、失业保险费、工伤保险费和生育保险费等
4. 企业每期期末计提一次还本付息的长期借款利息，对其中应当予以资本化的部分，下列会计处理正确的是(　　)。
   A. 借记“财务费用”科目，贷记“长期借款”科目
   B. 借记“财务费用”科目，贷记“应付利息”科目
   C. 借记“在建工程”科目，贷记“长期借款”科目
   D. 借记“在建工程”科目，贷记“应付利息”科目

5. 企业发生赊购商品业务,下列各项中不影响应付账款入账金额的是(　　)。

A. 商品价款　　B. 增值税进项税额

C. 现金折扣　　D. 销货方代垫运杂费

6. 下列项目中,不属于职工薪酬的是(　　)。

A. 辞退福利　　B. 医疗保险费

C. 非货币性福利　　D. 职工出差的交通费补贴

7. 企业为职工支付的下列保险费中,不属于短期薪酬的是(　　)。

A. 医疗保险费　　B. 工伤保险费

C. 待业保险费　　D. 养老保险费

8. 企业收取包装物押金以及其他各种暂收款项时,应贷记的会计科目是(　　)。

A. “营业外收入”　　B. “其他业务收入”

C. “其他应付款”　　D. “其他应收款”

9. 企业开出并承兑的商业承兑汇票到期时,如无力支付票款,应进行的账务处理的是(　　)。

A. 转作短期借款　　B. 转作应付账款

C. 转作其他应付款　　D. 不进行账务处理

10. 下列各项中,属于非流动性负债的是(　　)。

A. 短期借款　　B. 应付票据

C. 应付债券　　D. 应付账款

11. 企业购进商品取得的现金折扣,应确认为(　　)。

A. 理财收益　　B. 货物采购成本的减少

C. 理财费用　　D. 货物采购成本的增加

12. 下列各项中,不计入损益的是(　　)。

A. 应交增值税　　B. 应交所得税

C. 应交消费税　　D. 应交车船税

13. 某企业收购农副产品,实际支付的价款为 100 000 元,按规定准予以销项税额扣除的进项税额为(　　)元。

A. 17 000　　B. 13 000

C. 10 000　　D. 9 091

14. 企业无法支付的应付账款,经确认后,应计入(　　)。

A. 其他业务收入　　B. 营业外收入

C. 其他综合收益　　D. 待处理财产损溢

15. 某企业委托外单位加工一批应税消费品(非金银首饰),该批材料收回后直接销售。该企业收回委托加工应税消费品时,应将受托单位代扣代缴的消费税记入(　　)。

A. “委托加工物资”科目的借方

B. “应交税费——应交消费税”科目的借方

C. “应交税费——应交消费税”科目的贷方

D. “营业税金及附加”科目的借方

二、多项选择题

1. 下列各项中,应通过“应付职工薪酬”账户核算的是( )。

A. 基本工资 B. 经常性奖金

C. 养老保险费 D. 股份支付

2. 下列各项中,不应通过“其他应付款”科目核算的有( )。

A. 租入包装物支付的押金 B. 应缴纳的教育费附加

C. 为职工垫付的水电费 D. 外单位存入的保证金

3. 企业发行公司债券的方式是( )。

A. 折价发行 B. 溢价发行

C. 面值发行 D. 在我国不能折价发行

4. 企业发行的应付债券产生的利息调整,每期摊销时可能记入的账户是( )。

A. “在建工程” B. “长期待摊费用”

C. “财务费用” D. “应收利息”

5. 对城建税来说,工业企业在核算时可能借记的账户是( )。

A. “税金及附加” B. “销售费用”

C. “固定资产清理” D. “其他业务成本”

6. 企业下列行为应视同销售,计算缴纳增值税销项税额的有( )。

A. 将产成品对外投资 B. 自建房屋领用本企业生产的产品

C. 将原材料对外捐赠 D. 销售代销货物

7. 下列各项中,应计入相关资产成本的有( )。

A. 企业进口原材料交纳的进口关税

B. 企业商务用车交纳的车船税

C. 小规模纳税人购买商品支付的增值税

D. 企业书立加工承揽合同交纳的印花税

8. 下列各项中,关于长期借款利息费用会计处理表述正确的有( )。

A. 筹建期间不符合资本化条件的借款利息费用计入管理费用

B. 生产经营期间不符合资本化条件的借款利息计入财务费用

C. 为购建固定资产发生的符合资本化条件的借款利息费用计入在建工程

D. 为购建厂房发生的借款利息费用在所建厂房达到预定可使用状态后的部分计入管理费用

9. 下列各项中,应计入长期应付款的有( )。

A. 应付租入包装物租金

B. 具有融资性质的分期付款方式购入固定资产的应付款项

C. 因债权人单位撤销而长期无法支付的应付账款

D. 应付融资租入固定资产的租赁费

10. 一般纳税人购进货物时即能认定其进项税额不能抵扣的项目有( )。

A. 购进机器设备用于生产经营 B. 购进的货物用于集体福利

C. 购进的货物用于免征增值税项目 D. 购进的货物用于产品生产

三、判断题

1. 企业收回委托加工的应税消费品，如果用于连续生产应税消费品，按税法规定，可以抵扣应纳消费税。(　　)

2. 一般纳税人可以按照免税农产品买价的13%作为进项税额抵扣。(　　)

3. 应付账款一般按到期的应付金额现值入账。(　　)

4. 开出并承兑的商业承兑汇票如果不能如期支付，应在票据到期时，将应付票据账面余额转入"应付账款"科目。(　　)

5. 应付账款附有现金折扣条款的，应按照扣除现金折扣前的应付账款总额入账。(　　)

6. 一般纳税人购买并销售免税货物所发生的运输费用，可以根据运输部门开具的增值税专用发票注明的增值税额作为进项税额抵扣。(　　)

7. 一般纳税人用产品或原材料对外投资时，应根据其计税基础计算应缴纳增值税销项税额。(　　)

8. 小规模纳税人购入货物收到增值税专用发票的，其支付的增值税额可以由销项税额抵扣。(　　)

9. 委托加工应税消费品的纳税人，必须在委托加工合同上如实注明材料成本，凡未提供材料成本的，受托方所在地主管税务机关有权核定其材料成本。(　　)

10. 采用实际利率摊销债券溢价或折价，其目的是为了明确发行公司对债权人实际负担的利息费用，使各期的利息费用随着债券账面价值的变动而变动。(　　)

四、业务题

1. 远洋公司为增值税一般纳税人，20×5年4月发生经济业务如下：

(1) 4月1日，向银行借入100 000元，年利率为6%，期限为5个月，到期一次还本付息。该企业按季计提利息，8月30日连本带息一次偿还。

(2) 企业购入产品一批，价款为26 000元，增值税额为4 420元，企业签发并承兑的银行汇票一张。

(3) 经计算4月份应付生产工人工资13 500元，车间管理人员工资8 000元，厂部管理人员工资6 000元，在建工程人员工资5 000元。

(4) 本期购入原材料，增值税专用发票上注明的价款为100 000元，增值税额为17 000元，企业开出商业承兑汇票，材料尚未到达。

要求：根据以上资料，编制相关的会计分录。

2. 远洋公司为增值税一般纳税人，20×5年4月1日"应交税费——应交增值税"账户有借方余额1 800元，20×5年4月，该企业发生经济业务如下：

(1) 购进原材料一批，取得的增值税专用发票上注明的原材料价款为10 000元，增值税额为1 700元，价税款已支付，所购材料已验收入库。

(2) 企业销售商品一批，价款100 000元，增值税额为17 000元。

(3) 本月企业在建工程信用库存商品成本为10 000元，计税价格为15 000元。

(4) 发库存商品向股东支付股利。该批库存商品成本为8 500元，计税价格为10 000元。

(5) 月末原材料盘亏1 000元，转出增值税170元。经查明属非正常损失。

(6) 交纳本月增值税18 500元。

要求：(1) 计算该企业4月份应交纳增值税。

(2) 根据以上资料,编制会计分录。

3. 远洋公司为一般纳税人,20×5 年 4 月发生经济业务如下:

(1) 从甲厂购入一批原材料,价款为 10 000 元、增值税额为 1 700 元,对方代垫运费 1 000 元,材料已到并已验收入库。开出为期 4 个月的银行承兑汇票一第,并以银行存款支付承兑手续费 50 元。

(2) 企业取得普通运输费发票一张,以 2 000 元的现金支票支付;同时发现金 500 元支付装卸费等杂费。

(3) 企业向乙公司销售产品一批,价款为 30 000 元,增值税额为 5 100 元,原预收 3 4000 元,不足部分对方开出转账支付付讫。

(4) 上述银行承兑汇票到期,企业账面存款金额不足以支付。会计部门将不足支付的 3 000元票款予以转账处理。

要求:根据以上资料,编制会计分录。

4. 远洋公司为建造一栋办公楼,20×5 年 1 月 1 日介入其间为两年的长期借款 1 000 000 元,款项已存入银行。借款利率为 8%,每年付息一次,期满后一次偿还本金。20×5 年 1 月初,以银行存款支付工程价款 700 000 元,20×6 年 1 月初又以银行存款支付工程价款 300 000 元。该办公楼于 20×7 年 10 月 31 日完工,达到预定可使用状态。

要求:假定不考虑其他因素,根据以上资料,编制会计分录。

5. 远洋公司于 20×5 年 5 月 1 日发行三年期、到期时一次还本付息、年利率为 6%(不计复利)、发行面值总额为 6 000 000 元的债券,假定年利率等于实际利率,不考虑发行费用,该债券按面值发行。

要求:根据以上资料,编制 20×5 年、20×6 年、20×7 年、20×8 年的会计分录。

第十二章

所有者权益

学习目标

1. 熟悉所有者权益的概念及其确认、分类；
2. 理解所有者权益与负债的联系和区别；
3. 掌握实收资本(或股本)的内容与会计处理；
4. 掌握资本公积的内容与会计处理；
5. 掌握留存收益的内容,盈余公积和未分配利润的会计处理。

案例引入

张伟准备对外投资,找到一家已成立3年的远达公司,该公司产销环保新材料目前已打开市场,初具效益,前景看好,该公司正准备融资。张伟向远达公司投入货币资金300万元,但却按260万元作为其出资份额。

[思考]

1. 张伟这样做可以吗?其理由是什么?
2. 其余40万元又算什么?由谁享有?

所有者权益是指企业资产扣除负债后由所有者享有的剩余权益。公司所有者权益又称为股东权益。

所有者权益是指企业资产扣除负债后,由所有者享有的剩余权益。公司的所有者权益又称为股东权益。按其形成来源的角度,可以分为投资者投入的资本、直接计入所有者权益的利得和损失、企业生产经营过程中形成的留存收益三大类。

第一节　实收资本

一、实收资本概述

实收资本是指企业按照章程规定或合同、协议约定,接受投资者投入企业的资本。实收资本的构成比例或股东的股份比例，是确定所有者在企业所有者权益中份额的基础，也是企业进行利润或股利分配的主要依据。我国《公司法》规定，股东可以用货币出资，也可以用实物、知识产权、土地使用权等可以用货币估价并可以依法转让的非货币财产作价出资；但是，法律、行政法规规定不得作为出资的财产除外。企业应当对作为出资的非货币财产评估作价，核实财产，不得高估或者低估作价。法律、行政法规对评估作价有规定的，从其规定。全体股东的货币出资金额不得低于有限责任公司注册资本的30%。不论以何种方式出资，投资者如在投资过程中违反投资合约或协议约定，不按规定如期缴足出资额，企业可以依法追究投资者的违约责任。

企业收到所有者投入企业的资本后，应根据有关原始凭证（如投资清单、银行通知单等），分别不同的出资方式进行会计处理。

二、实收资本的账务处理

（一）接受现金资产投资

1. 股份有限公司以外的企业接受现金资产投资

【例12-1】 甲、乙、丙共同投资设立远洋公司，注册资本为2 000 000元，甲、乙、丙持股比例分别为60%、25%和15%。按照章程规定，甲、乙、丙投入资本分别为1 200 000元、500 000元和300 000元。远洋公司已如期收到各投资者一次缴足的款项。远洋公司应编制如下会计分录：

	借方	贷方
借：银行存款	2 000 000	
贷：实收资本——甲		1 200 000
——乙		500 000
——丙		300 000

实收资本的构成比例即投资者的出资比例或股东的股份比例，通常是确定所有者在企业所有者权益中所占的份额和参与企业生产经营决策的基础，也是企业进行利润分配或股利分配的依据，同时还是企业清算时确定所有者对净资产的要求权的依据。

2. 股份有限公司接受现金资产投资

股份有限公司发行股票时，既可以按面值发行股票，也可以溢价发行（我国目前不允许折价发行）。股份有限公司在核定的股本总额及核定的股份总额的范围内发行股票时，应在实际收到现金资产时进行会计处理。

【例12-2】 远洋公司发行普通股10 000 000股，每股面值1元，每股发行价格5元。假定股票发行成功，股款50 000 000元已全部收到，不考虑发行过程中的税费等因素。根据上述资料，远洋公司应作如下账务处理：

应记入“资本公积”科目的金额＝50 000 000－10 000 000×1＝40 000 000（元）

	借方	贷方
借：银行存款	50 000 000	
贷：股本		10 000 000
资本公积——股本溢价		40 000 000

本例中，远洋公司发行股票实际收到的款项为50 000 000元，应借记“银行存款”科目；实际发行的股票面值总额为10 000 000元，应贷记“股本”科目，按其差额，贷记“资本公积——股本溢价”科目。

（二）接受非现金资产投资

1. 接受投入固定资产

企业接受投资者作价投入的房屋、建筑物、机器设备等固定资产，应按投资合同或协议约定价值确定固定资产价值（但投资合同或协议约定价值不公允的除外）和在注册资本中应享有的份额。

【例 12-3】 远洋公司于设立时收到甲公司作为资本投入的不需要安装的机器设备一台，合同约定该机器设备的价值为 2 000 000 元，增值税进项税额为 340 000 元（由投资方支付税款，并提供或开具增值税专用发票）。经约定，远洋公司接受甲公司的投入资本为 2 340 000 元。合同约定的固定资产价值与公允价值相符，不考虑其他因素。远洋公司应编制如下会计分录：

借：固定资产　　2 000 000
　　应交税费——应交增值税（进项税额）　　340 000
　　贷：实收资本——甲公司　　2 340 000

本例中，该项固定资产合同约定的价值与公允价值相符，远洋公司接受甲公司投入的固定资产按合同约定金额与增值税进项税额作为实收资本，因此，可按 2 340 000 元的金额贷记“实收资本”科目。

2. 接受投入材料物资

企业接受投资者作价投入的材料物资，应按投资合同或协议约定价值确定材料物资价值（但投资合同或协议约定价值不公允的除外）和在注册资本中应享有的份额。

【例 12-4】 远洋公司于设立时收到乙公司作为资本投入的原材料一批，该批原材料投资合同或协议约定价值（不含可抵扣的增值税进项税额部分）为 100 000 元，增值税进项税额为 17 000 元（由投资方支付税款，并提供或开具增值税专用发票）。假设合同约定的价值与公允价值相符，不考虑其他因素，原材料按实际成本进行日常核算。远洋公司应编制如下会计分录：

借：原材料　　100 000
　　应交税费——应交增值税（进项税额）　　17 000
　　贷：实收资本——乙公司　　117 000

本例中，原材料的合同约定价值与公允价值相符，因此，可按照 100 000 元的金额借记“原材料”科目；同时，该进项税额允许抵扣，因此，增值税专用发票上注明的增值税税额 17 000 元，应借记“应交税费——应交增值税（进项税额）”科目。远洋公司接受的乙公司投入的原材料按合同约定金额与增值税进项税额之和作为实收资本，因此，可按 117 000 元的金额贷记“实收资本”科目。

3. 接受投入无形资产

企业收到以无形资产方式投入的资本，应按投资合同或协议约定价值确定无形资产价值（但投资合同或协议约定价值不公允的除外）和在注册资本中应享有的份额。

【例 12-5】 远洋公司于设立时收到丙公司作为资本投入的非专利技术一项，该非专利技术投资合同约定价值为 60 000 元；同时收到丁公司作为资本投入的土地使用权一项，投资合同约定价值为 80 000 元。假设远洋公司接受该非专利技术和土地使用权符合国家注册资本管理的有关规定，可按合同约定作实收资本入账，合同约定的价值与公允价值相符，不考虑其他因素。远洋公司应编制如下会计分录：

借:无形资产——非专利技术　　60 000
　　　　　——土地使用权　　80 000
　贷:实收资本——丙公司　　60 000
　　　　　　——丁公司　　80 000

本例中,非专利技术与土地使用权的合同约定价值与公允价值相符,因此,可分别按照60 000元和80 000元的金额借记"无形资产"科目。丙、丁公司投入的非专利技术和土地使用权按合同约定金额作为实收资本,因此可分别按60 000元和80 000元的金额贷记"实收资本"科目。

(三)实收资本(或股本)的增减变动

一般情况下,企业的实收资本应相对固定不变,但在某些特定情况下,实收资本也可能发生增减变化。我国《企业法人登记管理条例》规定,除国家另有规定外,企业的注册资金应当与实收资本相一致,当实收资本比原注册资金增加或减少的幅度超过20%时,应持资金使用证明或者验资证明,向原登记主管机关申请变更登记。如擅自改变注册资本或抽逃资金,要受到工商行政管理部门的处罚。

1. 实收资本(或股本)的增加

一般企业增加资本主要有三个途径:接受投资者追加投资、资本公积转增资本和盈余公积转增资本。需要注意的是,由于资本公积和盈余公积均属于所有者权益,用其转增资本时,如果是独资企业比较简单,直接结转即可。如果是股份有限公司或有限责任公司,则应该按照原投资者各自出资比例相应增加各投资者的出资额。

【例12-6】　甲、乙、丙三人共同投资设立了远洋公司,原注册资本为4 000 000元,甲、乙、丙分别出资500 000元、2 000 000元和1 500 000元。为扩大经营规模,经批准,远洋公司注册资本扩大为5 000 000元,甲、乙、丙按照原出资比例分别追加投资125 000元、500 000元和375 000元。远洋公司如期收到甲、乙、丙追加的现金投资。远洋公司应编制如下会计分录:

借:银行存款　　1 000 000
　贷:实收资本——甲　　125 000
　　　　　　——乙　　500 000
　　　　　　——丙　　375 000

本例中,甲、乙、丙三人按原出资比例追加实收资本,因此,远洋公司应分别按照125 000元、500 000元和375 000元的金额贷记"实收资本"科目中甲、乙、丙明细分类账。

【例12-7】　承【例12-6】,因扩大经营规模需要,经批准,远洋公司按原出资比例将资本公积1 000 000元转增资本。远洋公司应编制如下会计分录:

借:资本公积　　1 000 000
　贷:实收资本——甲　　125 000
　　　　　　——乙　　500 000
　　　　　　——丙　　375 000

本例中,资本公积1 000 000元按原出资比例转增实收资本,因此,远洋公司应分别按照125 000元、500 000元和375 000元的金额贷记"实收资本"科目中甲、乙、丙明细分类账。

【例12-8】　承【例12-6】,因扩大经营规模需要,经批准,远洋公司按原出资比例将盈余公积1 000 000元转增资本。远洋公司应编制如下会计分录:

借:盈余公积　　1 000 000
　　贷:实收资本——甲　　125 000
　　　　　　　——乙　　500 000
　　　　　　　——丙　　375 000

本例中,盈余公积 1 000 000 元按原出资比例转增实收资本,因此,远洋公司应分别按照 125 000 元、500 000 元和 375 000 元的金额贷记“实收资本”科目中甲、乙、丙明细分类账。

2. 实收资本(或股本)的减少

企业减少实收资本应按法定程序报经批准,股份有限公司采用收购本公司股票方式减资的,通过“库存股”科目核算回购股份的金额。减资时,按股票面值和注销股数计算的股票面值总额冲减股本,按注销库存股的账面余额与所冲减股本的差额冲减股本溢价,股本溢价不足冲减的,应依次冲减“盈余公积”“利润分配——未分配利润”等科目。如果回购股票支付的价款低于面值总额的,所注销库存股的账面余额与所冲减股本的差额作为增加资本公积(股本溢价)处理。

【例 12-9】 远洋公司 20×5 年 12 月 31 日的股本为 100 000 000 元(面值为 1 元),资本公积(股本溢价)为 30 000 000 元,盈余公积为 40 000 000 元。经股东大会批准,远洋公司以现金回购本公司股票 20 000 000 股并注销。假定远洋公司按每股 2 元回购股票,不考虑其他因素。远洋公司应编制如下会计分录:

① 回购本公司股份时:

借:库存股　　40 000 000
　　贷:银行存款　　40 000 000

库存股成本=20 000 000×2=40 000 000(元)

② 注销本公司股份时:

借:股本　　20 000 000
　　资本公积　　20 000 000
　　贷:库存股　　40 000 000

应冲减的资本公积=20 000 000×2－20 000 000×1=20 000 000(元)

【例 12-10】 承【例 12-9】,假定远洋公司按每股 3 元回购股票,其他条件不变,远洋公司应编制如下会计分录:

① 回购本公司股份时:

借:库存股　　60 000 000
　　贷:银行存款　　60 000 000

库存股成本=20 000 000×3=60 000 000(元)

② 注销本公司股份时:

借:股本　　20 000 000
　　资本公积　　30 000 000
　　盈余公积　　10 000 000
　　贷:库存股　　60 000 000

应冲减的资本公积=20 000 000×3－20 000 000×1=40 000 000(元)

本例中,由于应冲减的资本公积大于公司现有的资本公积,所以只能冲减资本公积 30 000 000元,剩余的 10 000 000 元应冲减盈余公积。

【例 12-11】　承【例 12-9】，假定远洋公司按每股 0.9 元回购股票，其他条件不变，远洋公司应编制如下会计分录：

① 回购本公司股份时：

借：库存股　　18 000 000

　　贷：银行存款　　18 000 000

库存股成本＝20 000 000×0.9＝18 000 000(元)

② 注销本公司股份时：

借：股本　　20 000 000

　　贷：库存股　　18 000 000

　　　　资本公积——股本溢价　　2 000 000

应增加的资本公积＝20 000 000×1－20 000 000×0.9＝2 000 000(元)

本例中，由于折价回购，股本与库存股成本的差额 2 000 000 元应作为增加资本公积处理。

第二节　资本公积

一、资本公积概述

(一) 资本公积的来源

资本公积是企业收到投资者出资额超出其在注册资本(或股本)中所占份额的部分，以及其他资本公积等。资本公积包括资本溢价(或股本溢价)和其他资本公积等。

形成资本溢价(或股本溢价)的原因有溢价发行股票、投资者超额缴入资本等。

其他资本公积是指除净损益、其他综合收益和利润分配以外所有者权益的其他变动。如企业的长期股权投资采用权益法核算时，因被投资单位除净损益、其他综合收益和利润分配以外所有者权益的其他变动，投资企业按应享有份额而增加或减少的资本公积。

企业根据国家有关规定实行股权激励的，如果在等待期内取消了授予的权益工具，企业应在进行权益工具加速行权处理时，将剩余等待期内应确认的金额立即计入当期损益，并同时确认资本公积。企业集团(由母公司和其全部子公司构成)内发生的股份支付交易，如结算企业是接受服务企业的投资者，应当按照授予日权益工具的公允价值或应承担负债的公允价值确认为对接受服务企业的长期股权投资，同时确认资本公积(其他资本公积)或负债。

资本公积的核算包括资本溢价(或股本溢价)的核算、其他资本公积的核算和资本公积转增资本的核算等内容。

(二) 资本公积与实收资本(或股本)、留存收益的区别

1. 资本公积与实收资本(或股本)的区别

(1) 从来源和性质看。实收资本(或股本)是指投资者按照企业章程或合同、协议的约定，实际投入企业并依法进行注册的资本，它体现了企业所有者对企业的基本产权关系。资本公积是投资者的出资额超出其在注册资本中所占份额的部分，以及直接计入所有者权益的利得和损失，它不直接表明所有者对企业的基本产权关系。

(2) 从用途看。实收资本(或股本)的构成比例是确定所有者参与企业财务经营决策的基础，也是企业进行利润分配或股利分配的依据，同时还是企业清算时确定所有者对净资产的要

求权的依据。资本公积的用途主要是用来转增资本(或股本)。资本公积不体现各所有者的占有比例,也不能作为所有者参与企业财务经营决策或进行利润分配(或股利分配)的依据。

2. 资本公积与留存收益的区别

资本公积的来源不是企业实现的利润,而主要来自资本溢价(或股本溢价)等。留存收益是企业从历年实现的利润中提取或形成的留存于企业的内部积累,来源于企业生产经营活动实现的利润。

二、资本公积的账务处理

(一)资本溢价(或股本溢价)

1. 资本溢价

除股份有限公司外的其他类型的企业,在企业创立时,投资者认缴的出资额与注册资本一致,一般不会产生资本溢价。但在企业重组或有新的投资者加入时,常常会出现资本溢价。因为在企业进行正常生产经营后,其资本利润率通常要高于企业初创阶段,另外,企业有内部积累,新投资者加入企业后,对这些积累也要分享,所以新加入的投资者往往要付出大于原投资者的出资额,才能取得与原投资者相同的出资比例。投资者多缴的部分就形成了资本溢价。

【例 12-12】 远洋公司由两位投资者投资 200 000 元设立,每人各出资 100 000 元。一年后,为扩大经营规模,经批准,远洋公司注册资本增加到 300 000 元,并引入第三位投资者加入。按照投资协议,新投资者需缴入现金 110 000 元,同时享有该公司 1/3 的股份。远洋公司已收到该现金投资。假定不考虑其他因素。远洋公司应编制如下会计分录:

借:银行存款	110 000	
贷:实收资本		100 000
资本公积——资本溢价		10 000

本例中,在远洋公司收到的第三位投资者的现金投资 110 000 元中,100 000 元属于第三位投资者在注册资本中所享有的份额,应记入"实收资本"科目,10 000 元属于资本溢价,应记入"资本公积——资本溢价"科目。

2. 股本溢价

股份有限公司是以发行股票的方式筹集股本的,股票可按面值发行,也可按溢价发行,我国目前不准折价发行。与其他类型的企业不同,股份有限公司在成立时可能会溢价发行股票,因而在成立之初,就可能会产生股本溢价。股本溢价的数额等于股份有限公司发行股票时实际收到的款额超过股票面值总额的部分。

在按面值发行股票的情况下,企业发行股票取得的收入,应全部作为股本处理;在溢价发行股票的情况下,企业发行股票取得的收入,等于股票面值部分作为股本处理,超出股票面值的溢价收入应作为股本溢价处理。

发行股票相关的手续费、佣金等交易费用,如果是溢价发行股票的,应从溢价中抵扣,冲减资本公积(股本溢价);无溢价发行股票或溢价金额不足以抵扣的,应将不足抵扣的部分冲减盈余公积和未分配利润。

【例 12-13】 远洋公司首次公开发行了普通股 50 000 000 股,每股面值 1 元,每股发行价格为 4 元。远洋公司与证券公司约定,按发行收入的 3%收取佣金,从发行收入中扣除。假定收到的股款已存入银行。远洋公司应编制如下会计分录:

公司收到证券公司转来的发行收入＝50 000 000×4×(1－3％)＝194 000 000(元)

应记入“资本公积”科目的金额＝溢价收入－发行佣金＝50 000 000×(4－1) 50 000 000×4×3％＝144 000 000(元)

借：银行存款　　194 000 000

　贷：股本　　50 000 000

　　资本公积——股本溢价　　144 000 000

(二) 其他资本公积

本书以因被投资单位除净损益、其他综合收益和利润分配以外的所有者权益的其他变动为例，介绍相关的其他资本公积的核算。

企业对被投资单位的长期股权投资采用权益法核算的，在持股比例不变的情况下，对因被投资单位除净损益、其他综合收益和利润分配以外的所有者权益的其他变动，应按持股比例计算其应享有或应分担被投资单位所有者权益的增减数额。在处置长期股权投资时，应转销与该笔投资相关的其他资本公积。

【例 12-14】 远洋公司于 20×5 年 1 月 1 日向甲公司投资 8 000 000 元，拥有该公司 20％的股份，并对该公司有重大影响，因而对甲公司长期股权投资采用权益法核算。20×5 年 12 月 31 日，甲公司除净损益、其他综合收益和利润分配之外的所有者权益增加了 1 000 000 元。假定除此以外，甲公司的所有者权益没有变化，远洋公司的持股比例没有变化，甲公司资产的账面价值与公允价值一致。不考虑其他因素，远洋公司应编制如下会计分录：

借：长期股权投资——甲公司　　200 000

　贷：资本公积——其他资本公积　　200 000

远洋公司对甲公司投资增加的资本公积＝1 000 000×20％＝200 000(元)

本例中，远洋公司对甲公司的长期股权投资采用权益法核算，持股比例未发生变化，甲公司发生了除净损益、其他综合收益和利润分配之外的所有者权益的其他变动，远洋公司应按其持股比例计算应享有的甲公司权益的数额 200 000 元作为增加其他资本公积处理。

(三) 资本公积转增资本

经股东大会或类似机构决议，用资本公积转增资本时，应冲减资本公积，同时按照转增资本前的实收资本(或股本)的结构或比例，将转增的金额记入“实收资本”(或“股本”) 科目下各所有者的明细分类账。

第三节　留存收益

一、留存收益概述

留存收益是指企业从历年实现的利润中提取或形成的留存于企业的内部积累，包括盈余公积和未分配利润两类。

盈余公积是指企业按照有关规定从净利润中提取的积累资金。公司制企业的盈余公积包括法定盈余公积和任意盈余公积。法定盈余公积是指企业按照规定的比例从净利润中提取的盈余公积。任意盈余公积是指企业按照股东会或股东大会决议提取的盈余公积。

企业提取的盈余公积经批准可用于弥补亏损、转增资本或发放现金股利或利润等。

未分配利润是指企业实现的净利润经过弥补亏损、提取盈余公积和向投资者分配利润后留存在企业的、历年结存的利润。相对于所有者权益的其他部分来说，企业对于未分配利润的使用有较大的自主权。

二、留存收益的账务处理

（一）利润分配

利润分配是指企业根据国家有关规定和企业章程、投资者协议等，对企业当年可供分配的利润所进行的分配。

可供分配的利润＝当年实现的净利润（或净亏损）＋年初未分配利润（或“－年初未弥补亏损”）＋其他转入

利润分配的顺序依次是：① 取法定盈余公积；②提取任意盈余公积；③向投资者分配利润。

企业应通过“利润分配”科目，核算企业利润的分配（或亏损的弥补）和历年分配（或弥补）后的未分配利润（或未弥补亏损）。该科目应分别“提取法定盈余公积”“提取任意盈余公积”“应付现金股利或利润”“盈余公积补亏”“未分配利润”等进行明细核算。企业未分配利润通过“利润分配——未分配利润”明细科目进行核算。年度终了，企业应将全年实现的净利润或发生的净亏损，自“本年利润”科目转入“利润分配——未分配利润” 科目，并将“利润分配”科目所属其他明细科目的余额，转入“未分配利润”明细科目。结转后，“利润分配——未分配利润”科目如为贷方余额，表示累积未分配的利润数额；如为借方余额，则表示累积未弥补的亏损数额。

【例 12-15】 远洋公司年初未分配利润为 0 元，本年实现净利润 2 000 000 元，本年提取法定盈余公积 200 000 元，宣告发放现金股利 800 000 元，假定不考虑其他因素。远洋公司应编制如下会计分录：

① 结转实现净利润时：

借：本年利润　　2 000 000

　贷：利润分配——未分配利润　　2 000 000

如企业当年发生亏损，则应借记“利润分配——未分配利润”科目，贷记“本年利润”科目。

② 提取法定盈余公积、宣告发放现金股利时：

借：利润分配——提取法定盈余公积　　200 000

　　　　　　——应付现金股利　　800 000

　贷：盈余公积　　200 000

　　　应付股利　　800 000

③ 将“利润分配”科目所属其他明细科目的余额结转至“未分配利润”明细科目：

借：利润分配——未分配利润　　1 000 000

　贷：利润分配——提取法定盈余公积　　200 000

　　　　　　　——应付现金股利　　800 000

结转后，如果“未分配利润”明细科目的余额在贷方，表示累积未分配的利润；如果余额在借方，则表示累积未弥补的亏损。本例中，“利润分配——未分配利润”明细科目的余额在贷方，此贷方余额 1 000 000 元（本年利润 2 000 000－提取法定盈余公积 200 000－应付现金股利 800 000）即为远洋公司本年年末的累计未分配利润。

（二）盈余公积

按照《公司法》有关规定，公司制企业应按照净利润（减弥补以前年度亏损，下同）的10%提取法定盈余公积。非公司制企业法定盈余公积的提取比例可超过净利润的10%法定盈余公积累计额已达注册资本的50%时可以不再提取。值得注意的是，如果以前年度未分配利润有盈余（即年初未分配利润余额为正数），在计算提取法定盈余公积的基数时，不应包括企业年初未分配利润；如果以前年度有亏损（即年初未分配利润余额为负数），应先弥补以前年度亏损再提取盈余公积。公司制企业可根据股东会或股东大会的决议提取任意盈余公积。非公司制企业经类似权力机构批准，也可提取任意盈余公积。法定盈余公积和任意盈余公积的区别在于其各自计提的依据不同，前者以国家的法律法规为依据；后者由企业的权力机构自行决定。

企业提取的盈余公积经批准可用于弥补亏损、转增资本、发放现金股利或利润等。盈余公积转增资本时，转增后留存的盈余公积的数额不得少于注册资本的25%。

1. 提取盈余公积

企业按规定提取盈余公积时，应通过“利润分配”和“盈余公积”等科目核算。

【例12-16】 远洋公司本年实现净利润为5 000 000元，年初未分配利润为0元。经股东大会批准，远洋公司按当年净利润的10%提取法定盈余公积。假定不考虑其他因素。远洋公司应编制如下会计分录：

借：利润分配——提取法定盈余公积　　500 000
　贷：盈余公积——法定盈余公积　　500 000

本年提取法定盈余公积金额＝5 000 000×10%＝500 000（元）

2. 盈余公积补亏

【例12-17】 经股东大会批准，远洋公司用以前年度提取的盈余公积弥补当年亏损，当年弥补亏损的数额为600 000元。假定不考虑其他因素。远洋公司应编制如下会计分录：

借：盈余公积　　600 000
　贷：利润分配——盈余公积补亏　　600 000

3. 盈余公积转增资本

【例12-18】 因扩大经营规模需要，经股东大会批准，远洋公司将盈余公积400 000元转增股本。假定不考虑其他因素。远洋公司应编制如下会计分录：

借：盈余公积　　400 000
　贷：股本　　400 000

4. 用盈余公积发放现金股利或利润

【例12-19】 远洋公司20×5年12月31日股本为50 000 000元（每股面值1元），可供投资者分配的利润为5 000 000元，盈余公积为20 000 000元。20×6年3月20日，股东大会批准了20×5年度利润分配方案，按每10股2元发放现金股利。远洋公司共需要分派10 000 000元现金股利，其中动用可供投资者分配的利润5 000 000元、盈余公积5 000 000元。假定不考虑其他因素。远洋公司应编制如下会计分录：

① 发放现金股利时：

借：利润分配——应付现金股利　　5 000 000
　盈余公积　　5 000 000
　贷：应付股利　　10 000 000

② 支付股利时：

借：应付股利　　10 000 000

　贷：银行存款　　10 000 000

本例中，远洋公司经股东大会批准，以未分配利润和盈余公积发放现金股利，其中，属于以未分配利润发放现金股利的部分 5 000 000 元应记入“利润分配——应付现金股利”科目，属于以盈余公积发放现金股利的部分 5 000 000 元应记入“盈余公积”科目。

本章小结

本章主要介绍了所有者权益，以及核算投资者投入的权益、直接计入所有者权益的利得和损失、留存收益。

基本概念

所有者权益、实收资本、资本公积、资本溢价、股本溢价、留存收益、法定盈余公积、任意盈余公积、未分配利润。

思考题

1. 所有者权益与负债有什么联系和区别？
2. 所有者权益由哪些内容构成？
3. 分析投资者投入资本和留存收益的意义。
4. 企业实收资本(股本)增加的途径有哪些？如何进行会计处理？
5. 资本公积的构成内容及其区别是什么？如何进行核算？
6. 简述盈余公积的形成及其用途。
7. 留存收益包括哪些内容？应如何进行核算？

实训(练习)题

一、单项选择题

1. 投资者作为资本投入到企业的各种资产，其金额要符合国家规定比例的是(　　)。

A. 货币资金　　B. 固定资产

C. 库存商品　　D. 无形资产

2. 远洋公司收到投资者乙公司投入的设备一台，该设备在乙公司的账面原价为 80 000元，使用期限为 5 年，已使用 2 年，该设备净值为 50 000 元。甲乙双方确认的价值为 60 000 元，为公允的。远洋公司接受该设备投资时，应当编制如下(　　)会计分录。

A. 借：固定资产　　60 000

　　贷：实收资本　　60 000

B. 借：固定资产　　80 000

　　贷：实收资本　　80 000

C. 借:固定资产　80 000
　　贷:实收资本　50 000
　　　　累计折旧　30 000

D. 借:固定资产　80 000
　　贷:实收资本　60 000
　　　　累计折旧　20 000

3. 下列会计事项中,会引起企业所有者权益总额发生变化的是(　　)。
A. 从净利润中提取盈余公积
B. 用盈余公积弥补亏损
C. 用盈余公积转增资本
D. 股东大会向投资者宣告分配现金股利

4. 某股份公司采用向社会发行股票的方式来募集股本,若为溢价发行的,则该公司的股票发行费用应首先从(　　)中列支。
A. 溢价收入
B. 管理费用
C. 财务费用
D. 营业外支出

5. 企业的实收资本一般不能随意变动,如按有关规定增加实收资本时,除所有者增加新的资金投入外,还可以将(　　)。
A. 接受捐赠非现金资产转入实收资本
B. 资本公积和盈余公积转入实收资本
C. 借款转入实收资本
D. 无法归还的应付款转入实收资本

6. 远洋公司上年未分配利润 60 000 元,本年净利润 30 000 元,按照规定提取法定盈余公积后,又向投资者分配利润 40 000 元(法定盈余公积提取比例为 10%),则该公司本年未分配利润余额为(　　)元。
A. 41 000
B. 45 000
C. 47 000
D. 49 000

7. 远洋公司当年净利润 100 万元,年初未分配利润为 20 万元,向投资者分配利润 30 万元,盈余公积的提取比例为 10%,当年提取的盈余公积为(　　)万元。
A. 12
B. 7
C. 9
D. 10

8. 企业用法定盈余公积转增资本时,转增后应以该项盈余公积不少于该企业注册资本的(　　)为限。
A. 10%
B. 20%
C. 25%
D. 50%

9. 远洋公司上年度亏损 30 万元,按规定可以用本年度实现的利润来弥补,若本年实现利润 10 万元全部用于弥补上年亏损,则该企业在用本年利润弥补上年亏损时,应做的会计处理为(　　)。

A. 借:利润分配——弥补以前年度亏损　100 000
　　贷:利润分配——未分配利润　100 000

B. 借:盈余公积　100 000
　　贷:利润分配——未分配利润　100 000

C. 借:利润分配——弥补以前年度亏损　100 000
　　贷:利润分配——本年利润　100 000

D. 不作账务处理

10. 向社会公开发行股票所发生的发行费用,其会计核算上可以按下列(　　)方法处理。
    A. 若股票是按面值发行的,应计入长期待摊费用,分年摊销
    B. 一律记入“财务费用”账户的借方
    C. 一律记入“资本公积”账户的借方
    D. 若股票是按溢价发行的,应首先从溢价收入中支付,超过溢价收入的部分应计入长期待摊费用,分年摊销
11. 远洋公司于20×0年成立,当年发生亏损80万元,20×1至20×6年每年实现利润总额10万元。除弥补亏损外不考虑其他纳税调整事项,所得税税率为25%。则20×6年年底该企业“利润分配——未分配利润”科目的借方余额为(　　)万元。
    A. 20　　B. 20.2
    C. 22.50　　D. 40
12. 下列各项中,不属于盈余公积用途的是(　　)。
    A. 支付股利　　B. 转增资本
    C. 弥补亏损　　D. 购建集体福利设施
13. 某企业提取盈余公积30万元,以资本公积5万元、盈余公积10万元转增资本。该企业所有者权益增加额为(　　)万元。
    A. 0　　B. 15
    C. 30　　D. 45
14. 上市公司以回购本公司股票方式减资,其支付的价款低于股票面值总额的差额应计入(　　)。
    A. 利润分配——未分配利润　　B. 盈余公积
    C. 资本公积——股本溢价　　D. 其他综合收益
15. 某股份有限公司委托某证券公司代理发行普通股100 000股,每股面值1元,每股按1.1元的价格出售,按协议规定,证券公司收取2%的手续费,从发行收入中扣除。则该公司计入资本公积的数额为(　　)元。
    A. 7 800　　B. 8 000
    C. 9 800　　D. 10 000

二、多项选择题

1. 我国会计准则将所有者权益的内容确定为(　　)。
    A. 实收资本　　B. 资本公积
    C. 盈余公积　　D. 未分配利润
2. 企业可以吸收投资者的(　　)作为投入资本。
    A. 货币资金　　B. 实物资产
    C. 无形资产　　D. 租赁资产
3. 下列公司有关投资者投入的资本应通过“实收资本”账户核算的有(　　)。
    A. 有限责任公司　　B. 国有独资公司
    C. 股份有限公司　　D. 合伙企业
4. 企业的法定盈余公积,可以用于(　　)。
    A. 弥补亏损　　B. 转增资本
    C. 分配股利　　D. 对外捐赠或投资

5. 企业的盈余公积按其提取方法可分为(　　)。

A. 法定盈余公积　　B. 一般盈余公积

C. 任意盈余公积　　D. 法定公益金

6. 下列来源形成的资本公积中,可以直接用于转增资本的有(　　)。

A. 资本溢价　　B. 股本溢价

C. 其他资本公积　　D. 外币资本折算差额

7. 下列项目中,属于留存收益的是(　　)。

A. 盈余公积　　B. 未分配利润

C. 实收资本　　D. 资本公积

8. 下列项目中,不应通过"资本公积"科目核算的有(　　)。

A. 发行股票的溢价收入

B. 权益法下长期股权投资在被投资方可供出售金融资产增值时投资方的相应处理

C. 计提固定资产减值损失

D. 权益法下长期股权投资在被投资方实现净利润时投资方的相应调整

9. 下列各项中,可引起所有者权益增减变动的有(　　)。

A. 接受投资者投入的专利权　　B. 企业实现的净利润

C. 用资本公积转增资本　　D. 宣告分派现金股利

10. 下列项目中,能同时引起资产和所有者权益发生增减变动的有(　　)。

A. 宣告分派现金股利　　B. 减少实收资本

C. 投资者投入资本　　D. 用盈余公积弥补亏损

三、判断题

1. 收入能够导致企业所有者权益增加,但导致所有者权益增加的不一定是收入。(　　)

2. 所有者权益,是指企业投资者对企业总资产的所有权。(　　)

3. 在我国,股票只按面值发行,不允许按溢价、折价发行。(　　)

4. 未分配利润的含义是留待以后年度处理的利润,所以它是未指定用途的利润。(　　)

5. 按规定纳税人接受捐赠的实物资产,应计入企业的应纳税所得额。(　　)

6. 盈余公积的用途主要是弥补亏损和增加资本。(　　)

7. 股份有限公司溢价发行股票时,股票溢价的净收入计入营业外收入。(　　)

8. 年度终了,除"未分配利润"明细科目外,"利润分配"科目下的其他明细科目应当无余额。(　　)

9. 企业用税前利润弥补亏损时,应进行专门的会计处理。(　　)

10. 企业在计算确定提取法定盈余公积的基数时,应当包括年初未分配利润的贷方余额。(　　)

四、业务题

1. 远洋公司发生经济业务如下:

(1) 20×5年5月,由甲、乙两人各出现金100万元组建了万达有限责任公司。出资款全部存入公司开户银行。

(2) 20×6年5月,丙、丁两人愿意各出资130万元加入万达有限责任公司,每人各占公司新的注册资本的25%。增资手续办理完成,出资款全部存入银行。

要求：(1) 说明丙、丁两人各自多出30万元投资额的原因。

(2) 根据上述资料，编制会计分录。

2. 远洋公司于20×5年3月委托某证券公司承销发行普通股股票200万股，每股面值1元，发行价格5元。协议规定，证券公司按发行收入的4%收取承销费用，直接从发行收入中扣除。3月15日，远洋公司收到证券公司转交的股票发行收入，存入开户银行，另外，发行期间，远洋公司还用银行存款向会计师事务所和律师事务所支付注册会计师费用、评估费用、律师费用等，共计10万元。

要求：根据上述资料，编制会计分录。

3. 远洋公司20×5年至20×6年发生与其股票有关的业务如下：

(1) 20×5年1月4日，经股东大会决议，并报有关部门核准，增发普通股4 000万股，每股面值1元，每股发行价格5元，股款已全部收到并存入银行。假定不考虑相关税费。

(2) 20×5年6月20日，经股东大会决议，并报有关部门核准，以资本公积10 000万元转增股本。

(3) 20×6年6月20日，经股东大会决议，并报有关部门核准，以银行存款回购本公司股票2 000万股，每股回购价格为5元。

(4) 20×6年6月26日，经股东大会决议，并报有关部门核准，将回购的本公司股票2 000万股注销。假设远洋公司此时资本公积(股本溢价)6 000万元，盈余公积4 000万元。

要求：逐笔编制远洋公司上述业务的会计分录。

4. 远洋公司年初未分配利润为0，本年实现净利润200万元，本年提取法定盈余公积20万元，宣告发放现金股利80万元。

要求：假定不考虑其他因素，编制远洋股份有限公司有关会计分录。

5. 远洋公司20×5年1月1日的所有者权益为20 000万元(其中：股本为15 000万元，资本公积为1 000万元，盈余公积为1 000万元，未分配利润为3 000万元)。远洋公司20×5年实现净利润为2 000万元，按实现净利润的10%提取法定盈余公积金。20×6年丁公司发生亏损500万元，用以前年度的未分配利润每股分派现金股利0.1元，每10股分派股票股利1股。

要求：(1) 编制远洋公司20×5年和20×6年结转盈亏、利润分配业务的会计分录；

(2) 计算远洋公司20×6年12月31日所有者权益的余额。(金额用万元表示)。

第十三章

收入、费用和利润

学习目标

1. 理解收入、费用和利润的含义、分类与特点；
2. 重点掌握收入、费用的确认方法及会计处理；
3. 熟悉利润的构成及影响利润各个因素之间的关系；
4. 掌握所得税的性质及会计处理方法；
5. 掌握利润形成的核算、利润分配的顺序及核算。

案例引入

会计小刚要结婚了，他从多年的积蓄里拿出10万元，又在开公司的叔叔那里借来15万元（负债），买了一栋价值25万元的楼房（资产）。等他搬进新居后，未婚妻又送来8万元（所有者权益）用于装修和购置家具，因为这个家是他们的共同财产。这天他掰着手指头算："我的资产就是25万元的房子和8万元的装修及家具，共33万元，负债是15万元，所有者权益就出来了，即33－15＝18万元。真正属于我的只有这18万元哪。"结婚1个月后，小刚和妻子坐在一起总结家庭开支情况。两人的工资总额是5 000元，小刚阿姨送给小两口1 000元红包，收入共计6 000元（收入）。1个月花掉水电费200元，电视、电话费300元，油、米、酱、醋、茶800元，妻子闯红灯被交警罚款50元，其他杂费500元，支出总计1 850元（费用）。本月剩余达4 150元（利润）。算得两人挺高兴，小刚直夸妻子会过日子。

[思考]

1. 小刚阿姨送的1 000元钱是小家庭这个月的收入吗？
2. 小刚妻子闯红灯被交警罚款50元是这个月的费用吗？
3. 收入扣除费用后等于利润吗？

第一节　收　　入

收入是指企业在日常活动中形成的、会导致所有者权益增加的、与所有者投入资本无关的经济利益的总流入。收入按企业从事日常活动的性质不同，分为销售商品收入、提供劳务收入和让渡资产使用权收入。

收入按企业经营业务的主次不同，分为主营业务收入和其他业务收入。主营业务收入是指企业为完成其经营目标所从事的经常性活动所实现的收入。其他业务收入是指企业为完成其经营目标所从事的与经常性活动相关的活动实现的收入。

一、销售商品收入

销售商品收入的会计处理主要涉及一般销售商品业务、已经发出商品但不符合收入确认条件的销售业务、销售折让、销售退回、采用预收款方式销售商品、采用支付手续费方式委托代销商品等情况。

（一）销售商品收入的确认

销售商品收入同时满足下列条件的，才能予以确认：

1. 企业已将商品所有权上的主要风险和报酬转移给购货方

企业已将商品所有权上的主要风险和报酬转移给购货方，是指与商品所有权有关的主要风险和报酬同时转移。与商品所有权有关的风险，是指商品可能发生减值或损毁等形成的损失；与商品所有权有关的报酬，是指商品增值或通过使用商品等形成的经济利益。企业已将商品所有权上的主要风险和报酬转移给购货方，构成确认销售商品收入的重要条件。

判断企业是否已将商品所有权上的主要风险和报酬转移给购货方，应当关注交易的实质，并结合所有权凭证的转移进行判断。如果与商品所有权有关的任何损失均不需要销货方承担，与商品所有权有关的任何经济利益也不归销货方所有，就意味着商品所有权上的主要风险和报酬转移给了购货方。

2. 企业既没有保留通常与所有权相联系的继续管理权，也没有对已售出的商品实施有效控制

在通常情况下，企业售出商品后不再保留与商品所有权相联系的继续管理权，也不再对售出商品实施有效控制，商品所有权上的主要风险和报酬已经转移给购货方，通常应在发出商品时确认收入。如果企业在商品销售后保留了与商品所有权相联系的继续管理权，或能够继续对其实施有效控制，说明商品所有权上的主要风险和报酬没有转移，销售交易不能成立，不能确认收入，如售后租回。

3. 相关的经济利益很可能流入企业

在销售商品的交易中，与交易相关的经济利益主要表现为销售商品的价款。相关的经济利益很可能流入企业，是指销售商品价款收回的可能性大于不能收回的可能性，即销售商品价款收回的可能性超过50%。企业在销售商品时，如估计销售价款不是很可能收回，即使收入确认的其他条件均已满足，也不应当确认为收入。

企业在确定销售商品价款收回的可能性时，应当结合以前和买方交往的直接经验、政府有关政策、其他方面取得信息等因素进行分析。企业销售的商品符合合同或协议要求，已将发票账单交付买方，买方承诺付款，通常表明相关的经济利益很可能流入企业。如果企业判断销售商品收入满足确认条件而予以确认，同时确认了一笔应收债权，以后由于购货方资金周转困难无法收回该债权时，不应调整原会计处理，而应对该债权计提坏账准备、确认坏账损失。如果企业根据以前与买方交往的直接经验判断买方信誉较差，或销售时得知买方在另一项交易中发生了巨额亏损、资金周转十分困难，或在出口商品时不能肯定进口企业所在国政府是否允许将款项汇出等，就可能会出现与销售商品相关的经济利益不能流入企业的情况，不应确认为收入。

4. 收入的金额能够可靠地计量

收入的金额能够可靠地计量，是指收入的金额能够合理地估计。收入金额能否合理地估计是确认收入的基本前提，如果收入的金额不能够合理估计，就无法确认收入。企业在销售商品时，商品销售价格通常已经确定。但是，由于销售商品过程中某些不确定因素的影响，也有可能存在商品销售价格发生变动的情况。在这种情况下，新的商品销售价格未确定前通常不应确认销售商品收入。

5. 相关的已发生或将发生的成本能够可靠地计量

根据收入和费用配比原则，与同一项销售有关的收入和费用应在同一会计期间予以确认即企业应在确认收入的同时或同一会计期间结转相关的成本。

相关的已发生或将发生的成本能够可靠地计量，是指与销售商品有关的已发生或将发生的成本能够合理地估计。通常情况下，销售商品相关的已发生或将发生的成本能够合理地估计，如库存商品的成本、商品运输费用等。如果库存商品是本企业生产的，其生产成本能够可靠计量；如果是外购的，购买成本能够可靠计量。有时，销售商品相关的已发生或将发生的成本不能够合理地估计，此时企业不应确认收入，若已收到价款，应将已收到的价款确认为负债。

（二）一般销售商品业务收入的处理

在进行销售商品的会计处理时，首先要考虑销售商品收入是否符合收入确认条件。如果符合收入准则所规定的五项确认条件的，企业应确认为收入并结转相关销售成本。

企业判断销售商品收入满足确认条件的，应当提供确凿的证据。通常情况下，销售商品采用托收承付方式的，在办妥托收手续时确认为收入；交款提货销售商品的，在开出发票账单收到货款时确认为收入。交款提货销售商品是指购买方已根据企业开出的发票账单支付货款并取得提货单的销售方式。在这种方式下，购货方支付货款取得提货单，企业尚未交付商品，销售方保留的是商品所有权上的次要风险和报酬已经转移给购货方，通常应在开出发票账单收到货款时确认为收入。

企业销售商品满足收入确认条件时，应当按照已收或应收合同或协议价款的公允价值确定销售商品收入金额。通常情况下，购货方已收或应收的合同或协议价款即为其公允价值，应当以此确定销售商品收入的金额。企业销售商品所实现的收入以及结转的相关销售成本，通过“主营业务收入”“主营业务成本”等科目核算。

【例 13-1】 远洋公司采用托收承付结算方式向甲公司销售一批商品，开出的增值税专用发票上注明售价为 600 000 元，增值税税额为 102 000 元；商品已经发出，并已向银行办妥托收手续；该批商品的成本为 420 000 元。远洋公司应编制如下会计分录：

① 借：应收账款——甲公司　　702 000
　　贷：主营业务收入　　600 000
　　　　应交税费——应交增值税（销项税额）　　102 000

② 借：主营业务成本　　420 000
　　　　贷：库存商品　　420 000

【例 13-2】 远洋公司向乙公司销售一批商品，开出的增值税专用发票上注明售价为300 000 元，增值税税额为 51 000 元；远洋公司已收到乙公司支付的货款 351 000 元，并将提货单送交乙公司；该批商品成本为 240 000 元。远洋公司应编制如下会计分录：

① 借：银行存款　351 000
　　贷：主营业务收入　300 000
　　　应交税费——应交增值税（销项税额）　51 000
② 借：主营业务成本　240 000
　　　贷：库存商品　240 000

【例 13-3】 远洋公司向丙公司销售商品一批，开出的增值税专用发票上注明售价为400 000元，增值税税额为 68 000 元；远洋公司收到丙公司开出的不带息银行承兑汇票一张，票面金额为 468 000 元，期限为 2 个月；该批商品已经发出，远洋公司以银行存款代垫运杂费2 000元；该批商品成本为 320 000 元。远洋公司应编制如下会计分录：

① 借：应收票据　468 000
　　应收账款——丙公司　2 000
　　贷：主营业务收入　400 000
　　　应交税费——应交增值税（销项税额）　68 000
　　　银行存款　2 000
② 借：主营业务成本　320 000
　　　贷：库存商品　320 000

（三）已经发出但不符合销售商品收入确认条件的商品的处理

如果企业售出商品不符合销售商品收入确认的五项条件，不应确认为收入。为了单独反映已经发出但尚未确认为销售收入的商品成本，企业应增设“发出商品”科目。“发出商品”科目核算一般销售方式下，已经发出但尚未确认为收入的商品成本。

这里应注意的一个问题是，尽管发出的商品不符合收入确认条件，但如果销售该商品的纳税义务已经发生，比如已经开出增值税专用发票，则应确认为应交的增值税销项税额。借记“应收账款”等科目，贷记“应交税费——应交增值税（销项税额）”科目。如果纳税义务没有发生，则不需要进行上述处理。

【例 13-4】 远洋公司于 20×5 年 3 月 3 日采用托收承付结算方式向丁公司销售一批商品，开出的增值税专用发票上注明售价为 100 000 元，增值税税额为 17 000 元；该批商品成本为60 000元。远洋公司在销售该批商品时已得知丁公司资金流转发生暂时困难，但为了减少存货积压，同时为了维持与丁公司长期以来建立的商业关系，远洋公司仍将商品发出，并办妥托收手续。假定远洋公司销售该批商品的纳税义务已经发生。远洋公司应编制如下会计分录：

发出商品时：
借：发出商品　60 000
　贷：库存商品　60 000

同时，因远洋公司销售该批商品的纳税义务已经发生，应确认应交的增值税销项税额：
借：应收账款——丁公司　17 000
　贷：应交税费——应交增值税（销项税额）　17 000

如果销售该批商品的纳税义务尚未发生，则不作这笔处理，待纳税义务发生时再作应交增值税处理。

假定20×5年11月远洋公司得知丁公司经营情况逐渐好转，丁公司承诺近期付款，远洋公司应在丁公司承诺付款时确认收入，应编制如下会计分录：

借：应收账款——丁公司　　100 000
　　贷：主营业务收入　　100 000

同时结转成本：

借：主营业务成本　　60 000
　　贷：发出商品　　60 000

假定远洋公司于20×5年12月6日收到丁公司支付的货款，应编制如下会计分录：

借：银行存款　　117 000
　　贷：应收账款　　117 000

（四）商业折扣、现金折扣和销售折让的处理

企业销售商品收入的金额通常按照从购货方已收或应收的合同或协议价款确定。在确定销售商品收入的金额时，应注意区分商业折扣、现金折扣和销售折让及其不同的账务处理方法。前文第六章对商业折扣和现金折扣有过简要的介绍，这里进行进一步的说明。总的来讲，确定销售商品收入的金额时，不应考虑预计可能发生的现金折扣、销售折让，即应按总价确认，但应是扣除商业折扣后的净额。商业折扣、现金折扣和销售折让的区别以及处理方法如下：

1. 商业折扣

商业折扣是指企业为促进商品销售而给予的价格扣除。商业折扣在销售时即已发生，并不构成最终成交价格的一部分。企业销售商品涉及商业折扣的，应当按照扣除商业折扣后的金额确定销售商品收入金额。

2. 现金折扣

现金折扣是指债权人为鼓励债务人在规定的期限内付款而向债务人提供的债务扣除。现金折扣发生在企业销售商品之后，企业销售商品后现金折扣是否发生以及发生多少要视买方的付款情况而定，我国会计实务要求企业在确认销售商品收入时不能确定现金折扣金额，即采用总价法核算。因此，企业销售商品涉及现金折扣的，应当按照扣除现金折扣前的金额确定销售商品收入金额。现金折扣实际上是企业为了尽快回笼资金而发生的理财费用，应在实际发生时计入当期财务费用。

在计算现金折扣时，还应注意销售方式是按不包含增值税的价款提供现金折扣，还是按包含增值税的价款提供现金折扣，在两种情况下购买方享有的折扣金额不同。例如，销售价格为1 000元的商品，增值税税额为170元，如不包含增值税，按1%折扣率计算，购买方享有的现金折扣金额为10元；如果购销双方约定计算现金折扣时一并考虑增值税，则购买方享有的现金折扣金额为11.7元。

【例13-5】 远洋公司为增值税一般纳税企业，20×5年3月1日销售给甲公司A商品10 000件，每件商品的标价为20元（不含增值税），每件商品的实际成本为12元，A商品适用的增值税税率为17%；由于是成批销售，远洋公司给予甲公司10%的商业折扣，并在销售合同中规定现金折扣条件为2/10，1/20，*N*/30；A商品于3月1日发出，符合销售实现条件，购货方于3月9日付款。假定计算现金折扣时考虑增值税。

本例涉及商业折扣和现金折扣问题，首先需要计算确定销售商品收入的金额。根据销售商品收入金额确定的有关规定，销售商品收入的金额应是未扣除现金折扣但扣除商业折扣后

的金额，现金折扣应在实际发生时计入当期财务费用。因此，远洋公司应确认的销售商品收入金额为180 000(20×10 000－20×10 000×10%)元，增值税销项税额为30 600(180 000×17%)元。甲公司于销售实现后的10日内付款，享有的现金折扣为4 212[(180 000＋30 600)×2%]元。远洋公司应编制如下会计分录：

① 3月1日销售实现时：

借：应收账款——甲公司　　210 600

　　贷：主营业务收入　　180 000

　　　　应交税费——应交增值税(销项税额)　　30 600

借：主营业务成本　　120 000

　　贷：库存商品　　120 000

② 3月9日收到货款时：

借：银行存款　　206 388

　　财务费用　　4 212

　　贷：应收账款——甲公司　　210 600

本例中，若甲公司于3月19日付款，则享受的现金折扣为2 106[(180 000＋30 600)×1%]元，收到货款时，远洋公司应编制如下会计分录：

借：银行存款　　208 494

　　财务费用　　2 106

　　贷：应收账款——甲公司　　210 600

若甲公司于3月底才付款，则应按全额付款。收到货款时，远洋公司应编制如下会计分录：

借：银行存款　　210 600

　　贷：应收账款——甲公司　　210 600

3. 销售折让

销售折让是指企业因售出商品质量不符合要求等原因而在售价上给予的减让。企业将商品销售给买方后，如买方发现商品在质量、规格等方面不符合要求，可能要求卖方在价格上给予一定的减让。

销售折让如果发生在确认销售收入之前，则应在确认销售收入时直接按扣除销售折让后的金额确认；已确认销售收入的售出商品发生销售折让，且不属于资产负债表日后事项的，应在发生时冲减当期销售商品收入，如按规定允许扣减增值税税额的，还应冲减已确认的应交增值税销项税额。

【例13-6】 远洋公司销售一批商品给乙公司，开出的增值税专用发票上注明的售价为100 000元，增值税税额为17 000元。该批商品的成本为70 000元。货到后乙公司发现商品质量不符合合同要求，要求在价格上给予5%的折让。乙公司提出的销售折让要求符合原合同的约定，远洋公司同意并办妥了相关手续，开具了增值税专用发票(红字)。假定此前远洋公司已确认该批商品的销售收入，销售款项尚未收到，发生的销售折让允许扣减当期增值税销项税额。远洋公司应编制如下会计分录：

① 销售实现时：

借：应收账款——乙公司　　117 000

贷:主营业务收入　　100 000

应交税费——应交增值税(销项税额)　　17 000

借:主营业务成本　　70 000

贷:库存商品　　70 000

② 发生销售折让时:

借:主营业务收入(100 000×5%)　　5 000

应交税费——应交增值税(销项税额)　　850

贷:应收账款——乙公司　　5 850

③ 实际收到款项时:

借:银行存款　　111 150

贷:应收账款——乙公司　　111 150

本例中,假定发生销售折让前,因该项销售在货款收回上存在不确定性,远洋公司未确认该批商品的销售收入,纳税义务也未发生;发生销售折让后 2 个月,乙公司承诺近期付款。则远洋公司应编制如下会计分录:

① 发出商品时:

借:发出商品　　70 000

贷:库存商品　　70 000

② 乙公司承诺付款,远洋公司确认销售时:

借:应收账款——乙公司　　111 150

贷:主营业务收入(100 000－100 000×5%)　　95 000

应交税费——应交增值税(销项税额)　　16 150

借:主营业务成本　　70 000

贷:发出商品　　70 000

③ 实际收到款项时:

借:银行存款　　111 150

贷:应收账款——乙公司　　111 150

(五) 销售退回的处理

企业销售商品除了可能发生销售折让外,还有可能发生销售退回。企业售出商品发生的销售退回,应当分别不同情况进行会计处理:一是尚未确认销售收入的售出商品发生销售退回的,应当冲减“发出商品”科目,同时增加“库存商品”科目;二是已确认销售商品收入的售出商品发生销售退回的,除属于资产负债表日后事项外,一般应在发生时冲减当期销售商品收入,同时冲减当期销售商品成本。如按规定允许扣减增值税税额的,应同时扣减已确认的应交增值税销项税额。如该项销售退回已发生现金折扣,应同时调整相关财务费用的金额。

【例 13-7】 远洋公司 20×5 年 9 月 5 日收到乙公司因质量问题而退回的商品 10 件。每件商品成本为 210 元。该批商品系远洋公司 20×5 年 6 月 2 日出售给乙公司,每件商品售价为 300 元,适用的增值税税率为 17%,货款尚未收到,远洋公司尚未确认销售商品收入。因乙公司提出的退货要求符合销售合同约定,远洋公司同意退货,并按规定向乙公司开具了增值税专用发票(红字)。验收退货入库时,远洋公司应编制如下会计分录:

借:库存商品(210×10)　　2 100

　　贷:发出商品　　2 100

【例 13-8】 远洋公司 20×5 年 3 月 20 日销售给丙公司 A 商品一批,增值税专用发票上注明售价为 350 000 元,增值税税额是 59 500 元;该批商品成本为 182 000 元。A 商品于 20×5 年 3 月 20 日发出,丙公司于 3 月 27 日付款,远洋公司对该项销售确认了销售收入。20×5 年 9 月 15 日,该商品质量出现严重问题,丙公司将该批商品全部退回给远洋公司。远洋公司同意退货,于退货当日支付了退货款,并按规定向丙公司开具了增值税专用发票(红字)。远洋公司应编制如下会计分录:

① 销售实现时:

借:应收账款——丙公司　　409 500

　　贷:主营业务收入　　350 000

　　　　应交税费——应交增值税(销项税额)　　59 500

借:主营业务成本　　182 000

　　贷:库存商品　　182 000

② 收到货款时:

借:银行存款　　409 500

　　贷:应收账款——丙公司　　409 500

③ 销售退回时:

借:主营业务收入　　350 000

　　应交税费——应交增值税(销项税额)　　59 500

　　贷:银行存款　　409 500

借:库存商品　　182 000

　　贷:主营业务成本　　182 000

【例 13-9】 远洋公司在 20×5 年 3 月 18 日向丁公司销售一批商品,开出的增值税专用发票上注明的售价为 50 000 元,增值税税额为 8 500 元。该批商品成本为 26 000 元。为及早收回货款,远洋公司和丁公司约定的现金折扣条件为:2/10,1/20,*N*/30。丁公司在 20×5 年 3 月 27 日支付货款。20×5 年 7 月 5 日,该批商品因质量问题被丁公司退回,远洋公司当日支付有关退货款。假定计算现金折扣时不考虑增值税。远洋公司应编制如下会计分录:

① 20×5 年 3 月 18 日销售实现时:

借:应收账款——丁公司　　58 500

　　贷:主营业务收入　　50 000

应交税费——应交增值税(销项税额)　　8 500

借:主营业务成本　　26 000

　　贷:库存商品　　26 000

② 20×5 年 3 月 27 日收到货款时,发生现金折扣 1 000(50 000×2%)元,实际收款57 500(58 500−1 000)元:

借:行存款　　57 500

　　财务费用　　1 000

　　贷:应收账款——丁公司　　58 500

③ 20×5 年 7 月 5 日发生销售退回时：

借：主营业务收入　　50 000
　　应交税费——应交增值税（销项税额）　　8 500
　　贷：银行存款　　57 500
　　　　财务费用　　1 000
借：库存商品　　26 000
　　贷：主营业务成本　　26 000

（六）采用预收款方式销售商品的处理

在预收款销售方式下，销售方直到收到最后一笔款项才将商品交付购货方，表明商品所有权上的主要风险和报酬只有在收到最后一笔款项时才转移给购货方，销售方通常应在发出商品时确认收入，在此之前预收的货款应确认为预收账款。

【例 13-10】 远洋公司与乙公司签订协议，采用预收款方式向乙公司销售一批商品。该批商品的实际成本为 600 000 元。协议约定，该批商品销售价格为 800 000 元，增值税税额为 136 000 元；乙公司应在协议签订时预付 60%的货款（按销售价格计算），剩余款项于 2 个月后支付。远洋公司应编制如下会计分录：

① 收到 60%货款时：

借：银行存款　　480 000
　　贷：预收账款——乙公司　　480 000

②收到剩余货款及增值税税款并交付商品时：

借：预收账款——乙公司　　480 000
　　银行存款　　456 000
　　贷：主营业务收入　　800 000
　　　　应交税费——应交增值税（销项税额）　　136 000
借：主营业务成本　　600 000
　　贷：库存商品　　600 000

（七）采用支付手续费方式委托代销商品的处理

在采用支付手续费委托代销方式下，委托方在发出商品时，商品所有权上的主要风险和报酬并未转移给受托方，委托方在发出商品时通常不应确认销售商品收入，而应在收到受托方开出的代销清单时确认为销售商品收入，同时将应支付的代销手续费计入销售费用；受托方应在代销商品销售后，按合同或协议约定的方式计算确定代销手续费，确认为劳务收入。

受托方可通过“受托代销商品”“受托代销商品款”或“应付账款”等科目，对受托代销商品进行核算确认代销手续费收入时，借记“受托代销商品款”科目，贷记“其他业务收入”等科目。

【例 13-11】 远洋公司委托丙公司销售商品 200 件，商品已经发出，每件成本为 60 元。合同约定丙公司应按每件 100 元对外销售，远洋公司按售价的 10%向丙公司支付手续费。丙公司对外实际销售 100 件，开出的增值税专用发票上注明的销售价款为 10 000 元，增值税税额为 1 700 款项已收到。远洋公司收到丙公司开具的代销清单时，向丙公司开具一张相同金额的增值税专用发票。假定远洋公司发出商品时纳税义务尚未发生，远洋公司采用实际成本核算，丙公司采用进价核算代销商品。

远洋公司应编制如下会计分录：

① 发出商品时：

借：委托代销商品　　12 000
　　贷：库存商品　　12 000

② 收到代销清单时：

借：应收账款——丙公司　　11 700
　　贷：主营业务收入　　10 000
　　　　应交税费——应交增值税(销项税额)　　1 700

借：主营业务成本　　6 000
　　贷：委托代销商品　　6 000

借：销售费用　　1 000
　　贷：应收账款——丙公司　　1 000

代销手续费金额＝10 000×10%＝1 000(元)

③ 收到丙公司支付的货款时：

借：银行存款　　10 700
　　贷：应收账款——丙公司　　10 700

丙公司应编制如下会计分录：

① 收到商品时：

借：受托代销商品　　20 000
　　贷：受托代销商品款　　20 000

② 对外销售时：

借：银行存款　　11 700
　　贷：受托代销商品　　10 000
　　　　应交税费——应交增值税(销项税额)　　1 700

③ 收到增值税专用发票时：

借：应交税费——应交增值税(进项税额)　　1 700
　　贷：应付账款——远洋公司　　1 700

借：受托代销商品款　　10 000
　　贷：应付账款——远洋公司　　10 000

④ 支付货款并计算代销手续费时：

借：应付账款——远洋公司　　11 700
　　贷：银行存款　　10 700
　　　　其他业务收入　　1 000

（八）销售材料等存货的处理

企业在日常活动中还可能发生对外销售不需用的原材料、随同商品对外销售单独计价的包装物等业务。企业销售原材料、包装物等存货也视同商品销售，其收入确认和计量原则比照商品销售。企业销售原材料、包装物等存货实现的收入作为其他业务收入处理，结转的相关成本作为其他业务成本处理。

企业销售原材料、包装物等存货实现的收入以及结转的相关成本，通过“其他业务收入”“其他业务成本”科目核算。

“其他业务收入”科目核算企业除主营业务活动以外的其他经营活动实现的收入，包括销售材料、出租包装物和商品、出租固定资产、出租无形资产等实现的收入。该科目贷方登记企业实现的各项其他业务收入；借方登记期末转入“本年利润”科目的其他业务收入；结转后该科目应无余额。

“其他业务成本”科目核算除主营业务活动以外的其他经营活动所产生的成本，包括销售材料的成本、出租固定资产的折旧额、出租无形资产的摊销额、出租包装物的成本或摊销额。该科目借方登记企业结转或发生的其他业务成本；贷方登记期末结转入“本年利润”科目的其他业务成本；结转后该科目应无余额。

【例 13-12】 远洋公司销售一批原材料，开出的增值税专用发票上注明的售价为 10 000 元，增值税税额为 1 700 元，款项已由银行收妥。该批原材料的实际成本为 9 000 元。远洋公司应编制如下会计分录：

① 取得原材料销售收入：

借：银行存款　　11 700

　贷：其他业务收入　　10 000

　　　应交税费——应交增值税（销项税额）　　1 700

② 结转已销原材料的实际成本：

借：其他业务成本　　9 000

　贷：原材料　　9 000

二、提供劳务收入

企业提供劳务的种类很多，如旅游、运输、饮食、广告、咨询、代理、培训、产品安装等，有的劳务一次就能完成，且一般为现金交易，如饮食、理发、照相等；有的劳务需要花费一段较长的时间才能完成，如安装、旅游、培训、远洋运输等。企业提供劳务收入的确认原则因劳务完成时间的不同而不同。

（一）在同一会计期间内开始并完成的劳务

对于一次就能完成的劳务，或在同一会计期间内开始并完成的劳务，应在提供劳务交易完成时确认收入，确认的金额通常为从接受劳务方已收或应收的合同或协议价款，确认原则可参照销售商品收入的确认原则。

企业对外提供劳务，如属于企业的主营业务，所实现的收入应作为主营业务收入处理，结转的相关成本应作为主营业务成本处理；如属于主营业务以外的其他经营活动，所实现的收入应作为其他业务收入处理，结转的相关成本应作为其他业务成本处理。企业对外提供劳务发生的支出一般通过“劳务成本”科目予以归集，待确认为费用时，从“劳务成本”科目转入“主营业务成本”或“其他业务成本”科目。

对于一次就能完成的劳务，企业应在提供劳务完成时确认收入及相关成本。对于持续一段时间但在同一会计期间内开始并完成的劳务，企业应在为提供劳务发生相关支出时确认劳务成本，劳务完成时再确认劳务收入，并结转相关劳务成本。

【例 13-13】 远洋公司于 20×5 年 3 月 10 日接受一项设备安装任务，该安装任务可一次完成。合同总价款为 9 000 元，实际发生安装成本 5 000 元。假定安装业务属于远洋公司的主营业务，不考虑相关税费。在安装完成时，远洋公司应编制如下会计分录：

借:应收账款(或银行存款)　　9 000
　　贷:主营业务收入　　9 000
借:主营业务成本　　5 000
　　贷:银行存款等　　5 000

若上述安装任务需花费一段时间(不超过本会计期间)才能完成,则应在为提供劳务发生有关支出时:

借:劳务成本
　　贷:银行存款等

(注:以上分录未写明金额,主要是由于实际发生成本5 000元是个总计数,而每笔归集劳务成本的分录金额不同,故未列明具体金额。)

待安装完成确认所提供劳务的收入并结转该项劳务总成本时:

借:应收账款(或银行存款)　　9 000
　　贷:主营业务收入　　9 000
借:主营业务成本　　5 000
　　贷:劳务成本　　5 000

(二)劳务的开始和完成分属不同的会计期间

1. 提供劳务交易结果能够可靠估计

如劳务的开始和完成分属不同的会计期间,且企业在资产负债表日提供劳务交易结果能够可靠估计的,应采用完工百分比法确认提供劳务收入。同时满足下列条件的,为提供劳务交易的结果能够可靠估计:

(1) 收入的金额能够可靠地计量。收入的金额能够可靠地计量,是指提供劳务收入的总额能够合理估计。通常情况下,企业应当按照从接受劳务方已收入或应收入的合同或协议价款确定提供劳务收入总额。随着劳务的不断提供,可能会根据实际情况增加或减少已收或应收的合同或协议价款,此时,企业应及时调整提供劳务收入总额。

(2) 相关的经济利益很可能流入企业。相关的经济利益很可能流入企业,是指提供劳务收入总额收回的可能性大于不能收回的可能性。企业在确定提供劳务收入总额能否收回时,应当结合接受劳务方的信誉、以前的经验以及双方就结算方式和期限达成的合同或协议条款等因素,综合进行判断。通常情况下,企业提供的劳务符合合同或协议要求,接受劳务方承诺付款,就表明提供劳务收入总额收回的可能性大于不能收回的可能性。

(3) 交易的完工进度能够可靠地确定。企业可以根据提供劳务的特点,选用下列方法确定提供劳务交易的完工进度:

① 已完工作的测量,这是一种比较专业的测量方法,由专业测量师对已经提供的劳务进行测量,并按一定方法计算确定提供劳务交易的完工程度。

② 已经提供的劳务占应提供劳务总量的比例,这种方法主要以劳务量为标准确定提供劳务交易的完工程度。

③ 已经发生的成本占估计总成本的比例,这种方法主要以成本为标准确定提供劳务交易的完工程度。只有反映已提供劳务的成本才能包括在已经发生的成本中,只有反映已提供或将提供劳务的成本才能包括在估计总成本中。

(4) 交易中已发生和将发生的成本能够可靠地计量。交易中已发生和将发生的成本能够可靠地计量,是指交易中已经发生和将要发生的成本能够合理的估计。企业应当建立完善的内部成本核算制度和有效的内部财务预算及报告制度,准确地提供每期发生的成本,并对完成剩余劳务将要发生的成本做出科学、合理的估计。同时应随着劳务的不断提供或外部情况的不断变化,随时对将要发生的成本进行修订。

【例 13-14】 远洋公司于 20×5 年 11 月 30 日与乙公司签订一项为期 3 个月的劳务合同,合同总价款为 500 000 元;当日,收到乙公司预付合同款 250 000 元。20×5 年 12 月 31 日,经专业测量师测量后,确定该项劳务的完工程度为 30%。截至 20×5 年 12 月 31 日,远洋公司为完成该合同累计发生劳务成本 100 000 元,估计还将发生劳务成本 300 000 元。假定该业务属于远洋公司的主营业务,不考虑相关税费。

① 20×5 年 11 月 30 日远洋公司应编制如下会计分录:

借:银行存款	250 000	
贷:预收账款		250 000

② 20×5 年 12 月 31 日远洋公司应编制如下会计分录:

借:预收账款	150 000	
贷:主营业务收入		150 000
借:主营业务成本	100 000	
贷:劳务成本		100 000

2. 提供劳务交易结果不能可靠估计

如劳务的开始和完成分属不同的会计期间,且企业在资产负债表日提供劳务交易结果不能可靠估计的,即不能同时满足上述四个条件的,不能采用完工百分比法确认提供劳务收入。此时,企业应当正确预计已经发生的劳务成本能否得到补偿,分别按下列情况处理:

(1) 已经发生的劳务成本预计全部能够得到补偿,应按已收或预计能够收回的金额确认提供劳务收入,并结转已经发生的劳务成本。

(2) 已经发生的劳务成本预计部分能够得到补偿的,应按能够得到部分补偿的劳务成本金额确认提供劳务收入,并结转已经发生的劳务成本。

【例 13-15】 远洋公司于 20×5 年 12 月 25 日接受乙公司委托,为其培训一批学员,培训期为 6 个月,20×6 年 1 月 1 日开学。协议约定,乙公司应向远洋公司支付的培训费总额为 60 000 元,分三次等额支付,第一次在开学时预付,第二次在 20×6 年 3 月 1 日支付,第三次在培训结束时支付。

20×6 年 1 月 1 日,乙公司预付第一次培训费。至 20×6 年 2 月 28 日,远洋公司发生培训成本 30 000 元(假定均为培训人员薪酬)。20×6 年 3 月 1 日,远洋公司得知乙公司经营发生困难,后两次培训费能否收回难以确定。假定不考虑相关税费。远洋公司应编制如下会计分录:

① 20×6 年 1 月 1 日收到乙公司预付的培训费:

借:银行存款	20 000	
贷:预收账款		20 000

② 实际发生培训成本 30 000 元:

借:劳务成本	30 000	
贷:应付职工薪酬		30 000

③ 20×6 年 2 月 28 日确认提供劳务收入并结转劳务成本：

借：预收账款　　20 000
　　贷：主营业务收入　　20 000
借：主营业务成本　　30 000
　　贷：劳务成本　　30 000

本例中，远洋公司已经发生的劳务成本 30 000 元预计只能部分得到补偿，即只能按预收款项得到补偿，应按预收账款 20 000 元确认劳务收入，并将已经发生的劳务成本 30 000 元结转入当期损益。

(3) 已经发生的劳务成本预计全部不能得到补偿的，应将已经发生的劳务成本计入当期损益(主营业务成本或其他业务成本)，不确认提供劳务收入。

三、让渡资产使用权收入

如前所述，让渡资产使用权收入主要指让渡无形资产等资产使用权的使用费收入，出租固定资产取得的租金，进行债权投资收取的利息，进行股权投资取得的现金股利等，也构成让渡资产使用权收入。这里主要介绍让渡无形资产等资产使用权的使用费收入的核算。

(一) 让渡资产使用权收入的确认和计量

让渡资产使用权的使用费收入同时满足下列条件的，才能予以确认：

1. 相关的经济利益很可能流入企业

企业在确定让渡资产使用权的使用费收入金额是否很可能收回时，应当根据对方企业的信誉和生产经营情况、双方就结算方式和期限等达成的合同或协议条款等因素，综合进行判断。如果企业估计使用费收入金额收回的可能性不大，就不应确认收入。

2. 收入的金额能够可靠地计量

当让渡资产使用权的使用费收入金额能够可靠估计时，企业才能确认收入。让渡资产使用权的使用费收入金额，应按照有关合同或协议约定的收费时间和方法计算确定。如果合同或协议规定一次性收取使用费，且不提供后续服务的，应当视同销售该项资产一次性确认收入；提供后续服务的，应在合同或协议规定的有效期内分期确认收入。如果合同或协议规定分期收取使用费的，应按合同或协议规定的收款时间和金额或规定的收费方法计算确定的金额分期确认收入。

(二) 让渡资产使用权收入的账务处理

企业让渡资产使用权的使用费收入，一般通过“其他业务收入”科目核算；所让渡资产计提的摊销额等，一般通过“其他业务成本”科目核算。企业确认让渡资产使用权的使用费收入时，按确定的收入金额，借记“银行存款”“应收账款”等科目，贷记“其他业务收入”科目。企业对所让渡资产计提摊销以及所发生的与让渡资产有关的支出等，借记“其他业务成本”科目，贷记“累计摊销”等科目。

【例 13-16】 远洋公司向乙公司转让某软件的使用权，一次性收取使用费 60 000 元，不提供后续服务，款项已经收回。假定不考虑相关税费，确认使用费收入时，远洋公司应编制如下会计分录：

借：银行存款　　60 000
　　贷：其他业务收入　　60 000

【例 13-17】 远洋公司于 20×5 年 1 月 1 日向丙公司转让某专利权的使用权，协议约定转让期为 5 年，每年年末收取使用费 200 000 元。20×5 年该专利权计提的摊销额为 120 000 元，每月计提金额为 10 000 元。假定不考虑其他因素和相关税费。远洋公司应编制如下会计分录：

① 20×5 年年末确认使用费收入：

借：应收账款(或银行存款)　　200 000

　贷：其他业务收入　　200 000

② 20×5 年每月计提专利权摊销额：

借：其他业务成本　　10 000

　贷：累计摊销　　10 000

【例 13-18】 远洋公司向丁公司转让某商品的商标使用权，约定丁公司每年年末按年销售收入的 10%支付使用费，使用期 10 年。第一年，丁公司实现销售收入 1 200 000 元；第二年，丁公司实现销售收入 1 800 000 元。假定远洋公司均于每年年末收到使用费，不考虑相关税费，远洋公司应编制如下会计分录：

① 第一年年末确认使用费收入：

应确认的使用费收入＝1 200 000×10%＝120 000(元)

借：银行存款　　120 000

　贷：其他业务收入　　120 000

② 第二年年末确认使用费收入：

应确认的使用费收入＝1 800 000×10%＝180 000(元)

借：银行存款　　180 000

　贷：其他业务收入　　180 000

第二节　费　　用

费用是指企业在日常活动中发生的、会导致所有者权益减少的、与向所有者分配利润无关的经济利益的总流出。费用包括企业日常活动所产生的经济利益的总流出，主要是指企业为取得营业收入进行产品销售等营业活动所发生的企业货币资金的流出，具体包括成本费用和期间费用。企业为生产产品、提供劳务等发生的可归属于产品成本、劳务成本等的费用，应当在确认销售商品收入、提供劳务收入等时，将已销售商品、已提供劳务的成本等计入当期损益。成本费用包括主营业务成本、其他业务成本、税金及附加等。期间费用是指企业日常活动发生的不能计入特定核算对象的成本，而应计入发生当期损益的费用。期间费用发生时直接计入当期损益。期间费用包括销售费用、管理费用和财务费用。

费用具有以下特点：

1. 费用是企业在日常活动中形成的

费用必须是企业在其日常活动中所形成的，这些日常活动的界定与收入定义中涉及的日常活动的界定相一致。因日常活动所产生的费用通常包括销售成本(营业成本)、管理费用等。将费用界定为日常活动所形成的，目的是为了将其与损失相区分，企业非日常活动所形成的经济利益的流出不能确认为费用，而应计入损失。例如，工业企业制造并销售产品、商业企业购买并销售商品、咨询公司提供咨询服务、软件开发企业为客户开发软件、安装公司提供安装服务、租赁公司出租资产等活动中发生的经济利益的总流出构成费用。企业处置固定资产、无形资产等非流动资产，因违约支付罚款、对外捐赠，因自然灾害等非常原因造成财产毁损等，这些活动或事项形成的经济利益的总流出属于企业的损失而不是费用。

2. 费用会导致企业所有者权益的减少

与费用相关的经济利益的流出应当导致所有者权益的减少，不会导致所有者权益减少的经济利益的流出不符合费用的定义，不应确认为费用。

企业经营管理中的某些支出并不减少企业的所有者权益，也就不构成费用。例如，企业以银行存款偿还一项负债，只是一项资产和负债的等额减少，对所有者权益没有影响，因此不构成企业的费用。

3. 费用导致的经济利益总流出与向所有者分配利润无关

费用的发生应当会导致经济利益的流出，从而导致资产的减少或者负债的增加（最终也会导致资产的减少）。其表现形式包括现金或者现金等价物的流出，存货、固定资产和无形资产等的流出或者消耗等。企业向所有者分配利润也会导致经济利益流出，而该经济利益的流出属于投资者投资的回报分配，是所有者权益的直接抵减项目，不应确认为费用，应当将其排除在费用的定义之外。

一、营业成本

营业成本是指企业为生产产品、提供劳务等发生的可归属于产品成本、劳务成本等的费用，应当在确认销售商品收入、提供劳务收入等时，将已销售商品、已提供劳务的成本等计入当期损益营业成本，包括主营业务成本和其他业务成本。

（一）主营业务成本

主营业务成本是指企业销售商品、提供劳务等经常性活动所发生的成本。企业一般在确认销售商品、提供劳务等主营业务收入时，或在月末，将已销售商品、已提供劳务的成本转入主营业务成本。企业应当设置“主营业务成本”科目，按主营业务的种类进行明细核算，用于核算企业因销售商品、提供劳务或让渡资产使用权等日常活动而发生的实际成本，借记该科目，贷记“库存商品”“劳务成本”等科目。期末，将主营业务成本的余额转入“本年利润”科目，借记“本年利润”，贷记该科目，结转后该科目无余额。

【例 13-19】 20×5 年 1 月 20 日远洋公司向乙公司销售一批产品，开出的增值税专用发票上注明价款为 200 000 元，增值税税额为 34 000 元；远洋公司已收到乙公司支付的款项 234 000元，并将提货单送交乙公司；该批产品成本为 190 000 元。远洋公司应编制如下会计分录：

① 销售实现时：

借：银行存款　　234 000

　　贷：主营业务收入　　200 000

　　　　应交税费——应交增值税（销项税额）　　34 000

借：主营业务成本　　190 000

　　贷：库存商品　　190 000

② 期末，将主营业务成本结转至本年利润时：

借：本年利润　　190 000

　　贷：主营业务成本　　190 000

【例 13-20】 远洋公司 20×5 年 3 月 10 日销售甲产品 100 件，单价 1 000 元，单位成本 800 元，增值税专用发票上注明价款 100 000 元，增值税税额 17 000 元，购货方尚未付款，销售成立。当月 25 日，因产品质量问题购货方退货。该公司应编制如下会计分录：

① 销售产品时：

借：应收账款　　117 000

　　贷：主营业务收入　　100 000

　　　　应交税费——应交增值税(销项税额)　　17 000

借：主营业务成本　　80 000

　　贷：库存商品——甲产品　　80 000

② 销售退回时：

借：主营业务收入　　100 000

　　应交税费——应交增值税(销项税额)　　17 000

　　贷：应收账款　　117 000

借：库存商品——甲产品　　80 000

　　贷：主营业务成本　　80 000

【例 13-21】 远洋公司 20×5 年 3 月末计算已销售的甲、乙、丙三种产品的实际成本，分别为 10 000 元、20 000 元和 25 000 元。该公司月末结转已销甲、乙、丙产品成本时，应编制如下会计分录：

借：主营业务成本　　55 000

　　贷：库存商品——甲产品　　10 000

　　　　　　　　——乙产品　　20 000

　　　　　　　　——丙产品　　25 000

【例 13-22】 某安装公司于 20×5 年 2 月 10 日接受一项设备安装任务，假定安装业务属于该公司的主营业务，该公司在安装完成时收到款项，不考虑相关税费。

(1) 如果该任务可一次完成，合同总价款为 10 000 元，实际发生安装成本 6 000 元。应编制如下会计分录：

借：银行存款　　10 000

　　贷：主营业务收入　　10 000

借：主营业务成本　　6 000

　　贷：银行存款等　　6 000

(2) 如果上述安装任务需花费一段时间(不超过会计当期)才能完成，则应在发生劳务相关支出时，先记入"劳务成本"科目，安装任务完成时再转入"主营业务成本"科目，假如第一次发生劳务支出 2 000 元，应编制如下会计分录：

① 第一次发生劳务支出时：

借：劳务成本　　2 000

　　贷：银行存款等　　2 000

② 发生余下劳务支出时：

借:劳务成本　　4 000

　　贷:银行存款等　　4 000

③ 安装完成确认所提供劳务的收入并结转该项劳务总成本 6 000 元时：

借:银行存款　　10 000

　　贷:主营业务收入　　10 000

借:主营业务成本　　6 000

　　贷:劳务成本　　6 000

(3) 期末,将主营业务成本结转至本年利润时：

借:本年利润　　6 000

　　贷:主营业务成本　　6 000

【例 13-23】 20×5 年 6 月 2 日,远洋公司向乙公司销售一批商品,开出的增值税专用发票上注明的价款为 30 000 元,增值税税额为 5 100 元,款项尚未收到;这批商品的成本为 20 000 元。乙公司收到商品后,经过验收发现,该批商品存在一定的质量问题,外观存在一定的瑕疵,但基本上不影响使用,因此,6 月 20 日乙公司要求远洋公司在价格上(含增值税税额)给予一定的折让,折让率 10%,远洋公司表示同意。假定远洋公司已经确认收入,与销售折让有关的增值税税额税务机关允许扣减。远洋公司应编制如下会计分录：

① 20×5 年 6 月 2 日销售收入实现时：

借:应收账款　　35 100

　　贷:主营业务收入　　30 000

　　　　应交税费——应交增值税(销项税额)　　5 100

借:主营业务成本　　20 000

　　贷:库存商品　　20 000

② 6 月 20 日发生销售折让时：

计算折让的收入金额:30 000×10%=3 000(元)

折让的增值税税额:3 000×17%=510(元)

合计冲减应收账款金额:3 000+510=3 510(元)

借:主营业务收入　　3 000

　　应交税费——应交增值税(销项税额)　　510

　　贷:应收账款　　3 510

③ 20×5 年收到款项时：

收到金额:35 100-3 510=31 590

借:银行存款　　31 590

　　贷:应收账款　　31 590

【例 13-24】 远洋公司为增值税一般纳税人,适用的增值税税率为 17%,商品销售价格不含增值税;确认销售收入时逐笔结转销售成本。20×5 年 12 月份,远洋公司发生如下经济业务：

① 12 月 2 日,向乙公司销售 A 产品,销售价款为 6 000 000 元,实际成本为 5 400 000 元。产品已发出,款项存入银行。销售前,该产品已计提跌价准备 50 000 元。

② 12 月 8 日,收到丙公司退回的 B 产品并验收入库,当日支付退货款项并收到经税务机关出具的《开具红字增值税专用发票通知单》。该批产品系当年 8 月份售出并已确认销售收入,销售价格为 2 000 000 元,实际成本为 1 200 000 元。

③ 12月10日,与丁公司签订为期6个月的劳务合同,合同总价款为4 000 000元,待完工时一次性收取。至12月31日,实际发生劳务成本500 000元(均为职工薪酬),估计为完成该合同还将发生劳务成本1 500 000元。假定该项劳务交易的结果能够可靠估计,远洋公司按实际发生的成本占估计总成本的比例确定劳务的完工进度;该劳务不属于增值税应税劳务。

④ 12月31日,将本公司生产的C产品作为福利发放给生产工人,市场销售价格为800 000元,实际成本为500 000元。假定除上述资料外,不考虑其他相关因素。根据上述资料,远洋公司应当编制如下会计分录:

① A产品销售实现时:

借:银行存款　　7 020 000
　贷:主营业务收入　　6 000 000
　　应交税费——应交增值税(销项税额)　　1 020 000

借:主营业务成本　　5 350 000
　存货跌价准备　　50 000
　贷:库存商品　　5 400 000

② B产品发生退货时:

借:主营业务收入　　2 000 000
　应交税费——应交增值税(销项税额)　　340 000
　贷:银行存款　　2 340 000

借:库存商品　　1 200 000
　贷:主营业务成本　　1 200 000

③ 按完工进度确认劳务收入实现时:

按实际发生的成本占估计总成本的比例确定劳务的完工进度,计算主营业务收入:

4 000 000×500 000÷(500 000+1 500 000)=1 000 000(元)

借:应收账款　　1 000 000
　贷:主营业务收入　　1 000 000

借:主营业务成本　　500 000
　贷:劳务成本　　500 000

④ 发放福利时:

借:应付职工薪酬　　936 000
　贷:主营业务收入　　800 000
　　应交税费——应交增值税(销项税额)　　136 000

借:主营业务成本　　500 000
　贷:库存商品　　500 000

【例13-25】 远洋公司为增值税一般纳税人,使用的增值税税率为17%,所得税税率为25%,年末一次确认全年所得税费用。12月5日,向乙公司销售商品一批,开出的增值税专用发票上注明的价款为600 000元,增值税税额为102 000元,销售商品实际成本为450 000元。提货单和增值税专用发票已交购货方,收到购货方开出的商业承兑汇票。远洋公司应编制如下会计分录:

借：应收票据 702 000
　贷：主营业务收入 600 000
　　应交税费——应交增值税（销项税额） 102 000
借：主营业务成本 450 000
　贷：库存商品 450 000

（二）其他业务成本

其他业务成本是指企业确认的除主营业务活动以外的其他经营活动所发生的支出。其他业务成本包括销售材料的成本、出租固定资产的折旧额、出租无形资产的摊销额、出租包装物的成本或摊销额等。采用成本模式计量投资性房地产的，其投资性房地产计提的折旧额或摊销额，也构成其他业务成本。企业应当设置"其他业务成本"科目，核算企业确认的除主营业务活动以外的其他经营活动所发生的支出，包括销售材料的成本、出租固定资产的折旧额、出租无形资产的摊销额、出租包装物的成本或摊销额等。企业发生的其他业务成本，借记本科目，贷记"原材料""周转材料""累计折旧""累计摊销""应付职工薪酬""银行存款"等科目。本科目按其他业务成本的种类进行明细核算。期末，本科目余额转入"本年利润"科目，结转后本科目无余额。

【例 13-26】 20×5 年 5 月 2 日，远洋公司销售一批原材料，开具的增值税专用发票上注明的售价为 10 000 元，增值税税额为 1 700 元，款项已由银行收妥。该批原材料的实际成本为 7 000 元。该公司应编制如下会计分录：

① 销售实现时：

借：银行存款 11 700
　贷：其他业务收入 10 000
　　应交税费——应交增值税（销项税额） 1 700
借：其他业务成本 7 000
　贷：原材料 7 000

② 期末，将其他业务成本结转至本年利润时：

借：本年利润 7 000
　贷：其他业务成本 7 000

【例 13-27】 20×5 年 1 月 1 日，远洋公司将自行开发完成的非专利技术出租给另一家公司，该非专利技术成本为 240 000，双方约定的租赁期限为 10 年，远洋公司每月应摊销 2 000（240 000÷10÷12）元。远洋公司应编制如下会计分录：

① 每月摊销非专利技术成本时：

借：其他业务成本 2 000
　贷：累计摊销 2 000

② 期末，将其他业务成本结转至本年利润：

借：本年利润 2 000
　贷：其他业务成本 2 000

【例 13-28】 20×5 年 1 月 22 日，远洋公司销售商品领用单独计价的包装物成本 40 000 元，增值税专用发票上注明价款为 100 000 元，增值税税额为 17 000 元，款项已存入银行。假设不考虑材料成本差异，该公司应编制如下会计分录：

① 出售包装物时：

借：银行存款　　117 000

　贷：其他业务收入　　100 000

　　应交税费——应交增值税（销项税额）　　17 000

② 结转出售包装物成本时：

借：其他业务成本　　40 000

　贷：周转材料——包装物　　40 000

③ 期末，将其他业务成本结转至本年利润时：

借：本年利润　　40 000

　贷：其他业务成本　　40 000

【例 13-29】 20×5 年 5 月 11 日，远洋公司出租一幢办公楼给乙公司使用，已确认为投资性房地产，采用成本模式进行后续计量。出租的办公楼成本为 24 000 000 元，按直线法计提折旧，使用寿命为 40 年，预计净残值为零。按照合同规定，乙公司按月支付远洋公司租金。远洋公司计提折旧时应编制如下会计分录：

计算每月应计提的折旧额：24 000 000÷40÷12＝50 000（元）

借：其他业务成本　　50 000

　贷：投资性房地产累计折旧　　50 000

二、税金及附加

税金及附加是指企业经营活动应负担的相关税费，包括消费税、城市维护建设税、资源税、教育费附加及房产税、土地使用税、车船使用税、印花税等。

企业应当设置“税金及附加”科目，这个科目是全面试行营改增后，由“营业税金及附加”科目调整而来，用来核算企业经营活动发生的消费税等相关税费。按规定计算确定的与经营活动相关的税费，企业应借记本科目，贷记“应交税费”科目。期末，应将“税金及附加”科目余额转入“本年利润”科目，结转后本科目无余额。

【例 13-30】 远洋公司 20×5 年 2 月 1 日取得应纳消费税的销售商品收入 3 000 000 元，该产品适用的消费税税率为 25%。该公司应编制如下会计分录：

① 计算应交消费税额时：

应交消费税：3 000 000×25%＝750 000（元）

借：税金及附加　　750 000

　贷：应交税费——应交消费税　　750 000

② 交纳消费税时：

借：应交税费——应交消费税　　750 000

　贷：银行存款　　750 000

【例 13-31】 20×5 年 4 月，远洋公司当月实际应交增值税 350 000 元，应交消费税 150 000 元，城建税税率为 7%，教育费附加为 3%。该公司应编制与城建税、教育费附加有关的会计分录如下：

① 计算应交城建税和教育费附加时：

计算城建税：（350 000＋150 000）×7%＝35 000（元）

教育费附加：（350 000＋150 000）×3%＝15 000（元）

借:税金及附加　　50 000
　　贷:应交税费——应交城建税　　35 000
　　　　　　　　——应交教育费附加　　15 000

② 实际缴纳城建税和教育费附加时:

借:应交税费——应交城建税　　35 000
　　　　　　——应交教育费附加　　15 000
　　贷:银行存款　　60 000

三、期间费用

(一) 期间费用的概述

期间费用是指企业日常活动发生的不能计入特定核算对象的成本,而应计入发生当期损益的费用。

期间费用是企业日常活动中所发生的经济利益的流出。之所以不计入特定的成本核算对象,主要是因为期间费用是企业为组织和管理整个经营活动所发生的费用,与可以确定特定成本核算对象的材料采购、产成品生产等没有直接关系,因而期间费用不计入有关核算对象的成本,而是直接计入当期损益。

期间费用包含以下两种情况:一是企业发生的支出不产生经济利益,或者即使产生经济利益但不符合或者不再符合资产确认条件的,应当在发生时确认为费用,计入当期损益;二是企业发生的交易或者事项导致其承担了一项负债,而又不确认为一项资产的,应当在发生时确认为费用计入当期损益。

(二) 期间费用的账务处理

期间费用包括销售费用、管理费用和财务费用。

1. 销售费用

销售费用是指企业销售商品和材料、提供劳务的过程中发生的各种费用,包括保险费、包装费、展览费和广告费、商品维修费、预计产品质量保证损失、运输费、装卸费等以及为销售本企业商品而专设的销售机构(含销售网点、售后服务网点等)的职工薪酬、业务费、折旧费等经营费用。企业发生的与专设销售机构相关的固定资产修理费用等后续支出也属于销售费用。

销售费用是与企业销售商品活动有关的费用,但不包括销售商品本身的成本和劳务成本。销售的商品的成本属于"主营业务成本",提供劳务的成本属于"劳务成本"。

企业应通过"销售费用"科目,核算销售费用的发生和结转情况。该科目借方登记企业所发生的各项销售费用,贷方登记期末转入"本年利润"科目的销售费用,结转后该科目应无余额。该科目应按销售费用的费用项目进行明细核算。

【例 13-32】 远洋公司销售部 20×5 年 8 月份共发生费用 220 000 元,其中:销售人员薪酬 100 000 元,销售部专用办公设备折旧费 50 000 元,业务费 70 000 元(用银行存款支付)。该公司应编制如下会计分录:

借:销售费用　　220 000
　　贷:应付职工薪酬　　100 000
　　　　累计折旧　　50 000
　　　　银行存款　　70 000

【例 13-33】　远洋公司 20×5 年 1 月 12 日销售一批产品，销售过程中发生运输费 5 000 元、装卸费 2 000 元，均用银行存款支付。该公司应编制如下会计分录：

借：销售费用——运输费　　5 000
　　　　　　——装卸费　　2 000
　贷：银行存款　　7 000

【例 13-34】　远洋公司 20×5 年 3 月 1 日用银行存款支付所销产品保险费 5 000 元。该公司应编制如下会计分录：

借：销售费用——保险费　　5 000
　贷：银行存款　　5 000

【例 13-35】　远洋公司 20×5 年 3 月 31 日计算出本月应付给为销售本企业商品而专设的销售机构的职工工资总额为 50 000 元。该公司应编制如下会计分录：

借：销售费用　　50 000
　贷：应付职工薪酬　　50 000

【例 13-36】　远洋公司 20×5 年 3 月 31 日计算出当月专设销售机构使用房屋应计提的折旧 7 800 元，该公司应编制如下会计分录：

借：销售费用——折旧费　　7 800
　贷：累计折旧　　7 800

【例 13-37】　远洋公司 20×5 年 5 月 31 日将本月发生的“销售费用”56 000 元，结转至“本年利润”科目。该公司应编制如下会计分录：

借：本年利润　　56 000
　贷：销售费用　　56 000

2. 管理费用

管理费用是指企业为组织和管理生产经营发生的各种费用，包括企业在筹建期间内发生的开办费、董事会和行政管理部门在企业的经营管理中发生的以及应由企业统一负担的公司经费，包括行政管理部门职工工资及福利费、物料消耗、低值易耗品摊销、办公费和差旅费等)、行政管理部门负担的工会经费、董事会费(包括董事会成员津贴、会议费和差旅费等)、聘请中介机构费、咨询费(含顾问费)、诉讼费、业务招待费、技术转让费、研究费用、矿产资源补偿费、排污费等。企业生产车间(部门)和行政管理部门发生的固定资产修理费用等后续支出，也作为管理费用核算。

企业应设置“管理费用”科目，核算管理费用的发生和结转情况。该科目借方登记企业发生的各项管理费用，贷方登记期末转入“本年利润”科目的管理费用，结转后该科目应无余额。该科目按管理费用的费用项目进行明细核算。商品流通企业管理费用不多的，可不设本科目，相关核算内容可并入“销售费用”科目核算。

【例 13-38】　远洋公司 20×5 年 4 月 5 日为拓展产品销售市场发生业务招待费 50 000 元，用银行存款支付。该公司应编制如下会计分录：

借：管理费用——业务招待费　　50 000
　贷：银行存款　　50 000

【例 13-39】　远洋公司 20×5 年 7 月 22 日就一项产品的设计方案向有关专家进行咨询，以现金支付咨询费 30 000 元。该公司支付咨询费的会计分录如下：

借:管理费用——咨询费　　30 000

　　贷:库存现金　　30 000

【例 13-40】 远洋公司行政部 20×5 年 9 月份共发生费用 224 000 元,其中:行政人员薪酬 150 000 元,行政部专用办公设备折旧费 45 000 元,报销行政人员差旅费 21 000 元(假定报销人员均未预借差旅费),其他办公、水电费 8 000 元(均用银行存款支付)。该公司应编制如下会计分录:

借:管理费用　　224 000

　　贷:应付职工薪酬　　150 000

　　　　累计折旧　　45 000

　　　　库存现金　　21 000

　　　　银行存款　　8 000

【例 13-41】 远洋公司 20×5 年 12 月 31 日将"管理费用"科目余额 65 000 元转入"本年利润"科目。该公司应编制如下会计分录:

借:本年利润　　65 000

　　贷:管理费用　　65 000

【例 13-42】 20×5 年 12 月 31 日,远洋公司计提公司管理部门固定资产折旧 50 000 元,摊销公司管理部门用无形资产成本 80 000 元。远洋公司应编制如下会计分录:

借:管理费用　　130 000

　　贷:累计折旧　　50 000

　　　　累计摊销　　80 000

3. 财务费用

财务费用是指企业为筹集生产经营所需资金等而发生的筹资费用,包括利息支出(减利息收入)、汇兑损益以及相关的手续费、企业发生的现金折扣等。

企业应通过"财务费用"科目,核算财务费用的发生和结转情况。该科目借方登记企业发生的各项财务费用,贷方登记期末转入"本年利润"科目的财务费用,结转后该科目应无余额。该科目应按财务费用的费用项目进行明细核算。

【例 13-43】 远洋公司 20×5 年 4 月 30 日用银行存款支付本月应负担的短期借款利息 24 000 元。该公司应编制如下会计分录:

借:财务费用——利息支出　　24 000

　　贷:银行存款　　24 000

【例 13-44】 远洋公司 20×5 年 9 月 2 日用银行存款支付银行手续费 400 元。该公司应编制如下会计分录:

借:财务费用——手续费　　400

　　贷:银行存款　　400

【例 13-45】 20×5 年 8 月 7 日,远洋公司在购买材料业务中,获得对方给予的现金折扣 4 000 元。该公司应编制如下会计分录:

借:应付账款　　4 000

　　贷:财务费用　　4 000

【例 13-46】 远洋公司于 20×5 年 1 月 1 日向银行借入生产经营用短期借款 360 000 元,

期限6个月，年利率5%，该借款本金到期后一次归还，利息分月预提，按季支付。该公司应编制如下会计分录：

每月末，预提当月应计利息：360 000×5%÷12=1 500(元)

借：财务费用——利息支出　　1 500

　贷：应付利息　　1 500

【例13-47】 20×5年12月31日，远洋公司将“财务费用”科目余额89 000元结转到“本年利润”科目。该公司应编制如下会计分录：

借：本年利润　　89 000

　贷：财务费用　　89 000

第三节　利润的形成

一、利润的概念及构成

利润是指企业在一定会计期间的经营成果。利润包括收入减去费用后的净额、直接计入当期利润的利得和损失等。未计入当期利润的利得和损失扣除所得税影响后的净额计入其他综合收益项目。净利润与其他综合收益的合计金额为综合收益总额。直接计入当期的利得和损失是指应当计入当期损益、会导致所有者权益增减变动的、与所有者投入资本或者向所有者分配利润无关的经济利益的流入或者流出。

企业在生产经营过程中，通过销售过程将商品卖给购买方，实现收入。收入扣除当初的投入成本以及其他一系列费用，在加减非经营性质的收支及投资收益，即为企业的利润总额或亏损总额。在利润表中，利润分为营业利润、利润总额和净利润三个层次。计算公式为：

营业利润=营业收入-营业成本-税金及附加
　　　　-期间费用(即销售费用、管理费用、财务费用)
　　　　-资产减值损失+公允价值变动收益(-公允价值变动损失)
　　　　+投资收益(-投资损失)

利润总额=营业利润+营业外收入-营业外支出

净利润=利润总额-所得税费用

其中：营业收入是指企业经营业务所确认的收入总额，包括主营业务收入和其他业务收入。

营业成本是指企业经营业务所发生的实际成本总额，包括主营业务成本和其他业务成本。

资产减值损失是指企业计提各项资产减值准备所形成的损失。

公允价值变动收益(-损失)是指企业交易性金融资产等公允价值变动形成的应计入当期损益的利得(-损失)。

投资收益(-损失)是指企业以各种方式对外投资所取得的收益(-发生的损失)。

营业外收入是指企业发生的与其日常活动无直接关系的各项利得。

营业外支出是指企业发生的与其日常活动无直接关系的各项损失。

所得税费用是指企业确认的应从当期利润总额中扣除的所得税费用。

（一）营业利润

营业利润是指企业一定期间经营活动取得的利润。其中，期间费用是指企业在经营活动中发生的销售费用、管理费用和财务费用。

（二）利润总额

利润总额是指企业一定期间的营业利润与营业外收支净额的合计金额，即所得税前利润总额。

（三）净利润

净利润是指企业一定期间的利润总额减去所得税费用后的净额。其中，所得税费用是企业会计准则要求确认的应从当期利润总额中扣除的所得税费用，包括当期所得税费用和递延所得税费用。

二、营业外收支

（一）营业外收入

1. 营业外收入核算的内容

营业外收入是指企业确认的与其日常活动无直接关系的各项利得。营业外收入并不是企业经营资金耗费所产生的，实际上是经济利益的净流入，不需要与有关的费用进行配比。营业外收入主要包括非流动资产处置利得、政府补助、盘盈利得、捐赠利得、非货币性资产交换利得、债务重组利得等。

其中：非流动资产处置利得包括固定资产处置利得和无形资产出售利得。固定资产处置利得，是指企业出售固定资产所取得价款，或报废固定资产的材料价值和变价收入等，扣除被处置固定资产的账面价值、清理费用、与处置相关的税费后的净收益；无形资产出售利得，是指企业出售无形资产所取得价款，扣除被出售无形资产的账面价值、与出售相关的税费后的净收益。

政府补助，是指企业从政府无偿取得货币性资产或非货币性资产形成的利得，不包括政府作为所有者对企业的资本投入。

盘盈利得，是指企业对现金等资产清查盘点时发生盘盈，报经批准后计入营业外收入的金额。

捐赠利得，是指企业接受捐赠产生的利得。

2. 营业外收入的账务处理

企业应通过“营业外收入”科目，核算营业外收入的取得及结转情况。该科目可按营业外收入项目进行明细核算。

（1）企业确认处置非流动资产利得时，借记“固定资产清理”“银行存款”“待处理财产损溢”“无形资产”“原材料”等科目，贷记“营业外收入”科目。

【例 13-48】 远洋公司将固定资产报废清理的净收益 8 000 元转作营业外收入，应编制如下会计分录：

借：固定资产清理　　8 000

　　贷：营业外收入——非流动资产处置利得　　8 000

（2）确认政府补助利得

① 与资产相关的政府补助，是指企业取得的、用于购建或以其他方式形成长期资产的政

府补助。确认与资产相关的政府补助,借记“银行存款”等科目,贷记“递延收益”科目,分配递延收益时,借记“递延收益”科目,贷记“营业外收入”科目。

根据配比原则,企业取得与资产相关的政府补助,不能全额确认为当期收益,应当随着相关资产的使用逐渐计入以后各期的收益。也就是说,收到与资产相关的政府补助应当确认为递延收益,然后自长期资产可供使用时起,按照长期资产的预计使用期限,将递延收益平均分摊至当期损益,计入营业外收入。

【例 13-49】 20×5 年 1 月 1 日,财政局拨付远洋公司 3 000 000 元补助款(同日到账),用于购买环保设备 1 台,并规定若有结余,留归企业自行支配。20×5 年 2 月 28 日,该企业购入设备(假定从 20×5 年 3 月 1 日开始使用,不考虑安装费用),购置设备的实际成本为2 400 000 元,使用寿命为 5 年,20×8 年 2 月 28 日,该企业出售了这台设备,应编制如下会计分录:

20×5 年 1 月 1 日收到财政拨款,确认政府补助:

借:银行存款　　3 000 000
　贷:递延收益　　3 000 000

20×5 年 2 月 28 日购入设备:

借:固定资产　　2 400 000
　贷:银行存款　　2 400 000

该项固定资产使用期间(20×5 年 3 月至 20×8 年 2 月),每个月计提折旧和分配递延收益(按直线法计提折旧):

每月应计提折旧=2 400 000÷5÷12=40 000(元)

每月应分配递延收益=3 000 000÷5÷12=50 000(元)

借:制造费用　　40 000
　贷:累计折旧　　40 000
借:递延收益　　50 000
　贷:营业外收入　　50 000

20×6 年 2 月 28 日出售该设备,并收到处置价款 500 000 元:

借:银行存款　　500 000
　固定资产清理　　460 000
　累计折旧　　1 440 000
　贷:固定资产　　2 400 000
借:营业外支出　　460 000
　贷:固定资产清理　　460 000

已分配递延收益=50 000×(10+12+12+2) =1 800 000(元)

尚未分配的递延收益=3 000 000-1 800 000=1 200 000(元)

将尚未分配的递延收益直接转入当期损益:

借:递延收益　　1 200 000
　贷:营业外收入　　1 200 000

② 与收益相关的政府补助,是指除与资产相关的政府补助之外的政府补助。企业确认与收益相关的政府补助,借记“银行存款”等科目,贷记“营业外收入”科目,或通过“递延收益”科目分期计入当期损益。

【例 13-50】 远洋公司完成政府下达技能培训任务，收到财政补助资金 150 000 元，应编制如下会计分录：

借：银行存款　　150 000

　　贷：营业外收入　　150 000

【例 13-51】 远洋公司由于业务特殊，享受银行贷款月利率 0.6%的地方财政贴息补助，20×5 年 1 月，从国家农业发展银行获半年期贷款 10 000 000 元，银行贷款月利率为 0.6%，同时收到财政部门拨付的一季度贴息款 180 000 元。4 月初又收到第二季度的贴息款 180 000 元。远洋公司应编制如下会计分录：

20×5 年 1 月，实际收到财政贴息 180 000 元时：

借：银行存款　　180 000

　　贷：递延收益　　180 000

20×5 年 1 月、2 月、3 月，分别将补偿当月利息费用的补贴计入当期收益：

借：递延收益　　60 000

　　贷：营业外收入　　60 000

（20×5 年 4—6 月的会计分录与 1—3 月的相同。）

（3）企业确认盘盈利得、捐赠利得计入营业外收入时，借记“库存现金”“待处理财产损溢”等科目，贷记“营业外收入”科目。

【例 13-52】 远洋公司在现金清查中盘盈 200 元，按管理权限报经批准后转入营业外收入，应编制如下会计分录：

发现盘盈时：

借：库存现金　　200

　　贷：待处理财产损溢　　200

批准转入营业外收入时：

借：待处理财产损溢　　200

　　贷：营业外收入　　200

（4）期末，应将“营业外收入”科目余额转入“本年利润”科目，借记“营业外收入”科目，贷记“本年利润”科目。结转后本科目应无余额。

【例 13-53】 远洋公司本期营业外收入总额为 180 000 元，期末结转本年利润，应编制如下会计分录：

借：营业外收入　　180 000

　　贷：本年利润　　180 000

（二）营业外支出

1．营业外支出的核算内容

营业外支出是指企业发生的与其日常活动无直接关系的各项损失，主要包括非流动资产处置损失、公益性捐赠支出、盘亏损失、罚款支出、非货币性资产交换损失、债务重组损失等。

其中：非流动资产处置损失包括固定资产处置损失和无形资产出售损失。固定资产处置损失，是指企业出售固定资产所取得价款，或报废固定资产的材料价值和价收入等，抵补处置固定资产的账面价值、清理费用、处置相关税费后的净损失；无形资产出售损失，是指企业出售无形资产所取得价款，抵补出售无形资产的账面价值、出售相关税费后的净损失。

公益性捐赠支出，是指企业对外进行公益性捐赠发生的支出。

盘亏损失，主要是指对于财产清查盘点中盘亏的资产，查明原因并报经批准计入营业外支出的损失。

非常损失，是指企业对于因客观因素（如自然灾害等）造成的损失，扣除保险公司赔偿后应计入营业外支出的净损失。

罚款支出，是指企业支付的行政罚款、税务罚款，以及其他违反法律法规、合同协议等而支付的罚款、违约金、赔偿金等支出。

2. 营业外支出的账务处理

企业应通过“营业外支出”科目，核算营业外支出的发生及结转情况。该科目可按营业外支出项目进行明细核算。

（1）企业确认处置非流动资产损失时，借记“营业外支出”科目，贷记“固定资产清理”“无形资产”等科目。

【例 13-54】 20×5 年 6 月 1 日，远洋公司取得一项价值 1 000 000 元的非专利技术，出售时已累计摊销 100 000 元，未计提减值准备，出售取得价款 800 000 元，增值税款 48 000 元。不考虑其他因素，出售时应编制如下会计分录：

借：银行存款　848 000
　　累计摊销　100 000
　　营业外支出　100 000
　　贷：无形资产　1 000 000
　　　　应交税费——应交增值税（销项税额）　48 000

（2）确认盘亏、罚款支出计入营业外支出时，借记“营业外支出”科目，贷记“待处理财产损溢”“库存现金”等科目。

【例 13-55】 远洋公司发生原材料意外灾害损失 270 000 元，经批准全部转作营业外支出。不考虑相关税费。应编制如下会计分录：

发生原材料意外灾害损失时：

借：待处理财产损溢　270 000
　　贷：原材料　270 000

批准处理时：

借：营业外支出　270 000
　　贷：待处理财产损溢　270 000

【例 13-56】 远洋公司用银行存款支付税款滞纳金 30 000 元，应编制如下会计分录：

借：营业外支出　30 000
　　贷：银行存款　30 000

（3）期末，应将“营业外支出”科目余额转入“本年利润”科目，借记“本年利润”科目，贷记“营业外支出”科目。结转后本科目应无余额。

【例 13-57】 远洋公司本期营业外支出总额为 840 000 元，期末结转本年利润，应编制如下会计分录：

借：本年利润　840 000
　　贷：营业外支出　840 00

三、所得税费用

企业的所得税费用包括当期所得税和递延所得税两个部分，其中，当期所得税是指当期应交所得税。递延所得税包括递延所得税资产和递延所得税负债。递延所得税资产是指以未来期间很可能取得用来抵扣可抵扣暂时性差异的应纳税所得额为限确认的一项资产。递延所得税负债是指根据应纳税暂时性差异计算的未来期间应付所得税的金额。

1. 应交所得税的计算

应交所得税是指企业按照税法规定计算确定的针对当期发生的交易和事项，应交给税务部门的所得税金额，即当期应交所得税。应纳税所得额是在企业税前会计利润（即利润总额）的基础上调整确定的，计算公式为：

应纳税所得额＝税前会计利润＋纳税调整增加额－纳税调整减少额

纳税调整增加额主要包括税法规定允许扣除项目中，企业已计入当期费用但超过税法规定扣除标准的金额（如超过税法规定标准的职工福利费、工会经费、职工教育经费、业务招待费、公益性捐赠支出、广告费和业务宣传费等），以及企业已计入当期损失但税法规定不允许扣除项目的金额（如税收滞纳金、罚金、罚款）。

纳税调整减少额主要包括按税法规定允许弥补的亏损和准予免税的项目，如前五年内未弥补亏损和国债利息收入等。

企业当期应交所得税的计算公式为：

应交所得税＝应纳税所得额×所得税税率

【例 13-58】 远洋公司 20×5 年度按企业会计准则计算的税前会计利润为 19 800 000 元，所得税税率为 25％。远洋公司全年实发工资、薪金为 2 000 000 元，职工福利费 300 000 元，工会经费 50 000 元，职工教育经费 100 000 元；经查，远洋公司当年营业外支出中有 120 000 元为税收滞纳罚金。假定远洋公司全年无其他纳税调整因素。

税法规定，企业发生的合理的工资、薪金支出准予据实扣除；企业发生的职工福利费支出，不超过工资、薪金总额 14％的部分准予扣除；企业拨缴的工会经费，不超过工资、薪金总额 2％的部分准予扣除；除国务院财政、税务主管部门另有规定外，企业发生的职工教育经费支出，不超过工资、薪金总额 2.5％的部分准予扣除，超过部分准予结转以后纳税年度扣除。

本例中，按税法规定，企业在计算当期应纳税所得额时，可以扣除工资、薪金支出 2 000 000元，扣除职工福利费支出 280 000（2 000 000×14％）元，工会经费支出 40 000（2 000 000×2％）元，职工教育经费支出 50 000（2 000 000×2.5％）元。远洋公司有两种纳税调整因素，一是已计入当期费用但超过税法规定标准的费用支出；二是已计入当期营业外支出但按税法规定不允许扣除的税收滞纳金，这两种因素均应调整增加应纳税所得额。远洋公司当期所得税的计算如下：

纳税调整数＝（300 000－280 000）＋（50 000－40 000）＋（100 000－50 000）
＋120 000＝200 000（元）

应纳税所得额＝19 800 000＋200 000＝20 000 000（元）

当期应交所得税额＝20 000 000×25％＝5 000 000（元）

【例 13-59】 远洋公司 20×5 年全年利润总额（即税前会计利润）为 10 200 000 元，其中包括本年收到的国债利息收入 200 000 元，所得税税率为 25%。假定远洋公司全年无其他纳税调整因素。

按照税法的有关规定，企业购买国债的利息收入免交所得税，即在计算应纳税所得额时可将其扣除。远洋公司当期所得税的计算如下：

应纳税所得额＝10 200 000－200 000＝10 000 000(元)

当期应交所得税额＝10 000 000×25%＝2 500 000(元)

2．所得税费用的账务处理

企业根据会计准则的规定，计算确定的当期所得税和递延所得税之和，即为应从当期利润总额中扣除的所得税费用。即：

所得税费用＝当期所得税＋递延所得税

企业应通过“所得税费用”科目，核算企业所得税费用的确认及其结转情况。期末，应将“所得税费用”科目的余额转入“本年利润”科目，借记“本年利润”科目，贷记“所得税费用”科目，结转后本科目应无余额。

【例 13-60】　承【例 13-59】，远洋公司递延所得税负债年初数为 400 000 元，年末数为 500 000元，递延所得税资产年初数为 250 000 元，年末数为 200 000 元。远洋公司应编制如下会计分录：

远洋公司所得税费用的计算如下：

递延所得税＝(500 000－400 000)－(200 000－250 000)＝150 000(元)

所得税费用＝当期所得税＋递延所得税＝5 000 000＋150 000＝5 150 000(元)

远洋公司应编制如下会计分录：

借：所得税费用　　5 150 000

　贷：应交税费——应交所得税　　5 000 000

　　递延所得税负债　　100 000

　　递延所得税资产　　50 000

四、本年利润

(一) 结转本年利润的方法

会计期末结转本年利润的方法有表结法和账结法两种。

1．表结法

在表结法下，各损益类科目每月月末只需结计出本月发生额和月末累计余额，不结转到“本年利润”科目，只有在年末时才将全年累计余额结转入“本年利润”科目。但每月月末要将损益类科目的本月发生额合计数填入利润表的本月数栏，同时将本月末累计余额填入利润表的本年累计数栏，通过利润表计算反映各期的利润(或亏损)。在表结法下，年中损益类科目无须结转入“本年利润”科目，从而减少了转账环节和工作量，同时并不影响利润表的编制及有关损益指标的利用。

2．账结法

在账结法下，每月月末均需编制转账凭证，将在账上结计出的各损益类科目的余额结转入“本年利润”科目。结转后“本年利润”科目的本月余额反映当月实现的利润或发生的亏损，“本年利润”科目的本年余额反映本年累计实现的利润或发生的亏损。账结法在各月均可通过“本年利润”科目提供当月及本年累计的利润(或亏损)额，但增加了转账环节和工作量。

（二）结转本年利润的会计处理

企业应设置“本年利润”科目，核算企业本年度实现的净利润（或发生的净亏损）。会计期末，企业应将“主营业务收入”“其他业务收入”“营业外收入”等科目的余额分别转入“本年利润”科目的贷方，将“主营业务成本”“其他业务成本”“税金及附加”“销售费用”“管理费用”“财务费用”“资产减值损失”“营业外支出”“所得税费用”等科目的余额分别转入“本年利润”科目的借方。企业还应将“公允价值变动损益”“投资收益”科目的净收益转入“本年利润”科目的贷方，将“公允价值变动损益”“投资收益”科目的净损失转入“本年利润”科目的借方。结转后“本年利润”科目如为贷方余额，表示当年实现的净利润；如为借方余额，表示当年发生的净亏损。

年度终了，企业还应将“本年利润”科目的本年累计余额转入“利润分配——未分配利润”科目。如“本年利润”为贷方余额，借记“本年利润”科目，贷记“利润分配——未分配利润”科目；如为借方余额，作相反的会计分录。结转后“本年利润”科目应无余额。

【例 13-61】 远洋公司 20×5 年有关损益类科目的年末余额如表 13-1 所示（该企业采用表结法年末一次结转损益类科目，所得税税率为 25%）。

表 13-1 损益类科目余额表 单位：元

科目名称	借或贷	结账前余额
主营业务收入	贷	6 000 000
其他业务收入	贷	700 000
公允价值变动损益	贷	150 000
投资收益	贷	600 000
营业外收入	贷	50 000
主营业务成本	借	4 000 000
其他业务成本	借	400 000
税金及附加	借	80 000
销售费用	借	500 000
管理费用	借	770 000
财务费用	借	200 000
资产减值损失	借	100 000
营业外支出	借	250 000

远洋公司 20×5 年年末结转本年利润应编制如下会计分录：

将各损益类科目年末余额结转入“本年利润”科目：

① 将各损益类科目年末余额结转入“本年利润”科目：

结转各项收入、利得类科目：

借：主营业务收入 6 000 000
　　其他业务收入 700 000
　　公允价值变动损益 150 000
　　投资收益 600 000
　　营业外收入 50 000
　　贷：本年利润 7 500 000

结转各项费用、损失类科目：

借：本年利润　　6 300 000

　　贷：主营业务成本　　4 000 000

　　　　其他业务成本　　400 000

　　　　税金及附加　　80 000

　　　　销售费用　　500 000

　　　　管理费用　　770 000

　　　　财务费用　　200 000

　　　　资产减值损失　　100 000

　　　　营业外支出　　250 000

② 经过上述结转后，"本年利润"科目的贷方发生额合计 7 500 000 元减去借方发生额合计 6 300 000 元即为税前会计利润 1 200 000 元。

③ 假设乙公司 20×5 年度不存在所得税纳税调整因素。

④ 应交所得税＝1 200 000×25%＝300 000(元)。

确认所得税费用：

借：所得税费用　　300 000

　　贷：应交税费——应交所得税　　300 000

将所得税费用结转入"本年利润"科目：

借：本年利润　　300 000

　　贷：所得税费用　　300 000

⑤ 将"本年利润"科目年末余额 900 000(7 500 000－6 300 000－300 000)元转入"利润分配——未分配利润"科目：

借：本年利润　　900 000

　　贷：利润分配——未分配利润　　900 000

本章小结

本章主要介绍了收入、费用和利润的含义、分类与特点，收入与费用的核算，利润的构成及影响因素，所得税的核算。

基本概念

收入、费用、利润、所得税费用、递延所得税资产、递延所得税负债、利润分配。

思考题

1. 销售商品收入、劳务收入如何确认与计量？
2. 费用如何确认与计量？
3. 营业利润、利润总额、净利润如何计算？
4. 利润的账结法和表结法是什么？主要区别在哪里？
5. 企业利润分配与未分配利润的基本程序和会计处理方法是什么？

实训(练习)题

一、单项选择题

1. 企业年末结账后,一定无余额的账户是(　　)。
   A. “本年利润”　　B. “应付利息”
   C. “利润分配”　　D. “生产成本”
2. 下列各项中,应确认为其他业务收入的是(　　)。
   A. 现金股利收入　　B. 接受现金捐赠利得
   C. 转让商标使用权收入　　D. 银行存款利息收入
3. 下列项目中,应列作营业外支出的是(　　)。
   A. 对外捐赠支出　　B. 无法收回的应收账款
   C. 退休职工的退休金　　D. 6个月以上长期病假人员薪酬
4. 工业企业的下列各项收入中,不属于营业收入的是(　　)。
   A. 转让技术的转让收入　　B. 出租固定资产的租金收入
   C. 出售固定资产的价款收入　　D. 出租包装物的租金收入
5. 企业用当年实现的税前会计利润弥补以前年度亏损时,正确的做法是(　　)。
   A. 借:利润分配——未分配利润
      贷:利润分配——弥补以前年度亏损
   B. 借:应交税费——应交所得税
      贷:利润分配——未分配利润
   C. 借:利润分配——盈余公积补亏
      贷:利润分配——未分配利润
   D. 不进行账务处理
6. 按照企业会计准则的规定,购货企业发生的现金折扣应(　　)。
   A. 冲减财务费用　　B. 增加财务费用
   C. 冲减购货成本　　D. 增加购货成本
7. 按照规定,销售企业发生的销售折让应(　　)。
   A. 直接冲减主营业务收入　　B. 直接增加补贴收入
   C. 计入销售折让　　D. 直接冲减主营业务成本
8. 下列各项中,属于营业外收入的是(　　)。
   A. 无形资产出租收入　　B. 固定资产出售收入
   C. 股票出售收入　　D. 接受捐赠收入
9. 下列各项中,属于费用性支出的是(　　)。
   A. 生产产品领用的原材料　　B. 生产车间领用的消耗性材料
   C. 管理部门领用的材料　　D. 自行建造固定资产领用的材料
10. 下列各项中,应计入期间费用的是(　　)。
    A. 车间管理人员的工资费用
    B. 计提车间管理用固定资产的折旧费
    C. 销售商品发生的商业折扣
    D. 预计产品质量保证损失

11. 下列各项中，不属于利润分配核算内容的是（　　）。
A. 弥补以前年度亏损　　B. 提取盈余公积
C. 结转应交所得税　　D. 向所有者分配利润

12. 下列各项中，属于“本年利润”科目年末借方余额反映的内容是（　　）。
A. 全年实现税后利润　　B. 累计未分配利润
C. 全年发生亏损　　D. 累计未弥补亏损

13. 已知某公司20×2年的利润总额为5 000 000元，财务费用30 000元(其中包括国债利息收入12 000元)，资产减值损失30 000元，非公益性捐赠支出60 000元，公允价值变动损益100 000元，该公司所得税税率为25%，假如不存在其他纳税调整事项，该公司20×2年应交所得税为（　　）元。
A. 1 247 000　　B. 1 249 500
C. 1 250 000　　D. 1 265 000

14. 下列各项中，属于管理费用的是（　　）。
A. 消费税　　B. 教育费附加
C. 办公用品支出　　D. 广告费

15. 下列资产计提减值准备后价值又得以恢复，应在原计提的减值准备金额内，按恢复增加的金额予以转回的是（　　）。
A. 无形资产　　B. 在建工程
C. 长期股权投资　　D. 存货

二、多项选择题

1. 企业日常经营活动中取得的收入包括（　　）。
A. 销售商品的收入　　B. 提供劳务的收入
C. 他人使用本企业资产的收入　　D. 出售固定资产的收入

2. 下列各项收入中，属于工业企业的其他业务收入的有（　　）。
A. 转让无形资产使用权取得的收入　　B. 出租包装物的租金收入
C. 提供运输劳务所取得的收入　　D. 销售原材料所得的收入

3. 企业销售商品应缴纳的下列各项税金中，可在“税金及附加”账户核算的有（　　）。
A. 所得税　　B. 增值税
C. 消费税　　D. 资源税

4. 下列各项需通过“营业外支出”账户核算的有（　　）。
A. 核销的坏账损失　　B. 捐赠支出
C. 支付的税款滞纳金　　D. 原材料超定额损耗

5. 企业利润分配的去向有（　　）。
A. 弥补以前年度亏损　　B. 缴纳所得税
C. 提取盈余公积　　D. 向投资者分配利润

6. 下列各项中，影响企业营业利润的有（　　）。
A. 出售固定资产的净损失　　B. 确认的资产减值损失
C. 销售商品发生的展览费　　D. 出售包装物取得的净收入

7. 下列各项收入中，可增加企业营业利润的有（　　）。
A. 销售自制半成品的收入　　B. 销售固定资产的收入
C. 补贴收入　　D. 银行存款的利息收入

8. 广义的收入包括（　　）。
A. 主营业务收入　　B. 公允价值变动收益
C. 投资收益　　D. 营业外收入

9. 下列各项中，属于费用性支出的有（　　）。
A. 用现金支付生产工人工资　　B. 用现金支付企业管理人员工资
C. 用现金支付建工程人员工资　　D. 用现金支付车间管理人员工资

10. 下列各项中，在计算应纳税所得额时应予以调整的有（　　）。
A. 企业购买国债取得的利息收入　　B. 非公益性捐赠支出
C. 资产减值损失　　D. 公允价值变动收益

11. 下列各项中，属于营业外支出的有（　　）。
A. 固定资产出售损失　　B. 无形资产出售损失
C. 坏账损失　　D. 原材料非常损失

12. 下列计提减值准备的资产中，属于一经计提不得转回的有（　　）。
A. 持有至到期投资　　B. 存货
C. 长期股权投资　　D. 固定资产

13. “利润分配”科目所属明细科目中，在利润结算后应没有余额的有（　　）。
A. 提取盈余公积　　B. 盈余公积补亏
C. 分配普通股股利　　D. 未分配利润

14. 下列各项中，应计入营业外收入的有（　　）。
A. 出租固定资产收入　　B. 出售固定资产净收益
C. 接受捐赠收入　　D. 罚款收入

15. 下列各项中，属于税金及附加的有（　　）。
A. 增值税　　B. 消费税
C. 车船使用税　　D. 城市建设维护税

三、判断题

1. 收入是从日常生产经营活动中而不是从偶发的交易或事项中产生的。（　　）

2. 企业让渡资产使用权，如果合同约定一次性收取使用费的，且后续不提供相关服务，则应当视同销售资产，一次性确认收入。（　　）

3. 企业在销售商品时，如果估计价款收回的可能性不大，即使收入确认的其他条件均已满足也不应确认收入实现。（　　）

4. 企业采用预收货款结算方式销售商品时，应在收到货款时，确认收入实现。（　　）

5. 企业按规定用盈余公积弥补以前年度亏损时，应按弥补数额，借记“盈余公积”账户，贷记“利润分配——盈余公积转入”账户。（　　）

6. 与同一项销售有关的收入，其成本不一定在同一会计期间予以确认。（　　）

7. 已完成销售手续，但购买方在当月尚未提货的商品，销售方仍应当将其作为本企业库存商品核算。（　　）

8. 企业本年利润结算以后，“利润分配”科目除“未分配利润”二级科目以外，其他二级科目应无余额。（　　）

9. 企业存货发生盘亏损失，应将净损失记入“营业外支出”科目中。（　　）

10. 发生费用性支出后，会使一项资产减少，另一项资产增加，从而使资产总额保持不变。（　　）

四、业务题

1. 远洋公司发生如下经济业务：

(1) 远洋公司向本地一零售企业销售一批化妆品，增值税发票上注明该批商品售价50 000元，增值税 8 500 元，收到该零售企业交来支票一张。该批商品的生产成本为 25 000 元。该项业务符合收入确认条件。

(2) 远洋公司向新华公司销售甲产品 1 000 件，每件售价 200 元，增值税发票上注明增值税款为 34 000 元，售价为 200 000 元，开出支票为新华公司代垫运杂费 1 500 元。甲产品已经发出，并已向银行办妥托收手续。该批产品生产成本为 120 000 元，设该项销售符合收入确认的条件。

(3) 远洋公司经批准将无法支付远洋公司的应付账款 200 000 元，转作营业外收入。

(4) 销售商品一批，增值税发票上的售价为 80 000 元，增值税额为 13 600 元，货到后买方发现商品质量不合格，要求在价格上给予 5%的折让。

(5) 远洋公司 20×5 年 11 月 18 日销售 A 商品一批，售价 50 000 元，增值税款 8 500 元，成本 26 000 元。因产品质量问题，商品于 20×5 年 12 月 31 日被退回。

(6) 远洋公司委托 B 企业销售甲产品 100 件，协议价为 100 元/件，该商品成本为 60 元/件，增值税率为 17%。远洋公司收到 B 企业开来的代销商品清单时，开具增值税发票，发票上注明的售价为 10 000 元，增值税为 1 700 元。B 企业实际销售时开具的增值税发票上注明的商品售价 12 000 元，增值税额为 2 040 元。

要求：根据上述资料，编制会计分录。

2. 承题 1，假定远洋公司委托 B 企业销售甲产品代销合同规定，B 企业应按每件 100 元售给客户，远洋公司按售价的 10%支付 B 企业手续费。B 企业实际销售时，即向买方开出增值税专用发票。发票注明金额为售价 10 000 元，增值税款 1 700 元。远洋公司收到 B 企业交来代销商品清单时，向 B 企业开具一张相同金额的增值税发票。

要求：根据上述资料，编制会计分录。

3. 远洋公司 20×5 年 12 月 1 日接受一项产品的安装任务，安装期为 4 个月，合同总收入为 90 000 元，至年底已预收款项 40 000 元，实际发生成本 8 000 元，估计还要发生 16 000 元。

要求：根据上述资料，编制会计分录。

4. 远洋公司销售甲材料一批，货款 50 000 元，增值税 8 500 元，货款收回存入银行。该批材料成本为 40 000 元。按 7%的税率计提城市维护建设税，按 3%的教育费附加计提教育费附加。

要求：根据上述资料，编制会计分录。

5. 远洋公司 20×5 年 6 月 30 日发生如下业务：

(1) 远洋公司 20×5 年 6 月 30 日各损益类账户余额如表 13-2 所示，期末将各收入类账户余额转入“本年利润”账户，将支出类账户余额转入“本年利润”。

(2) 依上例有关资料,该公司按10%提取法定盈余公积。

(3) 远洋公司应向投资者分配普通股股利20 000元。

(4) 将上述利润分配有关明细科目转入未分配利润明细科目,结转本年利润。

要求:根据上述资料,编制会计分录。

表13-2 损益类账户余额

科目名称	金 额	科目名称	金 额
主营业务收入	30 000 000	税金及附加	700 000
其他业务收入	1 500 000	销售费用	200 000
营业外收入	5 000 000	管理费用	600 000
投资收益	3 500 000	财务费用	300 000
主营业务成本	20 000 000	营业外支出	100 000
其他业务成本	800 000	所得税费用	264 000

第十四章

产品成本核算

学习目标

1. 理解费用与支出、成本的区别；
2. 掌握费用的主要内容；
3. 了解成本核算的基本要求；
4. 熟悉成本核算的一般程序；
5. 明确各种要素费用的归集与分配；
6. 了解产品成本计算的基本方法；
7. 能够结合工业企业实际进行产品成本独立核算。

案例引入

大学生小吴2010年8月毕业应聘到北方机械公司当成本会计员。财务部成本科刘科长向小吴介绍了公司的有关情况。北方机械公司的基本情况如下：

1. 产品情况

该厂主要生产大型重型机械，用于矿山等企业，是国内矿山机械的龙头企业。

2. 车间设置情况

北方机械公司设有7个基本生产车间，分别生产矿山机械的各种零部件及以零部件的组装；另外，还设有4个辅助生产车间，为基本生产车间及其他部门提供劳务。

3. 成本核算的现状

该厂现有会计人员36人，其中成本会计人员8人（不包括各个生产车间的成本会计人员）。由于该公司规模较大，现在实行两级成本核算体制，厂部和车间分别设置有关的成本费用明细账进行核算。

[思考]

1. 根据本公司的具体情况应采用什么核算体制(一级还是二级)？
2. 车间和厂部应设置哪些成本会计核算的岗位？
3. 车间和厂部应设置哪些成本总账和明细账？

4. 成本费用应按什么程序进行归集和分配?

5. 对公司现在实行的成本核算模式可以有哪些改进?

第一节　成本核算的要求和一般程序

产品成本,是指企业在生产产品过程中所发生的材料费用、职工薪酬等,以及不能直接计入而按一定标准分配计入的各种间接费用。产品成本核算是对生产经营过程中实际发生的成本、费用进行计算,并进行相应的账务处理。成本核算一般是对成本计划执行的结果进行事后的反映。企业通过产品成本核算,一方面,可以审核各项生产费用和经营管理费用的支出,分析和考核产品成本计划的执行情况,促使企业降低成本和费用;另一方面,还可以为计算利润、进行成本和利润预测提供数据,有助于提高企业生产技术和经营管理水平。

一、成本核算的要求

1. 做好各项基础工作

为进行成本核算,企业应当建立健全各项原始记录,并做好各项材料物资的计量、收发、领退和盘点工作,包括材料物资收发领用、劳动用工和工资发放、机器设备交付使用以及水、电、暖等消耗的原始记录,并做好相应的管理工作以及定额的制定和修订工作等。同时,产品成本计算,往往需要以产品原材料和工时的定额消耗量和定额费用作为分配标准,因此,也需要制定或修订材料、工时、费用的各项定额,使成本核算具有可靠的基础。另外,还需要根据企业会计准则正确确定固定资产的折旧方法、使用年限、残值、无形资产的摊销方法、摊销期限等。各种方法一经确定,应保持相对稳定,不能随意改变,以保证成本信息的可比性。

2. 正确划分各种费用支出的界限

为正确计算产品成本,必须正确划分以下五个方面的费用界限:①正确划分收益性支出和资本性支出的界限;②正确划分成本费用、期间费用和营业外支出的界限;③正确划分本期费用与以后期间费用的界限;④正确划分各种产品成本费用的界限;⑤正确划分本期完工产品与期末在产品成本的界限。上述五个方面费用的划分应当遵循受益原则,即谁受益谁负担、何时受益何时负担、负担费用应与受益程度成正比。上述费用划分的过程,也是产品成本的计算过程。

3. 根据生产特点和管理要求选择适当的成本计算方法

产品成本的计算,关键是选择适当的产品成本计算方法。产品成本计算的方法必须根据产品的生产特点、管理要求及工艺过程等予以确定。否则,产品成本就会失去真实性,无法进行成本分析和考核。目前,企业常用的产品成本计算方法有品种法、分批法、分步法、分类法、定额法、标准成本法等。

二、成本核算的一般程序

成本核算的一般程序,是指对企业在生产经营过程中发生的各项生产费用和期间费用,按照成本核算的要求,逐步进行归集和分配,最后计算出各种产品的生产成本和各项期间费用的过程。成本核算的一般程序如下:

(1) 根据生产特点和成本管理的要求,确定成本核算对象。

(2) 确定成本项目。企业计算产品生产成本，一般应当设置原材料、燃料和动力、工资及福利费、车间经费、企业管理费五个成本项目。

(3) 设置有关成本和费用明细账。如生产成本明细账、制造费用明细账、产成品和自制半成品明细账等。

(4) 收集确定各种产品的生产量、入库量、在产品盘存量以及材料、工时、动力消耗等，并对所有已发生费用进行审核。

(5) 归集所发生的全部费用，并按照确定的成本计算对象予以分配，按成本项目计算各种产品的在产品成本、产成品成本和单位成本。

(6) 结转产品销售成本。为了进行成本核算，企业一般应设置"生产成本""制造费用""营业费用""管理费用""财务费用"等科目。如果需要单独核算废品损失和停工损失，还应设置"废品损失"和"停工损失"科目。

三、成本与费用的关系

费用是企业在日常活动中发生的、会导致所有者权益减少的、与向所有者分配利润无关的经济利益的总流出，构成产品成本的基础。产品成本是为生产某种产品而发生的各种耗费的总和，是对象化的费用。两者的区别在于：费用涵盖范围较宽，包括企业生产各种产品发生的各种耗费，既有当期的，也有以前期间发生的费用；既有甲产品的，也有乙、丙等其他产品的费用；既有完工产品的，也有未完工产品的费用；费用着重于按会计期间进行归集，一般以生产过程中取得的各种原始凭证为计算依据，而产品成本只包括为生产一定种类或数量的完工产品的费用，不包括期间费用和期末未完工产品的费用等。

第二节　成本核算对象和成本项目

一、成本核算对象

(一) 成本核算对象的概念

成本核算对象，是指确定归集和分配生产费用的具体对象，即生产费用承担的客体。成本核算对象的确定，是设立成本明细分类账户、归集和分配生产费用以及正确计算成本的前提。具体的成本核算对象应当根据企业生产经营特点和管理要求加以确定。

(二) 成本核算对象的确定

由于产品工艺、生产方式、成本管理等要求不同，产品项目不等于成本核算对象。一般情况下，对工业企业而言，大批大量单步骤生产产品或管理上不要求提供有关生产步骤成本信息的，以产品品种为成本核算对象；小批单件生产产品的，以每批或每件产品为成本核算对象；多步骤连续加工产品且管理上要求提供有关生产步骤成本信息的，以每种产品及各生产步骤为成本核算对象；产品规格繁多的，可将产品结构、耗用原材料和工艺过程基本相同的各种产品，适当合并作为成本核算对象。成本核算对象确定后，各种会计、技术资料的归集应当与此一致，一般不应中途变更，以免造成成本核算不实、结算漏账和经济责任不清的弊端。

企业内部管理有相关要求的，还可以按照现代企业多维度、多层次的管理要求，确定多元化的产品成本核算对象。多维度是指以产品的最小生产步骤或作业为基础，按照企业有关部门的生产流程及其相应的成本管理要求，利用现代信息技术，组合出产品维度、工序维度、车间班组维度、生产设备维度、客户订单维度、变动成本维度和固定成本维度等不同的成本核算对象。多层次，是指根据企业成本管理需要，划分为企业管理部门、工厂、车间和班组等成本管理层次。

二、成本项目

（一）成本项目的概念

为具体反映计入产品生产成本的生产费用的各种经济用途，还应将其进一步划分为若干个项目，即产品生产成本项目，简称产品成本项目或成本项目。企业应当按经济用途和生产要素内容相结合的原则或成本性态等设置成本项目。

设置成本项目可以反映产品成本的构成情况，满足成本管理的目的和要求，有利于了解企业生产费用的经济用途，便于企业分析和考核产品成本计划的执行情况。

（二）成本项目的设置

成本项目的设置应根据管理上的要求确定，对于工业企业而言，一般可设置“直接材料”“燃料及动力”“直接人工”和“制造费用”等项目。

(1) 直接材料。直接材料是指构成产品实体的原材料以及有助于产品形成的主要材料和辅助材料。包括原材料、辅助材料、备品配件、外购半成品、包装物、低值易耗品等费用。

(2) 燃料及动力。燃料及动力是指直接用于产品生产的外购和自制的燃料和动力。

(3) 直接人工。直接人工指直接从事产品生产的工人的职工薪酬。上述直接费用根据实际发生数进行核算，并按照成本核算对象进行归集，根据原始凭证或原始凭证汇总表直接计入成本。

(4) 制造费用。制造费用是指企业为生产产品和提供劳务而发生的各项间接费用，如车间管理人员的工资及提取的福利费、车间房屋建筑物和机器设备的折旧费、租赁费、机物料消耗、水电费、办公费以及停工损失、信息系统维护费等。不能根据原始凭证或原始凭证汇总表直接计入成本的费用，需要按一定标准分配计入成本核算对象。

由于生产的特点、各种费用支出的比重及成本管理和核算的要求不同，各企业可根据具体情况，增设“废品损失”“直接燃料和动力”等成本项目。

第三节　要素费用的归集和分配

工业企业的费用按照经济内容可划分为以下要素费用：即外购材料、外购燃料、外购动力、职工薪酬、折旧费、利息费用、税金和其他费用。按照要素费用分类核算工业企业的费用，反映了工业企业在一定时期内发生了哪些费用及其金额，可以用于分析各时期费用的构成和各要素费用所占的比重，进而分析考核各时期各种要素费用支出的执行情况。

一、成本核算的科目设置

（一）“生产成本”科目

该科目核算企业进行工业性生产发生的各项生产成本，包括生产各种产品（产成品、自制半成品等）、自制材料、自制工具、自制设备等。该科目借方反映所发生的各项生产费用，贷方反映完工转出的产品成本，期末借方余额反映尚未加工完成的各项在产品的成本。该科目应按产品品种等成本核算对象设置基本生产成本和辅助生产成本明细科目。基本生产成本应当分别按照基本生产车间和成本核算对象(产品的品种、类别、订单、批别、生产阶段等)设置明细账(或成本计算单),并按规定的成本项目设置专栏,如表 14-1 所示。

表 14-1 基本生产成本明细表

(产品成本明细账)

产品:A

车间:第一车间　　　　单位:元

月	日	摘 要	产量(件)	成本项目			成本合计
				直接材料	直接人工	制造费用	
5	31	在产品成本		35 000	4 000	7 500	46 500
6	30	本月生产费用		420 000	23 000	47 000	490 000
6	30	生产费用合计		455 000	27 000	54 500	536 500
6	30	本月完工产品成本	200	400 000	20 000	40 000	460 000
6	30	完工产品单位成本		2 000	100	200	2 300
6	30	在产品费用		55 000	7 000	14 500	76 500

辅助生产是为基本生产服务而进行的产品生产和劳务供应。该科目按辅助生产车间和提供的产品、劳务分设辅助生产成本明细账,按辅助生产的成本项目分设专栏。期末,对共同负担的费用按照一定的分配标准分配给各受益对象。

(二)“制造费用”科目

制造费用是指工业企业为生产产品(或提供劳务)而发生的,应计入产品成本但没有专设成本项目的各项间接费用。本科目核算企业生产车间(部门)为生产产品和提供劳务而发生的各项间接费用,以及虽然直接用于产品生产但管理上不要求或不便于单独核算的费用。企业可按不同的生产车间、部门和费用项目进行明细核算。期末,将共同负担的制造费用按照一定的标准分配计入各成本核算对象,除季节性生产外,本科目期末应无余额。

对小型工业企业而言,也可以将“生产成本”和“制造费用”两个会计科目合并为“生产费用”一个会计科目,下设“基本生产成本”“辅助生产成本”“制造费用”三个二级明细科目。单独核算废品损失和停工损失的企业,还可以另外增设相应的明细科目。

二、材料、燃料、动力的归集和分配

(一)材料、燃料、动力的归集和分配

无论是外购的还是自制的,发生材料、燃料和动力等各项要素费用时,对于直接用于产品生产、构成产品实体的原材料,一般分产品领用,应根据领退料凭证直接计入相应产品成本的“直接材料”项目。

对于不能分产品领用的材料,如化工生产中为几种产品共同耗用的材料,需要采用适当的分配方法,分配计入各相关产品成本的“直接材料”成本项目。分配标准的选择可依据材料消耗与产品的关系,对于材料、燃料耗用量与产品重量、体积有关的,按其重量或体积分配,如以生铁为原材料生产各种铁铸件,应以生产的铁铸件的重量比例为分配依据,燃料也可以按照所耗用的原材料作为分配标准,动力一般按用电(或水)度(或吨)数,也可按产品的生产工时或机器工时进行分配。相应的计算公式为:

材料、燃料、动力费用分配率

$$=\frac{\text{材料、燃料、动力消耗总额}}{\text{分配标准（如产品重量、耗用的原材料、生产工时等）}}$$

某种产品应负担的材料、燃料、动力费用

＝该产品的重量、耗用的原材料、生产工时等×材料、燃料、动力费用分配率

在消耗定额比较准确的情况下，原材料、燃料也可按照产品的材料定额消耗量比例或材料定额费用比例进行分配。按材料定额消耗量比例分配材料费用的计算公式如下：

某种产品材料定额消耗量＝该种产品实际产量×单位产品材料消耗定额

$$\text{材料消耗量分配率}=\frac{\text{材料实际总消耗量}}{\text{各种产品材料定额消耗量之和}}$$

某种产品应分配的材料费用＝该种产品材料定额消耗量×材料消耗量分配率×材料单价

【例 14-1】 远洋公司 20×5 年 5 月生产 A、B 两种产品领用某材料 4 400 千克。每千克 20 元。本月投产的 A 产品为 200 件，B 产品为 250 件。A 产品的材料消耗定额为 15 千克，B 产品的材料消耗定额为 10 千克。

A 产品的材料定额消耗量＝200×15＝3 000（千克）

B 产品的材料定额消耗量＝250×10＝2 500（千克）

材料消耗量分配率＝4 400÷（3 000＋2 500）＝0.8

A 产品分配负担的材料费用＝3 000×0.8×20＝48 000（元）

B 产品分配负担的材料费用＝2 500×0.8×20＝40 000（元）

A、B 产品材料费用合计＝48 000＋40 000＝88 000（元）

（二）材料、燃料、动力分配的账务处理

材料、燃料、动力费用的分配，一般通过材料、燃料、动力分配表进行，这种分配表应根据领退料凭证和有关资料编制，其中，退料凭证的数额可以从相应的领料凭证的数额中扣除；对外购电力而言，应根据有关的转账凭证或付款凭证等资料编制。

【例 14-2】 承【例 14-1】，编制的材料费用分配表如表 14-2 所示。

表 14-2 材料费用分配表

远洋公司 20×5 年 5 月 31 日 单位：元

应借科目		成本项目	直接计入	分配计入（分配率 0.8）	材料费用合计
生产成本——基本生产成本	A 产品	直接材料	95 000	48 000	143 000
	B 产品	直接材料	87 000	40 000	127 000
	小计		182 000	88 000	270 000
生产成本——辅助生产成本	机修车间	直接材料	15 000		15 000
	运输车间				
	小计		15 000		15 000
制造费用	基本车间	机物料	8 000		8 000
	机修车间	机物料	4 000		4 000
	运输车间	机物料	1 000		1 000
	小计		13 000		13 000
合计					298 000

根据表 14-2 编制如下会计分录：

借：生产成本——基本生产成本——A 产品　　143 000
　　　　　　　　　　　　　——B 产品　　127 000
　　辅助生产成本　　15 000
　　制造费用　　13 000
　　贷：原材料　　298 000

三、职工薪酬的归集和分配

职工薪酬是企业在生产产品或提供劳务活动过程中所发生的各种直接和间接人工费用的总和。对于职工薪酬的分配，实务中通常有两种处理方法：一是按本月应付金额分配本月工资费用，该方法适用于月份之间工资差别较大的情况；二是按本月支付工资金额分配本月工资费用，该方法适用于月份之间工资差别不大的情况。

（一）职工薪酬的归集和分配

职工薪酬的归集，必须有一定的原始记录作为依据：计时工资，以考勤记录中的工作时间记录为依据；计件工资，以产量记录中的产品数量和质量记录为依据；计时资和计件工资以外的各种奖金、津贴、补贴等，按照国家和企业的有关规定计算。

工资结算和支付的凭证为工资结算单或工资单，为便于成本核算和管理，一般按车间、部门分别填制，是职工薪酬分配的依据。直接进行产品生产的生产工人的职工薪酬，直接计入产品成本的"直接人工"成本项目；不能直接计入产品成本的职工薪酬，按工时、产品产量、产值比例等方式进行合理分配，计入各有关产品成本的"直接人工"项目。相应的计算公式为：

生产工资费用分配率＝各种产品生产工资总额÷各种产品生产工时之和

某种产品应分配的生产工资＝该种产品生产工时×生产工资费用分配率

如果取得各种产品的实际生产工时数据比较困难，而各种产品的单件工时定额比较准确，也可按产品的定额工时比例分配职工薪酬，相应的计算公式如下：

某种产品耗用的定额工时＝该种产品投产量×单位产品工时定额

生产工资费用分配率＝各种产品生产工资总额÷各种产品定额工时之和

某种产品应分配的生产工资＝该种产品定额工时×生产工资费用分配率

【例 14-3】 远洋公司基本生产车间生产 A、B 两种产品，共发生生产工人职工薪酬 2 700 万元，按生产工时比例分配，A 产品的生产工时为 500 小时，B 产品的生产工时为 400 小时。

生产工资费用分配率＝2 700÷(500＋400)＝3

A 产品应分配的职工薪酬＝500×3＝1 500(万元)

B 产品应分配的职工薪酬＝400×3＝1 200(万元)

（二）职工薪酬的账务处理

职工薪酬的分配，应通过职工薪酬分配表进行。该表根据工资结算单和有关的分配标准等资料编制。

【例 14-4】 承【例 14-3】，编制的职工薪酬分配表如表 14-3 所示。

根据表 14-3 编制如下会计分录：

借：生产成本——基本生产成本——A 产品　　15 000 000
　　生产成本——基本生产成本——B 产品　　12 000 000

辅助生产成本　　2 000 000
制造费用　　19 500 000
管理费用　　8 000 000
销售费用　　5 000 000
贷:应付职工薪酬　　61 500 000

表 14-3　职工薪酬分配表

远洋公司　　20×5 年 5 月 31 日　　单位:万元

应借科目		成本项目	生产工人职工薪酬	其他人员职工薪酬	职工薪酬合计
生产成本——基本生产成本	A 产品	直接人工	1 500		1 500
	B 产品	直接人工	1 200		1 200
	小计		2 700		2 700
生产成本——辅助生产成本	辅助车间	直接人工		200	200
制造费用	基本车间	直接人工		1 800	1 800
	辅助车间	直接人工		150	150
	小计			1 950	1 950
管理费用	行政管理部门	直接人工		800	800
销售费用	销售部门	直接人工		500	500
合　计					6 150

四、辅助生产费用的归集和分配

(一) 辅助生产费用的归集

辅助生产费用的归集是通过辅助生产成本总账及明细账进行。一般按车间及产品和劳务设立明细账。当辅助生产发生各项费用时记入"生产成本——辅助生产成本"科目及其明细科目。一般情况下,辅助生产的制造费用,与基本生产的制造费用一样,先通过"制造费用"科目进行单独归集,然后再转入"生产成本——辅助生产成本"科目。对于辅助生产车间规模很小、制造费用很少且辅助生产不对外提供产品和劳务的,为简化核算工作,辅助生产的制造费用也可以不通过"制造费用"科目,而直接记入"生产成本——辅助生产成本"科目。

(二) 辅助生产费用的分配及账务处理

辅助生产的分配应通过辅助生产费用分配表进行。辅助生产费用的分配方法很多,通常采用直接分配法、交互分配法、计划成本分配法、顺序分配法和代数分配法等。

1. 直接分配法

直接分配法的特点是不考虑各辅助生产车间之间相互提供劳务或产品的情况,而是将各种辅助生产费用直接分配给辅助生产以外的各受益单位。采用此方法,各辅助生产费用只进行对外分配,分配一次,计算简单,但分配结果不够准确。此方法适用于辅助生产内部相互提供产品和劳务不多、不进行费用的交互分配、对辅助生产成本和企业产品成本影响不大的情况。

【例 14-5】 假定远洋公司设有机修和供电两个辅助生产车间,20×5 年 12 月在分配辅助生产费用以前,机修车间发生费用 1 200 万元,按修理工时分配费用,提供修理工时 500 小时,其中,供电车间 20 小时，其他车间耗用工时如表 14-4 所示；供电车间发生费用 2 400 万元，按耗电度数分配费用，提供供电度数 20 万度，其中，机修车间耗用 4 万度，其他车间耗用电度数如表 14-4 所示。远洋公司辅助生产的制造费用不通过“制造费用”科目核算。

表 14-4　辅助生产费用分配表(直接分配法)

20×5 年 12 月　　数量单位：小时、万度

远洋公司　　金额单位：万元

辅助生产车间名称		机修车间		供电车间		合计
		修理工时	修理费用	供电度数	供电费用	
待分配辅助生产费用及劳务数量		480	1 200	16	2 400	3 600
费用分配率(单位成本)			2.5		150	
基本生产车间耗用（记入“制造费用”）	第一车间	300	750	9	1 350	2 100
	第二车间	120	300	4	600	900
	小计	420	1 050	13	1 950	3 000
行政管理部门耗用（记入“管理费用”）		40	100	2	300	400
销售部门耗用（记入“销售费用”）		20	50	1	150	200
合　计		480	1 200	16	2 400	3 600

根据表 14-4，编制如下会计分录：

借：制造费用——第一车间　　21 000 000

　　　　　　——第二车间　　9 000 000

　　管理费用　　4 000 000

　　销售费用　　2 000 000

　　贷：生产成本——辅助生产成本——机修车间　　12 000 000

　　　　　　　　　　　　　　　　——供电车间　　24 000 000

2. 交互分配法

交互分配法的特点是辅助生产费用通过两次分配完成，首先将辅助生产明细账上的合计数根据各辅助生产车间、部门相互提供的劳务数量计算分配率，在辅助生产车间进行交互分配；然后将各辅助生产车间交互分配后的实际费用(即交互前的费用加上交互分配转入的费用，减去交互分配转出的费用)，再按提供的劳务量在辅助生产车间以外的各受益单位之间进行分配。这种分配方法的优点是提高了分配的正确性，但同时加大了分配的工作量。

【例 14-6】　仍以【例 14-5】为例，其车间生产费用分配表如表 14-5 所示。

根据表 14-5，编制如下会计分录：

① 交互分配：

借：生产成本——辅助生产成本——机修车间　　4 800 000

　　　　　　　　　　　　　　——供电车间　　480 000

　　贷：生产成本——辅助生产成本——机修车间　　480 000

　　　　　　　　　　　　　　　　——供电车间　　4 800 000

② 对外分配：

借：制造费用——第一车间	21 270 000
——第二车间	9 000 000
管理费用	3 820 000
销售费用	1 910 000
贷：生产成本——辅助生产成本——机修车间	16 320 000
——供电车间	19 680 000

表 14-5 辅助生产费用分配表

（交互分配法）

20×5 年 12 月

远洋公司　　　　数量单位：小时、万度

金额单位：万元

辅助生产车间名称			交互分配			对外分配		
			机修	供电	合计	机修	供电	合计
待分配辅助生产费用			1 200	2 400	3 600	1 632	1 968	3 600
供应劳务数量			500	20		480	16	
费用分配率（单位成本）			2.4	120		3.4	123	
辅助生产车间耗用（记入“辅助生产成本”）	机修车间	耗用量		4				
		分配金额		480	480			
	供电车间	耗用量	20					
		分配金额	48		48			
	小计		48	480	528			
基本生产车间耗用（记入“制造费用”）	第一车间	耗用量				300	9	
		分配金额				1 020	1 107	2 127
	第二车间	耗用量				120	4	
		分配金额				408	492	900
	小计					1 428	1 599	3 027
行政部门耗用（记入“管理费用”）	耗电量					40	2	
	分配金额					136	246	382
销售部门耗电（记入“销售费用”）	耗电量					20	1	
	分配金额					68	123	191
合计								3 600

3. 计划成本分配法

计划成本分配法的特点是辅助生产为各受益单位提供的劳务，都按劳务的计划单位成本进行分配，辅助生产车间实际发生的费用与按计划单位成本分配转出的费用之间的差额采用简化计算方法全部计入管理费用。这种方法便于考核和分析各受益单位的成本，有利于分清各单位的经济责任。但成本分配不够准确。这种分配方法适用于辅助生产劳务计划单位成本比较准确的企业。

【例 14-7】 承【例 14-6】，假定机修车间每修理工时耗费 25 000 元，供电车间每度电耗费 0.011 8万元。辅助生产费用分配表如表 14-6 所示。

表 14-6 辅助生产费用分配表

（计划成本分配法）

20×5 年 12 月

远洋公司　　　　数量单位：小时、万度

金额单位：万元

辅助生产车间名称			机修车间	供电车间	合计
待分配辅助生产费用			1 200	2 400	3 600
计划单位成本（万元/小时、万元/度）			2.5	118	
辅助生产车间耗用（记入“辅助生产成本”）	机修车间	耗用量		4	
		分配金额		472	472
	供电车间	耗用量	20		
		分配金额	50		50
	小计		50	472	522
基本生产车间耗用（记入“制造费用”）	第一车间	耗用量	300	9	
		分配金额	750	1 062	1 812
	第二车间	耗用量	120	4	
		分配金额	300	472	772
	小计		1 050	1 534	2 584
行政部门耗（记入“管理费用”）	耗电量		40	2	
	分配金额		100	236	336
销售部门耗（记入“销售费用”）	耗电量		20	1	
	分配金额		50	118	168
按计划成本分配金额合计			250	2 360	3 610
辅助生产实际成本			1 672	2 450	4 122
辅助生产成本差异			+422	+90	+512

其中：50＋1 050＋100＋50＝1 250（万元）

1 200＋472＝1 672（万元）

472＋1 534＋236＋118＝2 360（万元）

2 400＋50＝2 450（万元）

① 按计划成本分配：

借：生产成本——辅助生产成本——机修车间　　4 720 000

　　　　　　　　　　　　　　——供电车　　500 000

　制造费用——第一车间　　18 120 000

　　　　　——第二车间　　7 720 000

　管理费用　　3 360 000

　销售费用　　1 680 000

　贷：生产成本——辅助生产成本——机修车间　　12 500 000

　　　　　　　　　　　　　　　——供电车间　　23 600 000

② 辅助生产成本差异按规定记入“管理费用”的“其他”项目：

借：管理费用——其他　　5 120 000

贷:生产成本——辅助生产成本——机修车间　　4 220 000
　　　　　　　　　　　　　——供电车间　　900 000

经上述分配后,“辅助生产成本——机修车间”借方余额合计为 1 672(1 200+472) 万元,贷方余额合计为 1 672(1 250+422) 万元,“辅助生产成本——供电车间”借方余额合计为 2 450(2 400+50)万元,贷方余额合计为 2 450(2 360+90)万元。也可以采用表 14-7 按照计划成本法分配辅助生产费用。

表 14-7　辅助生产费用分配表

(计划成本分配法)

远洋公司　　20×5 年 12 月　　数量单位:小时、万度　金额单位:万元

辅助生产车间名称			机修车间	供电车间	合计
待分配辅助生产费用			1 200	2 400	3 600
计划单位成本(万元/小时、万元/度)			2.5	118	
辅助生产车间耗用(记入“辅助生产成本”)	机修车间	耗用量		4	
		分配金额		472	472
	供电车间	耗用量	20		
		分配金额	50		50
	小计		50	472	522
基本生产车间耗用(记入“制造费用”)	第一车间	耗用量	300	9	
		分配金额	750	1 062	1 812
	第二车间	耗用量	120	4	
		分配金额	300	472	772
	小计		1 050	1 534	2 584
行政部门耗(记入“管理费用”)	耗电量		40	2	
	分配金额		100	236	336
销售部门耗(记入“销售费用”)	耗电量		20	1	
	分配金额		50	118	168
按计划成本分配金额合计			778	2 310	3 088
辅助生产实际成本			1 200	2 400	3 600
辅助生产成本差异			+422	+90	+512

其中:1 050+100+50+50−472=778(万元)

1 534+236+118+472−50=2 310(万元)

根据表 16-7 编制如下会计分录:

借:制造费用——第一车间　　18 120 000
　　　　　　——第二车间　　7 720 000
　　管理费用——行政部门　　3 360 000
　　　　　　——其他　　5 120 000
　　销售费用　　1 680 000
　　贷:生产成本——辅助生产成本——机修车间　　12 000 000
　　　　　　　　　　　　　　　　——供电车间　　24 000 000

4．顺序分配法

顺序分配法，也称梯形分配法，其特点是按照辅助生产车间受益多少的顺序分配费用，受益少的先分配，受益多的后分配，先分配的辅助生产车间不负担后分配的辅助生产车间的费用。此种分配方法适用于各辅助生产车间之间相互受益程度有明显顺序的企业。

【例 14-8】　承【例 14-5】，由于供电车间耗用的劳务费用（1 200÷500×20＝48）少于机修车间耗用的劳务费用（2 400÷20×4＝480），因此，供电车间应先分配费用。

具体如表 14-8 所示。

表 14-8　辅助生产费用分配表

（顺序分配表）

远洋公司　　20×5 年 12 月　　数量单位：小时、度　金额单位：万元

会计科目	辅助生产成本						制造费用				管理费用		销售费用		分配金额合计
	供电车间			机修车间			第一车间		第二车间						
车间部门	劳务数量	待分配费用	分配率	劳务数量	待分配费用	分配率	耗用数量	耗用金额	耗用数量	耗用金额	耗用数量	耗用金额	耗用数量	耗用金额	
	200 000	2 400	0.012	500	1 200										
分配供电费用	－200 000	－2 400		40 000	480		90 000	1 080	40 000	480	20 000	240	10 000	120	
	修理费用合计				1 680										
	分配修理费用			480		3.5	300	1 050	120	420	40	140	20	70	1 680
				分配金额合计				2 130		900		380		190	3 600

根据表 14-8 编制如下会计分录：

① 分配供电费用：

借：生产成本——辅助生产成本——机修车间　　4 800 000

　　制造费用——第一车间　　10 800 000

　　　　　　——第二车间　　4 800 000

　　管理费用　　2 400 000

　　销售费用　　1 200 000

　　贷：生产成本——辅助生产成本——供电车间　　24 000 000

② 分配修理费用：

借：制造费用——第一车间　　10 500 000

　　　　　　——第二车间　　4 200 000

　　管理费用　　1 400 000

　　销售费用　　700 000

　　贷：生产成本——辅助生产成本——机修车间　　16 800 000

5．代数分配法

代数分配法的特点是先根据解联立方程的原理，计算辅助生产劳务或产品的单位成本，

然后根据各受益单位耗用的数量和单位成本分配辅助生产费用。此方法有关费用的分配结果最正确，但在辅助生产车间较多的情况下，未知数也较多，计算工作比较复杂，因此，本方法适用于已经实现电算化的企业。

【例 14-9】 承【例 14-5】，辅助生产费用分配表如表 14-9 所示。假设 X＝每小时修理成本，Y＝每万度电耗用成本，设立联立方程如下：

① $200+4Y=500X$

② $400+20X=20Y$

解得：$X\approx3.39$，$Y\approx123.39$

根据表 14-9 编制如下会计分录：

借：生产成本——辅助生产成本——机修车间　　4 935 500

　　　　　　　　　　　　　——供电车间　　677 400

　　制造费用——第一车间　　21 266 100

　　　　　　——第二车间　　9 000 000

　　管理费用　　3 822 500

　　销售费用　　1 911 300

　　贷：生产成本——辅助生产成本——机修车间　　16 935 400

　　　　　　　　　　　　　　　——供电车间　　24 677 400

表 14-9　辅助生产费用分配表

（代数分配法）

20×5 年 12 月

远洋公司　　　　数量单位：小时、万度

金额单位：万元

辅助生产车间名称			机修车间	供电车间	合计
待分配辅助生产费用			1 200	2 400	3 600
供应劳务的数量			500	20	
用代数算出的实际单位成本			3 387.96	123.387 096	
辅助生产车间耗用（记入“辅助生产成本”）	机修车间	耗用量		4	
		分配金额		493.55	493.55
	供电车间	耗用量	20		
		分配金额	67.74		67.74
	小计		67.74	493.55	561.29
基本生产车间耗用（记入“制造费用”）	第一车间	耗用量	300	9	
		分配金额	1 016.13	1 110.48	2 126.61
	第二车间	耗用量	120	4	
		分配金额	406.45	493.55	900
	小计		1 422.58	1 604.03	3 026.61
行政部门耗（记入“管理费用”）	耗电量		40	2	
	分配金额		135.48	246.77	382.26
销售部门耗（记入“销售费用”）	耗电量		20	1	
	分配金额		67.74	123.39	191.13
分配金额合计			1 693.55	2 467.74	4 164.29

上述辅助生产费用分配方法中，除直接分配法外，其他方法中的“生产成本——辅助生产成本”科目的发生额合计都大于原来待分配费用合计数（1 200＋2 400＝3 600），这是由于辅助生产费用交互分配而相互转账引起的。但各种方法最后分配到其他各受益单位的辅助生产费用的合计数，都仍是待分配费用的合计数。

五、制造费用的归集和分配

（一）制造费用的归集

制造费用的内容比较复杂，包括物料消耗，车间管理人员的薪酬，车间管理用房屋和设备的折旧费、租赁费和保险费，车间管理用具摊销，车间管理用的照明费、水费、取暖费、劳动保护费、设计制图费、试验检验费、差旅费、办公费以及季节性及修理期间停工损失等。为了减少费用项目，简化核算工作，可将性质相同的费用合并设立相应的费用项目，如将用于产品生产的固定资产的折旧费合并设立“折旧费”项目，也可根据费用比重大小和管理上的要求另行设立制造费用项目。但是，为了使各期成本、费用资料可比，制造费用项目一经确定，不应任意变更。

“制造费用”科目应当根据有关付款凭证、转账凭证和前述各种成本分配表登记；此外，还应按不同的车间设立明细账，账内按照成本项目设立专栏，分别反映各车间各项制造费用的发生情况和分配转出情况。基本生产车间和辅助生产车间发生的直接用于生产、但没有专设成本项目的各种材料成本以及用于组织和管理生产活动的各种材料成本，一般应借记“制造费用”及其明细科目（基本生产车间或辅助生产车间）的相关成本项目，贷记“原材料”等科目；基本生产车间和辅助生产车间管理人员的工资、福利费等职工薪酬，应记入“制造费用”科目和所属明细科目的借方，同时，贷记“应付职工薪酬”科目。月末，应按照一定的方法将通过“制造费用”科目归集的制造费用从贷方分配转入有关成本计算对象。

（二）制造费用的分配

制造费用，一般应先分配辅助生产的制造费用，将其计入辅助生产成本，然后再分配辅助生产费用，将其中应由基本生产负担的制造费用计入基本生产的制造费用，最后再分配基本生产的制造费用。制造费用应当按照车间分别进行，不应将各车间的制造费用汇总，在企业范围内统一分配。

企业应当根据制造费用的性质，合理选择分配方法。也就是说，企业所选择的制造费用分配方法，必须与制造费用的发生具有比较密切的相关性，并且使分配到每种产品上的制造费用金额基本合理，同时还应适当考虑计算手续的简便。制造费用分配方法很多，通常采用生产工人工时比例法（或生产工时比例法）、生产工人工资比例法（或生产工资比例法）、机器工时比例法和按年度计划分配率分配法等。企业具体选用哪种分配方法，由企业自行决定。分配方法一经确定，不得随意变更。如需变更，应当在附注中予以说明。

制造费用常用计算公式概括如下：

制造费用分配率＝制造费用总额÷各产品分配标准之和

（如产品生产工时总数或生产工人定额工时总数、

生产工人工资总和、机器工时总数、产品计划产量的定额工时总数）

某种产品应分配的制造费用＝该种产品分配标准×制造费用分配率

其中，由于生产工时是分配间接费用的常用标准之一，因此，生产工人工时比例法较为常用;生产工人工资比例分配法适用于各种产品生产机械化程度相差不多的企业,如果生产工人工资是按生产工时比例分配,该方法实际上等同于生产工人工时比例法;机器工时比例法是按照各产品生产所用机器设备运转时间的比例分配制造费用的方法,适用于产品生产的机械化程度较高的车间;按年度计划分配率分配法是按照年度开始前确定的全年度适用的计划分配率分配费用的方法,分配率计算公式的分母按定额工时计算,年度内如果发生全年的制造费用实际数与计划数差别较大,应及时调整计划分配率,该方法特别适用于季节性生产企业。

(三)制造费用的账务处理

制造费用的分配方法一经确定,不应任意变更。无论采用哪种分配方法,都应根据分配计算结果编制制造费用分配表,根据制造费用分配表进行制造费用分配的总分类核算和明细核算。相关会计分录借记“生产成本”,贷记“制造费用”。

然后再将归集在辅助生产成本的费用按照辅助生产费用的方法进行分配,其中,分配给基本生产的制造费用在归集了全部基本生产车间的制造费用后,转入“基本生产成本”科目。

【例 14-10】 假定甲工业企业 20×5 年 5 月基本生产车间 P 产品机器工时为 50 000 小时,S 产品机器工时为 40 000 小时,本月共发生制造费用 900 000 元。按照机器工时总数分配制造费用:

制造费用分配率=900 000÷(50 000+40 000)=10(元/小时)

P 产品应负担的制造费用=50 000×10=500 000(元)

S 产品应负担的制造费用=40 000×10=400 000(元)

计算结果如表 14-10 所示。

表 14-10 制造费用分配表

远洋公司　　　　20×5 年 12 月　　　　单位:元

应借科目	机器工时	分配金额(分配率:10)
生产成本——基本生产成本——P 产品	50 000	500 000
生产成本——基本生产成本——S 产品	40 000	400 000
合计	90 000	900 000

根据表 14-10 编制如下会计分录:

借:生产成本——基本生产成本——P 产品　　500 000

　　　　　　　　　　　　　——S 产品　　400 000

　贷:制造费用　　900 000

六、废品损失和停工损失的核算

(一)废品损失的核算

废品损失是指在生产过程中发生的和入库后发现的不可修复废品的生产成本,以及可修复废品的修复费用,扣除回收的废品残料价值和应收赔款以后的损失。经质量检验部门鉴定不需要返修、可以降价出售的不合格品,以及产品入库后由于保管不善等原因而损坏变质的产品和实行“三包”企业在产品出售后发现的废品均不包括在废品损失内。为单独核算废品损失,应增设“废品损失” 科目,在成本项目中增设“废品损失”项目。废品损失也可不单独核算,相应费用等体现在“基本生产成本”“原材料”等科目中。辅助生产一般不单独核算废品损失。

1. 不可修复废品损失

不可修复废品损失的生产成本,可按废品所耗实际费用计算,也可按废品所耗定额费用计算。废品损失采用按废品所耗实际费用计算时,要将废品报废前与合格品在一起计算的各项费用,采用适当的分配方法(见在产品和产成品之间成本的分配)在合格品与废品之间进行分配,计算出废品的实际成本,从“基本生产成本”科目贷方转入“废品损失”科目借方。如果废品是在完工以后发现的,单位废品负担的各项生产费用应与单位合格产品完全相同,可按合格品产量和废品的数量比例分配各项生产费用,计算废品的实际成本。

废品损失采用按废品所耗定额费用计算不可修复废品成本时,废品的生产成本是按废品数量和各项费用定额计算的,不需要考虑废品实际发生的生产费用。

2. 可修复废品损失

可修复废品返修以前发生的生产费用,不是废品损失,不需要计算其生产成本,而应留在“基本生产成本”科目和所属有关产品成本明细账中,不需要转出。返修发生的各种费用,应根据各种费用分配表,记入“废品损失”科目的借方。其回收的残料价值和应收的赔款,应从“废品损失”科目贷方分别转入“原材料”和“其他应收款”科目的借方。结转后“废品损失”的借方反映的是归集的可修复损失成本,应转入“基本生产成本”科目的借方。

【例 14-11】 远洋公司费用分配表中列示 A 产品可修复废品的修复费用为:直接材料 2 000元,直接人工 1 000 元,制造费用 1 500 元。不可修复废品成本按定额成本计价。有关资料如下:不可修复废品 5 件,每件直接材料定额 100 元,每件工时定额为 20 小时,每小时直接人工 5 元、制造费用 6 元。可修复废品和不可修复废品回收残料计价 200 元,并作为辅助材料入库;应由过失人赔款 150 元。废品净损失由当月同种产品成本负担。

(1) 不可修复废品的生产成本＝5×100＋5×20×5＋5×20×6＝1 600(元)

(2) 废品净损失＝2 000＋1 000＋1 500＋1 600－200－150＝5 750(元)

(3) 相关会计分录如下:

① 结转可修复废品成本:

	借方	贷方
借:废品损失——A 产品	4 500	
贷:原材料		2 000
应付职工薪酬		1 000
制造费用		1 500

② 结转不可修复废品成本:

	借方	贷方
借:废品损失——A 产品	1 600	
贷:生产成本——基本生产成本——A 产品		1 600

③ 残料入库:

	借方	贷方
借:原材料	200	
贷:废品损失——A 产品		200

④ 过失人赔偿:

	借方	贷方
借:其他应收款	150	
贷:废品损失——A 产品		150

⑤ 结转废品净损失:

	借方	贷方
借:生产成本——基本生产成本——A 产品	5 750	
贷:废品损失——A 产品		5 750

（二）停工损失的核算

停工损失是指生产车间或车间内某个班组在停工期间发生的各项费用，包括停工期间发生的原材料费用、人工费用和制造费用等。应由过失单位或保险公司负担的赔款，应从停工损失中扣除。不满1个工作日的停工，一般不计算停工损失。企业的停工可以分为正常停工和非正常停工。正常停工包括季节性停工、正常生产周期内的修理期间的停工、计划内减产停工等；非正常停工包括原材料或工具等短缺停工、设备故障停工、电力中断停工、自然灾害停工等。季节性停工、修理期间的正常停工费用在产品成本核算范围内，应计入产品成本。非正常停工费用应计入企业当期损益。

单独核算停工损失的企业，应增设"停工损失"科目，在成本项目中增设"停工损失"项目，根据停工报告单和各种费用分配表、分配汇总表等有关凭证，将停工期内发生、应列作停工损失的费用记入"停工损失"科目的借方进行归集；应由过失单位及过失人员或保险公司负担的赔款，应从该科目的贷方转入"其他应收款"等科目的借方。期末，将停工净损失从该科目贷方转出，属于自然灾害部分转入"营业外支出"科目的借方；应由本月产品成本负担的部分，则转入"基本生产成本"科目的借方，在停工的车间生产多种产品时，还要采用合理的分配标准，分配计入该车间各产品成本明细账停工损失成本项目。"停工损失"科目月末无余额。

不单独核算停工损失的企业，不设立"停工损失"科目，直接反映在"制造费用"和"营业外支出"等科目中。辅助生产一般不单独核算停工损失。

第四节　生产费用在完工产品和在产品之间的归集和分配

一、在产品数量的核算

在产品数量是核算在产品成本的基础，在产品成本与完工产品成本之和就是产品的生产费用总额。月末，产品成本明细账按照成本项目归集了相应的生产费用后，为确定完工产品总成本和单位成本，还应当将已经归集的产品成本在完工产品和月末在产品之间进行分配。为此，需要取得完工产品和在产品收发结存的数量资料。

在产品是指没有完成全部生产过程、不能作为商品销售的产品，包括正在车间加工中的在产品（包括正在返修的废品）和已经完成一个或几个生产步骤但还需要继续加工的半成品（包括未经验收入库的产品和等待返修的废品）两部分。不包括对外销售的自制半成品。对某个车间或生产步骤而言，在产品只包括该车间或该生产步骤正在加工中的那部分在产品。

为确定在产品结存的数量，企业需要做好两个方面的工作：一是在产品收发结存的日常核算；二是做好产品的清查工作。车间在产品收发结存的日常核算，通常通过在产品收发结存账进行。在产品清查工作应定期进行，也可以不定期轮流清查，车间没有建立在产品收发日常核算的，应当每月月末清查一次在产品，以取得在产品的实际盘存资料，用来计算产品成本。清查结果，如在产品发生盘盈的，按盘盈在产品成本（一般按定额成本计算），借记"基本生产成本"科目，贷记"待处理财产损溢——待处理流动资产损溢"科目，经批准后转入"制造费用"科目；如在产品发生盘亏和毁损的，借记"待处理财产损溢——待处理流动资产损溢"科目，贷记"基本生产成本"科目，取得的残料，应借记"原材料"等科目，贷记"待处理财产损溢——待处理流动资产损溢"科目，经批准处理时，应分别转入相应科目，其中由于车间管理不善造成的损失，转入"制造费用"科目。因此，在产品盘存盈亏处理的核算，应在制造费用结账前进行。

二、完工产品和在产品之间费用的分配

每月月末，当月生产成本明细账中按照成本项目归集了本月生产成本以后，这些成本就是本月发生的生产成本，并不是本月完工产品的成本。计算本月完工产品成本，还需要将本月发生的生产成本，加上月初在产品成本，然后再将其在本月完工产品和月末在产品之间进行分配，以求得本月完工产品成本。

完工产品、在产品成本之间的关系如下：

本月完工产品成本＝本月发生成本＋月初在产品成本－月末在产品成本

根据这一关系，结合生产特点，企业应当根据在产品数量的多少、各月在产品数量变化的大小、各项成本比重的大小，以及定额管理基础的好坏等具体条件，采用适当的分配方法将生产成本在完工产品和在产品之间进行分配。常用的分配方法有：不计算在产品成本法、在产品按固定成本计价法、在产品按所耗直接材料成本计价法、约当产量比例法、在产品按定额成本计价法、定额比例法等。

(一) 不计算在产品成本法

采用不计算在产品成本法时，虽然月末有在产品，但不计算其成本。也就是说，这种产品每月发生的成本，全部由完工产品负担，其每月发生的成本之和即为每月完工产品成本。这种方法适用于各月末在产品数量很少的产品。

(二) 在产品按固定成本计算法

采用在产品按固定成本计价法，各月末在产品的成本固定不变。某种产品本月发生的生产成本就是本月完工产品的成本。但在年末，在产品成本不应再按固定不变的金额计价，否则会使按固定金额计价的在产品成本与其实际成本有较大差异，影响产品成本计算的正确性。因而在年末，应当根据实际盘点的在产品数量，具体计算在产品成本，据以计算 12 月份产品成本。这种方法适用于月末在产品数量较多，但各月变化不大的产品或月末在产品数量很少的产品。

(三) 在产品按所耗直接材料成本计价法

采用在产品按所耗直接材料成本计价法，月末在产品只计算其所耗用的直接材料成本，不计算直接人工等加工费用，即产品的直接材料成本(月初在产品的 A 接材料成本与本月发生的直接材料成本之和)需要在完工产品和月末在产品之间进行分配，而生产产品本月发生的加工成本全部由完工产品成本负担。这种方法适用于各月月末在产品数量较多，各月在产品数量变化也较大，直接材料成本在生产成本中所占比重较大且材料在生产开始时一次就全部投入的产品。

(四) 约当产量比例法

采用约当产量比例法，应将月末在产品数量按其完工程度折算为相当于完工产品的产量，即约当产量，然后将产品应负担的全部成本按照完工产品产量与月末在产品约当产量的比例分配计算完工产品成本和月末在产品成本。这种方法适用产品数量较多，各月在产品数量变化也较大，且生产成本中直接材料成本和直接人工等加工成本的比重相差不大的产品。其计算公式如下：

在产品约当产量＝在产品数量×完工程度

单位成本＝(月初在产品成本＋本月发生生产成本)÷(完工产品产量＋在产品约当产量)

完工产品成本＝完工产品产量×单位成本

在产品成本＝在产品约当产量×单位成本

【例 14-12】 远洋公司的 A 产品本月完工 370 台，在产品 100 台，平均完工程序为 30％，发生生产成本合计为 800 000 元。分配结果如下：

单位成本＝800 000÷(370＋100×30％)＝2 000(元/台)

完工产品成本＝370×2 000＝740 000(元)

在产品成本＝100×30％×2 000＝60 000(元)

【例 14-13】 远洋公司 B 产品单位工时定额 400 小时，经两道工序制成。各工序单位工时定额为：第一道工序 160 小时，第二道工序 240 小时。为简化核算，假定各工序内在产品完工程度平均为 50％。则在产品完工程度计算结果如下：

第一道工序：160×50％÷400×100％＝20％

第二道工序：(160＋240×50％)÷400×100％＝70％

有了各工序在产品完工程度和各工序在产品盘存数量，即可求得在产品的约当产量。各工序产品的完工程度可事先制定，产品工时定额不变时可长期使用。如果各工序在产品数量和单位工时定额都相差不多，在产品的完工程度也可按 50％计算。

应当指出，在很多加工生产中，材料是在生产开始时一次投入的。这时，在产品无论完工程度如何，都应和完工产品负担同样材料成本。如果材料是随着生产过程陆续投入的，则应按照各工序投入的材料成本在全部材料成本中所占的比例计算在产品的约当产量。

【例 14-14】 远洋公司 C 产品本月完工产品产量 3 000 个，在产品数量 400 个，完工程度按平均 50％计算；材料在开始生产时一次投入，其他成本按约当产量比例分配。C 产品本月月初在产品和本月耗用直接材料成本共计 1 360 000 元，直接人工成本 640 000 元，制造费用 960 000 元。

由于材料在开始生产时一次投入，因此，应按完工产品和在产品的实际数量比例进行分配，不必计算约当产量。C 产品各项成本的分配计算如下：

① 直接材料成本的分配：

完工产品应负担的直接材料成本＝1 360 000÷(3 000＋400)×3 000＝1 200 000(元)

在产品应负担的直接材料成本＝1 360 000÷(3 000＋400)×400＝160 000(元)

直接人工成本和制造费用均应按约当产量进行分配，在产品 400 个折合约当产量 200 个(400×50％)。

② 直接人工成本的分配：

完工产品应负担的直接人工成本＝640 000÷(3 000＋200)×3 000＝600 000(元)

在产品应负担的直接人工成本＝640 000÷(3 000＋200)×200＝40 000(元)

③ 制造费用的分配：

完工产品应负担的制造费用＝960 000÷(3 000＋200)×3 000＝900 000(元)

在产品应负担的制造费用＝960 000÷(3 000＋200)×200＝60 000(元)

通过以上按约当产量法分配计算的结果，可以汇总 C 产品完工产品成本和在产品成本。

C 产品本月完工产品成本＝1 200 000＋600 000＋900 000＝2 700 000(元)

C 产品本月在产品成本＝160 000＋40 000＋60 000＝260 000(元)

根据 C 产品完工产品总成本编制完工产品入库的会计分录如下：

借:库存商品——C产品 2 700 000

贷:生产成本——基本生产成本 2 700 000

(五) 在产品按定额成本计价法

采用在产品按定额成本计价法,月末在产品成本按定额成本计算,该种产品的全部成本(如果有月初在产品,包括月初在产品成本在内)减去按定额成本计算的月末在产品成本,余额作为完工产品成本;每月生产成本脱离定额的节约差异或超支差异全部计入当月完工产品成本。这种方法是事先经过调查研究、技术测定或按定额资料,对各个加工阶段上的在产品直接确定一个单位定额成本。这种方法适用于各项消耗定额或成本定额比较准确、稳定,而且各月末在产品数量变化不是很大的产品。

这种方法的计算公式如下:

月末在产品成本=月末在产品数量×在产品单位定额成本

完工产品总成本=(月初在产品成本+本月发生生产成本)-月末在产品成本

完工产品单位成本=完工产品总成本÷产成品产量

【例 14-15】 承【例 14-14】,远洋公司C产品本月完工产品产量3 000个,在产品数量400个;在产品单位定额成本为:直接材料400元,直接人工100元,制造费用150元。C产品本月月初在产品和本月耗用直接材料成本共计1 360 000元,直接人工成本640 000元,制造费用960 000元。按定额成本计算在产品成本及完工产品成本。计算结果如表14-11所示。

根据C产品完工产品总成本编制完工产品入库的会计分录如下:

借:库存商品——C产品 2 700 000

贷:生产成本——基本生产成本 2 700 000

表 14-11 在产品及完工产品成本计算表 单位:元

项目	在产品定额成本	完工产品成本
直接材料	400×400=160 000	1360 000-160 000=1200 000
直接人工	100×400=40 000	640 000-40 000=600 000
制造费用	150×400=60 000	960 000-60 000=900 000
合计	260 000	2 700 000

(六) 定额比例法

采用定额比例法,产品的生产成本在完工产品和月末在产品之间按照两者的定额消耗量或定额成本比例分配。其中直接材料成本,按直接材料的定额消耗量或定额成本比例分配。直接人工等加工成本,可以按各该定额成本的比例分配,也可按定额工时的比例分配。这种方法适用于各项消耗定额或成本定额比较准确、稳定,但各月末在产品数量变动较大的产品。

这种方法的计算公式如下(以按定额成本比例为例):

直接材料成本分配率=(月初在产品实际材料成本+本月投入的实际材料成本)
÷(完工产品定额材料成本+月末在产品定额材料成本)

完工产品应负担的直接材料成本=完工产品定额材料成本×直接材料成本分配率

月末在产品应负担的直接材料成本=月末在产品定额材料成本×直接材料成本分配率

直接人工成本分配率=(月初在产品实际人工成本+本月投入的实际人工成本)÷
(完工产品定额工时+月末在产品定额工时)

完工产品应负担的直接人工成本＝完工产品定额工时×直接人工成本分配率

月末在产品应负担的直接人工成本＝月末在产品定额工时×直接人工成本分配率

【例 14-16】 远洋公司 D 产品本月完工产品产量 300 个，在产品数量 40 个；单位产品消耗定额为：材料 400 千克/个，100 小时/个。单位在产品材料定额 400 千克，工时定额 50 小时。有关成本资料如表 14-12 所示。要求按定额比例法计算在产品成本及完工产品成本。

表 14-12　在产品及完工产品成本计算表　　单位：元

项　目	直接材料	直接人工	制造费用	合计
期初在产品成本	400 000	40 000	60 000	500 000
本期发生成本	960 000	600 000	900 000	2 460 000
合　计	1 360 000	640 000	000	2960 000

① 按完工产品定额与在产品定额各占总定额的比例分配成本：

完工产品直接材料定额消耗＝400×300＝120 000(千克)

完工产品直接人工定额消耗＝100×300＝30 000(小时)

在产品直接材料定额消耗＝400×40＝16 000(千克)

在产品直接人工定额消耗＝50×40＝2 000(小时)

在产品制造费用定额消耗＝50×40＝2 000(小时)

② 计算定额比例：

在产品直接材料定额消耗比例＝16 000÷(120 000＋16 000)×100%≈11.76%

在产品直接人工定额消耗比例＝2 000÷(30 000＋2 000)×100%≈6.25%

在产品制造费用定额消耗比例＝2 000÷(30 000＋2 000)×100%≈6.25%

完工产品直接材料定额消耗比例＝120 000÷ (120 000＋16 000)×100%≈88.24%

完工产品直接人工定额消耗比例＝30 000÷(30 000＋2 000)×100%≈93.75%

完工产品制造费用定额消耗比例＝30 000÷(30 000＋2 000)×100%≈93.75%

③ 分配成本：

完工产品应负担的直接材料成本＝1 360 000×88.24%＝1 200 064(元)

在产品应负担的直接材料成本＝1 360 000×11.76%＝159 936(元)

完工产品应负担的直接人工成本＝640 000×93.75%＝600 000(元)

在产品应负担的直接人工成本＝640 000×6.25%＝40 000(元)

完工产品应负担的制造费用＝960 000×93.75%＝900 000(元)

在产品应负担的制造费用＝960 000×6.25%＝60 000(元)

通过以上按定额比例法分配计算的结果，可以汇总 D 产品完工产品成本和在产品成本。

D 产品本月完工产品成本＝1 200 064＋600 000＋900 000＝2 700 064(元)

D 产品本月在产品成本＝159 936＋40 000＋60 000＝259 936(元)

根据 D 产品完工产品总成本编制完工产品入库的会计分录如下：

借：库存商品——D 产品　　2 700 064

　贷：生产成本——基本生产成本　　2 700 064

三、联产品和副产品的成本分配

（一）联产品成本的分配

联产品，是指使用同种原料，经过同一生产过程同时生产出来的两种或两种以上的主要产品。联产品的生产特点是：在生产开始时，各产品尚未分离，在同一加工过程中对联产品的联合加工。当生产过程进行到一定生产步骤，产品才会分离。在分离点以前发生的生产成本，称为联合成本。“分离点”，是指在联产品生产中，投入相同原料，经过同一生产过程，分离为各种联产品的时点。分离后的联产品，有的可以直接销售，有的还需进一步加工才可供销售。

联产品成本的计算，通常分为两个阶段进行：一是联产品分离前发生的生产成本即联合成本，可按一个成本核算对象设置一个成本明细账进行归集，然后将其总额按一定分配方法，如售价法、实物数量法等，在各联产品之间进行分配；二是分离后按各种产品分别设置明细账，归集其分离后所发生的加工成本。

联产品成本计算的一般程序为：

(1) 将联产品作为成本核算对象，设置成本明细账。联产品的特点决定了联产品在分离之前，不可能按各种产品分别计算成本，只能按联产品作为成本核算对象。

(2) 归集联产品成本，计算联合成本。联产品发生的成本为联合成本。联产品的在产品一般比较稳定，可不计算期初、期末在产品成本，本期发生的生产成本全部为联产品的完工产品成本。

(3) 计算各种产品的成本。联产品的联合成本在分离点后，可按一定分配方法，如相对销售价格分配法、实物数量法、系数分配法等，在各联产品之间进行分配，分别确定各种产品的成本。

① 相对销售价格分配法。在此方法下，联合成本是按分离点上每种产品的销售价格比例进行分配的。采用这种方法，要求每种产品在分离点时的销售价格有可靠的计量。

如果联产品在分离点上即可供销售，则可采用销售价格进行分配。如果这些产品尚需要进一步加工后才可供销售，则需要对分离点上的销售价格进行估计。此时，也可采用可变现净值进行分配。

【例 14-17】 远洋公司生产 E 产品和 F 产品，E 产品和 F 产品为联产品。3 月份发生加工成本 12 000 000 元。E 产品和 F 产品在分离点上的销售价格总额为 15 000 000 元，其中 E 产品的销售价格总额为 9 000 000 元，F 产品的销售价格总额为 6 000 000 元。采用售价法分配联合成本：

E 产品：12 000 000÷(9 000 000＋6 000 000)×9 000 000＝7 200 000(元)

F 产品：12 000 000÷(9 000 000＋6 000 000)×6 000 000＝4 800 000(元)

② 实物数量法。采用实物数量法时，联合成本是以产品的实物数量为基础分配的。这里的“实物数量”可以是数量或重量。实物数量法通常适用于所生产的产品的价格很不稳定或无法直接确定。

单位数量(或重量)成本＝联合成本÷各联产品的总数量(总重量)

【例 14-18】 承例【14-17】，同时假定 E 产品为 700 个，F 产品为 300 个。采用实物数量法分配联合成本：

E 产品:12 000 000÷(700+300)×700=8 400 000(元)

F 产品:12 000 000÷(700+300)×300=3 600 000(元)

(4) 计算联产品分离后的加工成本。联产品分离后继续加工的,按各种产品分别设置明细账,归集其分离后所发生的加工成本。

(二) 副产品成本的分配

副产品,是指在同一生产过程中,使用同种原料,在生产主产品的同时附带生产出来的非主要产品。它的产量取决于主产品的产量,随主产品产量的变动而变动,如甘油是生产肥皂这个主产品的副产品。

在分配主产品和副产品的生产成本时,通常先确定副产品的生产成本,然后确定主产品的生产成本。确定副产品成本的方法有:不计算副产品扣除成本法、副产品成本按固定价格或计划价格计算法、副产品只负担继续加工成本法、联合成本在主副产品之间分配法以及副产品作价扣除法等。副产品作价扣除法需要从产品售价中扣除继续加工成本、销售费用、销售税金及相应的利润,即:

副产品扣除单价=单位售价-(继续加工单位成本+单位销售费用
+单位销售税金+合理的单位利润)

如果副产品与主产品分离以后,还需要进一步加工,才能形成市场所需的产品。企业应根据副产品进一步加工生产的特点和管理要求,采用适当的方法单独计算副产品的成本。

【例 14-19】 远洋公司在生产主产品的同时,还生产了某种副产品。该种副产品可直接对外出售,公司规定的售价为 100 元/千克。某月主要产品和副产品发生的生产成本总额为 500 000 元,副产品的产量为 500 千克。假定该公司按预先规定的副产品的售价确定副产品的成本。

副产品的成本=100×500=50 000(元)

主要产品应负担的成本=500 000-50 000=450 000(元)

【例 14-20】 远洋公司在生产主要产品——甲产品的同时,附带生产出 P 产品,P 产品分离后需选一步加工后才能出售。20×5 年 10 月共发生联合成本 160 000 元,其中:直接材料 80 000 元;直接人工 40 000 元;制造费用 40 000 元。P 产品进一步加工发生直接人工费 2 000 元;制造费用 3 000 元。当月生产甲产品 1 000 千克并全部完工,P 产品 200 千克,P 产品的市场售价 150 元/千克,单位税金和利润 50 元。

假定甲产品 10 月无月初在产品。根据资料,按 P 产品既要负担进一步加工成本,又要负担分离前联合成本的方法计算甲产品成本和 P 产品成本:

P 产品应负担的联合总成本=200×(150-50)-(2 000+3 000)=15 000(元)

P 产品应负担的直接材料=80 000×(5 000÷160 000)=7 500(元)

P 产品应负担的直接人工=40 000×(15 000÷160 000)=3 750(元)

P 产品应负担的制造费用=40 000×(15 000÷160 000)=3 750(元)

甲产品应负担的联合总成本=160 000-15 000=145 000(元)

甲产品应负担的直接材料=80 000-7 500=72 500(元)

甲产品应负担的直接人工=40 000-3 750=36 250(元)

甲产品应负担的直接人工=40 000-3 750=36 250(元)

副产品成本计算单如表 14-13 所示,生产成本计算单如表 14-14 所示。

表 14-13　副产品成本计算单

P产品　　　　20×5年10月　　　　单位:元

项　目	直接材料	直接人工	制造费用	合　计
分摊的联合成本	7 500	3 750	3 750	15 000
加工成本		2 000	3 000	5 000
总成本	7 500	5 750	6 750	20 000
单位成本	37.5	28.75	33.75	100

表 14-14　生产成本计算单

甲产品　　　　20×5年10月　　　　单位:元

项　目	直接材料	直接人工	制造费用	合　计
生产费用合计	80 000	30 000	50 000	160 000
P产品负担的联合成本	7 500	3 750	3 750	15 000
甲产品负担的联合成本	72 500	36 250	36 250	145 000
甲产品单位成本	72.5	36.25	36.25	145

根据表 14-14,编制结转完工入库产品成本的会计分录如下:

借:库存商品——甲产品　　145 000

　　　　　——P副产品　　20 000

　贷:生产成本——基本生产成本　　165 000

主、副产品的区分并不是绝对的,甚至可以相互转化。例如,焦炭与煤气就取决于企业的生产目标,以生产煤气为主的企业,煤气为主产品,焦炭为副产品;而以生产焦炭为主的企业,则焦炭为主产品,煤气为副产品。

四、完工产品成本的结转

企业完工产品经产成品仓库验收入库后,其成本应从“生产成本——基本生产成本”科目及所属产品成本明细账的贷方转出,转入“库存商品”科目的借方,“生产成本——基本生产成本”科目的月末余额,就是基本生产在产品的成本,也就是在基本生产过程中占用的生产资金,应与所属各种产品成本明细账中月末在产品成本之和核对相符。

第五节　产品成本计算基本方法

产品成本的计算就是对发生的各项生产费用,以一定的成本核算对象为依据,归集和分配生产费用,确定产品成本的过程。产品成本是在生产过程中形成的,不同的生产组织过程对成本的形成和计算必然产生不同的影响。而且,产品成本计算的一个主要目的是为成本管理部门提供信息,不同的管理要求也会对成本计算有不同的要求。因此有必要了解企业生产过程和管理要求的特点,及其对成本计算产生的不同影响。

一、生产过程和管理要求对成本计算的影响

（一）生产组织方式对成本计算的影响

制造业企业的生产，按其生产特点可以划分为大量生产、成批生产和单件生产三种类型。

① 大量生产，是指连续不断地重复生产相同产品的生产，如纺织、化肥、面粉等企业的生产。这种生产单位，产品品种少，且比较稳定。一般按照产品品种逐月计算产品成本。

② 成批生产，是指按照预先规定的产品批别和数量安排的生产，如机械制造、服装企业的生产。这种生产单位，产品品种较多，且具有一定的重复性。成批生产按照产品批量又可分为大批生产和小批生产，大批生产的性质接近于大量生产，按产品品种计算成本；小批生产的性质接近于单件生产，按照批别或件别计算成本。

③ 单件生产，是指根据购货单位订单，生产个别的、品种规格和性质不同的产品，如重型机械制造和船舶制造企业，生产按单件组织，因而按照产品件别和生产周期计算成本。

（二）工艺特点和管理要求对成本计算的影响

制造业企业的生产，按照工艺过程可分为单步骤生产和多步骤生产。

① 单步骤生产，也称简单生产。是指生产工艺过程不能间断、不需要或不可能划分为几个生产步骤的生产，如煤气、发电企业。这种企业不需要或不可能按照生产步骤计算产品成本，只能按产品品种计算成本。

② 多步骤生产，也称复杂生产。是指工艺过程由几个可以间断的、分散在不同地点进行的生产步骤组成的生产。按产品加工方式，又可分为连续加工式生产和装配式生产（如汽车、仪表、机械企业）。为加强各步骤生产管理，一般按产品品种或批别以及生产步骤计算成本。

二、产品成本计算方法

为了适应不同生产类型和管理的要求，在实际工作中常用的产品成本计算方法有如下三种。

（一）产品成本计算的品种法

这是以产品品种为成本计算对象、归集生产费用、计算产品成本的一种方法。主要适用于大量、大批单步骤生产的企业，如发电、煤气等；也适用于不需要分步骤计算成本的多步骤大量、大批生产。品种法是成本计算方法中最基本的方法，其他各种成本计算方法都是在这种方法的基础上发展而形成的。

以产品品种作为成本计算对象，主要体现在根据品种开设生产成本明细账，以品种为对象归集和分配生产费用。本章第二节中举例所使用的方法即为品种法。此处不再赘述。

（二）产品成本计算的分批法

分批法是按照产品批别或单件作为成本计算对象，归集生产费用、计算产品成本的方法，也称订单法。它主要适用于小批量、单件、管理上不要求分步骤计算产品成本的多步骤生产，如服装、精密仪器、重型机械、造船和新产品试制等。

以产品批别作为成本计算对象，主要体现在根据产品的批号开设生产成本明细账，以批别为对象归集和分配生产费用。现举例加以说明。

【例 14-21】 远洋公司实行分批法计算产品成本。20×5 年 12 月份生产情况及发生的生产费用资料如下。

① 生产完成情况：

04604 批，甲产品 10 台，11 月份投产，12 月份完工；

04701 批，乙产品 8 台，12 月份投产，12 月份完工；

04702 批，甲产品 20 台，12 月份投产，未完工。

② 12 月份生产费用资料如表 14-15 所示。

表 14-15　远洋公司 12 月份生产费用汇总表　　单位：元

生产批号	直接材料	直接人工	燃料动力	制造费用	合　计
04604	1 200	800	1 824	2 736	6 560
04701	8 400	1 200	2 736	4 104	16 440
04702	16 000	1 800	2 508	3 762	24 070
合　计	25 600	3 800	7 068	10 602	47 070

③ 根据以上资料登记有关生产成本明细账，并计算已经完工批次产品的生产成本。如表 14-16和表 14-17 所示。

表 14-16　生产成本明细账

产品批次：04604　　投产日期：11 月 5 日　　批量：10 台

品名：甲产品　　完工日期：12 月 26 日　　单位：元

年		摘　要	直接材料	直接人工	燃料动力	制造费用	合　计
月	日						
11	30	本月发生费用	6 900	1 120	912	1 360	10 292
12	31	本月发生费用	1 200	800	1 824	2 736	6 560
		累　计	8 100	1 920	2 736	4 096	16 852
		完工产品成本	8 100	1 920	2 736	4 096	16 852
		完工产品单位成本	810	192	273.6	490.6	1 685.2

表 14-17　生产成本明细账

产品批次：04701　　投产日期：12 月 4 日　　批量：8 台

品名：乙产品　　完工日期：12 月 31 日　　单位：元

年		摘　要	直接材料	直接人工	燃料动力	制造费用	合　计
月	日						
12	31	本月发生费用	8 400	1 200	2 736	4 104	16 440
12	31	完工产品成本	8 400	1 200	2 736	4 104	16 440
		完工产品单位成本	1 050	150	342	513	2 055

根据以上资料编制结转完工批次产品成本的会计分录：

借：库存商品——甲产品　　16 852

　　　　　　——乙产品　　16 440

　贷：生产成本——基本生产成本(04604)　　16 852

　　　　　　　——基本生产成本(04701)　　16 440

需要注意的问题是，在分批法下以产品批别作为成本计算对象，所以生产成本明细账要按照产品批别开明细账。但是无论采用什么方法计算成本，产成品都必须按照产品品种设置明细账。

由于 04702 批号的产品没有完工，所以不计算月末在产品，更不需转出产成品成本。需要注意的问题是，尽管未完工批号的产品不计算成本，但还是需要归集每个月发生的费用。如表 14-18 所示，一直到完工月份，将各月份费用的合计额一并作为完工产品成本转出。

表 14-18　生产成本明细账

产品批次：04702　　投产日期：12 月 10 日　　批量：20 台

品名：丙产品　　完工日期：　　单位：元

年		摘要	直接材料	直接人工	燃料动力	制造费用	合计
月	日						
12	31	本月发生费用	16 000	1 800	2 508	3 762	24 070

（三）产品成本计算的分步法

分步法是既按照产品的生产步骤，又按照产品品种归集生产费用、计算产品成本的方法。根据结转方式的不同，分步法可分为逐步结转法和平行结转法。分步法主要适用于大量、大批的多步骤生产，如纺织、冶金、机械制造等。这些行业既要按产品品种归集费用、计算成本，又要按生产步骤管理和控制费用，计算各步骤成本，以便反映各种产品及其各生产步骤成本计划执行情况，加强成本管理。

在分步法下，要以产品生产的各个步骤作为成本计算对象，也就是说要根据各种产品的生产步骤开设生产成本明细账，用于归集和分配生产费用，最后采用适当的方法汇总各步骤的费用，计算出各种产品的生产成本。现举例加以说明。

【例 14-22】 远洋公司生产甲产品，分两个步骤连续加工，第一步骤生产半成品，第二步骤生产产成品。有关生产费用资料如表 14-19 所示。

表 14-19　远洋公司生产费用汇总表　　单位：元

生产步骤	直接材料	直接人工	制造费用	合　计
第一步骤	17 000	6 200	4 100	27 300
第二步骤	8 600	6 500	4 200	19 300
合计	25 600	12 700	8 300	46 600

各步骤投入、产出数量及完工程度如表 14-20 所示。

表 14-20　远洋公司各生产步骤投入、产出量统计表　　单位：件

生产步骤	月初在产品	投入	产出	月末在产品
第一步骤	30	90	100	20
第二步骤	20	100	80	40

注：月末在产品完工程度为 50%，材料在生产开始时一次投入。

以下分别采用逐步结转分步法和平行结转分步法计算甲产品成本。

1. 逐步结转分步法

这是按照产品的生产步骤逐步结转半成品成本，最后计算出产成品成本的分步法。在这

种方法下，各步骤的半成品成本，按顺序分别由上步骤结转到下步骤，最终步骤的成本即为产成品成本。

如表 14-21 和表 14-22 所示是按照上述资料登记的各步骤生产成本明细账。

表 14-21 第一步骤生产成本明细账（逐步结转分步法） 单位：件、元

项 目	数 量	直接材料	直接人工	制造费用	合 计
上期结转	30	8 200	400	300	8 900
本月发生	90	17 000	6 200	4 100	27 300
合计	120	25 200	6 600	4 400	36 200
单位成本		210	60	40	310
本月完工半产品	100	21 000	6 000	4 000	31 000
月末在产品	20	4 200	600	400	5 200

注：月末在产品按约当产量计算。

表 14-22 第二步骤生产成本明细账（逐步结转分步法） 单位：件、元

项 目	数 量	半成品	直接材料	直接人工	制造费用	合 计
上期结转	20	6 200	2 800	1 500	800	11 300
本月发生			8 600	6 500	4 200	19 300
上步骤结转	100	31 000				31 000
合 计	120	37 200	11 400	8 000	5 000	61 600
单位成本		310	95	80	50	535
本月完工产品	80	24 800	7 600	6 400	4 000	42 800
月末在产品	40	12 400	3 800	1 600	1 000	18 800

注：月末在产品按约当产量计算。

沟通第一步骤和第二步骤生产成本明细账的关键环节是半成品成本。第一步骤完工的 100 件半成品，结转到第二步骤继续加工。其成本 31 000 元也随之转入第二步骤的成本计算单，构成第二步骤完工产品成本的组成部分。如果企业生产中还有第三步骤、第四步骤，那么各个步骤的完工产品成本都需要随着实物产品的传递而结转到下步骤的成本计算单。除第一步骤外，各步骤的生产成本计算单中都包括上步骤转入的半成品成本，这就是逐步结转分步法的特点。这种方法也因此被称为计算半成品成本的分步法。

2. 平行结转分步法

这是平行结转各生产步骤生产费用中应计入产成品成本的份额，然后汇总计算产成品成本的分步法。在这种方法下，计算各步骤成本时，不计算上步骤转入半成品的成本，只计算本步骤发生的生产费用，以及这些费用中应该计入产成品成本的份额，然后将各步骤中应该计入最终完工产品成本的份额，平行地进行结转，计算出完工产品成本。

根据前文提供的远洋公司有关数据，采用平行结转分步法计算确定其产品成本，如表 14-23、表 14-24 和表 14-25 所示。

表 14-23　第一步骤生产成本明细账(平行结转分步法)　　单位:件、元

项　目	数　量	直接材料	直接人工	制造费用	合　计
上期结转	50	12 400	1 600	1 100	15 100
本月发生	90	17 000	6 200	4 100	27 300
合计	140	29 400	7 800	5 200	42 400
单位成本		210	60	40	310
结转产成品份额	80	16 800	4 800	3 200	24 800
月末在产品	60	12 600	3 000	2 000	17 600

说明:在产品约当产量=40×100%+20×50%=50 台(其中 40 台为已经从第一步骤完工并转入第二步骤的半成品,由于其在第一步骤已经全部完工,所以完工程度为 100%)。

表 14-24　第二步骤生产成本明细账(平行结转分步法)　　单位:件、元

项　目	数　量	直接材料	直接人工	制造费用	合　计
上期结转	20	2 800	1 500	800	5 100
本月发生	100	8 600	6 500	4 200	19 300
合计	120	11 400	8 000	5 000	24 400
单位成本		95	80	50	225
结转产成品份额	80	7 600	6 400	4 000	18 000
月末在产品	40	3 800	1 600	1 000	6 400

说明:在产品约当产量=40×50%=20(台)。

表 14-25　甲产品成本汇总表　　单位:元

车间份额	直接材料	直接人工	制造费用	合　计
第一车间份额	16 800	4 800	3 200	24 800
第二车间份额	7 600	6 400	4 000	18 000
合计	24 400	11 200	7 200	42 800
单位成本	305	140	90	535

注:月末在产品按约当产量计算。

在平行结转分步法下,各个步骤在生产过程中同样需要消耗上步骤转来的半成品,但是在各个步骤的成本计算单中不反映来自上步骤半成品的成本。各步骤转入下步骤的半成品的成本也不从本步骤成本计算单中转出。这种方法因此也被称为不计列半成品成本分步法。只有在最终完工产品入库时,才将保留在各个步骤成本计算单中的、应该由完工产品负担的成本份额平行地转入产成品成本。

平行结转分步法与逐步结转分步法的主要差别在于:平行结转分步法下各步骤半成品成本是广义在产品成本,它不仅包括本步骤在产品成本,而且还包括以后各步骤在产品所耗用的本步骤的半成品成本。平行结转分步法下的完工产品成本并不是最后生产步骤计算出的产品成本,而是各个步骤相关份额的合计数。

本章小结

本章主要介绍产品成本的核算，各费用要素的归集与分配，辅助生产费用的分配和生产费用在完工产品和月末在产品之间的分配，产品成本的计算方法。

基本概念

产品成本、成本项目、约定产量、直接分配法、交互分配法、计划成本分配法、顺序分配法、代数分配法、品种法、分批法和分步法。

思考题

1. 成本与费用如何分类？二者的联系和区别是什么？
2. 阐述成本核算的一般程序。
3. 选择在完工产品与在产品之间分配成本费用的方法有哪些？
4. 约当产量比例法如何运用？
5. 产品成本计算方法有哪些？
6. 如何根据企业的生产特点和管理要求确定成本计算方法？

实训(练习)题

一、单项选择题

1. 将各种辅助生产费用直接分配给辅助生产以外各受益单位的方法称为(　　)。
   A. 直接分配法　　B. 顺序分配法
   C. 代数分配法　　D. 计划成本分配法
2. 辅助生产费用交互分配后的实际费用，应在(　　)之间进行分配。
   A. 各辅助生产车间　　B. 各受益单位
   C. 辅助生产车间以外的各受益单位　　D. 基本生产车间
3. 产品的制造成本是指工业企业为生产一定种类、一定数量的产品所支出的各项(　　)之和。
   A. 直接材料和直接人工费用　　B. 生产费用
   C. 直接材料和制造费用　　D. 制造费用和经营管理费用
4. 分批法适用于(　　)生产。
   A. 大量大批　　B. 单件小批
   C. 大量大批多步骤　　D. 单步骤
5. 在成本会计的各种职能中，(　　)是基础。
   A. 成本核算　　B. 成本决策
   C. 成本预测　　D. 成本计划
6. 下列各项中，属于产品成本项目的有(　　)。
   A. 财务费用　　B. 燃料和动力
   C. 管理费用　　D. 税金

7. 基本生产成本明细账应该按(　　)分设专栏或专行进行登记。
A. 产品名称　　B. 成本项目
C. 费用要素　　D. 费用项目
8. 下列计入产品成本的费用是(　　)。
A. 废品损失　　B. 管理费用
C. 营业费用　　D. 折旧费用
9. 下列费用中,属于直接计入费用的是(　　)。
A. 几种产品负担的制造费用　　B. 几种产品共同耗用的原材料费用
C. 一种产品耗用的生产工人工资　　D. 几种产品共同耗用的机器设备折旧费
10. 制造费用应分配计入(　　)账户。
A. 基本生产成本和辅助生产成本　　B. 期间费用
C. 生产成本和管理费用　　D. 财务费用和营业费用
11. 生产领用低值易耗品,应计入(　　)账户。
A."辅助生产成本"　　B."制造费用"
C."基本生产成本"　　D."管理费用"
12. 产品入库后发现的由于管理不善造成的变质、损坏的损失,应作为(　　)处理。
A. 废品损失　　B. 营业外支出
C. 管理费用　　D. 生产成本
13. 需要进行成本还原的分步法是(　　)。
A. 平行结转分步法　　B. 分项结转分步法
C. 综合结转分步法　　D. 逐步结转分步法
14. 使用同种原料,经过相同加工过程生产出来的品种相同,但质量不同的产品是(　　)。
A. 联产品　　B. 副产品
C. 等级产品　　D. 主产品
15. 采用分类法计算的各种产品成本(　　)。
A. 比较准确　　B. 比较真实
C. 能真正体现成本水平　　D. 其计算结果有一定的假设

二、多项选择题

1. 期间费用包括(　　)。
A. 管理费用　　B. 财务费用
C. 销售费用　　D. 制造费用
2. 财务费用项目一般包括(　　)。
A. 汇兑损失(减汇兑收益)　　B. 技术转让费
C. 金融机构手续费　　D. 利息费用(减利息收入)
3. 下列各项中,属于产品成本项目的有(　　)。
A. 原材料　　B. 工资及福利费
C. 制造费用　　D. 燃料和动力

4. 一般来说，企业应根据本单位(　　)等具体情况与条件来组织成本会计工作。
   A. 生产规模的大小　　B. 生产经营业务的特点
   C. 成本计算方法　　D. 成本管理的要求
5. 下列方法中，属于辅助生产费用分配方法的有(　　)。
   A. 交互分配法　　B. 代数分配法
   C. 计划成本分配法　　D. 直接分配法
6. 计入产品的工资，按其用途可能分别借记(　　)账户。
   A. “生产成本——基本生产成本”　　B. “制造费用”
   C. “管理费用”　　D. “生产成本——辅助生产成本”
7. 核算废品损失过程中，可能贷记的账户有(　　)。
   A. “生产成本——基本生产成本”　　B. “废品损失”
   C. “应付职工薪酬”　　D. “原材料”
8. “废品损失”账户借方应反映(　　)项目。
   A. 可修复废品的生产成本　　B. 不可修复废品的生产成本
   C. 可修复废品的工资费用　　D. 可修复废品的动力费用
9. 基本生产车间完工产品转出时，可能借记的账户有(　　)。
   A. “低值易耗品”　　B. “原材料”
   C. “基本生产成本”　　D. “产成品”
10. 分步法适用于(　　)。
   A. 大量生产　　B. 大批生产
   C. 成批生产　　D. 多步骤生产
11. 采用逐步结转分步法(　　)。
   A. 半成品成本的结转同其实物的转移完全一致
   B. 成本核算手续简便
   C. 能够提供半成品成本资料
   D. 有利于加强生产经营管理
12. 原材料脱离定额差异的计算方法有(　　)。
   A. 限额法　　B. 年限法
   C. 盘存法　　D. 切割核算法
13. 可以采用分类法计算产品成本的有(　　)。
   A. 联产品　　B. 各等级产品
   C. 品种规格繁多，但可以按一定标准分类的产品
   D. 品种规格繁多且数量小，费用比重小且零星产品
14. 在定额法下，产品的实际成本是(　　)代数和。
   A. 按现行定额成本计算的产品定额成本　　B. 脱离现行定额的差异
   C. 材料成本差异　　D. 月初在产品定额变动差异

三、判断题

1. 工业企业在一定时期内所发生的各种费用都应计入产品成本。(　　)
2. 根据各月企业制造费用的具体情况，企业可选择各种不同的分配方法。(　　)

3. 约当产量是指月末在产品的完工程度。(　　)

4. 各月末的在产品数量变化不大的产品,可以不计算月末在产品的成本。(　　)

5. 生产特点和管理要求对产品成本计算的影响,主要表现在产品成本计算对象的确定上。(　　)

6. 车间管理人员的工资和福利费不属于直接工资,因而不能计入产品成本,应计入管理费用。(　　)

7. 在期初在产品与期末在产品的数量基本平衡的情况下,对生产成本进行分配时,应该考虑期初和期末在产品负担的生产成本。(　　)

8. 在产品的约当产量根据各工序在产品完工程度和各工序在产品盘存数量计算得到。各工序产品的完工程度可事先制定,产品工时定额不变时可长期使用。(　　)

9. 不单独核算废品损失的企业,相应的费用直接反映在"制造费用"和"营业外支出"科目中。(　　)

10. 采用顺序分配法分配辅助生产费用,其特点是受益少的先分配,受益多的后分配,先分配的辅助生产车间不负担后分配的辅助生产车间的费用。(　　)

11. 产品成本的计算,关键是选择适当的产品成本计算方法。目前,产品成本计算方法只有品种法、分批法、分步法。(　　)

四、业务题

1. 远洋公司20×5年8月发生下列经济业务:

(1) 1日该企业所有者以200 000元现款作为投资,转入该公司的开户银行;

(2) 1日该企业向银行借款150 000元,借款期间3个月,存入银行;

(3) 2日以银行存款支付购买车间办公用品180元;

(4) 2日以银行存款支付车间用外购动力费1 000元;

(5) 4日以现金支付邮费50元;

(6) 5日以现金支付管理人员差旅费600元;

(7) 7日以银行存款支付采购运费150元;

(8) 8日以银行存款支付水电费560元,其中:基本生产车间用460元,管理部门用100元;

(9) 8日以银行存款支付劳动保护费524元;

(10) 8日基本生产车间为制造甲产品领用原材料2 500元;

(11) 9日从银行提取现金8 000元,备发工资;

(12) 10日支付本月生产工人工资5 600元;

(13) 12日购入机器设备一台,价值12 000元,以银行存款支付;

(14) 15日以银行存款购进原材料一批,价值5 000元,材料已经验收入库;

(15) 17日销售产品一批,价值5 000元;

(16) 30日该企业预计本季利息费用为180元,本月应预提60元;

(17) 30日该企业摊销无形资产100元;

(18) 30日计提本月折旧为:生产车间500元,管理部门200元;

(19) 30日库存材料盘亏30元;

要求:根据上述经济业务判断哪些项目应该计入产品成本,并计算产品成本总额。

2. 20×5 年 12 月 31 日，远洋公司投产 A 型产品时，生产工艺过程属于一次大量投入材料加工制造的特点。本月完工产品 200 件，月末在产品 100 件，其完工程度约 50%，假设产品成本按计算单列示，期初在产品成本和本月发生的费用总额 50 920 元，其中：直接材料 24 000 元，直接工资 16 200 元，制造费用 9 800 元，外购动力 920 元。

要求： 按照约当产量计算分配完工产品和在产品的成本。

3. 20×5 年 12 月 31 日，远洋公司在生产甲、乙、丙三种产品时，发生制造费用总额 56 000 元。根据统计资料提供的生产产品工时：甲产品生产工时 20 000 小时，乙产品生产工时 14 000小时，丙产品生产工时 30 000 小时。

要求： 按生产工时分配制造费用，并编制会计分录。

4. 远洋公司 20×5 年 8 月份内发生以下各项经济业务：

(1) 生产车间从仓库领用各种原材料进行产品生产。计划用于生产 A 产品的甲材料 150 千克，单价 21 元；乙材料 100 千克，单价 33 元。用于生产 B 产品的甲材料 120 千克，单价 21 元；乙材料 80 千克，单价 33 元。

(2) 结算本月份应付职工薪酬，按用途归集如下：

A 产品生产工人工资　　10 000 元

B 产品生产工人工资　　8 000 元

车间管理人员工资　　4 000 元

管理部门职工工资　　6 000 元

(3) 按规定根据职工工资总额的 14%计提职工福利费。

(4) 计提本月固定资产折旧，其中车间使用固定资产折旧 1 200 元，管理部门使用固定资产折旧 600 元。

(5) 预提应由车间负担的本月份修理费 400 元。

(6) 车间报销办公及其他零星开支 800 元，以现金支付。

(7) 车间管理人员出差报销差旅费 474 元，原预借 600 元，余款归还现金。

(8) 将制造费用总额如数转入“生产成本”账户，并按生产工人工资的比例分配计入 A. B 两种产品成本。

(9) 结算本月份 A、B 两种产品生产成本。本月份 A 产品 100 件，B 产品 80 件，均已制造完成，并验收入库。按其实际成本入账。

要求： ① 根据上列产品生产的经济业务编制会计分录。

② 登记“生产成本”“制造费用”总分类账和“生产成本”明细分类账。

③ 编制“产品生产成本计算表”。参考格式如表 14-26 所示。

表 14-26　产品生产成本计算表

成本项目	A 产品		B 产品	
	总成本(100 件)	单位成本/元	总成本(80 件)	单位成本/元
直接材料				
直接人工				
制造费用				
产品生产成本				

5. 远洋公司生产 A、B 两种产品,6 月份发生经济业务如下:

(1) 采购材料,买价 300 000 元,增值税 51 000 元,货款已付,材料收到并已验收入库。

(2) 材料耗用情况:A 产品 60 000 元,B 产品 40 000 元,基本车间一般耗用 2 000 元,管理部门耗用 1 000 元。

(3) 当月工资:A 产品生产工人工资 20 000 元,B 产品生产工人工资 15 000 元,基本生产车间管理人员工资 4 000 元,企业行政管理人员工资 14 000 元,销售人员工资 5 000 元。按 14%计提职工福利费。

(4) 当月租入生产设备,租期 6 个月,一次性支付租金 12 000 元。

(5) 基本生产车间领用劳保用品一批,价值 600 元。

(6) 计提固定资产折旧:基本生产车间 22 000 元,行政管理部门 4 000 元。

(7) 辅助生产单位发生费用:修理车间 7 500 元,提供修理服务 510 工时,其中基本生产车间 420 工时,供气车间 10 工时,行政管理部门 80 工时。供气车间 6 800 元,供气总量 3 400 m^3,其中基本生产车间 3 300 m^3,行政管理部门 100 m^3。按照直接分配法分配辅助生产费用。

(8) 按生产工人工资分配制造费用。

(9) 月末完工产品:A 产品 200 件,B 产品 100 件;月末在产品:A 产品 100 件,B 产品 50 件,完工率均为 50%。按约当产量法分配生产成本(材料一次性投入)。

要求:为以上经济业务编制必要的会计分录,并登记 A、B 产品成本明细账(表 14-27 和表 14-28)。

表 14-27 A 产品成本明细账 单位:元

项目	直接材料	直接人工	制造费用	合计
月初在产品成本	14 000	5 000	7 000	26 000
本月发生费用				
生产成本合计				
完工产品成本				
月末在产品成本				

表 14-28 B 产品成本明细账 单位:元

项目	直接材料	直接人工	制造费用	合计
月初在产品成本	11 000	4 000	5 500	20 500
本月发生费用				
生产成本合计				
完工产品成本				
月末在产品成本				

第十五章

财务报告

学习目标

1. 了解财务报告的含义及作用；

2. 明确财务报告与财务报表之间的关系；

3. 理解主要财务报表所提供的会计信息；

4. 掌握主要财务报表，即资产负债表、利润表、现金流量表、所有者权益变动表的结构及编制方法；

5. 熟悉财务报表附注的相关内容。

案例引入

刘姝威与“蓝田神话”的交锋

刘姝威，现任中央财经大学中国企业研究中心主任、研究员，2001年，以600字简短却尤为有力的文章质疑于1996年上市的蓝田股份的虚假业绩，网上评“两者的交锋成为2002年中国证券市场年度大戏”。刘姝威发现蓝田股份的问题，是源于她对蓝田股份的财务报告进行了详细的分析，分析结果令人震惊。刘姝威说，2000年蓝田的流动比率、速动比率、净营运资金已分别下降到了0.77、0.35和－1.27亿元，说明蓝田短期偿债能力很弱，完全是在依靠银行的贷款维持生存，没有创造现金流的能力，应立即停止对蓝田股份发放贷款。

交锋的结果是，2002年1月蓝田股份高层人员被公安机关拘传，蓝田股份上市五年业绩大幅成长的神话随之破灭，并最终退市，蓝田股份也因此成为中国证券市场成长史上一个负面的经典案例。

在本例中，刘姝威通过阅读财务报表并以财务报表为基本资料进行分析，破灭了一个虚假神话。什么是财务报表？财务报表到底有什么样的作用？现金流量在分析和评价一个企业的经营成果时起何作用？为什么可以用财务报表进行财务分析？

第一节　财务报告概述

一、财务报告及其目标

财务报告是指企业对外提供的反映企业某一特定日期的财务状况和某一会计期间的经营成果、现金流量等会计信息的文件。财务报告包括财务报表和其他应当在财务报告中披露的相关信息和资料。

财务报告的目标，是向财务报告使用者提供与企业财务状况、经营成果和现金流量等有关的会计信息，反映企业管理层受托责任履行情况，有助于财务报告使用者做出经济决策。财务报告使用者通常包括投资者、债权人、政府及其有关部门和社会公众等。

二、财务报表的组成

财务报表是对企业财务状况、经营成果和现金流量的结构性表述。一套完整的财务报表至少应当包括资产负债表、利润表、现金流量表、所有者权益(或股东权益)变动表以及附注。

资产负债表、利润表和现金流量表分别从不同角度反映企业的财务状况、经营成果和现金流量。资产负债表反映企业特定日期所拥有的资产、需偿还的债务以及股东(投资者)拥有的净资产情况；利润表反映企业一定期间的经营成果即利润或亏损的情况，表明企业运用所拥有的资产的获利能力；现金流量表反映企业在一定会计期间现金和现金等价物流入和流出的情况。

所有者权益变动表反映构成所有者权益的各组成部分当期的增减变动情况。企业的净利润及其分配情况是所有者权益变动的组成部分，相关信息已经在所有者权益变动表及其附注中反映，企业不需要再单独编制利润分配表。

附注是财务报表不可或缺的组成部分，是对在资产负债表、利润表、现金流量表和所有者权益变动表等报表中列示项目的文字描述或明细资料，以及对未能在这些报表中列示项目的说明等。

第二节　资产负债表

一、资产负债表概述

资产负债表是指反映企业在某一特定日期的财务状况的报表。资产负债表主要反映资产、负债和所有者权益三个方面的内容，并满足“资产＝负债＋所有者权益”平衡式。

(一) 资产

资产，反映由过去的交易或事项形成并由企业在某一特定日期所拥有或控制的，预期会给企业带来经济利益的资源。资产应当按照流动资产和非流动资产两大类别在资产负债表中列示，在流动资产和非流动资产类别下进一步按性质分项列示。

流动资产是指预计在一个正常营业周期中变现、出售或耗用，或者主要为交易目的而持有，或者预计在资产负债表日起一年内(含一年)变现的资产，或者自资产负债表日起一年内交换其他资产或清偿负债的能力不受限制的现金或现金等价物。资产负债表中列示的流动资产项目通常包括:货币资金、以公允价值计量且其变动计入当期损益的金融资产、应收票据、应收账款、预付款项、应收利息、应收股利、其他应收款、存货和一年内到期的非流动资产等。

非流动资产是指流动资产以外的资产。资产负债表中列示的非流动资产项目通常包括:长期股权投资、固定资产、在建工程、工程物资、固定资产清理、无形资产、开发支出、长期待摊费用以及其他非流动资产等。

(二)负债

负债,反映在某一特定日期企业所承担的、预期会导致经济利益流出企业的现时义务。负债应当按照流动负债和非流动负债在资产负债表中进行列示,在流动负债和非流动负债类别下再进一步按性质分项列示。

流动负债是指预计在一个正常营业周期中清偿,或者主要为交易目的而持有,或者自资产负债表日起一年内(含一年)到期应予以清偿,或者企业无权自主地将清偿推迟至资产负债表日后一年以上的负债。资产负债表中列示的流动负债项目通常包括:短期借款、应付票据、应付账款、预收款项、应付职工薪酬、应交税费、应付利息、应付股利、其他应付款、一年内到期的非流动负债等。

非流动负债是指流动负债以外的负债。非流动负债项目通常包括:长期借款、应付债券和其他非流动负债等。

(三)所有者权益

所有者权益,是企业资产扣除负债后的剩余权益,反映企业在某一特定日期股东(投资者)拥有的净资产的总额。所有者权益一般按照实收资本、资本公积、其他综合收益、盈余公积和未分配利润分项列示。

二、资产负债表的结构

我国企业的资产负债表采用账户式结构。账户式资产负债表分左、右两方,左方为资产项目,大体按资产的流动性大小排列,流动性大的资产如“货币资金”“以公允价值计量且其变动计入当期损益的金融资产”等排在前面,流动性小的资产如“长期股权投资”“固定资产”等排在后面。右方为负债及所有者权益项目,一般按要求清偿时间的先后顺序排列,“短期借款”、“应付票据”、“应付账款”等需要在一年以内或者长于一年的一个正常营业周期内偿还的流动负债排在前面,“长期借款”等在一年以上才需偿还的非流动负债排在中间,在企业清算之前不需要偿还的所有者权益项目排在后面。

企业衍生金融工具业务具有重要性的,应当在资产负债表资产项下“以公允价值计量且其变动计入当期损益的金融资产”项目和“应收票据”项目之间增设“衍生金融资产”项目,在资产负债表负债项下“以公允价值计量且其变动计入当期损益的金融负债”项目和“应付票据”项目之间增设“衍生金融负债”项目,分别反映企业衍生工具形成资产和负债的期末余额。

账户式资产负债表中的资产各项目的合计等于负债和所有者权益各项目的合计,即资产负债表左方和右方平衡。因此,通过账户式资产负债表,可以反映资产、负债、所有者权益之间的内在关系,即“资产=负债+所有者权益”。我国企业资产负债表格式如表15-1所示。

表 15-1　资产负债表

会企 01 表

编制单位:远洋公司　　20×5 年 12 月 31 日　　单位:元

资产	年末余额	年初余额	负债和所有者权益（或股东权益）	年末余额	年初余额
流动资产:			流动负债:		
货币资金			短期借款		
以公允价值计量且其变动计入当期损益的金融资产			以公允价值计量且其变动计入当期损益的金融负债		
应收票据			应付票据		
应收账款			应付账款		
预付款项			预收款项		
应收利息			应付职工薪酬		
应收股利			应交税费		
其他应收款			应付利息		
存货			应付股利		
一年内到期的非流动资产			其他应付款		
其他流动资产			一年内到期的非流动负债		
流动资产合计			其他流动负债		
非流动资产:			流动负债合计		
可供出售金融资产			非流动负债:		
持有至到期投资			长期借款		
长期应收款			应付债券		
长期股权投资			长期应付款		
投资性房地产			专项应付款		
固定资产			预计负债		
在建工程			递延所得税负债		
工程物资			其他非流动负债		
固定资产清理			非流动负债合计		
生产性生物资产			负债合计		
油气资产			所有者权益:		
无形资产			实收资本(股本)		
开发支出			资本公积		
商誉			减:库存股		
长期待摊费用			其他综合收益		
递延所得税资产			盈余公积		
其他非流动资产			未分配利润		
非流动资产合计			所有者权益合计		
资产总计			负债和所有者权益总计		

三、资产负债表的编制

（一）资产负债表项目的填列方法

资产负债表各项目均需填列“年初余额”和“期末余额”两栏。其中“年初余额”栏内各项数字，应根据上年末资产负债表的“期末余额”栏内所列数字填列。“期末余额”栏主要有以下几种填列方法：

(1) 根据总账科目余额填列。如“以公允价值计量且其变动计入当期损益的金融资产”“短期借款”“应付票据”等项目，根据“以公允价值计量且其变动计入当期损益的金融资产”“短期借款”“应付票据”各总账科目的余额直接填列；有些项目则需根据几个总账科目的期末余额计算填列，如“货币资金”项目，需根据“库存现金”“银行存款”“其他货币资金”三个总账科目的期末余额的合计数填列。

(2) 根据明细账科目余额计算填列。如“应付账款”项目，需要根据“应付账款”和“预付款项”两个科目所属的相关明细科目的期末贷方余额计算填列；“应收账款”项目，需要根据“应收账款”和“预收款项”两个科目所属的相关明细科目的期末借方余额计算填列。

(3) 根据总账科目和明细账科目余额分析计算填列。如“长期借款”项目，需要根据“长期借款”总账科目余额扣除“长期借款”科目所属的明细科目中将在一年内到期且企业不能自主地将清偿义务展期的长期借款后的金额计算填列。

(4) 根据有关科目余额减去其备抵科目余额后的净额填列。如资产负债表中“应收票据”“应收账款”“长期股权投资”“在建工程”等项目，应当根据“应收票据”“应收账款”“长期股权投资”“在建工程”等科目的期末余额减去“坏账准备”“长期股权投资减值准备”“在建工程减值准备”等科目余额后的净额填列。“投资性房地产”“固定资产”项目，应当根据“投资性房地产”“固定资产”科目的期末余额减去“投资性房地产累计折旧”“累计折旧”“投资性房地产减值准备”“固定资产减值准备”等科目余额后的净额填列；“无形资产”项目，应当根据“无形资产”科目的期末余额，减去“累计摊销”“无形资产减值准备”等科目余额后的净额填列。

(5) 综合运用上述填列方法分析填列。如资产负债表中的“存货”项目，需要根据“原材料”“委托加工物资”“周转材料”“材料采购”“在途物资”“发出商品”“材料成本差异”等总账科目期末余额的分析汇总数，再减去“存货跌价准备”科目余额后的净额填列。

（二）资产负债表目的填列说明

资产负债表中资产、负债和所有者权益主要项目的填列说明如下：

1. 资产项目的填列说明

(1) “货币资金”项目，反映企业库存现金、银行结算户存款、外埠存款、银行汇票存款、银行本票存款、信用卡存款、信用证保证金存款等的合计数。本项目应根据“库存现金”“银行存款”“其他货币资金”科目期末余额的合计数填列。

(2) “以公允价值计量且其变动计入当期损益的金融资产”项目，反映企业持有的以公允价值计量且其变动计入当期损益的为交易目的所持有的债券投资、股票投资、基金投资、权证投资等金融资产。本项目应当根据“交易性金融资产”科目和初始确认时指定为以公允价值计量且其变动计入当期损益的金融资产科目的期末余额填列。

(3) “应收票据”项目，反映企业因销售商品、提供劳务等而收到的商业汇票，包括银行承兑汇票和商业承兑汇票。本项目应根据“应收票据”科目的期末余额，减去“坏账准备”科目中有关应收票据计提的坏账准备期末余额后的净额填列。

(4)“应收账款”项目，反映企业因销售商品、提供劳务等经营活动应收取的款项。本项目应根据“应收账款”和“预收账款”科目所属各明细科目的期末借方余额合计数，减去“坏账准备”科目中有关应收账款计提的坏账准备期末余额后的净额填列。如“应收账款”科目所属明细科目期末有贷方余额的，应在资产负债表“预收款项”项目内填列。

(5)“预付款项”项目，反映企业按照购货合同规定预付给供应单位的款项等。本项目应根据“预付账款”和“应付账款”科目所属各明细科目的期末借方余额合计数，减去“坏账准备”科目中有关预付账款计提的坏账准备期末余额后的净额填列。如“预付账款”科目所属明细科目期末有贷方余额的，应在资产负债表“应付账款”项目内填列。

(6)“应收利息”项目，反映企业应收取的债券投资等的利息。本项目应根据“应收利息”科目的期末余额，减去“坏账准备”科目中有关应收利息计提的坏账准备期末余额后的净额填列。

(7)“应收股利”项目，反映企业应收取的现金股利和应收取其他单位分配的利润。本项目应根据“应收股利”科目的期末余额，减去“坏账准备”科目中有关应收股利计提的坏账准备期末余额后的净额填列。

(8)“其他应收款”项目，反映企业除应收票据、应收账款、预付账款、应收股利、应收利息等经营活动以外的其他各种应收、暂付的款项。本项目应根据“其他应收款”科目的期末余额，减去“坏账准备”科目中有关其他应收款计提的坏账准备期末余额后的净额填列。

(9)“存货”项目，反映企业期末在库、在途和在加工中的各种存货的可变现净值。存货包括各种材料、商品、在产品、半成品、包装物、低值易耗品、委托代销商品等。本项目应根据“材料采购”“原材料”“低值易耗品”“库存商品”“周转材料”“委托加工物资”“委托代销商品”“生产成本”等科目的期末余额合计数，减去“代销商品款”“存货跌价准备”科目期末余额后的净额填列。材料采用计划成本核算，以及库存商品采用计划成本核算或售价核算的企业，还应按加或减材料成本差异、商品进销差价后的金额填列。

(10)“一年内到期的非流动资产”项目，反映企业将于一年内到期的非流动资产项目金额。本项目应根据有关科目的期末余额分析填列。

(11)“长期股权投资”项目，反映投资方对被投资单位实施控制、重大影响的权益性投资，以及对其合营企业的权益性投资。本项目应根据“长期股权投资”科目的期末余额，减去“长期股权投资减值准备”科目的期末余额后的净额填列。

(12)“固定资产”项目，反映企业各种固定资产原价减去累计折旧和减值准备后的净值。本项目应根据“固定资产”科目的期末余额，减去“累计折旧”和“固定资产减值准备”科目期末余额后的净额填列。

(13)“在建工程”项目，反映企业期末各项未完工程的实际支出，包括交付安装的设备价值、未完建筑安装工程已经耗用的材料、工资和费用支出等项目的可收回金额。本项目应根据“在建工程”科目的期末余额，减去“在建工程减值准备”科目期末余额后的净额填列。

(14)“工程物资”项目，反映企业尚未使用的各项工程物资的实际成本。本项目应根据“工程物资”科目的期末余额填列。

(15)“固定资产清理”项目，反映企业因出售、毁损、报废等原因转入清理但尚未清理完毕的固定资产的净值,以及固定资产清理过程中所发生的清理费用和变价收入等各项金额的差额。本项目应根据“固定资产清理”科目的期末借方余额填列,如“固定资产清理”科目期末为贷方余额,以“—”号填列。

(16)“无形资产”项目,反映企业持有的专利权、非专利技术、商标权、著作权、土地使用权等无形资产的成本减去累计摊销和减值准备后的净值。本项目应根据“无形资产”科目的期末余额,减去“累计摊销”和“无形资产减值准备”科目期末余额后的净额填列。

(17)“开发支出”项目,反映企业开发无形资产过程中能够资本化形成无形资产成本的支出部分。本项目应当根据“研发支出”科目中所属的“资本化支出”明细科目期末余额填列。

(18)“长期待摊费用”项目,反映企业已经发生但应由本期和以后各期负担的分摊期限在一年以上的各项费用。长期待摊费用中在一年内(含一年)摊销的部分,在资产负债表“一年内到期的非流动资产”项目填列。本项目应根据“长期待摊费用”科目的期末余额减去将于一年内(含一年)摊销的数额后的金额分析填列。

(19)“其他非流动资产”项目,反映企业除长期股权投资、固定资产、在建工程、工程物资、无形资产等以外的其他非流动资产。本项目应根据有关科目的期末余额填列。

2. 负债项目的填列说明

(1)“短期借款”项目,反映企业向银行或其他金融机构等借入的期限在一年以下(含一年)的各种借款。本项目应根据“短期借款”科目的期末余额填列。

(2)“应付票据”项目,反映企业因购买材料、商品和接受劳务供应等而开出、承兑的商业汇票,包括银行承兑汇票和商业承兑汇票。本项目应根据“应付票据”科目的期末余额填列。

(3)“应付账款”项目,反映企业因购买材料、商品和接受劳务供应等经营活动应支付的款项。本项目应根据“应付账款”和“预付账款”科目所属各明细科目的期末贷方余额合计数填列。如“应付账款”科目所属明细科目期末有借方余额的,应在资产负债表“预付款项”项目内填列。

(4)“预收款项”项目,反映企业按照购货合同规定预收供应单位的款项。本项目应根据“预收账款”和“应收账款”科目所属各明细科目的期末贷方余额合计数填列。如“预收账款”科目所属明细科目期末有借方余额的,应在资产负债表“应收账款”项目内填列。

(5)“应付职工薪酬”项目,反映企业为获得职工提供的服务或解除劳动关系而给予的各种形式的报酬或补偿。企业提供给职工配偶、子女、受赡养人、已故员工遗属及其他受益人等的福利,也属于职工薪酬。职工薪酬主要包括短期薪酬、离职后福利、辞退福利和其他长期职工福利。

(6)“应交税费”项目,反映企业按照税法规定计算应交纳的各种税费,包括增值税、消费税、所得税、资源税、土地增值税、城市维护建设税、房产税、土地使用税、车船税、教育费附加、矿产资源补偿费等。企业代扣代缴的个人所得税,也通过本项目列示。本项目应根据“应交税费”科目的期末贷方余额填列,如“应交税费”科目期末为借方余额,应以“—”号填列。

(7)“应付利息”项目,反映企业按照规定应当支付的利息,包括分期付息到期还本的长期借款应支付的利息、企业发行的企业债券应支付的利息等。本项目应根据“应付利息”科目的期末余额填列。

(8)“应付股利”项目,反映企业应付未付的现金股利或利润。企业分配的股票股利,不通过本项目列示。本项目应根据“应付股利”科目的期末余额填列。

(9)“其他应付款”项目,反映企业除应付票据、应付账款、预收账款、应付职工薪酬、应付股利、应付利息、应交税费等经营活动以外的其他各项应付、暂收的款项。本项目应根据“其他应付款”科目的期末余额填列。

(10)“一年内到期的非流动负债”项目,反映企业非流动负债中将于资产负债表日后一年内到期部分的金额,如将于一年内偿还的长期借款。本项目应根据有关科目的期末余额分析填列。

(11)“长期借款”项目,反映企业向银行或其他金融机构借入的期限在一年以上(不含一年)的各项借款。本项目应根据“长期借款”科目的期末余额填列。

(12)“应付债券”项目,反映企业为筹集长期资金而发行的债券本金(和利息)。本项目应根据“应付债券”科目的期末余额填列。

(13)“其他非流动负债”项目,反映企业除长期借款、应付债券等项目以外的其他非流动负债。本项目应根据有关科目的期末余额填列。其他非流动负债项目应根据有关科目期末余额减去将于一年内(含一年)到期偿还数后的余额分析填列。非流动负债各项目中将于一年内(含一年)到期的非流动负债,应在“一年内到期的非流动负债”项目内反映。

3. 所有者权益项目的填列说明

(1)“实收资本(或股本)”项目,反映企业各投资者实际投入的资本(或股本)总额。本项目应根据“实收资本(或股本)”科目的期末余额填列。

(2)“资本公积”项目,反映企业资本公积的期末余额。本项目应根据“资本公积”科目的期末余额填列。

(3)“其他综合收益”项目,反映企业其他综合收益的期末余额。本项目应根据“其他综合收益”科目的期末余额填列。

(4)“盈余公积”项目,反映企业盈余公积的期末余额。本项目应根据“盈余公积”科目的期末余额填列。

(5)“未分配利润”项目,反映企业尚未分配的利润。本项目应根据“本年利润”科目和“利润分配”科目的余额计算填列。未弥补的亏损在本项目内以“-”号填列。

第三节 利 润 表

一、利润表概述

利润表是反映企业在一定会计期间的经营成果的报表。

通过利润表,可以反映企业在一定会计期间收入、费用、利润(或亏损)的数额和构成情况,帮助财务报表使用者全面了解企业的经营成果,分析企业的获利能力及盈利增长趋势,从而为其做出经济决策提供依据。

二、利润表的结构

我国企业的利润表采用多步式格式,如表 15-2 所示。

表 15-2 利润表

会企 02 表

编制单位:远洋公司　　　　20×5 年度　　　　单位:元

项　　目	本期金额	上期金额
一、营业收入		
减:营业成本		
税金及附加		
销售费用		
管理费用		
财务费用		
资产减值损失		
加:公允价值变动收益(损失以“－”号填列)		
投资收益(损失以“－”号填列)		
其中:对联营企业和合营企业的投资收益		
二、营业利润(亏损以“－”号填列)		
加:营业外收入		
其中:非流动资产处置利得		
减:营业外支出		
其中:非流动资产处置损失		
三、利润总额(亏损以“－”号填列)		
减:所得税费用		
四、净利润(净亏损以“－”号填列)		
五、其他综合收益的税后净额		
(一) 以后不能重分类进损益的其他综合收益		
1. 重新计量设定受益计划净负债或净资产的变动		
2. 权益法下在被投资单位不能重分类进损益的其他综合收益中享有的份额		
……		
(二) 以后将重分类进损益的其他综合收益		
1. 权益法下在被投资单位以后将重分类进损益的其他综合收益中享有的份额		
2. 可供出售金融资产公允价值变动损益		
3. 持有至到期投资重分类为可供出售金融资产损益		
4. 现金流量套期损益的有效部分		
5. 外币财务报表折算差额		
……		
六、综合收益总额		
七、每股收益		
(一) 基本每股收益		
(二) 稀释每股收益		

三、利润表的编制

（一）利润表项目的填列方法

我国企业利润表的主要编制步骤和内容如下：

第一步，以营业收入为基础，减去营业成本、税金及附加、销售费用、管理费用、财务费用、资产减值损失，加上公允价值变动收益（减去公允价值变动损失）和投资收益（减去投资损失），计算出营业利润；

第二步，以营业利润为基础，加上营业外收入，减去营业外支出，计算出利润总额；

第三步，以利润总额为基础，减去所得税费用，计算出净利润（或净亏损）；

第四步，以净利润（或净亏损）为基础，计算每股收益；

第五步，以净利润（或净亏损）和其他综合收益为基础，计算综合收益总额。

利润表各项目均需填列“本期金额”和“上期金额”两栏。其中“上期金额”栏内各项数字，应根据上年该期利润表的“本期金额”栏内所列数字填列。“本期金额”栏内各期数字，除“基本每股收益”和“稀释每股收益”项目外，应当按照相关科目的发生额分析填列。如“营业收入”项目，根据“主营业务收入”“其他业务收入”科目的发生额分析计算填列；“营业成本”项目，根据“主营业务成本”“其他业务成本”科目的发生额分析计算填列。

（二）利润表项目的填列说明

（1）“营业收入”项目，反映企业经营主要业务和其他业务所确认的收入总额。本项目应根据“主营业务收入”和“其他业务收入”科目的发生额分析填列。

（2）“营业成本”项目，反映企业经营主要业务和其他业务所发生的成本总额。本项目应根据“主营业务成本”和“其他业务成本”科目的发生额分析填列。

（3）“税金及附加”项目，反映企业经营业务应负担的消费税、城市维护建设税、资源税、土地增值税和教育费附加等。本项目应根据“税金及附加”科目的发生额分析填列。

（4）“销售费用”项目，反映企业在销售商品过程中发生的包装费、广告费等费用和为销售本企业商品而专设的销售机构的职工薪酬、业务费等经营费用。本项目应根据“销售费用”科目的发生额分析填列。

（5）“管理费用”项目，反映企业为组织和管理生产经营发生的管理费用。本项目应根据“管理费用”科目的发生额分析填列。

（6）“财务费用”项目，反映企业为筹集生产经营所需资金等而发生的筹资费用。本项目应根据“财务费用”科目的发生额分析填列。

（7）“资产减值损失”项目，反映企业各项资产发生的减值损失。本项目应根据“资产减值损失”科目的发生额分析填列。

（8）“公允价值变动收益”项目，反映企业应当计入当期损益的资产或负债公允价值变动收益。本项目应根据“公允价值变动损益”科目的发生额分析填列，如为净损失，本项目以“－”号填列。

（9）“投资收益”项目，反映企业以各种方式对外投资所取得的收益。本项目应根据“投资收益”科目的发生额分析填列。如为投资损失，本项目以“－”号填列。

（10）“营业利润”项目，反映企业实现的营业利润。如为亏损，本项目以“－”号填列。

（11）“营业外收入”项目，反映企业发生的与经营业务无直接关系的各项收入。本项目应根据“营业外收入”科目的发生额分析填列。

(12)“营业外支出”项目,反映企业发生的与经营业务无直接关系的各项支出。本项目应根据“营业外支出”科目的发生额分析填列。

(13)“利润总额”项目,反映企业实现的利润。如为亏损,本项目以“－”号填列。

(14)“所得税费用”项目,反映企业应从当期利润总额中扣除的所得税费用。本项目应根据“所得税费用”科目的发生额分析填列。

(15)“净利润”项目,反映企业实现的净利润。如为亏损,本项目以“－”号填列。

(16)“每股收益”项目,包括基本每股收益和稀释每股收益两项指标,反映普通股或潜在普通股已公开交易的企业,以及正处在公开发行普通股或潜在普通股过程中的企业的每股收益信息。

(17)“其他综合收益的税后净额”项目,反映企业根据企业会计准则规定未在损益中确认的各项利得和损失扣除所得税影响后的净额。

(18)“综合收益总额”项目,反映企业净利润与其他综合收益的合计金额。

第四节　现金流量表

一、现金流量表概述

现金流量表是反映企业在一定会计期间现金和现金等价物流入和流出的报表。通过现金流量表,可以为报表使用者提供企业一定会计期间内现金和现金等价物流入与流出的信息,便于使用者了解和评价企业获取现金与现金等价物的能力,据以预测企业未来现金流量。

现金流量是指一定会计期间内企业现金和现金等价物的流入与流出。企业从银行提取现金、用现金购买短期到期的国债等现金和现金等价物之间的转换不属于现金流量。

现金是指企业库存现金以及可以随时用于支付的存款,包括库存现金、银行存款和其他货币资金(如外埠存款、银行汇票存款、银行本票存款等)等。不能随时用于支付的存款不属于现金。现金等价物是指企业持有的期限短、流动性强、易于转换为已知金额现金、价值变动风险很小的投资。期限短,一般是指从购买日起三个月内到期。现金等价物通常包括三个月内到期的债券投资等。权益性投资变现的金额通常不确定,因而不属于现金等价物。企业应当根据具体情况,确定现金等价物的范围,一经确定不得随意变更。

企业产生的现金流量分为如下三类:

(一)经营活动产生的现金流量

经营活动是指企业投资活动和筹资活动以外的所有交易和事项。经营活动主要包括销售商品、提供劳务、购买商品、接受劳务、支付工资、交纳税费等流入与流出现金和现金等价物的活动或事项。

(二)投资活动产生的现金流量

投资活动是指企业长期资产的购建和不包括在现金等价物范围内的投资及其处置活动。投资活动主要包括购建固定资产、处置子公司及其他营业单位等流入与流出现金和现金等价物的活动或事项。

(三)筹资活动产生的现金流量

筹资活动是指导致企业资本及债务规模和构成发生变化的活动。筹资活动主要包括吸收投资、发行股票、分配利润、发行债券、偿还债务等流入与流出现金和现金等价物的活动或事项。偿付应付账款、应付票据等商业应付款属于经营活动,不属于筹资活动。

二、现金流量表的结构

我国企业现金流量表采用报告式结构,分类反映经营活动产生的现金流量、投资活动产生的现金流量和筹资活动产生的现金流量,最后汇总反映企业某一期间现金及现金等价物的净增加额。我国企业现金流量表的格式如表 15-3 所示。

表 15-3　现金流量表

会企 03 表

编制单位:远洋公司　　　　20×5 年度　　　　单位:元

项　　目	本期金额	上期金额
一、经营活动产生的现金流量:		
销售商品、提供劳务收到的现金		
收到的税费返还		
收到的其他与经营活动有关的现金		
经营活动现金流入小计		
购买商品、接受劳务支付的现金		
支付给职工以及为职工支付的现金		
支付的各项税费		
支付其他与经营活动有关的现金		
经营活动现金流出小计		
经营活动产生的现金流量净额		
二、投资活动产生的现金流量:		
收回投资收到的现金		
取得投资收益收到的现金		
处置固定资产、无形资产和其他长期资产收回的现金净额		
处置子公司及其他营业单位收到的现金净额		
收到其他与投资活动有关的现金		
投资活动现金流入小计		
购建固定资产、无形资产和其他长期资产支付的现金		
投资支付的现金		
取得子公司及其他营业单位支付的现金净额		
支付其他与投资活动有关的现金		
投资活动现金流出小计		
投资活动产生的现金流量净额		
三、筹资活动产生的现金流量:		
吸收投资收到的现金		
取得借款收到的现金		
收到其他与筹资活动有关的现金		

续表

项　　目	本期金额	上期金额
筹资活动现金流入小计		
偿还债务支付的现金		
分配股利、利润或偿付利息支付的现金		
筹资活动现金流出小计		
筹资活动产生的现金流量净额		
四、汇率变动对现金及现金等价物的影响		
五、现金及现金等价物净增加额		
加:期初现金及现金等价物余额		
六、期末现金及现金等价物余额		

三、现金流量表的编制

(一)现金流量表的编制方法

企业一定期间的现金流量可分为三部分,即经营活动现金流量、投资活动现金流量和筹资活动现金流量。编制现金流量表时,经营活动现金流量的方法有两种,一是直接法,二是间接法。这两种方法通常也称为编制现金流量表的直接法和间接法。直接法和间接法各有特点。

在直接法下,一般是以利润表中的营业收入为起算点,调节与经营活动有关项目的增减变动,然后计算出经营活动产生的现金流量。在间接法下,则是以净利润为起算点,调整不涉及现金的收入、费用、营业外收支等有关项目,剔除投资活动、筹资活动对现金流量的影响,据此计算出经营活动产生的现金流量。相对而言,采用直接法编制的现金流量表,便于分析企业经营活动产生的现金流量的来源和用途,预测企业现金流量的未来前景。而采用间接法不易做到这一点。

企业会计准则规定,企业应当采用直接法列示经营活动产生的现金流量。采用直接法具体编制现金流量表时,可以采用工作底稿法或T形账户法,也可以根据有关科目记录分析填列。

工作底稿法是以工作底稿为手段,以利润表和资产负债表数据为基础,结合有关科目的记录,对现金流量表的每一项目进行分析并编制调整分录,从而编制出现金流量表的一种方法。第一步,将资产负债表项目的年初余额和期末金额过入工作底稿中与之对应项目期初数栏和期末数栏。第二步,对当期业务进行分析并编制调整分录。在调整分录中,有关现金及现金等价物的事项分别记入“经营活动产生的现金流量”“投资活动产生的现金流量”“筹资活动产生的现金流量”等项目,借记表明现金流入,贷记表明现金流出。第三步,将调整分录过入工作底稿中的相应部分。第四步,核对调整分录,借贷合计应当相等,资产负债表项目期初数加减调整分录中的借贷金额以后,应当等于期末数。

现金流量表各项目均需填列“本期金额”和“上期金额”两栏。现金流量表“上期金额”栏内各项数字,应根据上一期间现金流量表“本期金额”栏内所列数字填列。

在我国,现金流量表补充资料应采用间接法反映经营活动产生的现金流量情况,以对现金流量表中采用直接法反映的经营活动现金流量进行核对和补充说明。

（二）现金流量表主要项目说明

1. 经营活动产生的现金流量

（1）“销售商品、提供劳务收到的现金”项目，反映企业本期销售商品、提供劳务收到的现金，以及前期销售商品、提供劳务本期收到的现金（包括应向购买者收取的增值税销项税额）和本期预收的款项，减去本期销售本期退回商品和前期销售本期退回商品支付的现金。企业销售材料和代购代销业务收到的现金，也在本项目反映。

（2）“收到的税费返还”项目，反映企业收到返还的所得税、增值税、消费税、关税和教育费附加等各种税费返还款。

（3）“收到其他与经营活动有关的现金”项目，反映企业经营租赁收到的租金等其他与经营活动有关的现金流入，金额较大的应当单独列示。

（4）“购买商品、接受劳务支付的现金”项目，反映企业本期购买商品、接受劳务实际支付的现金（包括增值税进项税额），以及本期支付前期购买商品、接受劳务的未付款项和本期预付款项，减去本期发生的购货退回收到的现金。企业购买材料和代购代销业务支付的现金，也在本项目反映。

（5）“支付给职工以及为职工支付的现金”项目，反映企业实际支付给职工的工资、奖金、各种津贴和补贴等职工薪酬（包括代扣代缴的职工个人所得税）。

（6）“支付的各项税费”项目，反映企业发生并支付、前期发生本期支付以及预交的各项税费，包括所得税、增值税、消费税、印花税、房产税、土地增值税、车船税、教育费附加等。

（7）“支付其他与经营活动有关的现金”项目，反映企业经营租赁支付的租金、支付的差旅费、业务招待费、保险费、罚款支出等其他与经营活动有关的现金流出，金额较大的应当单独列示。

2. 投资活动产生的现金流量

（1）“收回投资收到的现金”项目，反映企业出售、转让或到期收回除现金等价物以外的对其他企业长期股权投资等收到的现金，但处置子公司及其他营业单位收到的现金净额除外。

（2）“取得投资收益收到的现金”项目，反映企业除现金等价物以外的对其他企业的长期股权投资等分回的现金股利和利息等。

（3）“处置固定资产、无形资产和其他长期资产收回的现金净额”项目，反映企业出售、报废固定资产、无形资产和其他长期资产所取得的现金（包括因资产毁损而收到的保险赔偿收入），减去为处置这些资产而支付的有关费用后的净额。

（4）“处置子公司及其他营业单位收到的现金净额”项目，反映企业处置子公司及其他营业单位所取得的现金，减去相关处置费用以及子公司及其他营业单位持有的现金和现金等价物后的净额。

（5）“购建固定资产、无形资产和其他长期资产支付的现金”项目，反映企业购买、建造固定资产、取得无形资产和其他长期资产所支付的现金（含增值税款等），以及用现金支付的应由在建工程和无形资产负担的职工薪酬。

（6）“投资支付的现金”项目，反映企业取得除现金等价物以外的对其他企业的长期股权投资等所支付的现金以及支付的佣金、手续费等附加费用，但取得子公司及其他营业单位支付的现金净额除外。

（7）“取得子公司及其他营业单位支付的现金净额”项目，反映企业购买子公司及其他营业单位购买出价中以现金支付的部分，减去子公司及其他营业单位持有的现金和现金等价物后的净额。

(8)“收到其他与投资活动有关的现金”“支付其他与投资活动有关的现金”项目，反映企业除上述(1)至(7)项目外收到或支付的其他与投资活动有关的现金，金额较大的应当单独列示。

3. 筹资活动产生的现金流量

(1)“吸收投资收到的现金”项目，反映企业以发行股票、债券等方式筹集资金实际收到的款项(发行收入减去支付的佣金等发行费用后的净额)。

(2)“取得借款收到的现金”项目，反映企业举借各种短期、长期借款而收到的现金。

(3)“偿还债务支付的现金”项目，反映企业为偿还债务本金而支付的现金。

(4)“分配股利、利润或偿付利息支付的现金”项目，反映企业实际支付的现金股利、支付给其他投资单位的利润或用现金支付的借款利息、债券利息。

(5)“收到其他与筹资活动有关的现金”“支付其他与筹资活动有关的现金”项目，反映企业除上述(1)至(4)项目外收到或支付的其他与筹资活动有关的现金，金额较大的应当单独列示。

4. “汇率变动对现金及现金等价物的影响”

“汇率变动对现金及现金等价物的影响”项目，反映下列两个金额之间的差额：

(1)企业外币现金流量折算为记账本位币时，采用现金流量发生日的即期汇率或按照系统合理的方法确定的、与现金流量发生日即期汇率近似的汇率折算的金额(编制合并现金流量表时折算境外子公司的现金流量，应当比照处理)。

(2)企业外币现金及现金等价物净增加额按资产负债表日即期汇率折算的金额。

另外，我国要求采用间接法列报经营活动产生的现金流量时，需要对四大类项目进行调整，结合具体项目逐一进行分析填列：

① 实际没有支付现金的费用，如折旧费、无形资产摊销，这部分应加入净利润中；

② 实际没有收到现金的收益，如固定资产盘盈、债券溢价摊销，这部分应从净利润中减去；

③ 不属于经营活动的损益，如处置固定资产损益、投资损益、财务费用等，由于这部分损益不属于经营活动，应扣除掉；

④ 经营性应收应付项目的增减变动，应从净利润中减去应收项目的增加，加上应付项目的增加。

第五节　所有者权益变动表

一、所有者权益变动表概述

所有者权益变动表是指反映构成所有者权益各组成部分当期增减变动情况的报表。

通过所有者权益变动表，既可以为报表使用者提供所有者权益总量增减变动的信息，也能为其提供所有者权益增减变动的结构性信息，特别是能够让报表使用者理解所有者权益增减变动的根源。

二、所有者权益变动表的结构

在所有者权益变动表上,企业至少应当单独列示反映下列信息的项目:①综合收益总额;②会计政策变更和差错更正的累积影响金额;③所有者投入资本和向所有者分配利润等;④提取的盈余公积;⑤实收资本或资本公积、盈余公积、未分配利润的期初和期末余额及其调节情况。

所有者权益变动表以矩阵的形式列示:一方面,列示导致所有者权益变动的交易或事项,即所有者权益变动的来源,对一定时期所有者权益的变动情况进行全面反映;另一方面,按照所有者权益各组成部分(即实收资本、资本公积、其他综合收益、盈余公积、未分配利润和库存股)列示交易或事项对所有者权益各部分的影响。

我国企业所有者权益变动表的格式如表 15-4 所示。

表 15-4　所有者权益变动表

会企 04 表

编制单位:远洋公司　　20×5 年度　　单位:元

项　目	本年金额							上年金额						
	实收资本(或股本)	资本公积	减:库存股	其他综合收益	盈余公积	未分配利润	所有者权益合计	实收资本(或股本)	资本公积	减:库存股	其他综合收益	盈余公积	未分配利润	所有者权益合计
一、上年年末余额														
加:会计政策变更														
前期差错更正														
二、本年年初余额														
三、本年增减变动金额(减少以"-"填列)														
(一) 综合收益总额														
(二) 所有者投入和减少资本														
1. 所有者投入资本														
2. 股份支付计入所有者权益的金额														
3. 其他														
(三) 利润分配														
1. 提取盈余公积														
2. 对所有者(或股东)的分配														
3. 其他														
(四) 所有者权益内部结转														
1. 资本公积转增资本(或股本)														
2. 盈余公积转增资本(或股本)														
3. 盈余公积弥补亏损														
4. 其他														
四、本年年末余额														

三、所有者权益变动表的编制

（一）所有者权益变动表项目的填列方法

所有者权益变动表各项目均需填列“本年金额”和“上年金额”两栏。

所有者权益变动表“上年金额”栏内各项数字，应根据上年度所有者权益变动表“本年金额”栏内所列数字填列。上年度所有者权益变动表规定的各个项目的名称和内容同本年度不一致的，应对上年度所有者权益变动表各项目的名称和数字按照本年度的规定进行调整，填入所有者权益变动表的“上年金额”栏内。

所有者权益变动表“本年金额”栏内各项数字一般应根据“实收资本（或股本）”“资本公积”“其他综合收益”“盈余公积”“利润分配”“库存股”“以前年度损益调整”科目的发生额分析填列。

企业的净利润及其分配情况作为所有者权益变动的组成部分，不需要单独编制利润分配表列示。

（二）所有者权益变动表主要项目说明

（1）“上年年末余额”项目，反映企业上年资产负债表中实收资本（或股本）、资本公积、库存股、其他综合收益、盈余公积、未分配利润的年末余额。

（2）“会计政策变更”、“前期差错更正”项目，分别反映企业采用追溯调整法处理的会计政策变更的累积影响金额和采用追溯重述法处理的会计差错更正的累积影响金额。

（3）“本年增减变动金额”项目：

① “综合收益总额”项目，反映净利润和其他综合收益扣除所得税影响后的净额相加后的合计金额。

② “所有者投入和减少资本”项目，反映企业当年所有者投入的资本和减少的资本。

a. “所有者投入资本”项目，反映企业接受投资者投入形成的实收资本（或股本）和资本溢价或股本溢价。

b. “股份支付计入所有者权益的金额”项目，反映企业处于等待期中的权益结算的股份支付当年计入资本公积的金额。

③ “利润分配”项目，反映企业当年的利润分配金额。

④ “所有者权益内部结转”项目，反映企业构成所有者权益的组成部分之间的增减变动情况。

a. “资本公积转增资本（或股本）”项目，反映企业以资本公积转增资本或股本的金额。

b. “盈余公积转增资本（或股本）”项目，反映企业以盈余公积转增资本或股本的金额。

c. 盈余公积弥补亏损”项目，反映企业以盈余公积弥补亏损的金额。

第六节　附　　注

一、附注概述

附注是对资产负债表、利润表、现金流量表和所有者权益变动表等报表中列示项目的文字描述或明细资料，以及对未能在这些报表中列示项目的说明等。附注主要起到两个方面的作用：第一，附注的披露，是对资产负债表、利润表、现金流量表和所有者权益变动表列示项目的含义的补充说明，帮助使用者更准确地把握其含义。例如，通过阅读附注中披露的固定资产折旧政策的说明，使用者可以掌握报告企业与其他企业在固定资产折旧政策上的异同，以便进行更准确的比较。第二，附注提供了对资产负债表、利润表、现金流量表和所有者权益变动表中未列示项目的详细或明细说明。例如，通过阅读附注中披露的存货增减变动情况，使用者可以了解资产负债表中未单列的存货分类信息。

通过附注与资产负债表、利润表、现金流量表和所有者权益变动表列示项目的相互参照关系，以及对未能在报表中列示项目的说明，可以使报表使用者全面了解企业的财务状况、经营成果和现金流量。

二、附注的主要内容

附注是财务报表的重要组成部分。企业应当按照如下顺序披露附注的内容：

（一）企业的基本情况

(1) 企业注册地、组织形式和总部地址。

(2) 企业的业务性质和主要经营活动。

(3) 母公司以及集团最终母公司的名称。

(4) 财务报告的批准报出者和财务报告批准报出日。

(5) 营业期限有限的企业，还应当披露有关营业期限的信息。

（二）财务报表的编制基础

财务报表的编制基础是指财务报表是在持续经营基础上还是非持续经营基础上编制的。企业一般是在持续经营基础上编制财务报表，清算、破产属于非持续经营基础。

（三）遵循企业会计准则的声明

企业应当声明编制的财务报表符合企业会计准则的要求，真实、完整地反映了企业的财务状况、经营成果和现金流量等有关信息，以此明确企业编制财务报表所依据的制度基础。

（四）重要会计政策和会计估计

企业应当披露采用的重要会计政策和会计估计，不重要的会计政策和会计估计可以不披露。在披露重要会计政策和会计估计时，企业应当披露重要会计政策的确定依据和财务报表项目的计量基础，以及会计估计中所采用的关键假设和不确定因素。

会计政策的确定依据，主要是指企业在运用会计政策过程中所做的对报表中确认的项目金额最具影响的判断，有助于使用者理解企业选择和运用会计政策的背景，增加财务报表的可理解性。财务报表项目的计量基础，是指企业计量该项目采用的是历史成本、重置成本、可变现净值、现值还是公允价值，这直接影响使用者对财务报表的理解和分析。

在确定报表中确认的资产和负债的账面价值过程中，企业有时需要对不确定的未来事项在资产负债表日对这些资产和负债的影响加以估计，如企业预计持有至到期投资未来现金流量采用的折现率和假设。这类假设的变动对这些资产和负债项目金额的确定影响很大，有可能会在下一个会计年度内做出重大调整，因此，强调这一披露要求，有助于提高财务报表的可理解性。

（五）会计政策和会计估计变更以及差错更正的说明

企业应当按照会计政策、会计估计变更和差错更正会计准则的规定，披露会计政策和会计估计变更以及差错更正的有关情况。

（六）报表重要项目的说明

企业对报表重要项目的说明，应当按照资产负债表、利润表、现金流量表、所有者权益变动表及其项目列示的顺序，采用文字和数字描述相结合的方式进行披露。报表重要项目的明细金额合计应当与报表项目金额相衔接，主要包括以下重要项目：

(1) 以公允价值计量且其变动计入当期损益的金融资产。企业应当披露以公允价值计量且其变动计入当期损益的金融资产的账面价值，并分别反映交易性金融资产和在初始确认时指定为以公允价值计量且其变动计入当期损益的金融资产。对于指定为以公允价值计量且其变动计入当期损益的金融资产，应当披露下列信息：

① 指定的金融资产的性质；

② 初始确认时对上述金融资产做出指定的标准；

③ 如何满足运用指定的标准。

(2) 应收款项。企业应当披露应收款项的账龄结构和客户类别以及期初、期末账面余额等信息。

(3) 存货。企业应当披露下列信息：

① 各类存货的期初和期末账面价值；

② 确定发出存货成本所采用的方法；

③ 存货可变现净值的确定依据，存货跌价准备的计提方法，当期计提的存货跌价准备的金额，当期转回的存货跌价准备的金额，以及计提和转回的有关情况；

④ 用于担保的存货账面价值。

(4) 长期股权投资。企业应当披露下列信息：

① 对控制、共同控制、重大影响的判断；

② 对投资性主体的判断及主体身份的转换；

③ 企业集团的构成情况；

④ 重要的非全资子公司的相关信息；

⑤ 对使用企业集团资产和清偿企业集团债务的重大限制；

⑥ 纳入合并财务报表范围的结构化主体的相关信息；

⑦ 企业在其子公司的所有者权益份额发生变化的情况；

⑧ 投资性主体的相关信息；

⑨ 合营安排和联营企业的基础信息；

⑩ 重要的合营企业和联营企业的主要财务信息；

⑪ 不重要的合营企业和联营企业的汇总财务信息；

⑫ 与企业在合营企业和联营企业中权益相关的风险信息；

⑬ 未纳入合并财务报表范围的结构化主体的基础信息；

⑭ 与权益相关资产负债的账面价值和最大损失敞口；

⑮ 企业是结构化主体的发起人但在结构化主体中没有权益的情况；

⑯ 向未纳入合并财务报表范围的结构化主体提供支持的情况；

⑰ 未纳入合并财务报表范围结构化主体的额外信息披露。

(5) 投资性房地产。企业应当披露下列信息：

① 投资性房地产的种类、金额和计量模式；

② 采用成本模式的，投资性房地产的折旧或摊销，以及减值准备的计提情况；

③ 采用公允价值模式的，公允价值的确定依据和方法，以及公允价值变动对损益的影响；

④ 房地产转换情况、理由，以及对损益或所有者权益的影响；

⑤ 当期处置的投资性房地产及其对损益的影响。

(6) 固定资产。企业应当披露下列信息：

① 固定资产的确认条件、分类、计量基础和折旧方法；

② 各类固定资产的使用寿命、预计净残值和折旧率；

③ 各类固定资产的期初和期末原价、累计折旧额及固定资产减值准备累计金额；

④ 当期确认的折旧费用；

⑤ 对固定资产所有权的限制及金额和用于担保的固定资产账面价值；

⑥ 准备处置的固定资产名称、账面价值、公允价值、预计处置费用和预计处置时间等。

(7) 无形资产。企业应当披露下列信息：

① 无形资产的期初和期末账面余额、累计摊销额及减值准备累计金额；

② 使用寿命有限的无形资产，其使用寿命的估计情况，使用寿命不确定的无形资产，其使用寿命不确定的判断依据；

③ 无形资产的摊销方法；

④ 用于担保的无形资产账面价值、当期摊销额等情况；

⑤ 计入当期损益和确认为无形资产的研究开发支出金额。

(8) 职工薪酬。企业应当披露短期职工薪酬相关的下列信息：

① 应当支付给职工的工资、奖金、津贴和补贴，及其期末应付未付金额；

② 应当为职工缴纳的医疗保险费、工伤保险费和生育保险费等社会保险费，及其期末应付未付金额；

③ 应当为职工缴存的住房公积金，及其期末应付未付金额；

④ 为职工提供的非货币性福利，及其计算依据；

⑤ 依据短期利润分享计划提供的职工薪酬金额及其计算依据；

⑥ 其他短期薪酬。

企业应当披露所设立或参与的设定提存计划的性质、计算缴费金额的公式或依据，当期缴费金额以及应付未付金额。

企业应当披露与设定受益计划有关的下列信息：

① 设定受益计划的特征及与之相关的风险；

② 设定受益计划在财务报表中确认的金额及其变动；

③ 设定受益计划对企业未来现金流量金额、时间和不确定性的影响；

④ 设定受益计划义务现值所依赖的重大精算假设及有关敏感性分析的结果。

企业应当披露支付的因解除劳动关系所提供辞退福利及其期末应付未付金额。企业应当披露提供的其他长期职工福利的性质、金额及其计算依据。

(9) 应交税费。企业应当披露应交税费的构成及期初、期末账面余额等信息。

(10) 短期借款和长期借款。企业应当披露短期借款、长期借款的构成及期初、期末账面余额等信息。对于期末逾期借款，应分别贷款单位、借款金额、逾期时间、年利率、逾期未偿还原因和预期还款期等进行披露。

(11) 应付债券。企业应当披露应付债券的构成及期初、期末账面余额等信息。

(12) 长期应付款。企业应当披露长期应付款的构成及期初、期末账面余额等信息。

(13) 营业收入。企业应当披露营业收入的构成及本期、上期发生额等信息。
(14) 公允价值变动收益。企业应当披露公允价值变动收益的来源及本期、上期发生额等信息。
(15) 投资收益。企业应当披露投资收益的来源及本期、上期发生额等信息。
(16) 资产减值损失。企业应当披露各项资产的减值损失及本期、上期发生额等信息。
(17) 营业外收入。企业应当披露营业外收入的构成及本期、上期发生额等信息。
(18) 营业外支出。企业应当披露营业外支出的构成及本期、上期发生额等信息。
(19) 所得税费用。企业应当披露下列信息：
① 所得税费用(收益)的主要组成部分；
② 所得税费用(收益)与会计利润关系的说明。
(20)其他综合收益。企业应当披露下列信息：
① 其他综合收益各项目及其所得税影响；
② 其他综合收益各项目原计入其他综合收益、当期转出计入当期损益的金额；
③ 其他综合收益各项目的期初和期末余额及其调节情况。
(21) 政府补助。企业应当披露下列信息：
① 政府补助的种类及金额；
② 计入当期损益的政府补助金额；
③ 本期返还的政府补助金额及原因。
(22) 借款费用。企业应当披露下列信息：
① 当期资本化的借款费用金额；
② 当期用于计算确定借款费用资本化金额的资本化率。
(七) 或有和承诺事项、资产负债表日后非调整事项、关联方关系及其交易等需要说明的事项。
(八) 有助于财务报表使用者评价企业管理资本的目标、政策及程序的信息。

第七节　综合举例

(一) 资料

(1) 远洋公司为一般纳税人，适用的增值税税率为17%，所得税税率为25%；原材料采用计划成本进行核算。该公司2×14年12月31日的资产负债表如表15-5所示。其中，“应收账款”科目的期末余额为4 000 000元，“坏账准备”科目的期末余额为9 000元。其他诸如存货、长期股权投资、固定资产、无形资产等资产都没有计提资产减值准备。

表15-5　资产负债表

会企01表

编制单位：远洋公司　　　　2×14年12月31日　　　　单位：元

资　产	金额	负债和所有者权益 (或股东权益)	金额
流动资产：		流动负债：	
货币资金	14 063 000	短期借款	3 000 000
以公允价值计量且其变动计入当期损益的金融资产	150 000	以公允价值计量且其变动计入当期损益的金融负债	

续表

资　产	金额	负债和所有者权益（或股东权益）	金额
应收票据	2 460 000	应付票据	2 000 000
应收账款	3 991 000	应付账款	9 548 000
预付款项	1 000 000	预收款项	
应收利息		应付职工薪酬	1 100 000
应收股利		应交税费	366 000
其他应收款	3 050 000	应付利息	
存货	25 800 000	应付股利	
一年内到期的非流动资产		其他应付款	500 000
其他流动资产		一年内到期的非流动负债	
流动资产合计	50 514 000	其他流动负债	10 000 000
非流动资产：		流动负债合计	26 514 000
可供出售金融资产		非流动负债：	
持有至到期投资		长期借款	6 000 000
长期应收款		应付债券	
长期股权投资	2 500 000	长期应付款	
投资性房地产		专项应付款	
固定资产	8 000 000	预计负债	
在建工程	15 000 000	递延所得税负债	
工程物资		其他非流动负债	
固定资产清理		非流动负债合计	6 000 000
生产性生物资产		负债合计	32 514 000
油气资产		所有者权益：	
无形资产	6 000 000	实收资本（股本）	50 000 000
开发支出		资本公积	
商誉		减：库存股	
长期待摊费用		其他综合收益	
递延所得税资产		盈余公积	1 000 000
其他非流动资产	2 000 000	未分配利润	500 000
非流动资产合计	33 500 000	所有者权益合计	51 500 000
资产总计	84 014 000	负债和所有者权益总计	84 014 000

（2）20×5 年，远洋公司共发生如下经济业务：

① 收到银行通知，用银行存款支付到期的商业承兑汇票 1 000 000 元。

② 购入原材料一批，收到的增值税专用发票上注明的原材料价款为 1 500 000 元，增值税进项税额为 255 000 元，款项已通过银行转账支付，材料尚未验收入库。

③ 收到原材料一批，实际成本 1 000 000 元，计划成本 950 000 元，材料已验收入库，货款已于上月支付。

④ 用银行汇票支付采购材料价款，公司收到开户银行转来银行汇票多余款收账通知，通知上填写的多余款为 2 340 元，购入材料及运费 998 000 元，支付的增值税额为 169 660 元，原材料已验收入库，该批原材料计划成本 1 000 000 元。

⑤ 销售产品一批，开出的增值税专用发票上注明的价款为 3 000 000 元，增值税额为 510 000元，货款尚未收到。该批产品实际成本 1 800 000 元，产品已发出。

⑥ 将交易性金融资产（股票投资）出售取得价款 165 000 元，该投资的成本为 130 000 元，公允价值变动为增值 20 000 元，处置收益为 15 000 元。

⑦ 购入不需安装的设备一台，收到的增值税专用发票上注明的价款为 854 700 元，增值税进项税额为 145 300 元，支付包装费、运费 10 000 元。价款及包装费、运费均以银行存款支付。设备已交付使用。

⑧ 购入工程物资一批用于建造厂房，收到的增值税专用发票上注明的价款和增值税额合计为 1 500 000 元，款项已通过银行转账支付。

⑨ 工程本年度发生应付职工薪酬 2 280 000 元。

⑩ 一项工程完工交付生产使用，已办理竣工手续，固定资产价值 14 000 000 元。

⑪ 基本生产车间一台机床报废，原价 2 000 000 元，已提折旧 1 800 000 元，清理费用 5 000 元，残值收入 8 000 元，均通过银行存款收支。该项固定资产已清理完毕。

⑫ 从银行借入 3 年期借款 10 000 000 元，款项已存入银行账户。

⑬ 销售产品一批，开出的增值税专用发票上注明的价款为 7 000 000 元，增值税额为 1 190 000 元，款项已存入银行。销售产品的实际成本为 4 200 000 元。

⑭ 将要到期的一张面值为 2 000 000 元的无息银行承兑汇票（不含增值税），连同托收凭证交银行办理转账。款项银行已收妥。

⑮ 出售一台不需用设备，收到价款 3 000 000 元，该设备原价 4 000 000 元，已提折旧 1 500 000 元。该项设备已由购入单位运走，不考虑相关税费。

⑯ 通过公开市场交易取得交易性金融资产（股票投资），价款 1 030 000 元，交易费用 20 000元，已用银行存款支付。

⑰ 支付本年度工资 5 000 000 元，其中包括支付在建工程人员的工资 2 000 000 元。

⑱ 分配应支付的职工工资 3 000 000 元（不包括在建工程应负担的工资），其中生产人员工资 2 750 000 元，车间管理人员工资 100 000 元，行政管理部门人员工资 150 000 元。

⑲ 发生职工福利费 420 000 元（不包括在建工程应负担的福利费 280 000 元），其中生产工人福利费 385 000 元，车间管理人员福利费 14 000 元，行政管理部门福利费 21 000 元。

⑳ 基本生产车间领用原材料，计划成本为 7 000 000 元，领用低值易耗品，计划成本 500 000元，采用一次转销法核算。

㉑ 结转基本生产车间领用原材料和低值易耗品应分摊的材料成本差异。材料成本差异率均为 5%。

㉒ 对行政管理部门使用的无形资产进行摊销，为 600 000 元。以银行存款支付本年基本生产车间应付单的水电费 900 000 元。

㉓ 计提固定资产折旧 1 000 000 元，其中计入制造费用 800 000 元，计入管理费用 200 000 元。计提固定资产减值准备 300 000 元。

㉔ 收到应收账款 510 000 元，存入银行。计提应收账款坏账准备 9 000 元。

㉕ 用银行存款支付本期发生的产品展览费 100 000 元。

㉖ 计算并结转本期完工产品成本 12 824 000 元。期末没有在产品，本期生产的产品全部完工入库。

㉗ 发生广告费 100 000 元，已通过银行办理转账结算。

㉘ 采用商业承兑汇票结算方式销售产品一批，开出的增值税专用发票上注明的价款为 2 500 000 元，增值税额为 425 000 元，收到 2 925 000 元的商业承兑汇票一张。所售产品实际成本为 1 500 000 元。

㉙ 将上述 2 925 000 元的商业承兑汇票到银行办理贴现，贴现息为 200 000 元。

㉚ 本期产品销售应交纳的教育费附加为 20 000 元。

㉛ 用银行存款交纳增值税 1 000 000 元，教育费附加 20 000 元。

㉜ 本期在建工程应负担的长期借款利息费用 2 000 000 元，长期借款为分期付息。

㉝ 本期应计入损益的长期借款利息费用 100 000 元，长期借款为分期付息。

㉞ 归还短期借款本金 2 500 000 元。

㉟ 支付长期借款利息 2 100 000 元。

㊱ 归还长期借款本金 6 000 000 元。

㊲ 上年度销售产品一批，开出的增值税专用发票上注明的价款为 100 000 元，增值税额为 17 000 元，购货方开出商业承兑汇票。本期由于购货方发生财务困难，无法按合同规定偿还债务，经双方协议，甲股份有限公司同意购货方用产品抵偿该应收票据。用于抵债的产品市价为 80 000 元，适用的增值税税率为 17%。

㊳ 持有的交易性金融资产 20×5 年 12 月 31 日的公允价值为 1 050 000 元。

㊴ 结转本期产品销售成本＝(5) 1 800 000＋(13) 4 200 000－(28) 1 500 000＝7 500 000（元）。

㊵ 假设在本例中，除计提股东资产减值准备 300 000 元造成固定资产账面价值与其计税基础存在差异外，不考虑其他项目的所得税影响。企业按照税法规定计算确定的应交所得税为 948 650 元，递延所得税资产为 75 000 元。

㊶ 将各收支科目结转本年利润。

㊷ 按照净利润的 10%提取法定盈余公积金。

㊸ 将利润分配各明细科目的余额转入“未分配利润”明细科目。

㊹ 用银行存款交纳当年应交所得税。

要求：编制远洋公司 20×5 年度经济业务的会计分录，并在此基础上编制 20×5 年资产负债表、利润表、现金流量表和所有者权益变动表。

（二）编制会计分录

根据上述资料，甲股份有限公司应编制如下会计分录：

① 借：应付票据	1 000 000	
贷：银行存款		1 000 000
② 借：材料采购	500 000	
应交税费——应交增值税（进项税额）	255 000	
贷：银行存款		755 000

③ 借:原材料　950 000
　　材料成本差异　50 000
　　贷:材料采购　1 000 000
④ 借:材料采购　998 000
　　银行存款　2 340
　　应交税费——应交增值税(进项税额)　169 660
　　贷:其他货币资金　1 170 000
　借:原材料　1 000 000
　　贷:材料采购　998 000
　　　材料成本差异　2 000
⑤ 借:应收账款　3 510 000
　　贷:主营业务收入　3 000 000
　　　应交税费——应交增值税(销项税额)　510 000
⑥ 借:银行存款　165 000
　　贷:交易性金融资产——成本　130 000
　　　　　　　　　　——公允价值变动　20 000
　　　投资收益　15 000
　借:公允价值变动损益　20 000
　　贷:投资收益　20 000
⑦ 借:固定资产　864 700
　　应交税费——应交增值税(进项税额)　145 300
　　贷:银行存款　1 010 000

854 700+10 000+864 700(元)。购入固定资产的包装费、运费 10 000 元计入固定资产原值。

⑧ 借:工程物资　1 500 000
　　贷:银行存款　1 500 000
⑨ 借:在建工程　2 280 000
　　贷:应付职工薪酬款　2 280 000
⑩ 借:固定资产　14 000 000
　　贷:在建工程　14 000 000
⑪ 借:固定资产清理　200 000
　　累计折旧　1 800 000
　　贷:固定资产　2 000 000
　借:固定资产清理　5 000
　　贷:银行存款　5 000
　借:银行存款　8 000
　　贷:固定资产清理　8 000
　借:营业外支出——处置固定资产净损失　197 000
　　贷:固定资产清理　197 000

分录	借方	贷方
⑫ 借:银行存款	10 000 000	
贷:长期借款		10 000 000
⑬ 借:银行存款	8 190 000	
贷:主营业务收入		7 000 000
应交税费——应交增值税(销项税额)		1 190 000
⑭ 借:银行存款	2 000 000	
贷:应收票据		2 000 000
⑮ 借:固定资产清理	2 500 000	
累计折旧	1 500 000	
贷:固定资产		4 000 000
借:银行存款	3 000 000	
贷:固定资产清理		3 000 000
借:固定资产清理	500 000	
贷:营业外收入——处置固定资产净收益		500 000
⑯ 借:交易性金融资产	1 030 000	
投资收益	20 000	
贷:其他货币资金		1 050 000
⑰ 借:应付职工薪酬	5 000 000	
贷:银行存款		5 000 000
⑱ 借:生产成本	2 750 000	
制造费用	100 000	
管理费用	150 000	
贷:应付职工薪酬——工资		3 000 000
⑲ 借:生产成本	385 000	
制造费用	14 000	
管理费用	21 000	
贷:应付职工薪酬——职工福利		420 000
⑳ 借:生产成本	7 000 000	
贷:原材料		7 000 000
借:制造费用	500 000	
贷:周转材料——低值易耗品		500 000
㉑ 借:生产成本	350 000	
制造费用	25 000	
贷:材料成本差异		375 000
㉒ 借:管理费用——无形资产摊销	600 000	
贷:累计摊销		600 000
借:制造费用——水电费	900 000	
贷:银行存款		900 000

㉓ 借:制造费用——折旧费　800 000
　　管理费用——折旧费　200 000
　　贷:累计折旧　1 000 000
　借:资产减值损失——计提的固定资产减值　300 000
　　贷:固定资产减值准备　300 000
㉔ 借:银行存款　510 000
　　贷:应收账款　510 000
　借:资产减值损失——计提坏账准备　9 000
　　贷:应收账款　9 000
㉕ 借:销售费用——展览费　100 000
　　贷:银行存款　100 000
㉖ 借:生产成本　2 339 000
　　贷:制造费用　2 339 000
　借:库存商品　12 824 000
　　贷:生产成本　12 824 000
㉗ 借:销售费用——广告费　100 000
　　贷:银行存款　100 000
㉘ 借:应收票据　2 925 000
　　贷:主营业务收入　2 500 000
　　　应交税费——应交增值税(销项税额)　425 000
㉙ 借:财务费用　200 000
　　银行存款　2 725 000
　　贷:应收票据　2 925 000
㉚ 借:税金及附加　20 000
　　贷:应交税费——应交教育费附加　20 000
㉛ 借:应交税费——应交增值税(已交税金)　1 000 000
　　应交教育费附加　20 000
　　贷:银行存款　1 020 000
㉜ 借:在建工程　2 000 000
　　贷:应付利息　2 000 000
㉝ 借:财务费用　100 000
　　贷:应付利息　100 000
㉞ 借:短期借款　2 500 000
　　贷:银行存款　2 500 000
㉟ 借:应付利息　2 100 000
　　贷:银行存款　2 100 000
㊱ 借:长期借款　6 000 000
　　贷:银行存款　6 000 000

㊲ 借:库存商品 80 000
　应交税费——应交增值税(进项税额) 13 600
　营业外支出——债务重组损失 23 400
　贷:应收票据 117 000

㊳ 借:交易性金融资产——公允价值变动 20 000
　贷:公允价值变动损益 20 000

㊴ 借:主营业务成本 7 500 000
　贷:库存商品 7 500 000

㊵ 借:所得税费用——当期所得税费用 948 650
　贷:应交税费——应交所得税 948 650
借:递延所得税资产 75 000
　贷:所得税费用——递延所得税费用 75 000

㊶ 借:主营业务收入 12 500 000
　营业外收入 500 000
　投资收益 15 000
　贷:本年利润 13 015 000

其中,主营业务收入=(5) 3 000 000+(13) 7 000 000+(28) 2 500 000=12 500 000(元);投资收益=(6) 15 000+(6) 20 000-(16) 20 000=15 000(元)。

借:本年利润 9 520 400
　贷:主营业务成本 7 500 000
　　税金及附加 20 000
　　销售费用 200 000
　　管理费用 971 000
　　财务费用 300 000
　　资产减值损失 309 000
　　营业外支出 220 400

其中,销售费用=(25) 100 000+(27) 100 000=200 000(元);管理费用=(18) 150 000+(19) 21 000+(22) 600 000+(23) 200 000=971 000(元);财务费用=(29) 200 000+(33) 100 000=300 000(元);资产减值损失=(23) 300 000+(24) 9 000=309 000(元);营业外支出=(11) 197 000+(37) 23 400=220 400(元)。

借:本年利润 873 650
　贷:所得税费用 873 650

其中,所得税费用=(40)948 650-(40)75 000=873 650(元)。

㊷ 借:利润分配——提取法定盈余公积 262 095
　贷:盈余公积——法定盈余公积 262 095

提取法定盈余公积数额=(13 015 000-9 520 400-873 650)×10%=262 095(元)。

㊸ 借:利润分配——未分配利润 262 095
　贷:利润分配——提取法定盈余公积 262 095
借:本年利润 2 620 950
　贷:利润分配——未分配利润 2 620 950

㊹ 借：应交税费——应交所得税　　948 650

　　贷：银行存款　　948 650

（三）编制资产负债表

根据年初资产负债表和上述会计分录编制年末资产负债表，如表 15-6 所示。

表 15-6　资产负债表

会企 01 表

编制单位：远洋公司　　20×5 年 12 月 31 日　　单位：元

资　产	年末余额	年初余额	负债和所有者权益（或股东权益）	年末余额	年初余额
流动资产：			流动负债：		
货币资金	14 504 690	14 063 000	短期借款	500 000	3 000 000
以公允价值计量且其变动计入当期损益的金融资产	1 050 000	150 000	以公允价值计量且其变动计入当期损益的金融负债		
应收票据	343 000	2 460 000	应付票据	1 000 000	2 000 000
应收账款	6 982 000	3 991 000	应付账款	9 548 000	9 548 000
预付款项	1 000 000	1 000 000	预收款项		
应收利息			应付职工薪酬	1 800 000	1 100 000
应收股利			应交税费	907 440	366 000
其他应收款	3 050 000	3 050 000	应付利息		
存货	25 827 000	25 800 000	应付股利		
一年内到期的非流动资产			其他应付款	500 000	500 000
其他流动资产			一年内到期的非流动负债		
流动资产合计	52 756 690	50 514 000	其他流动负债	10 000 000	10 000 000
非流动资产：			流动负债合计	24 255 440	26 514 000
可供出售金融资产			非流动负债：		
持有至到期投资			长期借款	10 000 000	6 000 000
长期应收款			应付债券		
长期股权投资	2 500 000	2 500 000	长期应付款		
投资性房地产			专项应付款		
固定资产	18 864 700	8 000 000	预计负债		
在建工程	5 280 000	15 000 000	递延所得税负债		
工程物资	1 500 000		其他非流动负债		
固定资产清理			非流动负债合计	10 000 000	6 000 000
生产性生物资产			负债合计	34 255 440	32 514 000
油气资产			所有者权益：		
无形资产	5 400 000	6 000 000	实收资本（股本）	50 000 000	50 000 000
开发支出			资本公积		
商誉			减：库存股		
长期待摊费用			其他综合收益		

续 表

资　产	年末余额	年初余额	负债和所有者权益（或股东权益）	年末余额	年初余额
递延所得税资产	75 000		盈余公积	1 262 095	1 000 000
其他非流动资产	2 000 000	2 000 000	未分配利润	2 858 855	500 000
非流动资产合计	35 619 700	33 500 000	所有者权益合计	54 120 950	51 500 000
资产总计	88 376 390	84 014 000	负债和所有者权益总计	88 376 390	84 014 000

注："应收账款"科目的年末余额为 7 000 000 元，"坏账准备"科目的期末余额为 18 000 元。

（四）编制年度利润表

（1）根据对前述业务的上述会计处理，远洋公司 20×5 年度利润表科目本年累计发生额如表 15-7 所示。

表 15-7　20×5 利润表科目本年累计发生额　　单位：元

科目名称	借方发生额	贷方发生额
营业收入		12 500 000
营业成本	7 500 000	
税金及附加	20 000	
销售费用	200 000	
管理费用	971 000	
财务费用	300 000	
资产减值损失	309 000	
投资收益		15 000
营业外收入		500 000
营业外支出	220 400	
所得税费用	873 650	

（2）根据本年相关科目发生额编制利润表，如表 15-8 所示。

表 15-8　利润表

会企 02 表

编制单位：远洋公司　　20×5 年度　　单位：元

项　　目	本期金额	上期金额
一、营业收入	12 500 000	
减：营业成本	7 500 000	
税金及附加	20 000	
销售费用	200 000	
管理费用	971 000	
财务费用	300 000	
资产减值损失	309 000	

续表

项　　目	本期金额	上期金额
加:公允价值变动收益(损失以“—”号填列)		
投资收益(损失以“—”号填列)	15 000	
其中:对联营企业和合营企业的投资收益		
二、营业利润(亏损以“—”号填列)	3 215 000	
加:营业外收入	500 000	
其中:非流动资产处置利得	500 000	
减:营业外支出	220 400	
其中:非流动资产处置损失	197 000	
三、利润总额(亏损以“—”号填列)	3 494 600	
减:所得税费用	873 650	
四、净利润(净亏损以“—”号填列)	2 620 950	
五、其他综合收益的税后净额	(略)	
六、综合收益总额	(略)	
七、每股收益	(略)	
(一)基本每股收益		
(二)稀释每股收益		

(五)编制年度现金流量表

沿用本例资料以及编制的资产负债表和利润表,采用工作底稿法编制现金流量表的具体步骤如下:

(1)将资产负债表的年初余额和年末余额记入工作底稿的期初数栏和期末数栏。

(2)对当期业务进行分析并编制调整分录。编制调整分录时,要以利润表项目为基础,从“营业收入”开始,结合资产负债表项目逐一进行分析。本例调整分录如下:

①分析调整营业收入:

借:经营活动现金流量——销售商品收到的现金　　13 742 000
　　应收账款　　3 000 000
　　贷:营业收入　　12 500 000
　　　　应收票据　　2 117 000
　　　　应交税费　　2 125 000

利润表中的营业收入是按权责发生制反映的,应转换为现金制。为此,应调整应收账款和应收票据的增减变动。本例应收账款增加3 000 000元,增值税销项税额2 125 000元,应减少经营活动产生的现金流量,而应收票据减少2 117 000元均系货款,应增加经营活动产生的现金流量。

②分析调整营业成本:

借:营业成本　　7 500 000
　　应付票据　　1 000 000
　　应交税费　　583 560

存货　　27 000

　　贷:经营活动现金流量——购买商品支付的现金　　9 110 560

根据资产负债表及其编制分录,应付票据减少 1 000 000 元,表明本期用于购买存货的现金支出增加 1 000 000 元,增值税进项税额增加 583 560 元;存货增加 27 000 元,表明本期用于购买商品的现金增加 27 000 元。

③ 调整本年税金及附加:

借:税金及附加　　20 000

　　贷:应交税费　　20 000

即本年支付的税金及附加。

④ 计算销售费用付现:

借:销售费用　　200 000

　　贷:经营活动现金流量——支付其他与经营活动有关的现金　　200 000

本例中,利润表中所列销售费用与按现金制确认数相同。

⑤ 分析调整管理费用:

借:管理费用　　971 000

　　贷:经营活动现金流量支付其他与经营活动有关的现金　　971 000

管理费用中包含着不涉及现金支出的项目,此笔分录先将管理费用全额转入“经营活动现金流量——支付的其他与经营活动有关的现金”项目中,至于不涉及现金支出的项目,再分别进行调整。

⑥ 分析调整财务费用:

借:财务费用　　300 000

　　贷:经营活动现金流量——销售商品收到的现金　　200 000

　　　　筹资活动现金流量——偿付利息支付的现金　　100 000

在本期增加的财务费用中,有 200 000 元是票据贴现利息,由于在调整应收票据时已全额记入“经营活动现金流量——销售商品收到的现金”,所以要从“经营活动现金流量销售商品收到的现金”项目内冲回,不能作为现金流出;支付长期借款利息 100 000 元,作为偿付利息所支付的现金。

⑦ 分析调整资产减值损失:

借:资产减值损失　　309 000

　　贷:坏账准备　　9 000

　　　　固定资产减值准备　　300 000

本期计提的坏账准备和固定资产减值准备影响净利润,但不影响现金流量。

⑧ 分析调整公允价值变动收益:

借:交易性金融资产　　20 000

　　贷:投资收益　　20 000

本期发生的公允价值变动收益影响净利润,但不影响现金流量。资产负债表日,交易性金融资产公允价值增加 20 000 元。本期处置交易性金融资产,调整公允价值变动损益 20 000 元,转入投资收益。

⑨ 分析调整投资收益：

借：投资活动现金流量——收回投资收到的现金　　165 000
　交易性金融资产　　1 030 000
　投资收益　　5 000
　贷：交易性金融资产　　150 000
　　投资活动现金流量——投资支付的现金　　1 050 000

投资收益应从利润表项目中调整出来，列入投资活动现金流量中。本例投资收益包括两个部分，一是购买交易性金融资产发生了 20 000 元的交易费用，二是出售交易性金融资产获利 35 000 元，其中 20 000 元已在分录⑧中调整。

⑩ 分析调整营业外收入：

借：投资活动现金流量——处置固定资产收回的现金　　3 000 000
　累计折旧　　1 500 000
　贷：营业外收入　　500 000
　　固定资产　　4 000 000

当编制现金流量表时，需对营业外收入和营业外支出进行分析，以列入现金流量表的不同部分。本例中营业外收入 500 000 元是处置固定资产的利得，在处置过程中收到的现金应列入投资活动现金流量中。

⑪ 分析调整营业外支出：

借：营业外支出　　23 400
　经营活动现金流量——购买商品支付的现金　　93 600
　贷：经营活动现金流量——销售商品收到的现金　　117 000

本例中营业外支出 220 400 元由两个部分组成：一部分营业外支出 197 000 元是处置固定资产的损失，处置过程中收到的现金应列入投资活动现金流量中；另一部分营业外支出是债务重组损失，在债务重组中增加存货和增值税进项税额 93 600 元，已经记入了"经营活动现金流量——购买商品支付的现金"，在债务重组中减少的应收票据 117 000 元，也已经记入了"经营活动现金流量——销售商品收到的现金"，应作补充调整。

⑫ 分析调整所得税费用：

借：所得税费用　　873 650
　递延所得税资产　　75 000
　贷：应交税费　　948 650

将利润表中的所得税费用调入应交税费。

⑬ 分析调整固定资产：

借：固定资产　　14 864 700
　贷：投资活动现金流量——购建固定资产支付的现金　　864 700
　　在建工程　　14 000 000

本期固定资产的增加包括两个部分：一是购入设备 864 700 元，二是在建工程完工转入 14 000 000元。本期处置固定资产已在分录⑪中调整。

⑭ 分析调整累计折旧：

借：经营活动现金流量——支付其他与经营活动有关的现金　200 000

　　　　　　　　　——购买商品支付的现金　800 000

　贷：累计折旧　1 000 000

本期在建工程增加的原因，包括以下几个方面：一是以现金购买工程物资 1 500 000 元及支付工资 2 000 000 元；二是支付的长期借款利息 2 000 000 元，资本化到在建工程成本中；三是为建造工人计提的福利费 280 000 元，资本化到在建工程成本中。

⑮ 分析调整累计摊销：

借：经营活动现金流量——支付其他与经营活动有关的现金　600 000

　贷：累计摊销　600 000

无形资产摊销时已计入管理费用，所以应作补充调整。理由同第⑬ 笔分录。

⑯ 分析调整短期借款：

借：短期借款　2 500 000

　贷：筹资活动现金流量——偿还债务支付的现金　2 500 000

偿还短期借款应列入筹资活动的现金流量。

⑰ 分析调整应付职工薪酬：

借：经营活动现金流量——购买商品支付的现金　3 249 000

　　　　　　　　　——支付其他与经营活动有关的现金　171 000

　贷：经营活动现金流量——支付给职工以及为职工支付的现金　3 000 000

　　　应付职工薪酬　420 000

本期应付职工薪酬的期末期初差额为 700 000 元，由计提的职工福利费构成，包括在建工程应负担的职工福利费 280 000 元，已在分录⑪中调整，以及为生产人员和管理人员计提的福利费 420 000 元。本例中并没有出现使用应付福利费的情况。若本期使用了应付福利费，则应将这部分金额列入“经营活动现金流量支付给职工以及为职工支付的现金”项目中。在上述分录中，由于工资费用分配时已分别计入制造费用和管理费用，所以要补充调整。

⑱ 分析调整应交税费：

借：应交税费　1 968 650

　贷：经营活动现金流量——支付的各项税费　1 968 650

本期支付的各项税费包括税金及附加 20 000 元、已交增值税 1 000 000 元，以及已交所得税 948 650 元。为便于分析，企业在日常核算中，应按应交税费的税种分设明细账，以便取得分析所需的数据。

⑲ 分析调整长期借款：

借：长期借款　6 000 000

　贷：筹资活动现金流量——偿还债务支付的现金　6 000 000

以现金偿还长期借款。

借：筹资活动现金流量——取得借款所收到的现金　10 000 000

　贷：长期借款　10 000 000

举借长期借款。

⑳ 结转净利润：

借：净利润　　2 620 950

　贷：未分配利润　　2 620 950

㉑ 提取盈余公积：

借：未分配利润　　262 095

　贷：盈余公积　　262 095

㉒ 最后调整现金净变化额：

借：现金　　441 690

　贷：现金净增加额　　441 690

(3) 将调整分录记入工作底稿的相应部分如表 15-9 所示。

表 15-9　现金流量表工作底稿

编制单位：远洋公司　　20×5 年度　　单位：元

项　　目	期初数	调整分录		上期金额
		借方	贷方	
一、资产负债表项目				
借方项目：				
货币资金	14 063 000	㉓441 690		14 504 690
以公允价值计量且其变动计入当期损益的金融资产	150 000	⑧ 20 000 ⑨ 880 000		1 050 000
应收票据	2 460 000		① 2 117 000	343 000
应收账款	4 000 000	① 3 000 000		7 000 000
预付款项	1 000 000			1 000 000
应收利息				
应收股利				
其他应收款	3 050 000			3 050 000
存货	25 800 000	② 27 000		25 827 000
一年内到期的非流动资产				
其他流动资产				
可供出售金融资产				
持有至到期投资				
长期应收款				
长期股权投资	2 500 000			2 500 000
投资性房地产				
固定资产——原价	11 000 000	⑬ 14 864 700	⑩ 4 000 000 ⑪ 2 000 000	19 864 700
在建工程	15 000 000	⑮ 4 280 000	⑬ 14 000 000	5 280 000
工程物资		⑮ 1 500 000		1 500 000

续 表

项　　目	期初数	调整分录		上期金额
		借方	贷方	
固定资产清理				
生产性生物资产				
油气资产				
无形资产	6 000 000			6 000 000
开发支出				
商誉				
长期待摊费用				
递延所得税资产		⑫ 75 000		75 000
其他非流动资产	2 000 000			2 000 000
借方项目合计	87 023 000			90 139 690
贷方项目：				
坏账准备			⑦ 9 000	18 000
累计折旧		⑩ 1 500 000 ⑪ 1 800 000	⑭ 1 000 000	700 000
累计摊销			⑯ 600 000	600 000
固定资产减值准备			⑦ 300 000	300 000
短期借款	3 000 000	⑰ 2 500 000		500 000
应付票据	2 000 000	② 1 000 000		1 000 000
应付账款	9 548 000			9 548 000
预收款项				
应付职工薪酬	1 100 000		⑮ 280 000 ⑱ 420 000	1 800 000
应交税费	366 000	② 583 560 ⑲ 1 968 650	① 2 125 000 ③ 20 000 ⑫ 948 650	907 440
应付利息				
应付股利				
其他应付款	500 000			500 000
其他流动负债	10 000 000			10 000 000
长期借款	6 000 000	⑳ 6 000 000	⑳ 10 000 000	10 000 000
应付债券				
长期应付款				
专项应付款				
预计负债				
递延所得税负债				

续 表

项　　　目	期初数	调整分录		上期金额
		借方	贷方	
其他非流动负债				
实收资本(股本)	50 000 000			50 000 000
资本公积				
盈余公积	1 000 000		㉒ 262 095	1 262 095
未分配利润	500 000	㉒ 262 095	㉑ 2 620 950	2 858 855
贷方项目合计				90 139 690
二、利润表项目				
营业收入			① 12 500 000	12 500 000
营业成本		② 7 500 000		7 500 000
税金及附加		③ 20 000		20 000
销售费用		④ 200 000		200 000
管理费用		⑤ 971 000		971 000
财务费用		⑥ 300 000		300 000
资产减值损失		⑦ 309 000		309 000
公允价值变动收益(损失以"—"号填列)				
投资收益(损失以"—"号填列)		⑨ 5 000	⑧ 20 000	15 000
营业外收入			⑩ 500 000	500 000
营业外支出		⑪ 220 400		220 400
所得税费用		⑫ 873 650		873 650
净利润		㉑ 2 620 950		2 620 950
三、现金流量表项目				
(一) 经营活动产生的现金流量：				
销售商品、提供劳务收到的现金		① 13 742 000	⑥ 200 000 ⑪ 117 000	13 425 000
收到的税费返还				
收到的其他与经营活动有关的现金				
经营活动现金流入小计				13 425 000
购买商品、接受劳务支付的现金		⑪ 93 600 ⑭ 800 000 ⑱ 3 249 000	② 9 110 560	4 967 960
支付给职工以及为职工支付的现金			⑱ 3 000 000	3 000 000
支付的各项税费			⑲ 1 968 650	1 968 650
支付其他与经营活动有关的现金		⑭ 200 000 ⑯ 600 000 ⑱ 171 000	④ 200 000 ⑤ 971 000	200 000

续表

项　　目	期初数	调整分录		上期金额
		借方	贷方	
经营活动现金流出小计				10 136 610
经营活动产生的现金流量净额				3 288 390
(二) 投资活动产生的现金流量：				
收回投资收到的现金		⑨ 165 000		165 000
取得投资收益收到的现金				
处置固定资产、无形资产和其他长期资产收回的现金净额		⑩ 3 000 000 ⑪ 3 000		3 003 000
处置子公司及其他营业单位收到的现金净额				
收到其他与投资活动有关的现金				
投资活动现金流入小计				3 168 000
购建固定资产、无形资产和其他长期资产支付的现金			⑬ 864 700 ⑮ 3 500 000	4 364 700
投资支付的现金			⑨ 1 050 000	1 050 000
取得子公司及其他营业单位支付的现金净额				
支付其他与投资活动有关的现金				
投资活动现金流出小计				5 414 700
投资活动产生的现金流量净额				−2 246 700
(三) 筹资活动产生的现金流量：				
吸收投资收到的现金				
取得借款收到的现金		⑳ 10 000 000		10 000 000
收到其他与筹资活动有关的现金				
筹资活动现金流入小计				10 000 000
偿还债务支付的现金			⑰ 2 500 000 ⑳ 6 000 000	8 500 000
分配股利、利润或偿付利息支付的现金			⑥ 100 000 ⑮ 2 000 000	2 100 000
筹资活动现金流出小计				10 600 000
筹资活动产生的现金流量净额				−600 000
(四)汇率变动对现金及现金等价物的影响				
(五)现金及现金等价物净增加额			㉓ 441 690	441 690
调整分录借贷合计		85 746 295	85 746 295	

(4) 核对调整分录，借方、贷方合计数均已经相等，资产负债表项目年初余额加减调整分录中的借贷金额以后，也已等于期末数。

(5) 根据工作底稿中的现金流量表项目部分编制正式的现金流量表,如表 15-10 所示。

表 15-10　现金流量表

会企 03 表

编制单位:远洋公司　　　　20×5 年度　　　　单位:元

项　　目	本期金额	上期金额(略)
一、经营活动产生的现金流量:		
销售商品、提供劳务收到的现金	13 425 000	
收到的税费返还		
收到的其他与经营活动有关的现金		
经营活动现金流入小计	13 425 000	
购买商品、接受劳务支付的现金	4 967 960	
支付给职工以及为职工支付的现金	3 000 000	
支付的各项税费	1 968 650	
支付其他与经营活动有关的现金	200 000	
经营活动现金流出小计	10 136 610	
经营活动产生的现金流量净额	3 288 390	
二、投资活动产生的现金流量:		
收回投资收到的现金	165 000	
取得投资收益收到的现金		
处置固定资产、无形资产和其他长期资产收回的现金净额	3 003 000	
处置子公司及其他营业单位收到的现金净额		
收到其他与投资活动有关的现金		
投资活动现金流入小计	3 168 000	
购建固定资产、无形资产和其他长期资产支付的现金	4 364 700	
投资支付的现金	1 050 000	
取得子公司及其他营业单位支付的现金净额		
支付其他与投资活动有关的现金		
投资活动现金流出小计	5 414 700	
投资活动产生的现金流量净额	−2 246 700	
三、筹资活动产生的现金流量:		
吸收投资收到的现金		
取得借款收到的现金	10 000 000	
收到其他与筹资活动有关的现金		
筹资活动现金流入小计	10 000 000	
偿还债务支付的现金	8 500 000	
分配股利、利润或偿付利息支付的现金	2 100 000	
筹资活动现金流出小计	10 600 000	
筹资活动产生的现金流量净额	−600 000	
四、汇率变动对现金及现金等价物的影响		
五、现金及现金等价物净增加额	441 690	
加:期初现金及现金等价物余额	14 063 000	
六、期末现金及现金等价物余额	14 504 690	

根据所给资料分析填列现金流量表补充资料，如表15-11所示，假定应付职工薪酬的期末数中应付在建工程人员的部分为380 000元。

经营性应收项目的减少＝(2 460 000－343 000)＋(3 991 000＋9 000－6 982 000－18 000)＝883 000

经营性应付项目的增加＝(1 000 000－2 000 000)＋(9 548 000－9 548 000)＋(1 800 000－380000－1 100 000)＋(907 440－366 000)＋(500 000－500 000)＝－138 560

表15-11 现金流量表及补充资料

补充资料	本期金额	上期金额(略)
1. 将净利润调节为经营活动现金流量：		
净利润	2 620 950	
加：资产减值准备	309 000	
固定资产折旧、油气资产折耗、生产性生物资产折旧	1 000 000	
无形资产摊销	600 000	
长期待摊费用摊销		
处置固定资产、无形资产和其他长期资产的损失(收益以"－"号填列)	－500 000	
固定资产报废损失(收益以"－"号填列)	197 000	
公允价值变动损失(收益以"－"号填列)		
财务费用(收益以"－"号填列)	200 000	
投资损失(收益以"－"号填列)	－15 000	
递延所得税资产减少(增加以"－"号填列)	－75 000	
递延所得税负债增加(减少以"－"号填列)		
存货的减少(增加以"－"号填列)	－27 000	
经营性应收项目的减少(增加以"－"号填列)	－883 000	
经营性应付项目的增加(减少以"－"号填列)	－138 560	
其他		
经营活动产生的现金流量净额	3 288 390	
2. 不涉及现金收支的重大投资和筹资活动：		
债务转为资本		
一年内到期的可转换公司债券		
融资租入固定资产		
3. 现金及现金等价物净变动情况		
现金的期末余额	14 504 690	
减：现金的期初余额	14 063 000	
加：现金等价物的期末余额		
减：现金等价物的期初余额		
现金及现金等价物净增加额	441 690	

(6) 根据所给资料编制所有者权益变动表,如表 15-12 所示。

表 15-12 所有者权益变动表

会企 04 表

编制单位:远洋公司　　　　20×5 年度　　　　单位:元

项目	本年金额							上年金额						
	实收资本（或股本）	资本公积	减:库存股	其他综合收益	盈余公积	未分配利润	所有者权益合计	实收资本（或股本）	资本公积	减:库存股	其他综合收益	盈余公积	未分配利润	所有者权益合计
一、上年年末余额	50 000 000				1 000 000	500 000	51 500 000							
加:会计政策变更														
前期差错更正														
二、本年年初余额	50 000 000				1 000 000	500 000	51 500 000							
三、本年增减变动金额					262 095	2 358 855	2 620 950							
(一) 综合收益总额						2 620 950	2 620 950							
(二) 所有者投入和减少资本														
1. 所有者投入资本														
2. 股份支付计入所有者权益的金额														
3. 其他														
(三) 利润分配														
1. 提取盈余公积					262 095	−262 095								
2. 对所有者(或股东)的分配														
3. 其他														
(四) 所有者权益内部结转														
1. 资本公积转增资本(或股本)														
2. 盈余公积转增资本(或股本)														
3. 盈余公积弥补亏损														
4. 其他														
四、本年年末余额							54 120 950							

本章小结

本章介绍了主要的财务报表，包括资产负债表、利润表、现金流量表、所有者权益变动表的内容、结构及其填列方法。

基本概念

财务报告、财务报表、资产负债表、利润表、现金流量表、所有者权益变动表、附注。

思考题

1. 财务报告由哪些项目组成？有何作用？
2. 主要财务报表各自提供了哪些方面的会计信息？基本内容有哪些？
3. 如何编制主要财务报表？
4. 财务报表附注所反映的内容有哪些？

实训(练习)题

一、单项选择题

1. 远洋公司20×5年4月1日从银行借入期限为3年的长期借款400万元，编制20×7年12月31日资产负债表时，此项借款应填入的报表项目是(　　)。

A. 短期借款　　B. 长期借款

C. 其他长期负债　　D. 1年内到期的长期负债

2. 下列资产负债表项目中，可直接根据某个总账余额填列的是(　　)。

A. 货币资金　　B. 交易性金融资产

C. 存货　　D. 应收账款

3. 远洋公司“应付账款”账户月末贷方余额40 000元，其中，“应付远洋公司账款”明细账户贷方余额35 000元，“应付乙公司账款”明细账贷方余额5 000元；“预付账款”账户月末贷方余额30 000元，其中：“预付A工厂账款”明细账户贷方余额50 000元，“预付B工厂账款”明细账户借方余额20 000元。该企业月末资产负债表中“应付账款”账户的金额是(　　)元。

A. 90 000　　B. 30 000

C. 40 000　　D. 70 000

4. 远洋公司20×6年12月31日应收账款总账余额100万元，其中，应收远洋公司借方余额125万元，应收B公司贷方余额25万元，坏账准备贷方余额10万元，则在资产负债表应收账款项目中列示的金额是(　　)万元。

A. 125　　B. 115

C. 100　　D. 90

5. 企业20×6年10月31日生产成本借方余额50 000元，原材料借方余额30 000元，材料成本差异贷方余额500元，委托代销商品借方余额40 000元，工程物资借方余额

10 000 元,存货跌价准备贷方余额 3 000 元,则资产负债表“存货”账户的金额是(　　)元。

A. 116 500　　B. 117 500

C. 119 500　　D. 126 500

6. 在资产负债表中,所有者权益按照(　　)顺序排列。

A. 流动性程度的高低　　B. 到期日由远至近

C. 永久性递减　　D. 金额的大小

7. 下列项目中,属于所有者权益变动表项目的是(　　)。

A. 提取盈余公积　　B. 公允价值变动损益

C. 资产减值损失　　D. 非流动资产处置损失

8. 下列说法中正确的是(　　)。

A. 资产负债表的“长期借款”项目,应根据“长期借款”总账的余额填列

B. 资产负债表的“货币资金”项目,应根据“银行存款”和“库存现金”总账科目的借方余额之和计算填列

C. 资产负债表的“应收账款”项目,应根据“应收账款”“预收账款”总账科目所属明细科目的借方余额之和计算填列

D. 资产负债表的“固定资产”项目,应根据“固定资产”总账科目余额直接填列

9. 处置固定资产的净收入属于(　　)。

A. 经营活动产生的现金流量　　B. 投资活动产生的现金流量

C. 筹资活动产生的现金流量　　D. 不影响现金流量

10. 某企业本期实际支付工资 100 万元,各种奖金 20 万元,其中,经营人员工资 74 万元,奖金 15 万元,在建工程人员工资 26 万元,奖金 5 万元。则本期支付给职工的工资为(　　)。

A. 120 万元　　B. 89 万元

C. 100 万元　　D. 115 万元

二、多项选择题

1. 下列资产负债表各项目中,属于流动负债的是(　　)。

A. 预收账款　　B. 其他应付款

C. 预付账款　　D. 1 年内到期的长期借款

2. 资产负债表中“存货”项目的金额,应根据(　　)账户的余额分析填列。

A. 材料采购　　B. 材料成本差异

C. 发出商品　　D. 生产成本

3. 下列各项中,属于经营活动现金流量的是(　　)。

A. 销售商品收到的现金　　B. 购买固定资产支付的现金

C. 吸收投资收到的现金　　D. 偿还应付账款支付的现金

4. 所有者权益变动表列示的内容包括(　　)。

A. 直接计入所有者权益的利得和损失项目及其总额

B. 会计政策变更和差错更正的累积影响金额

C. 所有者投入资本和向所有者分配利润等

D. 按照规定提取的盈余公积

5. 按我国现行企业会计准则,利润表上应当单独列报(　　)。

A. 资产减值损失　　B. 公允价值变动损益

C. 投资收益　　D. 基本每股收益

6. 在财务报表附注中,应当披露(　　)。

A. 关联方关系及其交易的说明　　B. 或有事项的说明

C. 资产负债表日后事项的说明　　D. 重要资产转让及其出售的说明

7. 下列各项中,不属于筹资活动产生的现金流量的是(　　)。

A. 收回债券投资所收到的现金　　B. 吸收权益性投资所收到的现金

C. 取得投资收益所收到的现金　　D. 借入资金所收到的现金

8. 将净利润调节为经营活动的现金流量需要调整的项目有(　　)。

A. 资产减值准备　　B. 公允价值变动损失

C. 财务费用　　D. 递延所得税负债增加或减少

9. 在确定"购买商品、接受劳务支付的现金"时,需要考虑的因素有(　　)。

A. 增值税进项税额　　B. 存货增减变化

C. 预付账款增减变化　　D. 存货盘亏

10. 下列报表项目中可以直接根据总账科目余额填列的有(　　)。

A. 固定资产清理　　B. 应付票据

C. 货币资金　　D. 存货

三、判断题

1. 财务报表是对企业财务状况、经营成果和现金流量的结构性表述。(　　)

2. 企业应当以持续经营为基础,根据实际发生的交易或事项,按照《企业会计准则——基本准则》和其他各项会计准则的规定进行确认和计量,在此基础上编制财务报表。(　　)

3. 企业取得的拟在近期出售的股票投资视为现金等价物。(　　)

4. 性质或功能不同的项目,应当在财务报表中单独列报,不具有重要性的项目除外。(　　)

5. 重要性应当根据企业所处环境,从项目金额大小方面加以判断。(　　)

6. 资产负债表的"存货"项目应当根据若干个总账科目余额计算填列。(　　)

7. 在资产负债表上,"无形资产"项目一般应当分别列示原始成本、累计摊销额和账面净值。(　　)

8. 实际支付的耕地占用税、矿产资源补偿费、印花税、房产税、土地使用税等税费都在现金流量表的"支付各种税费"项目中反映。(　　)

9. 多步式利润表是常用的格式,它将企业日常经营活动中发生的广义收入和费用项目与在该过程中发生的收入与费用分开。划分这一界限的标准,主要是看一个项目是否关系到评价企业未来产生现金和现金等价物的能力,或者说,依据一个项目的预测价值。(　　)

10. 一个企业只有在保持投入资本完整无缺的情况下,才可能获得真正的利润。(　　)

四、业务题

1. 远洋公司20×5年12月31日结账后有关账户余额如表15-13所示。

表 15-13 有关账户余额表

账户名称	借方余额	贷方余额
应收账款	600	40
坏账准备——应收账款		80
预收账款	100	800
应付账款	20	400
预付账款	320	60

根据上述资料,计算资产负债表中下列项目的金额:(1) 应收账款;(2) 预付账款;(3) 应付账款;(4) 预收账款。

2. 远洋公司 20×5 年 12 月 31 日有关总分类账户期末余额,如表 15-14 所示。

表 15-14 总账期末余额表

20×5 年 12 月 31 日　　单位:元

项目	借方余额	贷方余额
库存现金	2 850	
银行存款	222 760	
应收账款	49 210	
其他应收款	2 800	
原材料	137 000	
库存商品	140 000	
生产成本	31 050	
长期待摊费用	9 200	
持有至到期投资	9 500	
其中:一年内到期的长期债权投资	75 000	
固定资产	2 435 000	
累计折旧		976 000
短期借款		514 500
应付账款		91 120
其他应付款		13 100
应交税费		9 900
长期借款		16 320
实收资本		1 102 000
资本公积		304 160
盈余公积		88 270
本年利润		238 520
利润分配	229 020	
合计	3 353 890	3 353 890

要求:根据资料编制资产负债表。

3. 远洋公司 20×5 年 10 月 31 日有关总分类账户结转的期末余额,如表 15-15 所示。

表 15-15　总分类账户结转期末余额

20×5 年 10 月 31 日　　　　单位:元

账户名称	结转本年利润余额	
	借方	贷方
主营业务收入	402 000	
主营业务成本		262 000
税金及附加		34 000
其他业务收入	17 000	
其他业务成本		15 000
销售费用		14 000
管理费用		45 000
财务费用		18 000
营业外收入	53 000	45 000
营业外支出		
投资收益		17 490
所得税费用		14 000

该企业 1—9 月利润表各项目累计数如表 15-16 所示。

表 15-16　利润表

20×5 年 9 月　　　　单位:元

项目	本月数	本年累计数
一、营业收入	略	3 687 000
减：营业成本		2 402 000
税金及附加		202 000
加：其他业务利润		237 000
减：销售费用		402 000
管理费用		102 000
财务费用		42 000
加：投资收益		65 000
二、营业利润		774 000
加：营业外收入		97 000
减：营业外支出		35 000
三、利润总额		901 000
减：所得税费用		297 330
四、净利润		603 670

要求：根据资料编制远洋公司 20×5 年 10 月利润表。

4. 远洋公司 20×5 年 12 月 31 日资产负债表，如表 15-17 所示。

表 15-17　资产负债表

编制单位:远洋公司　　　　20×5 年 12 月 31 日　　　　单位:元

资产	金额	负债及所有者权益	金额
货币资金	3 000 000	短期借款	1 200 000
交易性金融资产	40 000	应付票据	600 000
应收票据	500 000	应付账款	1 940 000
应收账款	597 000	其他应付款	150 000
其他应收款	8 000	应付职工薪酬	260 000
存货	5 500 000	应交税费	80 000
流动资产合计	9 645 000	流动负债合计	4 230 000
长期投资	600 000	长期借款	1 200 000
固定资产原价	3 800 000	长期负债合计	1 200 000
累计折旧	1 000 000	实收资本	8 600 000
固定资产	2 800 000	盈余公积	415 000
无形资产	1 400 000	未分配利润	
长期资产合计	4 800 000	所有者权益合计	9 015 000
资产总额	14 445 000	负债及所有者权益合计	14 445 000

注:应收账款余额 600 000 元;坏账准备余额 3 000 元。

20×6 年发生下列经济业务:

(1) 购入原材料一批,价款 50 万元,增值税 8.5 万元,货款已付,材料验收入库。

(2) 销售产品一批,价款 100 万元(不含增值税),产品已发出货款尚未收到。

(3) 购入不需要安装的设备一台,价款 20 万元,增值税 3.4 万元,包装费 1 000 元,杂运费 4 000 元,全部款项用银行存款支付,设备交付使用。

(4) 该公司转让短期投资净收入 4.5 万元,款项已经存入银行。

(5) 从银行取得 3 年期借款 50 万元,准备用于购建厂房。

(6) 售出产品一批,价款 180 万元,增值税 30.6 万元,款项已经收妥入账。

(7) 生产车间报废设备一台,原价 50 万元,已提折旧 48 万元,支付清理费 1 000 元,取得残值收入 2 000 元,均通过银行存款收付,设备清理完毕。

(8) 用银行存款偿还短期借款本金 80 万元及利息 4 万元。

(9) 提取现金 80 万元,当日支付职工工资。

(10) 期末进行工资分配,其中生产人员 70 万元,车间管理人员 3 万元,厂部管理人员 7 万元。

(11) 提取应付福利费 11.2 万元,其中生产人员 9.8 万元,车间管理人员 4 200 元,厂部管理人员 9 800 元。

(12) 生产车间领用原材料 140 万元。

(13) 计提固定资产折旧 24 万元,其中车间 20 万元,厂部 4 万元。

(14) 按应收账款期末余额 5‰提取坏账准备。

(15) 结转本期完工产品成品(无期初、期末在产品)。

(16) 结转本期已销产品成本 120 万元。

(17) 计算并结转应缴所得税 40.5141 万元。将各收支账户转入“本年利润”。

(18) 按净利润 15%提取法定盈余公积金。将“本年利润”和“利润分配”各明细账户余额转入未分配利润。

(19) 以银行存款交纳增值税 33.8 万元,所得税 21 万元。

要求:编制远洋公司会计分录和资产负债表、利润表和现金流量表。

实训(练习)题参考答案

第一章　总论

一、单项选择题

1. C　2. D　3. B　4. B　5. D　6. D　7. C　8. B　9. C　10. A　11. C

二、多项选择题

1. BC　2. ABC　3. BD　4. AB　5. ABCD　6. ABCD　7. ABC　8. ABCD　9. ABD　10. ABC

三、判断题

1. ×　2. ×　3. ×　4. ×　5. √　6. √　7. ×　8. √　9. ×　10. ×　11. √　12. √　13. √

第二章　会计要素与会计等式

一、单项选择题

1. A　2. D　3. A　4. A　5. C　6. A　7. C　8. D　9. B　10. A　11. B　12. A　13. C 14. B　15. D

二、多项选择题

1. BC　2. ABD　3. ABCD　4. ABCD　5. ABC　6. ACD　7. CD　8. ABCD　9. ABCD　10. ABCD　11. ABCD　12. ABC

三、判断题

1. √　2. √　3. √　4. ×　5. ×　6. √　7. √　8. √　9. √　10. √　11. ×　12. √

第三章　账户及复式记账

一、单项选择题

1. D　2. B　3. C　4. A　5. B　6. D　7. C　8. B　9. A　10. B　11. C　12. B　13. D　14. C　15. A

二、多项选择题

1. ACD　2. AB　3. ABCD　4. ABCD　5. ACD　6. BC　7. ABD　8. BD　9. BC　10. AC　11. AC　12. ACD　13. BD

三、判断题

1. √　2. √　3. ×　4. ×　5. √　6. ×　7. √　8. ×　9. ×　10. √　11. ×　12. ×　13. √

第四章　会计信息的生成

一、单项选择题

1. A　2. D　3. C　4. B　5. A　6. A　7. A　8. C　9. C　10. A　11. B　12. D　13. C　14. B　15. B

二、多项选择题

1. BC　2. ABD　3. ABCD　4. ACD　5. CD　6. AD　7. BCD　8. BCD　9. ABC　10. AD　11. ABCD　12. AB　13. ABD　14. AB　15. ABCD

三、判断题

1. √　2. √　3. ×　4. √　5. √　6. √　7. ×　8. ×　9. ×　10. ×　11. √　12. ×　13. ×

第五章　货币资金

一、单项选择题

1. A　2. D　3. A　4. A　5. B　6. C　7. C　8. C　9. B　10. A　11. D　12. D

二、多项选择题

1. ABCD　2. BCD　3. ABCD　4. BCD　5. AB　6. AC　7. AB　8. BCD　8. ABC　10. ABCD

三、判断题

1. ×　2. ×　3. ×　4. ×　5. √　6. ×　7. ×　8. √　9. √　10. √　11. ×　12. ×　13. ×

四、业务题(略)

第六章　应收及预付款项

一、单项选择题

1. D　2. C　3. A　4. A　5. A　6. B　7. A　8. C　9. A　10. A　11. C　12. A　13. C

二、多项选择题

1. AC　2. BD　3. BD　4. ABC　5. AB　6. AC　7. BCD　8. ABCD　9. AB　10. BC

三、判断题

1. ×　2. √　3. ×　4. ×　5. ×　6. √　7. √　8. ×　9. √　10. ×　11. ×

四、业务题(略)

第七章　存货

一、单项选择题

1. D　2. A　3. A　4. D　5. B　6. A　7. A　8. C　9. B　10. B　11. D　12. D

13. A 14. D 15. D

二、多项选择题

1. AB 2. BCD 3. ABCD 4. ABC 5. ABCD 6. BC 7. BCD 8. CD 9. ABCD 10. ABCD

三、判断题

1. × 2. √ 3. × 4. √ 5. × 6. √ 7. × 8. × 9. √ 10. × 11. √ 12. √ 13. × 14. √

四、业务题(略)

第八章 固定资产

一、单项选择题

1. A 2. C 3. A 4. D 5. B 6. B 7. B 8. B 9. A 10. B 11. B 12. C 13. B 14. A 15. C

二、多项选择题

1. ACD 2. BCD 3. ABC 4. ABCD 5. AC 6. ABCD 7. AC 8. AB 9. BCD 10. BD

三、判断题

1. √ 2. × 3. × 4. × 5. × 6. √ 7. √ 8. × 9. × 10. √ 11. × 12. × 13. √ 14. √ 15. ×

四、业务题(略)

第九章 无形资产和其他资产

一、单项选择题

1. B 2. C 3. D 4. C 5. A 6. D 7. B 8. D 9. B 10. B

二、多项选择题

1. BC 2. ABC 3. BCD 4. ABCD 5. ACD 6. BC 7. ABCD 8. BCD 9. CD 10. ABCD

三、判断题

1. × 2. √ 3. √ 4. × 5. × 6. √ 7. × 8. √ 9. × 10. √

四、业务题(略)

第十章 投资

一、单项选择题

1. B 2. A 3. C 4. B 5. D 6. C 7. C 8. D 9. B 10. B 11. D 12. C 13. A 14. C 15. D

二、多项选择题

1. BD 2. ABC 3. ACD 4. ABC 5. AC 6. ABCD 7. ABCD 8. ABC 9. ACD

10. CD

三、判断题

1. √ 2. √ 3. × 4. × 5. × 6. √ 7. × 8. √ 9. × 10. ×

四、业务题(略)

第十一章 负债

一、单项选择题

1. A 2. D 3. A 4. C 5. C 6. D 7. C 8. C 9. B 10. C 11. A 12. A 13. B 14. B 15. A

二、多项选择题

1. ABC 2. ABC 3. ABC 4. AC 5. AD 6. ABCD 7. AC 8. ABC 9. BD 10. BC

三、判断题

1. √ 2. √ 3. × 4. √ 5. √ 6. × 7. √ 8. × 9. √ 10. √

四、业务题(略)

第十二章 所有者权益

一、单项选择题

1. A 2. A 3. D 4. A 5. B 6. C 7. D 8. C 9. D 10. D 11. C 12. D 13. A 14. C 15. A

二、多项选择题

1. ABCD 2. ABC 3. ABD 4. ABC 5. AC 6. AB 7. AB 8. BCD 9. ABD 10. BC

三、判断题

1. √ 2. × 3. × 4. √ 5. × 6. √ 7. × 8. √ 9. × 10. ×

四、业务题(略)

第十三章 收入、费用和利润

一、单项选择题

1. A 2. C 3. A 4. C 5. D 6. A 7. A 8. D 9. C 10. D 11. C 12. C 13. A 14. C 15. D

二、多项选择题

1. ABC 2. ABCD 3. CD 4. BC 5. ACD 6. BCD 7. AD 8. ABCD 9. ABD 10. AB 11. AD 12. ACD 13. ABC 14. BCD 15. BCD

三、判断题

1. √ 2. √ 3. √ 4. × 5. √ 6. √ 7. × 8. √ 9. √ 10. ×

四、业务题(略)

第十四章 产品成本核算

一、单项选择题

1. A 2. C 3. B 4. A 5. A 6. B 7. A 8. A 9. C 10. C 11. C 12. C 13. C 14. C 15. D

二、多项选择题

1. ABC 2. ACD 3. ABCD 4. ABCD 5. ABCD 6. ABCD 7. BCD 8. ABCD 9. ABD 10. ABD 11. ABCD 12. ACD 13. AC 14. ABCD

三、判断题

1. × 2. × 3. × 4. × 5. √ 6. × 7. × 8. √ 9. × 10. √ 11. ×

四、业务题(略)

第十五章 财务报告

一、单项选择题

1. D 2. B 3. A 4. B 5. B 6. C 7. A 8. C 9. B 10. B

二、多项选择题

1. ABD 2. ABCD 3. AD 4. ACD 5. ABCD 6. ABCD 7. AC 8. ABCD 9. ABCD 10. AB

三、判断题

1. √ 2. √ 3. × 4. √ 5. × 6. √ 7. × 8. × 9. √ 10. √

四、业务题(略)

参考文献

[1] 崔智敏,陈爱玲. 会计学基础[M]. 5 版. 北京:中国人民大学出版社,2015.
[2] 徐经长,孙蔓莉. 会计学[M]. 3 版. 北京:中国人民大学出版社,2016.
[3] 赵建勇. 中级财务会计[M]. 2 版. 北京:中国人民大学出版社,2015.
[4] 王华,石本仁. 中级财务会计[M]. 3 版. 北京:中国人民大学出版社,2015.
[5] 刘永泽,陈立军. 中级财务会计[M]. 5 版. 大连:东北财经大学出版社,2016.
[6] 中国注册会计师协会. 会计[M]. 北京:中国财政经济出版社,2016.
[7] 财政部会计资格评价中心. 初级会计实务[M]. 北京:中国财政经济出版社,2016.
[8] 陈信元. 会计学[M]. 4 版. 上海:上海财经大学出版社,2013.
[9] 陆正飞,黄慧馨. 会计学[M]. 3 版. 北京:北京大学出版社,2016.
[10] 企业会计准则编审委员会. 企业会计准则案例讲解[M]. 上海:立信会计出版社,2016.
[11] 张奇峰,企业财务会计案例分析[M]. 上海:立信会计出版社,2016.
[12] 企业会计准则编审委员会. 企业会计准则应用指南[M]. 上海:立信会计出版社,2015.